Rainer Eich

HOAI 2009 – Textausgabe mit Interpolationstabellen

HOAI 2009

Honorarordnung für Architekten und Ingenieure
Textausgabe mit Interpolationstabellen

Textausgabe mit
Erläuterung der Neuerungen,
Musterrechnung und
Interpolationstabellen

4. aktualisierte
und erweiterte
Auflage

Rainer Eich
Freier Architekt

Rudolf Müller

Bibliografische Information Der Deutschen Nationalbibliothek
Die Deutsche Nationalbibliothek verzeichnet diese Publikation in der Deutschen Nationalbibliografie; detaillierte bibliografische Daten sind im Internet über http://dnb.d-nb.de abrufbar.

4., aktualisierte und erweiterte Auflage 2009

Das Werk einschließlich seiner Bestandteile ist urheberrechtlich geschützt. Jede Verwertung außerhalb der engen Grenzen des Urheberrechtsgesetzes ist ohne die Zustimmung des Verlages unzulässig und strafbar. Dies gilt insbesondere für Vervielfältigungen, Bearbeitungen, Übersetzungen, Mikroverfilmungen und die Einspeicherung und Verarbeitung in elektronische Systeme.

Maßgebend für das Anwenden von Normen ist deren Fassung mit dem neuesten Ausgabedatum, die bei der Beuth Verlag GmbH, Burggrafenstraße 6, 10787 Berlin, erhältlich ist. Maßgebend für das Anwenden von Regelwerken, Richtlinien, Merkblättern, Hinweisen, Verordnungen usw. ist deren Fassung mit dem neuesten Ausgabedatum, die bei der jeweiligen herausgebenden Institution erhältlich ist. Zitate aus Normen, Merkblättern usw. wurden, unabhängig von ihrem Ausgabedatum, in neuer deutscher Rechtschreibung abgedruckt.

Das vorliegende Werk wurde mit größter Sorgfalt erstellt. Verlag und Autor können dennoch für die inhaltliche und technische Fehlerfreiheit, Aktualität und Vollständigkeit des Werkes keine Haftung übernehmen.

Wir freuen uns, Ihre Meinung über dieses Fachbuch zu erfahren. Bitte teilen Sie uns Ihre Anregungen, Hinweise oder Fragen per E-Mail: fachmedien.architektur@rudolf-mueller.de oder Telefax: 0221 5497-6141 mit.

Lektorat: le-tex publishing services GmbH, Leipzig
Umschlaggestaltung: Designbüro Lörzer, Köln
Druck und Bindearbeiten: AZ Druck und Datentechnik GmbH, Kempten
Printed in Germany

ISBN 978-3-481-02531-1

Inhaltsübersicht

A	**Einführung in die HOAI 2009** 11
1	Vorgänger der HOAI 11
2	HOAI 12
3	Rechtscharakter 13
4	Wesentliche Neuerungen der HOAI 2009 im Überblick 13
	4.1 Begrenzung des Anwendungsbereichs der HOAI 2009 13
	4.2 Deregulierung der sogenannten Beratungsleistungen 14
	4.3 Einführung zweier verschiedener Berechnungsmodelle 15
5	Wegfall einzelner Regelungen der HOAI 1996 16
	5.1 Teil I HOAI 1996 16
	5.2 Teil II HOAI 1996 16
	5.3 Teil III HOAI 1996 17
	5.4 Teil IV HOAI 1996 17
	5.5 Teil V HOAI 1996 17
	5.6 Teil VI HOAI 1996 18
	5.7 Teil VII HOAI 1996 18
	5.8 Teil VIIa HOAI 1996 19
	5.9 Teil VIII HOAI 1996 19
6	Aufbau HOAI 2009 19
	6.1 Synopse: Gliederung HOAI 1996 zu HOAI 2009 19
	6.2 Synopse: Teil 1 HOAI 2009 zu HOAI 1996 22
7	Honorarrechnung 51
	7.1 Fälligkeit der Honorarrechnung 51
	7.2 Prüffähigkeit der Honorarrechnung 52
	7.3 Honorarberechnungskriterien (beispielhaft für Gebäudeplanung) 56

B	**Musterrechnungen** 67
1	Musterrechnung – Leistungsbild Gebäude 68
2	Musterrechnung – Leistungsbild Freianlagen 69
3	Anlagen zu den Musterrechnungen 69
	3.1 Anspruchsgrundlage 69
	3.2 Honorarberechnungsgrundlage 69
	3.3 Honorarberechnungskriterien 70

C	**HOAI 2009** 81
Teil 1	Allgemeine Vorschriften 81
§ 1	Anwendungsbereich 81
§ 2	Begriffsbestimmungen 81
§ 3	Leistungen und Leistungsbilder 82
§ 4	Anrechenbare Kosten 83
§ 5	Honorarzonen 83
§ 6	Grundlagen des Honorars 84

§ 7	Honorarvereinbarung	84
§ 8	Berechnung des Honorars in besonderen Fällen	85
§ 9	Berechnung des Honorars bei Beauftragung von Einzelleistungen	85
§ 10	Mehrere Vorentwurfs- oder Entwurfsplanungen	85
§ 11	Auftrag für mehrere Objekte	86
§ 12	Planausschnitte	86
§ 13	Interpolation	86
§ 14	Nebenkosten	86
§ 15	Zahlungen	87
§ 16	Umsatzsteuer	87
Teil 2	**Flächenplanung**	**88**
Abschnitt 1:	Bauleitplanung	88
§ 17	Anwendungsbereich	88
§ 18	Leistungsbild Flächennutzungsplan	88
§ 19	Leistungsbild Bebauungsplan	88
§ 20	Honorare für Leistungen bei Flächennutzungsplänen	88
§ 21	Honorare für Leistungen bei Bebauungsplänen	90
Abschnitt 2:	Landschaftsplanung	92
§ 22	Anwendungsbereich	92
§ 23	Leistungsbild Landschaftsplan	92
§ 24	Leistungsbild Grünordnungsplan	92
§ 25	Leistungsbild Landschaftsrahmenplan	92
§ 26	Leistungsbild Landschaftspflegerischer Begleitplan	93
§ 27	Leistungsbild Pflege- und Entwicklungsplan	93
§ 28	Honorare für Leistungen bei Landschaftsplänen	94
§ 29	Honorare für Leistungen bei Grünordnungsplänen	95
§ 30	Honorare für Leistungen bei Landschaftsrahmenplänen	97
§ 31	Honorare für Leistungen bei Pflege- und Entwicklungsplänen	98
Teil 3	**Objektplanung**	**100**
Abschnitt 1:	Gebäude und raumbildende Ausbauten	100
§ 32	Besondere Grundlagen des Honorars	100
§ 33	Leistungsbild Gebäude und raumbildende Ausbauten	100
§ 34	Honorare für Leistungen bei Gebäuden und raumbildenden Ausbauten	101
§ 35	Leistungen im Bestand	102
§ 36	Instandhaltungen und Instandsetzungen	102
Abschnitt 2:	Freianlagen	103
§ 37	Besondere Grundlagen des Honorars	103
§ 38	Leistungsbild Freianlagen	103
§ 39	Honorare für Leistungen bei Freianlagen	104
Abschnitt 3:	Ingenieurbauwerke	105
§ 40	Anwendungsbereich	105
§ 41	Besondere Grundlagen des Honorars	105
§ 42	Leistungsbild Ingenieurbauwerke	105
§ 43	Honorare für Leistungen bei Ingenieurbauwerken	106
Abschnitt 4:	Verkehrsanlagen	108
§ 44	Anwendungsbereich	108
§ 45	Besondere Grundlagen des Honorars	108
§ 46	Leistungsbild Verkehrsanlagen	108
§ 47	Honorare für Leistungen bei Verkehrsanlagen	109

Inhaltsübersicht

Teil 4	Fachplanung	110
Abschnitt 1:	Tragwerksplanung	110
§ 48	Besondere Grundlagen des Honorars	110
§ 49	Leistungsbild Tragwerksplanung	111
§ 50	Honorare für Leistungen bei Tragwerksplanungen	111
Abschnitt 2:	Technische Ausrüstung	114
§ 51	Anwendungsbereich	114
§ 52	Besondere Grundlagen des Honorars	115
§ 53	Leistungsbild Technische Ausrüstung	115
§ 54	Honorare für Leistungen bei der Technischen Ausrüstung	116

Teil 5	Übergangs- und Schlussvorschriften	118
§ 55	Übergangsvorschrift	118
§ 56	Inkrafttreten, Außerkrafttreten	118

Anlage 1 zu § 3 Absatz 1: Beratungsleistungen ... 119
    1.1 Leistung Umweltverträglichkeitsstudie ... 119
    1.2 Leistungen für Thermische Bauphysik ... 124
    1.3 Leistungen für Schallschutz und Raumakustik ... 126
    1.4 Leistungen für Bodenmechanik, Erd- und Grundbau ... 131
    1.5 Vermessungstechnische Leistungen ... 134

Anlage 2 zu § 3 Absatz 3: Besondere Leistungen ... 143
    2.1 Leistungsbild Flächennutzungsplan ... 143
    2.2 Leistungsbild Bebauungsplan ... 144
    2.3 Leistungsbild Landschaftsplan ... 144
    2.4 Leistungsbild Landschaftsrahmenplan ... 145
    2.5 Leistungsbild Pflege- und Entwicklungsplan ... 145
    2.6 Leistungsbild Gebäude und raumbildende Ausbauten ... 145
    2.7 Leistungsbild Freianlagen ... 148
    2.8 Leistungsbild Ingenieurbauwerke ... 148
    2.9 Leistungsbild Verkehrsanlagen ... 150
    2.10 Leistungsbild Tragwerksplanung ... 150
    2.11 Leistungsbild Technische Ausrüstung ... 151

Anlage 3 zu § 5 Absatz 4 Satz 2: Objektlisten ... 153
    3.1 Gebäude ... 153
    3.2 Freianlagen ... 154
    3.3 Raumbildende Ausbauten ... 155
    3.4 Ingenieurbauwerke ... 156
    3.5 Verkehrsanlagen ... 161
    3.6 Anlagen der Technischen Ausrüstung ... 162

Anlage 4 zu § 18 Absatz 1: Leistungen im Leistungsbild Flächennutzungsplan ... 164
Anlage 5 zu § 19 Absatz 1: Leistungen im Leistungsbild Bebauungsplan ... 166
Anlage 6 zu § 23 Absatz 1: Leistungen im Leistungsbild Landschaftsplan ... 168
Anlage 7 zu § 24 Absatz 1: Leistungen im Leistungsbild Grünordnungsplan ... 170
Anlage 8 zu § 25 Absatz 1: Leistungen im Leistungsbild Landschaftsrahmenplan ... 173
Anlage 9 zu § 26 Absatz 1: Leistungen im Leistungsbild Landschaftspflegerischer Begleitplan ... 175
Anlage 10 zu § 27: Leistungen im Leistungsbild Pflege- und Entwicklungsplan ... 177
Anlage 11 zu den §§ 33 und 38 Absatz 2: Leistungen im Leistungsbild Gebäude und raumbildende Ausbauten sowie im Leistungsbild Freianlagen ... 178
Anlage 12 zu § 42 Absatz 1 und § 46 Absatz 2: Leistungen im Leistungsbild Ingenieurbauwerke und im Leistungsbild Verkehrsanlagen ... 182

Anlage 13 zu § 49 Absatz 1: Leistungen im Leistungsbild Tragwerksplanung 186
Anlage 14 zu § 53 Absatz 1: Leistungen im Leistungsbild Technische Ausrüstung 188

D   Amtliche Begründung 191

A   Allgemeines 191
I.   Ausgangslage und Zielsetzung 191
II.   Gesetzgebungskompetenz 195
III. Wesentliche Regelungen im Überblick 195
1.   Begrenzung des Anwendungsbereichs der HOAI auf Büros mit Sitz im Inland ... 196
2.   Deregulierung der Beratungsleistungen 196
3.   Abkoppelung der Honorare von der tatsächlichen Bausumme durch die Einführung des Baukostenberechnungsmodells, frühzeitige Möglichkeit der Honorarfestlegung durch Einführung des alternativen Baukostenvereinbarungsmodells 196
4.   Honorarerhöhungen 197
§ 4a (Abweichende Honorarermittlung) 197
§ 6   (Wegfall von Zeithonoraren) 197
§ 21 (Zeitliche Trennung der Ausführung) 197
§ 23 (Verschiedene Leistungen an einem Gebäude) 198
§ 25 Abs. 1 (Leistungen des raumbildenden Ausbaus) 198
§ 26 (Einrichtungsgegenstände und integrierte Werbeanlagen) ... 198

Teil III   (Zusätzliche Leistungen) und 198

Teil IV   (Gutachten und Wertermittlungen) 198
§ 36 (Kosten von EDV-Leistungen) 198
§ 42 (Sonstige städtebauliche Leistungen) 199
§ 44 (Anwendung von Vorschriften aus den Teilen II und V) ... 199
§ 49 (Honorarzonen für Leistungen bei landschaftspflegerischen Begleitplänen) ... 199
§ 50 (Sonstige landschaftsplanerische Leistungen) 199
§ 57 (Örtliche Bauüberwachung) 199
§ 58 (Vorplanung und Entwurfsplanung als Einzelleistung) ... 200
§ 61 (Bau- und landschaftsgestalterische Beratung) 200

Teil VIIa Verkehrsplanerische Leistungen 200
§ 61a (Honorar für verkehrsplanerische Leistungen) 200
§ 66 Abs. 1 bis 4 (Auftrag über mehrere Tragwerke und Umbauten) ... 200
§ 67 Abs. 2 (Tragwerksplanung für Traggerüste bei Ingenieurbauwerken) ... 200
IV.   Gesetzesfolgen 201
B   Zu den einzelnen Vorschriften 201

Teil 1   Allgemeine Vorschriften 201
Zu § 1   (Anwendungsbereich) 201
Zu § 2   (Begriffsbestimmungen) 201
Zu § 3   (Leistungen und Leistungsbilder) 202
Zu § 4   (Anrechenbare Kosten) 203
Zu § 5   (Honorarzonen) 204
Zu § 6   (Grundlagen des Honorars) 205
Zu § 7   (Honorarvereinbarung) 206

Inhaltsübersicht

Zu § 8	(Berechnung des Honorars in besonderen Fällen)	207
Zu § 9	(Vorplanung und Entwurfsplanung als Einzelleistung)	207
Zu § 10	(Mehrere Vor- oder Entwurfsplanungen)	208
Zu § 11	(Auftrag für mehrere Objekte)	208
Zu § 12	(Planausschnitte)	210
Zu § 13	(Interpolation)	210
Zu § 14	(Nebenkosten)	210
Zu § 15	(Zahlungen)	211
Zu § 16	(Umsatzsteuer)	211
Teil 2	**Flächenplanung**	**212**
Abschnitt 1:	Bauleitplanung	212
Zu § 17	(Anwendungsbereich)	212
Zu § 18	(Leistungsbild Flächennutzungsplan)	212
Zu § 19	(Leistungsbild Bebauungsplan)	212
Zu § 20	(Honorare für Leistungen bei Flächennutzungsplänen)	213
Zu § 21	(Honorare für Leistungen bei Bebauungsplänen)	214
Abschnitt 2:	Landschaftsplanung	215
Zu § 22	(Anwendungsbereich)	215
Zu § 23	(Leistungsbild Landschaftsplan)	216
Zu § 24	(Leistungsbild Grünordnungsplan)	217
Zu § 25	(Leistungsbild Landschaftsrahmenplan)	217
Zu § 26	(Leistungsbild Landschaftspflegerischer Begleitplan)	218
Zu § 27	(Leistungsbild Pflege- und Entwicklungsplan)	219
Zu § 28	(Honorare für Leistungen bei Landschaftsplänen)	219
Zu § 29	(Honorare für Leistungen bei Grünordnungsplänen)	220
Zu § 30	(Honorare für Leistungen bei Landschaftsrahmenplänen)	220
Zu § 31	(Honorare für Leistungen bei Pflege- und Entwicklungsplänen)	221
Teil 3	**Objektplanung**	**221**
Abschnitt 1:	Gebäude und raumbildende Ausbauten	221
Zu § 32	(Besondere Grundlagen des Honorars)	221
Zu § 33	(Leistungsbild Gebäude und raumbildende Ausbauten)	222
Zu § 34	(Honorare für Leistungen bei Gebäuden und raumbildenden Ausbauten)	223
Zu § 35	(Leistungen im Bestand)	223
Zu § 36	(Instandhaltungen und Instandsetzungen)	224
Abschnitt 2:	Freianlagen	224
Zu § 37	(Besondere Grundlagen des Honorars)	224
Zu § 38	(Leistungsbild Freianlagen)	225
Zu § 39	(Honorare für Leistungen bei Freianlagen)	225
Abschnitt 3:	Ingenieurbauwerke	226
Zu § 40	(Anwendungsbereich)	226
Zu § 41	(Besondere Grundlagen des Honorars)	226
Zu § 42	(Leistungsbild Ingenieurbauwerke)	227
Zu § 43	(Honorare für Leistungen bei Ingenieurbauwerken)	227
Abschnitt 4:	Verkehrsanlagen	228
Zu § 44	(Anwendungsbereich)	228
Zu § 45	(Besondere Grundlagen des Honorars)	228
Zu § 46	(Leistungsbild Verkehrsanlagen)	228
Zu § 47	(Honorare für Leistungen bei Verkehrsanlagen)	229

Teil 4	Fachplanung	229
Abschnitt 1:	Tragwerksplanung	229
Zu § 48	(Besondere Grundlagen des Honorars)	229
Zu § 49	(Leistungsbild Tragwerksplanung)	230
Zu § 50	(Honorare für Leistungen bei der Tragwerksplanung)	230
Abschnitt 2:	Technische Ausrüstung	231
Zu § 51	(Anwendungsbereich)	231
Zu § 52	(Besondere Grundlagen des Honorars)	231
Zu § 53	(Leistungsbild Technische Ausrüstung)	232
Zu § 54	(Honorare für Leistungen bei der Technischen Ausrüstung)	233
Zu § 55	(Übergangsvorschrift)	233
Zu § 56	(Inkrafttreten und Außerkrafttreten)	233
Zur Anlage		234
Im Einzelnen		234
Beratungsleistungen		234
§§ 48a, 77 bis 100 (Umweltverträglichkeitsstudie, Leistungen für Thermische Bauphysik, Schallschutz und Raumakustik, Bodenmechanik, Erd- und Grundbau sowie vermessungstechnische Leistungen)		234
Besondere Leistungen		235
Objektlisten		235

E   Interpolierte Honorartafeln ... 237

Interpolationstabelle zu § 20: Honorare für Leistungen bei Flächennutzungsplänen ... 239
Interpolationstabelle zu § 21: Honorare für Leistungen bei Bebauungsplänen ... 245
Interpolationstabelle zu § 28: Honorare für Leistungen bei Landschaftsplänen ... 253
Interpolationstabelle zu § 29: Honorare für Leistungen bei Grünordnungsplänen ... 259
Interpolationstabelle zu § 30: Honorare für Leistungen bei Landschaftsrahmenplänen ... 265
Interpolationstabelle zu § 31: Honorare für Leistungen bei Pflege- und Entwicklungsplänen ... 271
Interpolationstabelle zu § 34: Honorare für Leistungen bei Gebäuden und raumbildenden Ausbauten ... 275
Interpolationstabelle zu § 39: Honorare für Leistungen bei Freianlagen ... 287
Interpolationstabelle zu § 43: Honorare für Leistungen bei Ingenieurbauwerken ... 291
Interpolationstabelle zu § 47: Honorare für Leistungen bei Verkehrsanlagen ... 301
Interpolationstabelle zu § 50: Honorare für Leistungen bei Tragwerksplanungen ... 309
Interpolationstabelle zu § 54: Honorare für Leistungen bei der Technischen Ausrüstung ... 317

F   Interpolierte Honorartafeln zu den Beratungsleistungen ... 323

Interpolationstabelle zu Leistungen bei Umweltverträglichkeitsstudien ... 323
Interpolationstabelle zu Leistungen für den Wärmeschutz ... 325
Interpolationstabelle zu Leistungen für Bauakustik ... 327
Interpolationstabelle zu Leistungen für raumakustische Planung ... 329
Interpolationstabelle zu Leistungen für die Baugrundbeurteilung und Gründungsberatung ... 331
Interpolationstabelle zu Leistungen bei der Vermessung ... 333

A Einführung in die HOAI 2009

Rainer Eich
Dipl.-Ing.
Freier Architekt
Rationalisierungsfachmann im Wohnungsbau
Öffentlich bestellter und vereidigter Sachverständiger für Architektenhonorar

1 Vorgänger der HOAI

Da die Entwicklung der deutschen Honorarordnung für Architekten- und Ingenieurleistungen (HOAI) auf eine geschichtliche Entwicklung von fast 140 Jahren verweisen kann, soll an dieser Stelle ein kurzer Überblick über die vorausgegangenen Gebührenwerke gegeben werden.

Die erste Veröffentlichung einer Gebührenordnung für Architekten erfolgte auf Initiative von Berufsverbänden im Jahre **1871**. Schon bald zeigte sich, dass dieses private Ordnungswerk eine außerordentlich positive Verhandlungsgrundlage für Bauherren und Architekten darstellte, da es klärend dazu beitrug, im Gegenzug zu dem vom Auftraggeber gewünschten Planungserfolg ein angemessenes Architektenhonorar festlegen zu können. Die Praktikabilität dieses Werks war überzeugend und veranlasste die Ingenieurverbände, eine ähnliche, den Ansprüchen ihrer Mitglieder gerecht werdende, Honorarordnung zu schaffen. Diese wurde dann fünf Jahre später, im Jahr **1876,** veröffentlicht und allen Auftraggebern und Ingenieuren als **Verhandlungsgrundlage** für die Bemessung des Planerhonorars empfohlen.

Beide Gebührenordnungen wurden vom Verband der Architekten und Ingenieure im Jahr **1888** zur **Hamburger Norm** zusammengefasst, welche bis kurz nach der Jahrhundertwende **Empfehlungscharakter** behielt.

Im Jahre **1901** erschien diese Gebührenordnung in einer grundlegenden **Neufassung**, die bis zum Jahre **1919** für die Honorarabrechnungen der Architekten und Ingenieure maßgebend blieb. Im Jahre **1920** wurde sie von den Verbänden mit der Besonderheit neu erarbeitet, dass die Honorar- und Vertragsteile systematisch getrennt dargestellt wurden. Allen bisherigen Gebührenwerken war gemeinsam, dass ihnen **keinerlei bindende Wirkung** zukam.

1935 wurde von der **Reichskammer der bildenden Künste** eine **Gebührenordnung** herausgegeben, die **1937** eine Neuerung auf **öffentlich-rechtlicher** Grundlage erfuhr und ab diesem Zeitpunkt auch für die Auftraggeberseite **verbindlich** wurde. In den Jahren **1942** und **1950** wurden die jeweils bestehenden Fassungen den wirtschaftlichen Gegebenheiten angepasst.

In den folgenden Jahren wurde an einer grundlegenden Erneuerung des Gebühren- und Vertragsrechts gearbeitet, und es setzten breite Diskussionen über eine tief greifende Reform des Gebührenwerks ein.

Das im Jahre **1971** in Kraft getretene **Gesetz zur Verbesserung des Mietrechts und zur Begrenzung des Mietanstiegs sowie zur Regelung von Ingenieur- und Architektenleistungen (MRVG)** schuf eine Ermächtigungsgrundlage, über deren Verfassungsmäßigkeit zwar reger Streit entstand, von der aber auch stärkerer Druck auf den Verordnungsgeber ausging, das Gebührenwerk zu reformieren.

Letztlich war es das Bundesministerium für Wirtschaft, das den entscheidenden Anstoß zur Weiterentwicklung der Gebührenordnung gab, indem es einen Forschungsauftrag an die Gruppe Pfarr/Arlt/Hobusch in Berlin erteilte, die daraufhin eine Vorformulierung der HOAI erarbeitete.

2 HOAI

Der Verordnungsgeber ist der Ausarbeitung von Pfarr/Arlt/Hobusch[1] nicht wörtlich gefolgt, er übernahm u. a. eine unmittelbare Koppelung an die Preisentwicklung nicht, griff aber den Gesamtaufbau dieses wissenschaftlichen Gutachtens auf und erarbeitete auf dieser Grundlage die **Honorarordnung für Architekten- und Ingenieurleistungen, HOAI**. Hiermit füllte der Verordnungsgeber die geschaffene Ermächtigungsgrundlage des **MRVG** vom **04.11.1971** aus.

Seit dem Inkrafttreten der **HOAI** bis heute wurden **sechs Novellierungen** vom Verordnungsgeber erarbeitet und in Kraft gesetzt, die im jeweiligen Zeitrahmen, wie nachfolgend dargestellt, Gültigkeit besaßen bzw. besitzen:
vom **01.01.1977** bis zum **31.12.1984** die **Urfassung der HOAI**,
vom **01.01.1985** bis zum **09.06.1985** die **1. Änderungsnovelle**,
vom **10.06.1985** bis zum **31.03.1988** die **2. Änderungsnovelle**,
vom **01.04.1988** bis zum **31.12.1990** die **3. Änderungsnovelle**,
vom **01.01.1991** bis zum **31.12.1995** die **4. Änderungsnovelle**,
vom **01.01.1996** bis zum **17.08.2009** die **5. Änderungsnovelle**,
die seit 2002 von DM auf € Bezug nimmt.

In der Koalitionsvereinbarung vom 11.11.2005 vereinbarten die Regierungsparteien, bei der anstehenden Novellierung der HOAI die vom Bundesrat im Jahr 1995 geforderte Überprüfung der Verordnung in Bezug auf eine sinnvolle Vereinfachung und größere Transparenz vorzunehmen und neue Anreize für kostensparendes Bauen zu schaffen.

Das Bundesamt für Wirtschaft und Technologie gab ein Gutachten[2] in Auftrag, in dem unter anderem vorgetragen wurde, dass die HOAI in der Praxis teilweise unbefriedigend Anwendung fände, ein bisher behaupteter Zusammenhang zwischen verbindlicher Honorarfestlegung und Bauqualität in keiner Weise erkennbar und eine gründliche Modernisierung von Nöten sei.

Auf dieses Gutachten bezog sich teilweise der Verordnungsgeber bei seinen neuerlichen Novellierungsüberlegungen und entwickelte hiervon beeinflusst eine strukturell gänzlich veränderte Gebührenordnung.

Nach zweimaliger öffentlicher Vorstellung des **Entwurfs** der **6. Novellierung** in Berlin vor Fachkreisen, heftigsten Diskussionen und massiver Kritik an diesem ministeriellen Änderungsvorschlag wurde der Entwurf, nochmals sehr stark verändert, am 29.04.2009 vom Bundeskabinett als **6. Novelle der Verordnung über die Honorare für Architekten- und Ingenieurleistungen (HOAI)** verabschiedet, am 12.06.2009 vom Bundesrat zustimmend durchgewunken und trat am **18.08.2009** in Kraft.

---

[1] Pfarr/Arlt/Hobusch: Das Planungsbüro und sein Honorar. Wuppertal: Deutscher Consulting Verlag, 1975
[2] „**Statusbericht 2000plus Architekten/Ingenieure**"

Einführung

Die vom 01.01.1977 bis zum **17.08.2009** geltenden **HOAI-Fassungen** hießen im Langtext:
- Honorarordnung für Architekten und Ingenieure

Die **6. Novelle** dieser Rechtsverordnung nennt sich nun:
- Verordnung über die Honorare für Architekten- und Ingenieurleistungen.

3 Rechtscharakter

Die HOAI regelt **nicht** die werkvertraglichen Verpflichtungen des Architekten oder des Ingenieurs und schon gar nicht die Art und Menge der vom Architekten oder Ingenieur geschuldeten Einzeltätigkeiten, denn sie ist lediglich **Preisrecht**. Die Verpflichtung des Architekten und des Ingenieurs bestimmt der Vertrag, den diese mit ihrem Auftraggeber geschlossen haben. Die HOAI legt lediglich durch Mindest- und Höchstsatzgrenzen den auf das individuelle Bauvorhaben bezogenen Rahmen fest, innerhalb dessen ein Honorar rechtsgültig vereinbart werden kann.

Die vertraglichen Pflichten des Architekten und des Ingenieurs können demnach nicht der HOAI entnommen werden. Diese ergeben sich allein aus der Aufgabenstellung im Vertrag und den Regelungen des Werkvertragsrechts, § 631 ff. BGB.

In all den Jahren des Bestehens der HOAI musste immer wieder festgestellt werden, dass Auftraggeber und Auftragnehmer, und leider auch oft die an einem Honorarprozess beteiligten Juristen, die Aufzählung der sogenannten Grundleistungen der jeweiligen Leistungsbilder als Leistungserbringungsverpflichtungskataloge der Planer ansahen. Dieses führte vielmals zu Urteilen, die eines jeden Praxisbezugs entbehrten. Der Verordnungsgeber hat nun in der 6. Novelle in § 3 (8) der **HOAI 2009** darauf aufmerksam gemacht, dass das **Ergebnis jeder Leistungsphase** mit der Auftraggeberin oder dem Auftraggeber zu erörtern ist. Dies ist ein Hinweis in die richtige Richtung, der betont, dass es im Rahmen eines Architekten- oder Ingenieurvertrags nicht auf das Abarbeiten aller einzelnen Arbeitsschritte, so wie diese in den einzelnen Leistungsphasen der jeweiligen Leistungsbilder aufgezählt sind, ankommt, sondern auf das **Ergebnis der Arbeit** in den einzelnen Leistungsphasen.

Allein das ist werkvertragskonform. Man kann hoffen, dass dieser Hinweis mit dazu beiträgt, den bisherigen und falschen Auslegungstrend zu stoppen und dieses Phänomen einzudämmen.

4 Wesentliche Neuerungen der HOAI 2009 im Überblick

4.1 Begrenzung des Anwendungsbereichs der HOAI 2009

4.1.1 Persönlicher Anwendungsbereich

Vor dem Hintergrund, dass die HOAI, die bisher allein auf deutschem Recht fußte, nun auch in das europäische Recht eingebunden sein muss, wurde ihr Anwendungsbereich zwangsläufig erheblich eingeschränkt. Die Richtlinie des europäischen Parlaments und des Rates über Dienstleistungen im Binnenmarkt vom 12.12.2006 regelt in Artikel 14 und 15 die Niederlassungsfreiheit für Dienstleistungserbringer. Artikel 16 dieser Richtlinie gibt vor, dass es den Mitgliedstaaten verboten ist, Architekten und Ingenieure mit ausschließlichem Sitz im Ausland die Anwendung der HOAI vorzuschreiben, es sei denn, es gibt hierfür Rechtfertigungsgründe. Die HOAI ist aus den in Artikel 16 Abs. 3 der Richtlinie genannten Gründen der „öffentlichen Ordnung, Sicherheit, Gesundheit oder des Schutzes der Umwelt" nicht gerechtfertigt. Aus diesem Grund verstößt die HOAI allein dann nicht gegen EU-Recht, wenn im Ausland niedergelassene Architekten und Ingenieure aus ihrem Anwendungsbereich ausgenommen sind.

Im Grundsatz bedeutet dies, dass für Architekten und Ingenieure,
- die nur einen Sitz im Ausland haben, die **HOAI nicht** per legem **anzuwenden** ist,
- die **auch** einen Sitz in Deutschland haben und von diesem Sitz aus Leistungen für ein Bauvorhaben erbringen **und** für solche,
- die **lediglich** einen Sitz im Inland haben,
- die **HOAI** zwingend **anzuwenden** ist.

Selbstverständlich bleibt es den Vertragspartnern überlassen, deutsches Recht individuell zu vereinbaren und somit die HOAI als Honorarberechnungssystem in ihr Vertragsverhältnis einzubinden.

4.1.2 Sachlicher Anwendungsbereich

Dieser beschränkt sich auf die Berechnung der Honorare für **Leistungen**, die **in dem verbindlichen Teil dieser Verordnung erfasst** sind und deren ermittelte **anrechenbare Kosten, Werte** oder **Verrechnungseinheiten** sich **innerhalb** der jeweiligen **Tafelwerte** bewegen.

Bei Bauvorhaben, deren anrechenbare Kosten über die Honorartafelwerte der HOAI hinausgehen, ist es schon seit Jahren als absolut üblich anzusehen, die von den Landesverwaltungen für solche Fälle geschaffenen erweiterten Tabellen zur angemessenen Honorarfindung heranzuziehen. Es gibt bisher u. a. solche Tabellen von den Landesverwaltungen Bayern, Baden-Württemberg, Nordrhein-Westfalen und Berlin, welche lediglich um Nuancen variieren, im Prinzip aber nach fast identischem Ansatz weiterentwickelt worden sind. Diese Tabellen werden nicht nur bei Bauvorhaben der Bundesländer verwendet, sondern bilden mittlerweile auch immer öfter die Grundlage bei Bauten für private Bauherren. Nach Meinung des Herausgebers dieser HOAI-Textausgabe kann die Anwendung dieser fortgeschriebenen Honorartafeln durchaus als üblich im Sinne des § 632 Abs. 2 BGB angesehen werden.

Man kann davon ausgehen, dass die bestehenden Erweiterungstabellen in Bezug auf die **HOAI 2009** aktualisiert werden.

4.2 Deregulierung der sogenannten Beratungsleistungen

Die **HOAI 1996** enthielt noch **14 Teile** (Tei l bis Teil XIV) mit insgesamt **103 Paragrafen**. Alle unterlagen homogen der preisrechtlichen Bindung.

Die **HOAI 2009** besteht nun aus **fünf Teilen** mit **56 Paragrafen** und **14 Anlagen**.

Einführung

Waren alle Teile **I bis XIV** der **HOAI 1996** uneingeschränkt verbindliches Preisrecht, so ist die **HOAI 2009** nun zweigeteilt und besteht aus einem **verbindlichen** Preisrecht und einem **empfehlenden** Teil. Dies deshalb, da der Verordnungsgeber die bisherigen Leistungen der Architekten und Ingenieure nun in **Planungsleistungen** und **Beratungsleistungen** unterteilt und lediglich die **Planungsleistungen** preisrechtlich regelt.

Für die sogenannten **Beratungsleistungen** wurde das Preisrecht aufgehoben. Dennoch werden sie so gut wie wörtlich aus der **HOAI 1996 mit** um ca. **10 % erhöhten Tafelwerten** übernommen und in der **Anlage 1** zur **HOAI 2009** als unverbindliche Empfehlungen weiterhin aufgeführt. Diese Maßnahme soll laut den Vorstellungen des Verordnungsgebers ein Orientierungsgeländer sein, um den Übergang von verbindlichen Regelungen aus der HOAI 1996 in die Freivereinbarkeit gemäß HOAI 2009 zu erleichtern.

Gemäß § 3 Abs. 3 sollen nun die Honorare für **Besondere Leistungen**, die in der **Anlage 2** unverbindlich und nicht abschließend aufgeführt werden, frei vereinbar sein und unterliegen somit auch nicht mehr dem Preisrecht.

4.3 Einführung zweier verschiedener Berechnungsmodelle

4.3.1 Baukostenberechnungsmodell

Das Grundprinzip der Honorarberechnungssystematik und die wesentlichen Honorarberechnungsparameter der HOAI 1996 wurden in die HOAI 2009 übernommen. Diese sind
- **Leistungsumfang**,
- **Honorarzone**,
- **Honorarsatz**,
- **anrechenbare Kosten** und
- **Zuschläge**.

Maxime der **HOAI 1996** war, dass die anrechenbaren Kosten sich aus den echten Baukosten generieren. Hieraus entwickelte sich von **1977** bis **1996** die bekannte Dreiteilung der Honorarberechnung. Die Planungsleistungen der Architekten und Ingenieure mussten in der Regel wie folgt abgerechnet werden:

- die Grundlagenermittlung bis
  zur Genehmigungsplanung   nach der **Kostenberechnung**
- die Ausführungsplanung bis zur Mitwirkung
  bei der Vergabe   nach dem **Kostenanschlag**
- die Objektüberwachung und die Objektbetreuung   nach der **Kostenfeststellung**

Die Honorarbemessungsgrundlage änderte sich somit im Laufe der Planung und der Realisierung des Werkes ständig. Die Kostenberechnung konnte erst im Laufe der Entwurfsplanung erstellt werden, der Kostenanschlag ergab sich erst nach Eingang aller Angebote der am Baugeschehen beteiligten Firmen und die Kostenfeststellung war die Widerspiegelung der tatsächlich aufgewendeten Kosten.

Dieses Verfahren führte zwar in Bezug auf das jeweils individuelle Bauvorhaben zu einem sehr ausgewogenen Honorar, stand aber dem berechtigten Interesse eines jeden Auftraggebers auf frühestmögliche Kostensicherheit aller Planerhonorare entgegen.

Die Abkopplung der Honorare von den echten Baukosten und die Einführung der einheitlichen Abrechnung aller Planerleistungen nach nur einer Kostenaussage, der **Kostenberechnung**, gibt dem Auftraggeber zumindest ab dem Zeitpunkt der Entwurfsplanung nach Erstellung der Kostenberechnung einen verhältnismäßig sicheren Aufschluss über die anstehende Honorarhöhe.

4.3.2 Baukostenvereinbarungsmodell

Eine weitere Möglichkeit, die Höhe der anstehenden Planerhonorare so früh wie möglich festlegen zu können, eröffnet der Verordnungsgeber in § 6 Abs. 2 HOAI 2009.

Die Parteien können bei Auftragserteilung schriftlich vereinbaren, dass eine von ihnen einvernehmlich festgelegte Baukostenvereinbarung, die sich aber auf nachprüfbare Baukostendaten beziehen muss, die Grundlage für die Honorarbemessung sein soll. Somit kann schon bei Auftragserteilung die Honorarhöhe festgelegt werden und nicht erst, wie im Normfall, nach Erarbeitung einer Kostenberechnung im Rahmen der Entwurfsplanung.

Die Brisanz in und das Streitpotenzial aus dieser Baukostenvereinbarungsmöglichkeit verkannte der Verordnungsgeber nicht und wies in seiner amtlichen Begründung darauf hin, dass die Baukosten hierfür z. B. anhand von Referenzobjekten oder auf der Basis der **DIN 18205 Bedarfsplanung im Bauwesen** (April 1996) zu entwickeln seien, sollen sie dem Anspruch auf Nachprüfbarkeit genügen. Dieses Instrument zur vorzeitigen Bestimmung der Honorarbemessungsgrundlage kann letztendlich nur von zwei Vertragspartnern genutzt werden, die ein gleiches Fachwissen bei gleichem Informationsstand aufweisen.

5 Wegfall einzelner Regelungen der HOAI 1996

(Alle §§ beziehen sich auf die **HOAI 1996**)

5.1 Teil I HOAI 1996

§ 4a Abweichende Honorarermittlung
Der Satz 1 des bisherigen § 4a geht sinngemäß in § 6 Abs. 2 (Baukostenvereinbarungsmodell) ein. Satz 2 des bisherigen § 4a wird in § 7 Abs. 5 übernommen.

§ 6 Wegfall von Zeithonoraren
Hiermit soll den Planern mehr Flexibilität bei der Vertragsgestaltung ermöglicht werden.

5.2 Teil II HOAI 1996

§ 21 Zeitliche Trennung der Ausführung
Für den Fall, dass der Auftrag nicht einheitlich in einem Zuge, sondern abschnittsweise in größeren Zeitabständen ausgeführt wird, sollte mit der bisherigen Regelung der Auftragnehmerin oder dem Auftragnehmer der Mehraufwand für die längeren Zwischenintervalle vergütet werden. Diese Regelung hatte in der Praxis nur eine geringe Bedeutung. Den Parteien bleibt es in Zukunft unbenommen, eine freie Vereinbarung nach dem Vorbild des bisherigen § 21 zu treffen.

Einführung

§ 23 **Verschiedene Leistungen an einem Gebäude**
Die Regelung in § 23 Abs. 1 ist durch die allgemeine Regelung des § 6 Abs. 1, nach der sich das Honorar unter anderem nach dem jeweiligen Leistungsbild und bei Bauten im Bestand nach den §§ 35 und 36 richtet, indirekt erfasst.

Dem § 23 Abs. 2 kam praktisch keine Bedeutung zu. Er konnte somit gestrichen werden.

§ 25 **Abs. 1: Leistungen des raumbildenden Ausbaus**
Die Vorschrift wird gestrichen, da Abs. 1, wonach keine parallele Honorarberechnung für Leistungen bei Gebäuden und raumbildendem Ausbau zulässig ist, systemwidrig ist. Nach der HOAI 2009 werden alle Leistungsbilder getrennt honoriert.

§ 26 **Einrichtungsgegenstände und integrierte Werbeanlagen**
Der geltende § 26 HOAI konnte gestrichen werden, da er ohnehin preisrechtlich keine präzisen Honorarregelungen enthält.

5.3 Teil III HOAI 1996

§ 28 **Entwicklung und Herstellung von Fertigteilen**
§ 29 **Rationalisierungswirksame Besondere Leistungen**
§ 30 **Rationalisierungsfachmann im Wohnungsbau (gültig bis 31.12.1990)**
§ 31 **Projektsteuerung**
§ 32 **Winterbau**

Die bisherigen §§ 28 bis 32 können aus den gleichen Erwägungen wie in der Begründung zur Streichung des bisherigen § 26 (Einrichtungsgegenstände und integrierte Werbeanlagen) gestrichen werden, da sie sowieso keiner preisrechtlichen Regelung unterlagen.

Die Regelung zu § 32 Winterbau kann entfallen, da durch die Umstellung auf die DIN 276 Kosten im Bauwesen (Dezember 2008) die Bauwerks-Baukonstruktionskosten KG 300 unter der KG 397 – Zusätzliche Maßnahmen – auch den Winterbauschutz umfassen.

5.4 Teil IV HOAI 1996

§ 33 **Gutachten**
§ 34 **Wertermittlungen**
Die bisherigen §§ 33 und 34 können aus den gleichen Erwägungen wie in der Begründung zu §§ 28 bis 32 gestrichen werden.

5.5 Teil V HOAI 1996

§ 36 **Kosten von EDV-Leistungen**
Diese Regelung ist seit 1977 in der HOAI enthalten und nicht mehr zeitgemäß. Die EDV-Anwendung ist heute Standard und deshalb mit den Regelungen über die Honorare der Leistungen abgegolten. Sollten zusätzliche, spezielle EDV-Leistungen erforderlich sein, können diese aufgrund einer gesonderten, freien Vereinbarung mit dem Planer honoriert werden.

§ 42 Sonstige städtebauliche Leistungen
Die Vorschrift hatte mangels Preisbestimmung keinen materiellen Regelungsgehalt und kann somit ersatzlos gestrichen werden.

5.6 Teil VI HOAI 1996

§ 44 Anwendung von Vorschriften aus den Teilen II und V
Die Vorschrift wird gestrichen, weil die darin enthaltenen Verweisungen in der Neufassung der HOAI überflüssig sind. Die bisherigen Regelungen der §§ 20 und 39, auf die verwiesen wird, sind in den allgemeinen Teil der Neufassung aufgenommen worden und gelten ohne Verweisung für den besonderen Teil unmittelbar. Die Verweisungen auf die bisherigen §§ 36 und 38 Abs. 8 gehen ins Leere, da die Vorschriften gestrichen wurden.

§ 49 Honorarzonen für Leistungen bei Landschaftspflegerischen Begleitplänen
Die Honorarermittlung richtet sich zukünftig nicht nach den Schwierigkeitsstufen des gestrichenen Leistungsbildes „Umweltverträglichkeitsstudien", sondern nach den Honorarzonen, die jetzt mit den jeweiligen Honorartabellen korrespondieren. In § 26 der Neufassung wird festgelegt, dass die Honorare entweder nach § 28 oder § 29 zu berechnen sind.

§ 50 Sonstige landschaftsplanerische Leistungen
Die Vorschrift hatte mangels Preisbestimmung keinen materiellen Regelungsgehalt und kann somit ersatzlos gestrichen werden.

5.7 Teil VII HOAI 1996

§ 57 Örtliche Bauüberwachung
Der bisherige § 57 ergänzt die Leistungsphase 8 des geltenden § 55, in dem nur die Bauoberleitung erfasst wird. Die dabei fehlende örtliche Bauüberwachung regelte der bisherige § 57 in den Abs. 1 und 2. Die Leistungen der örtlichen Bauüberwachung bei Ingenieurbauwerken und Verkehrsanlagen werden, da sie nicht durch das Grundhonorar der Honorartafeln des § 43 für Ingenieurbauwerke – bzw. § 47 für Verkehrsanlagen – erfasst werden, unter den Besonderen Leistungen informativ weitergeführt.

§ 58 Vorplanung und Entwurfsplanung als Einzelleistung
Die Vorschrift wird gestrichen. Sie wurde in § 9 des allgemeinen Teils aufgenommen.

§ 61 Bau- und landschaftsgestalterische Beratung
Diese Vorschrift ist in einem Preisrecht wie der HOAI entbehrlich, da mangels Preisbestimmung kein Regelungsgehalt entwickelt wird.

Einführung

5.8 Teil VIIa HOAI 1996

§ 61a Honorar für verkehrsplanerische Leistungen
Begründung wie zu § 61.

5.9 Teil VIII HOAI 1996

§ 66 Abs. 1 bis 4 Auftrag über mehrere Tragwerke und Umbauten
Der geltende § 66 Abs. 1 und 3 wird gestrichen, da die Regelung im Zusammenhang mit § 11 geregelt und im allgemeinen Teil vorangestellt wurde.

§ 67 Abs. 2 Tragwerksplanung für Traggerüste bei Ingenieurbauwerken
Anstelle dieser Vorschrift wurde in § 48 Abs. 5 HOAI 2009 eine vergleichbare Regelung eingefügt.

6 Aufbau HOAI 2009

Waren in der **HOAI 1996** im Prinzip alle Planerleistungen preisrechtlich geregelt, so weist die HOAI 2009 zwei verschiedene Qualitätsmerkmale auf. Sie besteht nun aus einem **preisrechtlich verbindlichen** und einem **unverbindlichen, empfehlenden** Abschnitt. Hieraus ergibt sich für die **HOAI 2009** folgende Struktur: siehe S. 20.

6.1 Synopse: Gliederung HOAI 1996 zu HOAI 2009

Da sich die Gesamtstruktur der HOAI 2009 gegenüber der HOAI 1996 sehr verändert hat, ist eine klare Gegenüberstellung aller Paragrafen nicht möglich.
Zur ersten Übersicht werden die **HOAI 1996** und die **HOAI 2009** daher in ihrer **Gliederungsstruktur** gegenübergestellt. In dieser Gegenüberstellung wird deutlich, welche Leistungsbilder aus der HOAI 1996 wo in der HOAI 2009 wiederzufinden oder gänzlich herausgefallen sind.
Die **schwarzen Verbindungslinien** bedeuten, dass die kompletten Teile oder die einzelnen Leistungsbilder aus der HOAI 1996 von der HOAI 2009 in ihrem preisrechtlichen Part in modifizierter Weise übernommen wurden. Die **roten Verbindungslinien** bedeuten, dass die kompletten Teile oder die einzelnen Leistungsbilder aus der HOAI 1996 von der HOAI 2009 aus der bisherigen Preisregelung herausgenommen und entweder in den unverbindlichen Teilen, den Anlagen 1 oder 2 übernommen oder gänzlich entfallen sind.

Verbindliches Preisrecht:	Unverbindliche Empfehlungen:
Teil 1 bis 5 1 **Allgemeine Vorschriften** 2 **Flächenplanung:** • Flächennutzungsplan • Bebauungsplan • Landschaftsplan • Grünordnungsplan • Landschaftsrahmenplan • Landschaftspflegerischer Begleitplan • Pflege- und Entwicklungsplan 3 **Objektplanung** • Gebäude • raumbildende Ausbauten • Freianlagen • Ingenieurbauwerke • Verkehrsanlagen 4 **Fachplanung** • Tragwerksplanung • Technische Ausrüstung 5 **Überleitungs- u. Schlussvorschriften** **Objektlisten** A3 **Objektlisten zu § 5 Abs. 4 Satz 2** (Gebäude, Freianlagen, raumbildende Ausbauten, Ingenieurbauwerke, Verkehrsanlagen, Anlagen der Technischen Ausrüstung) **Leistungen aus den Leistungsbildern:** A4 **Flächennutzungsplan** A5 **Bebauungsplan** A6 **Landschaftsplan** A7 **Grünordnungsplan** A8 **Landschaftsrahmenplan** A9 **Landschaftspflegerischer Begleitplan** A10 **Pflege- und Entwicklungsplan** A11 **Gebäude, raumbildende Ausbauten und Freianlagen** A12 **Ingenieurbauwerke und Verkehrsanlagen** A13 **Tragwerksplanung** A14 **Technische Ausrüstung**	**Beratungsleistungen** A1 **Beratungsleistungen** • Umweltverträglichkeitsstudie • Thermische Bauphysik • Schallschutz und Raumakustik • Bodenmechanik, Erd- und Grundbau • Vermessungstechnische Leistungen **Besondere Leistungen** A2 **Besondere Leistungen** • Flächennutzungsplan • Bebauungsplan • Landschaftsplan • Landschaftsrahmenplan • Pflege- und Entwicklungsplan • Gebäude und raumbildende Ausbauten • Freianlagen • Ingenieurbauwerke • Verkehrsanlagen • Tragwerksplanung • Technische Ausrüstung

A = Anlage

Einführung

Gliederung HOAI 1996 zu HOAI 2009

HOAI 1996

I	Allgemeine Vorschriften............
II	Leistungen bei Gebäuden............................ Freianlagen............................ raumbildenden Ausbauten.......
III	Zusätzliche Leistungen.............
IV	Gutachten............................ Wertermittlungen....................
V	Städtebauliche Leistungen......
VI	Landschaftsplanerische Leistungen............................ Umweltverträglichkeitsstudie....
VII	Leistungen bei Ingenieurbauwerken............... Verkehrsanlagen.....................
VIIa	Verkehrsplanerische Leistungen............................
VIII	Leistungen bei Tragwerksplanung..................
IX	Leistungen bei der Technischen Ausrüstung.........
X	Leistungen für Thermische Bauphysik............
XI	Leistungen für Schallschutz........................... Raumakustik..........................
XII	Leistungen bei Bodenmechanik..................... Erdbau................................ Grundbau............................
XIII	Vermessungstechnische Leistungen............................
XIV	Schluss- und Überleitungsvorschriften.........

HOAI 2009

1	Allgemeine Vorschriften
2	Flächenplanung
3	Objektplanung
4	Fachplanung
5	Übergangs- und Schlussvorschriften
A1	**Beratungsleistungen**
A2	**Besondere Leistungen**
A3	Objektlisten
A4	Leistungen im Leistungsbild Flächennutzungsplan
A5	Leistungen im Leistungsbild Bebauungsplan
A6	Leistungen im Leistungsbild Landschaftsplan
A7	Leistungen im Leistungsbild Grünordnungsplan
A8	Leistungen im Leistungsbild Landschaftsrahmenplan
A9	Leistungen im Leistungsbild Landschaftspflegerischer Begleitplan
A10	Leistungen im Leistungsbild Pflege- und Entwicklungsplan
A11	Leistungen im Leistungsbild Gebäude raumbildende Ausbauten Freianlagen
A12	Leistungen im Leistungsbild Ingenieurbauwerke Verkehrsanlagen
A13	Leistungen und Besondere Leistungen im Leistungsbild Tragwerksplanung
A14	Leistungen im Leistungsbild Technische Ausrüstung
	„Papierkorb"

6.2 Synopse: Teil 1 HOAI 2009 zu HOAI 1996

In der nachfolgenden Synopse werden dem Teil 1 „Allgemeine Vorschriften" der HOAI 2009 die bisher geltenden Vorschriften der HOAI 1996 gegenübergestellt. Hierbei wird auch gezeigt, dass mehrere, bisher in verschiedenen Teilen der HOAI verstreute Regelungen, nunmehr konzentriert in Teil 1 zusammengefasst werden.

Synopse: Teil 1 HOAI 2009 zu HOAI 1996

HOAI 2009	HOAI 1996
§ 1 Anwendungsbereich ´09	**§ 1 Anwendungsbereich** ´96
Diese Verordnung regelt die Berechnung der Entgelte für die Leistungen der Architekten und Architektinnen und der Ingenieure und Ingenieurinnen (Auftragnehmer oder Auftragnehmerinnen) mit Sitz im Inland, soweit die Leistungen durch diese Verordnung erfasst und vom Inland aus erbracht werden.	Die Bestimmungen dieser Verordnung gelten für die Berechnung der Entgelte für die Leistungen der Architekten und Ingenieure (Auftragnehmer), soweit sie durch Leistungsbilder dieser Verordnung erfasst werden.

Kurzkommentar: Die im Ausland niedergelassenen Architekten und Ingenieure wurden bewusst nicht in den Regelungsbereich der HOAI 2009 einbezogen, um diese den Vorgaben des EU-Rechts anpassen zu können.

§ 2 Begriffsbestimmungen ´09	**§ 3 Begriffsbestimmungen** ´96
Für diese Verordnung gelten folgende Begriffsbestimmungen: (1) „Objekte" sind Gebäude, raumbildende Ausbauten, Freianlagen, Ingenieurbauwerke, Verkehrsanlagen, Tragwerke und Anlagen der Technischen Ausrüstung;	Im Sinne dieser Verordnung gelten folgende Begriffsbestimmungen: (1) Objekte sind Gebäude, sonstige Bauwerke, Anlagen, Freianlagen und raumbildende Ausbauten.

Kurzkommentar: Das ausdrückliche Einbeziehen der Ingenieurbauwerke, Verkehrsanlagen, Tragwerke und Anlagen der Technischen Ausrüstung in die Begriffsbestimmung „Objekte" ist eine logische Folge der Tatsache, dass Teil 1: Allgemeine Vorschriften, im Gegensatz zur HOAI 1996, nun konsequent für alle Leistungsbilder ohne Verweise zuständig ist.

§ 2 Begriffsbestimmungen ´09	´96
(2) „Gebäude" sind selbstständig benutzbare, überdeckte bauliche Anlagen, die von Menschen betreten werden können und geeignet oder bestimmt sind, dem Schutz von Menschen, Tieren oder Sachen zu dienen;	Keine Aussage hierzu

Einführung

Kurzkommentar: Der Begriff „Gebäude", der in der HOAI 1996 schwerpunktmäßig im Teil II Verwendung fand, wurde in der Vergangenheit oft vor Gericht streitig gestellt. Nur über den Umweg über § 94 BGB und die Landesbauordnungen der Bundesländer und mithilfe der Definition des Oberbegriffs „Bauwerk" konnte bei Meinungsverschiedenheiten, ob dieses streitige Objekt überhaupt unter die HOAI-Systematik zu subsumieren sei, (zuweilen) Konsens herbeigeführt werden. Die nun in die HOAI 2009 eingebrachte Definition bringt Klarheit in das Honorarrecht.

§ 2 Begriffsbestimmungen '09	§ 3 Begriffsbestimmungen '96
(3) „Neubauten und Neuanlagen" sind Objekte, die neu errichtet oder neu hergestellt werden;	(2) Neubauten und Neuanlagen sind neu zu errichtende oder neu herzustellende Objekte.

§ 2 Begriffsbestimmungen '09	§ 3 Begriffsbestimmungen '96
(4) „Wiederaufbauten" sind vormals zerstörte Objekte, die auf vorhandenen Bau- oder Anlageteilen wiederhergestellt werden; sie gelten als Neubauten, sofern eine neue Planung erforderlich ist;	(3) Wiederaufbauten sind die Wiederherstellung zerstörter Objekte auf vorhandenen Bau- oder Anlageteilen. Sie gelten als Neubauten, sofern eine neue Planung erforderlich ist.

§ 2 Begriffsbestimmungen '09	§ 3 Begriffsbestimmungen '96
(5) „Erweiterungsbauten" sind Ergänzungen eines vorhandenen Objekts;	(4) Erweiterungsbauten sind Ergänzungen eines vorhandenen Objekts, zum Beispiel durch Aufstockung oder Anbau.

§ 2 Begriffsbestimmungen '09	§ 3 Begriffsbestimmungen '96
(6) „Umbauten" sind Umgestaltungen eines vorhandenen Objekts mit Eingriffen in Konstruktion oder Bestand;	(5) Umbauten sind Umgestaltungen eines vorhandenen Objekts mit wesentlichen Eingriffen in Konstruktion oder Bestand.

Kurzkommentar: Das Wort „wesentlichen" ist weggefallen. Somit führen auch kleinere Eingriffe in Konstruktion oder Bestand des Objekts zu einer Umbaumaßnahme. Auch hiermit wird für weitere Rechtssicherheit bei Honorarprozessen gesorgt, da sich über einen schwammigen Begriff wie „wesentlich" trefflich streiten ließ.

§ 2 Begriffsbestimmungen '09	§ 3 Begriffsbestimmungen '96
(7) „Modernisierungen" sind bauliche Maßnahmen zur nachhaltigen Erhöhung des Gebrauchswertes eines Objekts, soweit sie nicht unter die Nummern 5, 6 oder Nummer 9 fallen;	(6) *Modernisierungen sind bauliche Maßnahmen zur nachhaltigen Erhöhung des Gebrauchswertes eines Objekts, soweit sie nicht unter die Nummern 4, 5 oder 10 fallen, jedoch einschließlich der durch diese Maßnahmen verursachten Instandsetzungen.*

§ 2 Begriffsbestimmungen '09	§ 3 Begriffsbestimmungen '96
(8) „raumbildende Ausbauten" sind die innere Gestaltung oder Erstellung von Innenräumen ohne wesentliche Eingriffe in Bestand oder Konstruktion; sie können im Zusammenhang mit Leistungen nach den Nummern 3 bis 7 anfallen;	(7) *Raumbildende Ausbauten sind die innere Gestaltung oder Erstellung von Innenräumen ohne wesentliche Eingriffe in Bestand oder Konstruktion. Sie können im Zusammenhang mit Leistungen nach den Nummern 2 bis 6 anfallen.*

§ 2 Begriffsbestimmungen '09	§ 3 Begriffsbestimmungen '96
(9) „Instandsetzungen" sind Maßnahmen zur Wiederherstellung des zum bestimmungsgemäßen Gebrauch geeigneten Zustandes (Sollzustandes) eines Objekts, soweit sie nicht unter Nummer 4 fallen oder durch Maßnahmen nach Nummer 7 verursacht sind;	(10) *Instandsetzungen sind Maßnahmen zur Wiederherstellung des zum bestimmungsmäßigen Gebrauch geeigneten Zustandes (Sollzustandes) eines Objekts, soweit sie nicht unter Nummer 3 fallen oder durch Maßnahmen nach Nummer 6 verursacht sind.*

§ 2 Begriffsbestimmungen '09	§ 3 Begriffsbestimmungen '96
(10) „Instandhaltungen" sind Maßnahmen zur Erhaltung des Sollzustandes eines Objekts;	(11) *Instandhaltungen sind Maßnahmen zur Erhaltung des Sollzustandes eines Objekts.*

§ 2 Begriffsbestimmungen '09	§ 3 Begriffsbestimmungen '96
(11) „Freianlagen" sind planerisch gestaltete Freiflächen und Freiräume sowie entsprechend gestaltete Anlagen in Verbindung mit Bauwerken oder in Bauwerken;	(12) *Freianlagen sind planerisch gestaltete Freiflächen und Freiräume sowie entsprechend gestaltete Anlagen in Verbindung mit Bauwerken oder in Bauwerken.*

Einführung

§ 2 Begriffsbestimmungen '09	'96
(12) „fachlich allgemein anerkannte Regeln der Technik" sind schriftlich fixierte technische Festlegungen für Verfahren, die nach herrschender Auffassung der beteiligten Fachleute, Verbraucher und der öffentlichen Hand geeignet sind, die Ermittlung der anrechenbaren Kosten nach dieser Verordnung zu ermöglichen, und die sich in der Praxis allgemein bewährt haben oder deren Bewährung nach herrschender Auffassung in überschaubarer Zeit bevorsteht;	Keine Aussage hierzu

§ 2 Begriffsbestimmungen '09	'96
(13) „Kostenschätzung" ist eine überschlägige Ermittlung der Kosten auf der Grundlage der Vorplanung; sie ist die vorläufige Grundlage für Finanzierungsüberlegungen; ihr liegen Vorplanungsergebnisse, Mengenschätzungen, erläuternde Angaben zu den planerischen Zusammenhängen, Vorgängen und Bedingungen sowie Angaben zum Baugrundstück und zur Erschließung zugrunde; wird die Kostenschätzung nach § 4 Abs. 1 Satz 3 auf der Grundlage der DIN 276, in der Fassung vom Dezember 2008 (DIN 276-1: 2008-12) erstellt, müssen die Gesamtkosten nach Kostengruppen bis zur ersten Ebene der Kostengliederung ermittelt werden;	Keine Aussage hierzu

Kurzkommentar: Der Begriff „Kostenschätzung" ist ein Terminus der DIN 276, der mit der HOAI 1977 über die DIN 276 (1971) im Zusammenhang mit Planungen und Objektüberwachungen bei Gebäuden, Anlagen und Bauwerken in den Sprachgebrauch im Zusammenhang mit Architekten- und Ingenieurverträgen eingeführt wurde. Er bedarf grundsätzlich keiner weiteren Begriffsbestimmung.

§ 2 Begriffsbestimmungen '09	'96
(14) „Kostenberechnung" ist eine Ermittlung der Kosten auf der Grundlage der Entwurfsplanung; ihr liegen durchgearbeitete Entwurfszeichnungen oder auch Detailzeichnungen wiederkeh-	Keine Aussage hierzu

render Raumgruppen, Mengenberechnungen und für die Berechnung und Beurteilung der Kosten relevante Erläuterungen zugrunde; wird sie nach § 4 Abs. 1 Satz 3 auf der Grundlage der DIN 276 erstellt, müssen die Gesamtkosten nach Kostengruppen bis zur zweiten Ebene der Kostengliederung ermittelt werden;

Kurzkommentar: Vgl. „Kostenschätzung".

§ 2 Begriffsbestimmungen ´09

(15) „Honorarzonen" stellen den Schwierigkeitsgrad eines Objektes oder einer Flächenplanung dar.

´96

Aussagen hierzu in den einzelnen Teilen der jeweiligen Leistungsbilder:

§ 11 [...] Gebäuden ´96

(3) Bei der Zurechnung eines Gebäudes in die Honorarzonen sind entsprechend dem Schwierigkeitsgrad der Planungsanforderungen die Bewertungsmerkmale [...] zu bewerten, [...]

§ 13 [...] Freianlagen ´96

(3) Analog § 11 Abs. 3

§ 14a [...] raumbildenden Ausbauten ´96

(3) Analog § 11 Abs. 3

§ 36a [...] Flächennutzungsplänen ´96

(3) Analog § 11 Abs. 3

§ 39a [...] Bebauungsplänen ´96

(3) Hier befindet sich ein Verweis auf § 36a.

§ 45 [...] Landschaftsplänen ´96

(3) Analog § 11 Abs. 3

§ 46a [...] Grünordnungsplänen ´96

(5) Grünordnungspläne können nach Anzahl und Gewicht der Schwierigkeitsmerkmale der Schwierigkeitsstufe zugeordnet werden, [...]

Einführung

§ 53 [...] Ingenieurbauwerken und Verkehrsanlagen '96

(4) Analog § 11 Abs. 3

§ 63 [...] der Tragwerksplanung '96

(1) Die Honorarzone wird bei der Tragwerksplanung nach dem statisch-konstruktiven Schwierigkeitsgrad aufgrund folgender Bewertungsmerkmale ermittelt.

§ 71 [...] der Technischen Ausrüstung '96

(1) Analog § 11 Abs. 3

§ 82 [...] der Bauakustik '96

(1) Analog § 11 Abs. 3

§ 87 [...] der raumakustischen Planung und Überwachung '96

(1) Analog § 11 Abs. 3

§ 93 [...] der Baugrundbeurteilung und Gründungsberatung '96

(1) Analog § 11 Abs. 3

§ 97a [...] der Entwurfsvermessung '96

(1) Analog § 11 Abs. 3

§ 98a [...] der Bauvermessung '96

(1) Analog § 11 Abs. 3

§ 3 Leistungen und Leistungsbilder '09

(1) Die Honorare für Leistungen sind in den Teilen 2 bis 4 dieser Verordnung verbindlich geregelt. Die Honorare für Beratungsleistungen sind in der Anlage 1 zu dieser Verordnung enthalten und nicht verbindlich geregelt.

§ 1 Anwendungsbereich '96

Die Bestimmungen dieser Verordnung gelten für die Berechnung der Entgelte für die Leistungen der Architekten und der Ingenieure (Auftragnehmer), soweit sie durch Leistungsbilder oder andere Bestimmungen dieser Verordnung erfasst werden.

Kurzkommentar: Die Planungsdisziplinen in der HOAI 1996
- Umweltverträglichkeitsstudie,
- Thermische Bauphysik,
- Schallschutz und Raumakustik,

- Bodenmechanik, Erd- und Grundbau sowie
- Vermessungstechnische Leistungen

werden vom Verordnungsgeber **nicht** mehr als **Planungsleistungen** angesehen. Sie sind in der HOAI 2009 unter der Anlage 1 als **Beratungsleistungen** aufgeführt und werden **nicht mehr preisrechtlich geregelt.**

§ 3 Leistungen und Leistungsbilder ´09	§ 2 Leistungen ´96
(2) Leistungen, die zur ordnungsgemäßen Erfüllung eines Auftrags im Allgemeinen erforderlich sind, sind in Leistungsbildern erfasst. Andere Leistungen, die durch eine Änderung des Leistungsziels, des Leistungsumfangs, einer Änderung des Leistungsablaufs oder anderer Anordnungen des Auftraggebers erforderlich werden, sind von den Leistungsbildern nicht erfasst und gesondert frei zu vereinbaren und zu vergüten.	(1) Soweit Leistungen in Leistungsbildern erfasst sind, gliedern sich die Leistungen in Grundleistungen und Besondere Leistungen. (2) Grundleistungen umfassen die Leistungen, die zur ordnungsgemäßen Erfüllung eines Auftrags im Allgemeinen erforderlich sind. Sachlich zusammengehörige Grundleistungen sind zu jeweils in sich abgeschlossenen Leistungsphasen zusammengefasst.

Kurzkommentar: Die HOAI 1996 führt in den einzelnen Leistungsbildern jeweils einen Katalog von Arbeitsschritten, die in Leistungsphasen gebündelten sogenannten **Grundleistungen,** auf und bestimmt, dass, sollten sie zur Herbeiführung des werkvertraglich geschuldeten Erfolgs notwendig sein und somit vom Planer (alle oder nur ein Teil von ihnen) erbracht werden müssen, diese vom **Grundhonorar abgedeckt** sind. Dieser Katalog ist abschließend.

Für den Fall, dass der Auftraggeber seine Zielvorgaben ändert und somit für den Architekten und den Ingenieur ein Mehraufwand entsteht, hat die HOAI 1996 keine Aussage über eine dafür anstehende Honorierung getroffen.

Die HOAI 2009 weist nun ausdrücklich darauf hin, dass die aufgrund von Änderungswünschen zusätzlich anfallenden Planungs- und/oder Bauleitungsleistungen nicht von ihr im Rahmen der Grundhonorarbestimmung geregelt werden und hierfür eine freie Honorarvereinbarung zu treffen ist.

Fehlt für die **Änderungsleistungen** eine Honorarvereinbarung, so geht – es sei an das Schriftformerfordernis bei Besonderen Leistungen zum Geltungsbereich der HOAI 1996 hingewiesen – eine Honorarforderung hierfür nicht ins Leere. Es greifen § 632 Abs. 1 und 2 BGB

Zitat: § 632 Abs. 1 BGB:
Eine Vergütung gilt stillschweigend als vereinbart, [...]

Einführung

> Zitat: § 632 Abs. 2 BGB:
> Ist die Höhe der Vergütung nicht bestimmt, so ist [...] die übliche Vergütung als vereinbart anzusehen.
>
> und hierfür ist keine Schriftform erforderlich.

§ 3 Leistungen und Leistungsbilder '09	§ 2 Leistungen '96
(3) Besondere Leistungen sind in der Anlage 2 aufgeführt, die Aufzählung ist nicht abschließend. Die Honorare für Besondere Leistungen können frei vereinbart werden.	(3) Besondere Leistungen können zu den Grundleistungen hinzu oder an deren Stelle treten, wenn besondere Anforderungen an die Ausführung des Auftrags gestellt werden, die über die allgemeinen Leistungen hinausgehen oder diese ändern. Sie sind in den Leistungsbildern nicht abschließend aufgeführt. Die Besonderen Leistungen eines Leistungsbildes können auch in anderen Leistungsbildern oder Leistungsphasen vereinbart werden, in denen sie nicht aufgeführt sind, soweit sie dort nicht Grundleistungen darstellen.

Kurzkommentar: Die **HOAI 2009** unterscheidet nicht mehr
- Besondere Leistungen, die Grundleistungen **ersetzen** von
- Besonderen Leistungen, die zu Grundleistungen **hinzutreten**.

Die HOAI 2009 verwendet den Begriff „Grundleistungen" nicht mehr und spricht in § 3 Abs. 2 nur noch von „Leistungen", die zur Erreichung des werkvertraglich geschuldeten Erfolgs im Allgemeinen notwendig sind. Somit ist der Begriff „Leistungen" mit dem früheren „Grundleistungen" gleichzusetzen. Der Begriff „Besondere Leistungen" wird nicht mehr definiert. Es können hiermit nur noch solche gemeint sein, die aufgrund einer speziellen Situation, die nicht mehr unter den Begriff „im Allgemeinen" zu subsumieren ist, ggf. zusätzlich notwendig werden, um das werkvertraglich geschuldete Ziel erreichen zu können.

Ein Honorar für solche Tätigkeiten, die nicht mehr, wie noch in § 5 Abs. 4 HOAI 1996 gefordert, „nicht unwesentlich" gegenüber den Grundleistungen sein müssen, um einen eigenständigen Honoraranspruch auslösen zu können, kann frei vereinbart werden und der Zwang einer schriftlichen Honorarvereinbarung, um im Rahmen der Rechnungslegung den Vergütungsanspruch fällig stellen zu können, ist weggefallen.

Arbeitsschritte, die nichts mit dem Erreichen des versprochenen Werks zu tun haben, wie z. B.
- die Erarbeitung von Unterlagen für einen Abgeschlossenheitsantrag eines Mehrfamilienwohnhauses,

- eine Perspektivzeichnung, die der Auftraggeber als Titelbild für einen Hochglanzprospekt beauftragt und
- eine Diaschaudokumentation des Bauablaufs als Untermalung der Eröffnungsrede des Bauherrn

regelt die HOAI preisrechtlich nicht.

§ 3 Leistungen und Leistungsbilder '09 — '96

(4) Die Leistungsbilder nach dieser Verordnung gliedern sich in die folgenden Leistungsphasen 1 bis 9:
1. Grundlagenermittlung,
2. Vorplanung,
3. Entwurfsplanung,
4. Genehmigungsplanung,
5. Ausführungsplanung,
6. Vorbereitung der Vergabe,
7. Mitwirkung bei der Vergabe,
8. Objektüberwachung (Bauüberwachung oder Bauoberleitung),
9. Objektbetreuung und Dokumentation.

Hier wurde die Gliederung jeweils in dem individuellen Teil eines Leistungsbildes festgelegt, z. B. in
- *Teil II § 15 Abs. 1* für Gebäude, raumbildende Ausbauten und Freianlagen,
- *Teil VII § 55 Abs. 1* für Ingenieurbauwerke und Verkehrsanlagen,
- *etc.*

Kurzkommentar: Die Gliederung der einzelnen Leistungsbilder ist im Prinzip so geblieben wie in allen vorausgegangenen Verordnungen. Der Verordnungsgeber hat nun aber dieses Gliederungsschema in den allgemeinen Teil gestellt.

§ 3 Leistungen und Leistungsbilder '09 — '96

(5) Die Tragwerksplanung umfasst nur die Leistungsphasen 1 bis 6.

Wie vorher, jedoch hier analog zu
- *Teil VIII § 64 Abs. 1* für Tragwerksplanung

§ 3 Leistungen und Leistungsbilder '09 — '96

(6) Abweichend von Absatz 4 Satz 1 sind die Leistungsbilder des Teils 2 in bis zu fünf dort angegebenen Leistungsphasen zusammengefasst. Die Wirtschaftlichkeit der Leistung ist stets zu beachten.

Wie vorher, jedoch hier analog zu
- *Teil V § 37 Abs. 1* für Flächennutzungsplan,
- *Teil VII § 40 Abs. 1* für Bebauungsplan,
- *Teil VII § 45a Abs. 1* für Landschaftsplan,
- *Teil VII § 46 Abs. 1* für Grünordnungsplan,
- *etc.*

Einführung

§ 3 Leistungen und Leistungsbilder '09	'96
(7) Die Leistungsphasen in den Teilen 2 bis 4 dieser Verordnung werden in Prozentsätzen der Honorare bewertet.	Die Bewertung der einzelnen Leistungsphasen in Prozentsätzen erfolgt in dem jeweils dem individuellen Leistungsbild zugeordneten Teil der Verordnung, z. B. in • *Teil II § 15 Abs. 1* für Gebäude, raumbildenden Ausbau und Freianlagen, • *Teil VII § 55 Abs. 1* für Ingenieurbauwerke und Verkehrsanlagen, • etc.

§ 3 Leistungen und Leistungsbilder '09	'96
(8) Das Ergebnis jeder Leistungsphase ist mit dem Auftraggeber zu erörtern.	Keine Aussage hierzu

Kurzkommentar: Die HOAI hebt zum ersten Mal (andeutungsweise) auf das Werkvertragsprinzip ab, dem auch ein Architekten- und Ingenieurvertrag unterliegt. Bisher entsprach es gängiger Praxis, dass die sogenannten Grundleistungslisten eines jeden Leistungsbildes als Leistungserbringungskataloge missverstanden und missbraucht wurden. Dies dahingehend, dass man glaubte, jeden einzelnen Grundleistungsschritt aus den einzelnen Leistungsbildern grundsätzlich als werkvertraglich geschuldet ansehen zu dürfen.

Der Hinweis in § 3 Abs. 8 HOAI 2009 ist eigentlich überflüssig, da bekannt sein müsste, dass im Rahmen eines Werkvertrags nicht gewisse Tätigkeiten oder Handlungen, sondern das Ergebnis aus diesen, das Ergebnis aus Arbeit, geschuldet ist. Dieser Hinweis trägt aber hoffentlich zum Umdenken und dazu bei, dass Architekten, Ingenieure und Bauherren, aber auch deren Rechtsvertreter, in Zukunft darauf achten, den Architekten- und Ingenieurvertrag von vornherein dahingehend auszurichten.

Im Werkvertrag ist die Beschaffenheit des Werkes zu definieren, das der Besteller wünscht. Der Unternehmer, der Architekt oder der Ingenieur, schuldet das Entstehenlassen dieses versprochenen Werkes. Durch das Aufzählen der sogenannten Grundleistungen aus der HOAI kann das werkvertraglich geschuldete Ziel nicht definiert werden. Das ist nicht die Aufgabe einer Gebührenordnung und sie hat dazu auch nicht die dafür notwendige Kompetenz. Eine Gebührenordnung ist lediglich Preisrecht und regelt nicht die Verpflichtungen des Architekten und des Ingenieurs.

Da die Erfüllung eines Werkvertrags seitens des Architekten oder des Ingenieurs darin zu sehen ist, dass am Ende eines Planungs- und Bauleitungsprozesses das versprochene Werk, z. B. das Gebäude, das Bauwerk oder die Anlage, übergeben und abgenommen werden kann, so gilt es, schon im Rahmen der Vertragsgestaltung darauf zu achten, dass die Beschaffenheit eben dieses Werks, das abgenommen werden soll, exakt definiert ist. Dies ist z. B. bei

einem Architektenvertrag nur dann gegeben, wenn man vorgibt
- welches genaue Raumprogramm eingehalten werden muss,
- welche Funktionen innerhalb oder untereinander einzelner Räume zwingend einzuhalten sind, damit die darin beabsichtigte Nutzung gewährleistet ist,
- welche Materialien gewünscht sind oder aus gewissen Gründen verwendet werden müssen,
- welche Kosten für das Bauvorhaben zur Verfügung stehen und
- in welchem Zeitrahmen der Bau errichtet werden muss, damit ein bestimmter Eröffnungstermin eingehalten werden kann.[3]

Die Aufzählung der in den Anlagen 4 bis 14 der HOAI 2009 dargestellten Arbeitsschritte benennen nur die **Tätigkeiten** des Architekten und des Ingenieurs, sie definieren **in keiner Weise die Beschaffenheit des versprochenen Werks**, das werkvertraglich zu erreichende Ziel. Sie beschreiben lediglich den Weg dorthin.

Ergeht **kein kompletter** Architekten- bzw. Ingenieurauftrag, an dessen Ende das mangelfreie materielle Werk, eben das Bauwerk oder das Gebäude oder die Anlage steht, geht z. B. ein Auftrag nur so weit, dass am Ende die Genehmigungsfähigkeit des Bauvorhabens erreicht werden soll, so ist das Abgleichen der Beschaffenheitskriterien an dem zu schaffenden Werk selbst ja noch nicht möglich, da dieses zu diesem Zeitpunkt noch nicht errichtet ist. Es muss in diesem Fall aber anhand aller Planungsergebnisse erkennbar sein, dass der Planer dem Planungsstand entsprechend zweifelsfrei vertragsgerecht gearbeitet hat und dass das Ergebnis seiner Arbeit als verwertbarer, in sich abgeschlossener Teil eines typischen Architektenvollvertrags anzusehen ist. Bei der Abnahme dieses „Architektenwerks" – es gibt noch kein „Bauwerk"– muss z. B. erkennbar sein, ob[4]
- das Grundstück optimal genutzt,
- das Raumprogramm den Vorgaben des Auftraggebers entspricht,
- die vorgegebenen Funktionsabläufe sichergestellt sind,
- die Kostenberechnung unter Einbeziehung der Änderungswünsche des Auftraggebers den Kostenrahmen voll einhält,
- der Zeitrahmen bei störungsfreiem Verlauf einhaltbar ist,
- die architektonische Aussage in Bezug auf Form, Gestaltung, Materialwahl und Farbgebung des Gebäudes und von Gebäudeteilen, wie Fassade, Dach, Decken, Wände, Böden, betrieblichen Einbauten und Einrichtungsgegenständen voll den Vorstellungen des Auftraggebers entspricht,
- das Planungskonzept in Bezug auf das vorgesehene Gestaltungs-, Konstruktions- und gesamte technische Ausrüstungsniveau mit den beteiligten Fachplanern dem Planungsstand entsprechend abgestimmt ist,

---

[3] Eich/Eich: Architektenvertragshandbuch Gebäudeplanung, Neuwied: Werner Verlag, 2006, S. 21/154
[4] Eich/Eich: Architektenvertragshandbuch Gebäudeplanung, Neuwied: Werner Verlag, 2006, S. 31/154

Einführung

- die gesetzlichen Rahmenbedingungen in Bezug auf das öffentliche Recht und das Nachbarschaftsrecht eingehalten sind,
- alle Vorgaben und Einwände der Träger öffentlicher Belange in der Planung Berücksichtigung gefunden haben und
- die Genehmigungsfähigkeit hinreichend gewährleistet ist.

Ist dies gegeben, ist das Werk des Planers abnehmbar, sein Vertrag ist erfüllt.

§ 3 Abs. 8 HOAI 2009 dürfte somit zur Erkenntnis beitragen, dass die bisher verbreitete Fehlmeinung endlich revidiert wird.

§ 4 Anrechenbare Kosten '09

(1) Anrechenbare Kosten sind Teil der Kosten zur Herstellung, zum Umbau, zur Modernisierung, Instandhaltung oder Instandsetzung von Objekten sowie den damit zusammenhängenden Aufwendungen. Sie sind nach fachlich allgemein anerkannten Regeln der Technik oder nach Verwaltungsvorschriften (Kostenvorschriften) auf der Grundlage ortsüblicher Preise zu ermitteln. Wird in dieser Verordnung die DIN 276 in Bezug genommen, so ist diese in der Fassung vom Dezember 2008 (DIN 276-1: 2008-12) bei der Ermittlung der anrechenbaren Kosten zugrunde zu legen.

Die auf die Kosten von Objekten entfallende Umsatzsteuer ist nicht Bestandteil der anrechenbaren Kosten.

§ 10 Anrechenbare Kosten '96

(2) Anrechenbare Kosten sind unter Zugrundelegung der Kostenermittlungsarten nach DIN 276 in der Fassung vom April 1981 (DIN 276) zu ermitteln

1. *für die Leistungsphasen 1 bis 4 nach der Kostenberechnung, solange diese nicht vorliegt, nach der Kostenschätzung;*
2. *für die Leistungsphasen 5 bis 7 nach dem Kostenanschlag, solange dieser nicht vorliegt, nach der Kostenberechnung;*
3. *für die Leistungsphasen 8 und 9 nach der Kostenfeststellung, solange diese nicht vorliegt, nach dem Kostenanschlag.*

§ 9 Umsatzsteuer '96

(2) Die auf die Kosten von Objekten entfallende Umsatzsteuer ist nicht Bestandteil der anrechenbaren Kosten.

Kurzkommentar: Im Gültigkeitszeitraum der verschiedenen HOAI-Fassungen waren verschiedene DIN-276-Ausgaben angesprochen. So galt im Rahmen der

- HOAI 1971 und der HOAI 1985 die DIN 276 (September 1971) und im Rahmen der
- HOAI 1988, HOAI 1991 und HOAI 1996 die DIN 276 (April 1981).

Ab dem Gültigkeitsdatum der HOAI 2009 gilt nun die DIN 276 (Dezember 2008).

Diese Anpassung war schon seit der vorvorletzten HOAI-Fassung überfällig.

Das Ausklammern der Umsatzsteueranteile aus den anrechenbaren Kosten ist von der HOAI 1996 übernommen worden.

§ 4 Anrechenbare Kosten '09

(2) Als anrechenbare Kosten gelten ortsübliche Preise, wenn der Auftraggeber
1. selbst Lieferungen oder Leistungen übernimmt,
2. von bauausführenden Unternehmen oder von Lieferanten sonst nicht übliche Vergünstigungen erhält,
3. Lieferungen oder Leistungen in Gegenrechnung ausführt oder
4. vorhandene oder vorbeschaffte Baustoffe oder Bauteile einbauen lässt.

§ 10 Anrechenbare Kosten '96

(3) Als anrechenbare Kosten nach Absatz 2 gelten die ortsüblichen Preise, wenn der Auftraggeber
1. selbst Lieferungen oder Leistungen übernimmt,
2. von bauausführenden Untenehmen oder von Lieferern sonst nicht übliche Vergünstigungen erhält,
3. Lieferungen oder Leistungen in Gegenrechnung ausführt oder
4. vorhandene oder vorbeschaffte Baustoffe oder Bauteile einbauen lässt.

§ 5 Honorarzonen '09

(1) Die Objekt-, Bauleit- und Tragwerksplanung wird den folgenden Honorarzonen zugeordnet:
1. Honorarzone I: sehr geringe Planungsanforderungen,
2. Honorarzone II: geringe Planungsanforderungen,
3. Honorarzone III: durchschnittliche Planungsanforderungen,
4. Honorarzone IV: überdurchschnittliche Planungsanforderungen,
5. Honorarzone V: sehr hohe Planungsanforderungen.

§ 11 [...] Gebäuden '96

(1) Die Honorarzone wird bei Gebäuden aufgrund folgender Bewertungsmerkmale ermittelt:
1. Honorarzone I: sehr geringe Planungsanforderungen,
2. Honorarzone II: geringe Planungsanforderungen,
3. Honorarzone III: durchschnittliche Planungsanforderungen,
4. Honorarzone IV: überdurchschnittliche Planungsanforderungen,
5. Honorarzone V: sehr hohe Planungsanforderungen.

§ 13 [...] Freianlagen '96

(1) Analog § 11 Abs. 1 HOAI 1996

§ 14a [...] raumbildenden Ausbauten '96

(1) Analog § 11 Abs. 1 HOAI 1996

§ 36a [...] Flächennutzungsplänen '96

(1) Analog § 11 Abs. 1 HOAI 1996

Einführung

| § 39a [...] Bebauungsplänen | '96 |

(1) Analog § 11 Abs. 1 HOAI 1996

| § 53 [...] Ingenieurbauwerken und Verkehrsanlagen | '96 |

(1) Analog § 11 Abs. 1 HOAI 1996

| § 63 [...] der Tragwerksplanung | '96 |

(1) Analog § 11 Abs. 1 HOAI 1996

| § 5 Honorarzonen | '09 |

(2) Abweichend von Absatz 1 werden Landschaftspläne und die Planung der technischen Ausrüstung den folgenden Honorarzonen zugeordnet:
1. Honorarzone: geringe Planungsanforderungen,
2. Honorarzone II: durchschnittliche Planungsanforderungen,
3. Honorarzone III: hohe Planungsanforderungen.

| § 45 [...] Landschaftsplänen | '96 |

(1) Die Honorarzone wird bei Landschaftsplänen aufgrund folgender Bewertungsmerkmale ermittelt:
1. Honorarzone I: geringer Schwierigkeitsgrad,
2. Honorarzone II: durchschnittlicher Schwierigkeitsgrad,
3. Honorarzone III: hoher Schwierigkeitsgrad.

| § 71 [...] der Technischen Ausrüstung | '96 |

1. Honorarzone I: geringe Planungsanforderungen,
2. Honorarzone II: durchschnittliche Planungsanforderungen,
3. Honorarzone III: hohe Planungsanforderungen.

| § 5 Honorarzonen | '09 |

(3) Abweichend von den Absätzen 1 und 2 werden Grünordnungspläne und Landschaftsrahmenpläne den folgenden Honorarzonen zugeordnet:
1. Honorarzone I: durchschnittliche Planungsanforderungen,
2. Honorarzone II: hohe Planungsanforderungen.

| § 46a [...] Grünordnungsplänen | '96 |

(5) Grünordnungspläne können nach Anzahl und Gewicht der Schwierigkeitsmerkmale der Schwierigkeitsstufe zugeordnet werden, [...]. Schwierigkeitsmerkmale sind insbesondere:
1. schwierige [...] Verhältnisse,
2. erschwerte Planung durch besondere Maßnahmen auf [...]
3. Änderungen [...] mit einem erhöhten Arbeitsaufwand,
4. Grünordnungspläne in einem Entwicklungsbereich oder in einem Sanierungsgebiet.

> **§ 47a [...] Landschaftsrahmenplänen '96**
>
> *(3) Landschaftsrahmenpläne können nach Anzahl und Gewicht der Schwierigkeitsmerkmale der Schwierigkeitsstufe zugeordnet werden, [...]. Schwierigkeitsmerkmale sind insbesondere:*
> 1. *schwierige [...] Verhältnisse,*
> 2. *Verdichtungsräume,*
> 3. *Erholungsgebiete,*
> 4. *tief greifende Nutzungsansprüche [...],*
> 5. *erschwerte Planung [...]*

Kurzkommentar: Die HOAI 1996 untergliederte bei Grünordnungsplänen anhand einer Bewertung von vier Schwierigkeitsmerkmalen in **Normalstufe** und **Schwierigkeitsstufe**, die HOAI 2009 fügte ein Kriterium, „sehr differenzierte Flächennutzung" hinzu und benennt die Schwierigkeitsstufen nun **Honorarzone I** und **Honorarzone II**.

In Bezug auf Landschaftsrahmenpläne werden dieselben Schwierigkeitsmerkmale verwendet, wobei auch hier die Schwierigkeitsstufen nun Honorarzone 1 und Honorarzone 2 genannt werden

§ 5 Honorarzonen '09 '96

> *(4) Die Honorarzonen sind anhand der Bewertungsmerkmale in den Honorarregelungen der jeweiligen Leistungsbilder der Teile 2 bis 4 zu ermitteln. Die Zurechnung zu den einzelnen Honorarzonen ist nach Maßgabe der Bewertungsmerkmale, gegebenenfalls der Bewertungspunkte und anhand der Regelbeispiele in den Objektlisten der Anlage 3 vorzunehmen.*

Kurzkommentar: Das Prinzip zur Feststellung der jeweiligen Honorarzone ist geblieben. Sinnvoll war es, zuerst in den Objektlisten (§§ 12, 14, 14b, HOAI 1996 etc.) nachzusehen, ob das Objekt eindeutig dort wiederzufinden war. Bestanden Zweifel, ob diese Zuordnung dem individuellen Fall angemessen war, so konnte der Weg über eine Grobbestimmung (§§ 11 Abs. 1, 13 Abs. 1, 14a Abs. 1 HOAI 1996 etc.), ggf. über die in jedem Leistungsbild vorgegebene Punktebewertung (§§ 11 Abs. 2 und 3, 13 Abs. 2 und 3, 14a Abs. 2 und 3 HOAI 1996 etc.) vorgenommen werden. Dieses Prinzip gilt auch in der HOAI 2009 (siehe Kapitel 7.3.3).

Einführung

§ 6 Grundlagen des Honorars '09	§ 10 Grundlagen des Honorars '96
(1) Das Honorar für Leistungen nach dieser Verordnung richtet sich 1. für die Leistungsbilder der Teile 3 und 4 nach den anrechenbaren Kosten des Objektes auf der Grundlage der Kostenberechnung oder, soweit diese nicht vorliegt, auf der Grundlage der Kostenschätzung und für die Leistungsbilder des Teils 2, nach Flächengrößen oder Verrechnungseinheiten, 2. nach dem Leistungsbild, 3. nach der Honorarzone, 4. nach der dazugehörigen Honorartafel, 5. bei Leistungen im Bestand zusätzlich nach den §§ 35 und 36.	(1) *Das Honorar für Grundleistungen bei Gebäuden, Freianlagen und raumbildenden Ausbauten richtet sich nach den anrechenbaren Kosten des Objekts, nach der Honorarzone, der das Objekt angehört, sowie [...] nach der Honorartafel [...].* *etc.*

Kurzkommentar: Die bisher nach der HOAI 1996 bestehende Verpflichtung, die Honorarberechnung in drei (teilweise in zwei) Teilen vorzunehmen, z. B. für
- die Leistungsphasen 1 bis 4 nach der Kostenberechnung,
- die Leistungsphasen 5 bis 7 nach dem Kostenanschlag und
- die Leistungsphasen 8 und 9 nach der Kostenfeststellung,

fällt nun weg. Das Honorar ist nun für alle Leistungsphasen nach der Kostenberechnung vorzunehmen.

Ein Redaktionsfehler scheint es zu sein, dass im allgemeinen Teil der HOAI der Hinweis auf einen möglichen Umbauzuschlag auf zwei Paragrafen des Teils 3: „Objektplanung" in Abschnitt 1: „Gebäude und raumbildende Ausbauten" erfolgt. Somit wurden für Umbau- und Modernisierungsmaßnahmen in Abschnitt 3 „Ingenieurbauwerke" und Abschnitt 4 „Verkehrsanlagen" in den §§ 42 Abs. 2 und 46 Abs. 3 wiederum Verweise auf ein anderes Leistungsbild notwendig. Das Gleiche gilt für Leistungen aus Teil 4 „Fachplanung". Auch hier erfolgt in § 49 Abs. 3 für die Tragwerksplanung und § 53 Abs. 3 für die Technische Ausrüstung je ein Verweis auf eine individuelle Regelung eines anderen Leistungsbildes.

Das Prinzip, alle Honorarberechnungskriterien in einem allgemeinen Teil festlegen zu wollen, wurde hiermit wieder konterkariert.

§ 6 Grundlagen des Honorars '09	'96
(2) Wenn zum Zeitpunkt der Beauftragung noch keine Planungen als Voraussetzung für eine Kostenschätzung oder Kostenberechnung vorliegen, können die Vertragsparteien abweichend von Absatz 1 schriftlich vereinbaren, dass das Honorar auf der Grundlage der anrechenbaren Kosten einer Baukostenvereinbarung nach den Vorschriften dieser Verordnung berechnet wird. Dabei werden nachprüfbare Baukosten einvernehmlich festgelegt.	

Kurzkommentar: Diese Regelung ist nach Ansicht des Autors nicht von der Ermächtigungsgrundlage der HOAI, dem Artikel 10 des Gesetzes zur Verbesserung des Mietrechts und zur Begrenzung des Mietanstiegs sowie zur Regelung von Ingenieur- und Architektenleistungen, dem MRVG, gedeckt.
In §§ 1 und 2 der Ermächtigung zum Erlass einer Honorarordnung für Ingenieure bzw. Ermächtigung zum Erlass einer Honorarordnung für Architekten wird bestimmt, dass die Honorarordnung **Mindest-** und **Höchstsätze** ausweisen **muss,** die in der Regel nicht unter- bzw. überschritten werden dürfen.

Zitat: § 1 Abs. 2 Artikel 10 MRVG:
In der Honorarordnung sind Mindest- und Höchstsätze festzusetzen.
Zitat: § 2 Abs. 2 Artikel 10 MRVG:
In der Honorarordnung sind Mindest- und Höchstsätze festzusetzen.

§ 6 Abs. 2 HOAI 2009 untergräbt dieses Grundprinzip, da hiernach objektive Mindest- und Höchstgrenzen willkürlich ausgehebelt werden können.

§ 7 Honorarvereinbarung '09	§ 4 Vereinbarung des Honorars 96
(1) Das Honorar richtet sich nach der schriftlichen Vereinbarung, die die Vertragsparteien bei Auftragserteilung im Rahmen der durch diese Verordnung festgesetzten Mindest- und Höchstsätze treffen.	*(1) Das Honorar richtet sich nach der schriftlichen Vereinbarung, die die Vertragsparteien bei Auftragserteilung im Rahmen der durch diese Verordnung festgesetzten Mindest- und Höchstsätze treffen.*

Kurzkommentar: Das Grundprinzip aus der HOAI 1996 bleibt erhalten.

Einführung

§ 7 Honorarvereinbarung '09	§ 16 Vereinbarung des Honorars '96
(2) Liegen die ermittelten anrechenbaren Kosten, Werte oder Verrechnungseinheiten außerhalb der Tafelwerte dieser Verordnung, sind die Honorare frei vereinbar.	(2) Das Honorar für Grundleistungen bei Gebäuden und raumbildenden Ausbauten, deren anrechenbare Kosten unter 25.565 Euro liegen, kann als Pauschalhonorar oder als Zeithonorar nach § 6 berechnet werden, höchstens jedoch bis zu den in der Honorartafel nach Absatz 1 für anrechenbare Kosten von 25.565 Euro festgesetzten Höchstsätzen. Als Mindestsätze gelten die Stundensätze nach § 6 Abs. 2, höchstens jedoch die in der Honorartafel nach Absatz 1 für anrechenbare Kosten von 25.565 Euro festgesetzten Mindestsätze. (3) Das Honorar für Gebäude und raumbildende Ausbauten, deren anrechenbare Kosten über 25.564.594 Euro liegen, kann frei vereinbart werden.

Kurzkommentar: Die unterschiedliche Regelung der Honorarberechnung bei Unter- bzw. Überschreitung der Tafelwerte ist fallen gelassen worden. Auch bei Objekten, deren anrechenbare Kosten unterhalb der Tafelwerte liegen, sind die Honorare nicht von der Regelung der HOAI erfasst und sind nun frei verhandelbar.

§ 7 Honorarvereinbarung '09	§ 4 Vereinbarung des Honorars '96
(3) Die in dieser Verordnung festgesetzten Mindestsätze können durch schriftliche Vereinbarung in Ausnahmefällen unterschritten werden.	(2) Die in dieser Verordnung festgesetzten Mindestsätze können durch schriftliche Vereinbarung in Ausnahmefällen unterschritten werden.

§ 7 Honorarvereinbarung '09	§ 4 Vereinbarung des Honorars '96
(4) Die in dieser Verordnung festgesetzten Höchstsätze dürfen nur bei außergewöhnlichen oder ungewöhnlich lange dauernden Leistungen durch schriftliche Vereinbarung überschritten werden. Dabei bleiben Umstände, soweit sie bereits für die Einordnung in Honorarzonen oder für die Einordnung in den Rahmen der Mindest- und Höchstsätze mitbestimmend gewesen sind, außer Betracht.	(3) Die in dieser Verordnung festgesetzten Höchstsätze dürfen nur bei außergewöhnlichen oder ungewöhnlich lange dauernden Leistungen durch schriftliche Vereinbarung überschritten werden. Dabei haben Umstände, soweit sie bereits für die Einordnung in Honorarzonen oder Schwierigkeitsstufen, für die Vereinbarung von Besonderen Leistungen oder für die Einordnung in den Rahmen der Mindest- und Höchstsätze mitbestimmend gewesen sind, außer Betracht zu bleiben.

Einführung

§ 7 Honorarvereinbarung '09	'96
(5) Ändert sich der beauftragte Leistungsumfang auf Veranlassung des Auftraggebers während der Laufzeit des Vertrages mit der Folge von Änderungen der anrechenbaren Kosten, Werten oder Verrechnungseinheiten, ist die dem Honorar zugrunde liegende Vereinbarung durch schriftliche Vereinbarung anzupassen.	Keine Aussage hierzu

Kurzkommentar: Der Auftraggeber kann jederzeit **schriftlich** oder **mündlich** den Leistungsumfang des Architekten und des Ingenieurs dadurch beeinflussen, dass er seine Zielvorgaben für das Objekt ändert. Ändern sich dadurch die anrechenbaren Kosten des Objekts, so muss nach dieser Regelung der Architekt oder der Ingenieur eine **schriftliche** Honorarvereinbarung herbeiführen, um später ein der neuen Situation entsprechendes Honorar fällig stellen zu können. Diese Regelung ist nicht ausgewogen, denn der Auftraggeber ist gegenüber dem Auftragnehmer hier nicht als besonders schutzwürdig anzusehen.

Es ist aber für Architekten und Ingenieure ratsam, in solch gelagerten Fällen auf einer schriftlichen Honorarvereinbarung zu bestehen, sonst könnte das gleiche Phänomen auftreten, das sich bisher bei fehlender Schriftform für Besondere Leistungen zeigte: Trotz Erbringung Besonderer Leistungen seitens des Auftragnehmers und Verwertung derselben durch den Auftraggeber konnte bei einer nicht schriftlich gefassten Vereinbarung des Honorars eine Vergütung aus formalen Gründen nicht abgerufen werden.

§ 7 Honorarvereinbarung '09	§ 4 Vereinbarung des Honorars '96
(6) Sofern nicht bei Auftragserteilung etwas anderes schriftlich vereinbart worden ist, gelten die jeweiligen Mindestsätze gemäß Absatz 1 als vereinbart. Sofern keine Honorarvereinbarung nach Absatz 1 getroffen worden ist, sind die Leistungsphasen 1 und 2 bei der Flächenplanung mit den Mindestsätzen in Prozent des jeweiligen Honorars zu bewerten.	(4) Sofern nicht bei Auftragserteilung etwas anderes schriftlich vereinbart worden ist, gelten die jeweiligen Mindestsätze als vereinbart.

Kurzkommentar: Dieser Grundsatz ist geblieben, wurde aber durch § 6 Abs. 2 untergraben, da durch dessen Anwendung die Vertragsparteien willkürlich die Höhe der Honorierung festlegen können und Mindest- und Höchstsätze objektiv nicht mehr feststellbar sind.

Einführung

§ 7 Honorarvereinbarung '09	§ 5 Berechnung des Honorars in besonderen Fällen '96
(7) Für Kostenunterschreitungen, die unter Ausschöpfung technisch-wirtschaftlicher oder umweltverträglicher Lösungsmöglichkeiten zu einer wesentlichen Kostensenkung ohne Verminderung des vertraglich festgelegten Standards führen, kann ein Erfolgshonorar schriftlich vereinbart werden, das bis zu 20 Prozent des vereinbarten Honorars betragen kann. In Fällen des Überschreitens der einvernehmlich festgelegten anrechenbaren Kosten kann ein Malus-Honorar in Höhe von bis zu 5 Prozent des Honorars vereinbart werden.	(4a) Für Besondere Leistungen, die unter Ausschöpfung der technisch-wirtschaftlichen Lösungsmöglichkeiten zu einer wesentlichen Kostensenkung ohne Verminderung des Standards führen, kann ein Erfolgshonorar zuvor schriftlich vereinbart werden, das bis zu 20 vom Hundert der vom Auftragnehmer durch seine Leistungen eingesparten Kosten betragen kann.

Kurzkommentar: Die in § 5 Abs. 4a der HOAI 1996 eingeführte Möglichkeit, bei Erreichen einer **Kostensenkung** gegenüber den prognostizierten Kosten einen Bonus zu vereinbaren, erhält nun ein Pendant dahingehend, dass für den Fall des **Überschreitens** der einvernehmlich festgelegten anrechenbaren Kosten eine Malusregelung greifen soll.

Es ist darauf hinzuweisen, dass es zumindest auch aus diesem Grund für die Planer unverzichtbar ist, alle Vorkommnisse, die zu einer Kostenverschiebung führen, schriftlich zu dokumentieren. Im Nachhinein muss je Einzelfall feststellbar sein, ob
- der Auftraggeber,
- der Tragwerksplaner,
- die Ingenieure für die Technische Ausrüstung,
- die am Baugeschehen beteiligten Fachfirmen oder
- andere Beteiligte

für die Kostenmehrung verantwortlich sind. Ist dieser Nachweis nicht eindeutig zu führen, bleibt die Verantwortung hierfür beim Architekten oder Ingenieur und er kann sich nicht exkulpieren. Die Malusregelung greift unerbittlich.

§ 8 Berechnung des Honorars in besonderen Fällen '09	§ 5 Berechnung des Honorars in besonderen Fällen '96
(1) Werden nicht alle Leistungsphasen eines Leistungsbildes übertragen, so dürfen nur die für die übertragenen Phasen vorgesehenen Prozentsätze berechnet und vertraglich vereinbart werden.	(1) Werden nicht alle Leistungsphasen eines Leistungsbildes übertragen, so dürfen nur die für die übertragenen Phasen vorgesehenen Teilhonorare berechnet werden.

§ 8 Berechnung des Honorars in besonderen Fällen '09	§ 5 Berechnung des Honorars in besonderen Fällen '96
(2) Werden nicht alle Leistungen einer Leistungsphase übertragen, so darf für die übertragenen Leistungen nur ein Honorar berechnet und vereinbart werden, das dem Anteil der übertragenen Leistungen an der gesamten Leistungsphase entspricht. Das Gleiche gilt, wenn wesentliche Teile von Leistungen dem Auftragnehmer nicht übertragen werden. Ein zusätzlicher Koordinierungs- und Einarbeitungsaufwand ist zu berücksichtigen.	(2) Werden nicht alle Grundleistungen einer Leistungsphase übertragen, so darf für die übertragenen Leistungen nur ein Honorar berechnet werden, das dem Anteil der übertragenen Leistungen an der gesamten Leistungsphase entspricht. Das Gleiche gilt, wenn wesentliche Teile von Grundleistungen dem Auftragnehmer nicht übertragen werden. Ein zusätzlicher Koordinierungs- und Einarbeitungsaufwand ist zu berücksichtigen.

Kurzkommentar: Diese Regelung ist fast identisch mit der der Vorgängerverordnung. Eingefügt wurde der Begriff: „**vereinbart**". Die Parteien können in den von § 8 Abs. 2 erfassten Fällen eine erweiterte Honorarvereinbarung treffen. Es erhebt sich allerdings die Frage, ob diese Vereinbarung auch zu einem abrufbaren Honoraranspruch führt.

Die HOAI kann als Preisrecht festlegen, dass der Erfüllung eines vollen Architekten- oder Ingenieurvertrags nur der 100-prozentige Werklohn und kein Mehr entgegenstehen kann. Doch um ein Mehrhonorar geht es in diesen Fällen überhaupt nicht. Das Problem, das entsteht, wenn der Auftraggeber einen typischen Architekten- oder Ingenieurvertrag auf mehrere Auftragnehmer aufteilt, ist nicht, dass dadurch ein planerisches Mehr erbracht werden muss, welches einen zusätzlichen Honoraranspruch auslöst. Die Stückelung der Beauftragung und die Aufteilung der werkvertraglichen Verpflichtung auf mehrere Planer verursacht **Reibungsverluste**. Dieses Phänomen führt aber **nicht zu Honorarerhöhungsansprüchen**, denn der Wert des Gesamtplanungsergebnisses hat sich für den Auftraggeber nicht erhöht. Für ihn bleibt das Verhältnis des **Wertes der werkvertraglichen Leistung** zum **Werklohn** gleich.

Die Reibungsverluste, die lediglich der Auftraggeber durch seine Vertragsgestaltung auslöst, führen aber zu **Mehraufwendungen** bei den Planern. Dass hierfür die Parteien eine Kostenerstattungsvereinbarung treffen können, steht außerhalb der Reichweite der HOAI:

Zitat: § 8 Abs. 2 HOAI 2009 und § 5 Abs. 2 HOAI 1996:
[...] Ein zusätzlicher Koordinierungs- und Einarbeitungsaufwand ist zu berücksichtigen.

Dieser Hinweis kann somit aber nur als „guter Rat" verstanden werden, denn die Regelungskompetenz, ob hier etwas zu berücksichtigen ist oder nicht, steht ihr nicht zu.

Einführung

Im Übrigen gilt dies ebenso für den Fall in § 8 Abs. 1 HOAI 2009, wenn nicht alle Leistungsphasen eines Leistungsbildes übertragen wurden.

§ 9 Berechnung des Honorars bei Beauftragung von Einzelleistungen '09

(1) Wird bei Bauleitplänen, Gebäuden und raumbildenden Ausbauten, Freianlagen, Ingenieurbauwerken, Verkehrsanlagen und Technischer Ausrüstung die Vorplanung oder Entwurfsplanung als Einzelleistung in Auftrag gegeben, können die entsprechenden Leistungsbewertungen der jeweiligen Leistungsphase
1. für die Vorplanung den Prozentsatz der Vorplanung zuzüglich der Anteile bis zum Höchstsatz des Prozentsatzes der vorangegangenen Leistungsphase und
2. für die Entwurfsplanung den Prozentsatz der Entwurfsplanung zuzüglich der Anteile bis zum Höchstsatz des Prozentsatzes der vorangegangenen Leistungsphase betragen.

§ 19 Vorplanung, Entwurfsplanung und Objektüberwachung als Einzelleistung '96

(1) Wird die Anfertigung der Vorplanung (Leistungsphase 2 des § 15) oder der Entwurfsplanung (Leistungsphase 3 des § 15) bei Gebäuden als Einzelleistung in Auftrag gegeben, so können hierfür anstelle der in § 15 Abs. 1 festgesetzten Vomhundertsätze folgende Vomhundertsätze der Honorare nach § 16 vereinbart werden:
1. für die Vorplanung bis zu 10 v. H.
2. für die Entwurfsplanung bis zu 18 v. H.

(2) Wird die Anfertigung der Vorplanung (Leistungsphase 2 des § 15) oder der Entwurfsplanung (Leistungsphase 3 des § 15) bei Freianlagen als Einzelleistung in Auftrag gegeben, so können hierfür anstelle der in § 15 Abs. 1 festgesetzten Vomhundertsätze folgende Vomhundertsätze der Honorare nach § 17 vereinbart werden:
1 für die Vorplanung bis zu 15 v. H.
2. für die Entwurfsplanung bis zu 25 v. H.

(3) Wird die Anfertigung der Vorplanung (Leistungsphase 2 des § 15) oder der Entwurfsplanung (Leistungsphase 3 des § 15) bei raumbildenden Ausbauten als Einzelleistung in Auftrag gegeben, so können hierfür anstelle der in § 15 Abs. 1 festgesetzten Vomhundertsätze folgende Vomhundertsätze der Honorare nach § 16 vereinbart werden:
1. für die Vorplanung bis zu 10 v. H.
2. für die Entwurfsplanung bis zu 21 v. H.

Kurzkommentar: Diese Regelung ist unscharf formuliert. Der Terminus „Höchstsatz" wird hier nicht wie bisher ausschließlich im Zusammenhang mit den **Tafelwerten** gebraucht, die €-Werte ausweisen, sondern in

Bezug auf die **Leistungsbewertungspunkte** der einzelnen Leistungsphasen, die die Arbeit des Architekten und des Ingenieurs gebraucht.

Es ist davon auszugehen, dass,
- wenn nur eine Beauftragung für einen **Vorentwurf** eines Gebäudes erfolgte, ein Leistungsumfang gemäß § 33 Abs. 1 HOAI 2009 für die
  - Vorplanung mit 7 Prozentpunkten und **zuzüglich** für die
  - Grundlagenermittlung mit **bis zu** 3 Prozentpunkten, gesamt bis zu 10 Prozentpunkten und
- wenn eine Beauftragung nur für einen **Entwurf** eines Gebäudes erfolgte, ein Leistungsumfang gemäß § 33 Abs. 1 HOAI für die
  - Entwurfsplanung mit 11 Prozentpunkten und zuzüglich für die
  - Vorplanung mit bis zu 7 Prozentpunkten, gesamt bis zu 18 Prozentpunkten vereinbart werden kann.

Letzteres führt zu einer Minderung des Honoraranspruchs gegenüber der bisherigen Regelung in § 19 Abs. 1 Nr. 2 HOAI 1996 um 3 Prozentpunkte. Dies deshalb, da in § 9 Abs. 1 Nr. 2 HOAI 2009 das Wort „Leistungsphase" im Singular gebraucht wird und damit die Grundlagenermittlungsphase ausgeklammert ist.

Außerdem verstößt diese Regelung gegen fundamentale Grundsätze des Werkvertragsrechts.

Eine Beauftragung eines **Entwurfs** als **Einzelleistung** ist lediglich dann werkvertragskonform, wenn dabei auf einem vorhandenen Vorplanungsergebnis nahtlos aufgesetzt werden kann. Ist ein solches nicht vorhanden, kann nicht erwartet werden, dass nur die Entwurfsplanungsarbeit ein brauchbares und zielorientiertes Ergebnis generiert.

Die werkvertragliche Verpflichtung des Architekten oder Ingenieurs kann nicht eingehalten werden, wenn man die planerischen Voraussetzungen, Zwänge und die daraus resultierenden Folgen, die einer Entwurfsplanungsphase vorausgehen, unberücksichtigt lässt.

Mehrere Urteile haben diese Diskrepanz des Denkens, die die HOAI eingeführt hat, aufgedeckt und werkvertragsrechtlich korrigiert. Als Beispiel: OLG Düsseldorf 12 U 18/82 vom 15.06.82.

Zitat:
[...] Der Auftrag an den Architekten, den Bauantrag zu erstellen, umfasst in aller Regel die Leistungen der Phasen 1–4 des § 15 HOAI. Die Leistungen der Phase 4 können gewöhnlich als Einzelleistung i.S. des § 19 HOAI übertragen werden. Kann der Architekt dabei auf eine bereits fertige Planung zurückgreifen, so führt die Regel des § 22 HOAI zu einem gerechten Ausgleich. [...]

Einführung

[...] Ausdrücklich hatte zwar der Kläger nur den Auftrag, den Bauantrag zu erstellen. Das entspricht der Leistungsphase 4. Diese Leistung setzt indes in aller Regel die Leistungen der Phasen 1–3 als notwendige Vorarbeiten voraus. Der Auftrag, die Leistungen der Phase 4 zu erbringen, umfasst deshalb grundsätzlich auch den Auftrag, die dazu begrifflich notwendigen Vorarbeiten zu leisten.[...]

§ 9 Berechnung des Honorars bei Beauftragung von Einzelleistungen ´09

(2) Wird bei Gebäuden oder der Technischen Ausrüstung die Objektüberwachung als Einzelleistung in Auftrag gegeben, können die entsprechenden Leistungsbewertungen der Objektüberwachung
1. für die Technische Ausrüstung den Prozentsatz der Objektüberwachung zuzüglich Anteile bis zum Höchstsatz des Prozentsatzes der vorangegangenen Leistungsphase betragen und
2. für Gebäude anstelle der Mindestsätze nach den §§ 33 und 34 folgende Prozentsätze der anrechenbaren Kosten nach § 32 berechnet werden:
  a) 2,3 Prozent bei Gebäuden der Honorarzone II,
  b) 2,5 Prozent bei Gebäuden der Honorarzone III,
  c) 2,7 Prozent bei Gebäuden der Honorarzone IV,
  d) 3,0 Prozent bei Gebäuden der Honorarzone V.

§ 19 Vorplanung, Entwurfsplanung und Objektüberwachung als Einzelleistung ´96

(4) Wird die Objektüberwachung (Leistungsphase 8 des § 15) bei Gebäuden als Einzelleistung in Auftrag gegeben, so können hierfür anstelle der Mindestsätze nach den §§ 15 und 16 folgende Vomhundertsätze der anrechenbaren Kosten nach § 10 berechnet werden:
1. 2,1 v. H. bei Gebäuden der Honorarzone II,
2. 2,3 v. H. bei Gebäuden der Honorarzone III,
3. 2,5 v. H. bei Gebäuden der Honorarzone IV,
4. 2,7 v. H. bei Gebäuden der Honorarzone V.

Kurzkommentar: Hier gilt zu Nr. 1 in Bezug auf die Technische Ausrüstung das zu § 9 Abs. 1 Gesagte.

§ 9 Berechnung des Honorars bei Beauftragung von Einzelleistungen ´09 ´96

(3) Wird die vorläufige Planfassung bei Landschaftsplänen oder Grünordnungsplänen als Einzelleistung in Auftrag gegeben, können abweichend von den Leistungsbewertungen in Teil 2 Abschnitt 2 bis zu 60 Prozent für die Vorplanung vereinbart werden.

Kurzkommentar: Hier gilt analog das zu § 9 Abs. 1 Gesagte.

§ 10 Mehrere Vorentwurfs- oder Entwurfsplanungen '09	§ 20 Mehrere Vor- oder Entwurfsplanungen '96
Werden auf Veranlassung des Auftraggebers mehrere Vorentwurfs- oder Entwurfsplanungen für dasselbe Objekt nach grundsätzlich verschiedenen Anforderungen gefertigt, so sind für die vollständige Vorentwurfs- oder Entwurfsplanung die vollen Prozentsätze dieser Leistungsphasen nach § 3 Absatz 4 vertraglich zu vereinbaren. Bei der Berechnung des Honorars für jede weitere Vorentwurfs- oder Entwurfsplanung sind die anteiligen Prozentsätze der entsprechenden Leistungen vertraglich zu vereinbaren.	Werden für dasselbe Gebäude auf Veranlassung des Auftraggebers mehrere Vor- oder Entwurfsplanungen nach grundsätzlich verschiedenen Anforderungen gefertigt, so können für die umfassendste Vor- oder Entwurfsplanung die vollen Vomhundertsätze dieser Leistungsphasen nach § 15, außerdem für jede andere Vor- oder Entwurfsplanung die Hälfte dieser Vomhundertsätze berechnet werden. Satz 1 gilt entsprechend für Freianlagen und raumbildende Ausbauten.

Kurzkommentar: Die Regelung des sogenannten „Minderungsparagrafen" § 20 der HOAI 1996, bei einer vom Auftraggeber gewollten Mehrfachplanung den Wert dieser weiteren Planung geringer anzusetzen, war nicht werkvertragskonform und fällt somit zu Recht ersatzlos weg. Einer weiteren Kommentierung des § 10 HOAI 2009 bedarf es nicht.

§ 11 Auftrag für mehrere Objekte '09	§ 22 Auftrag für mehrere Gebäude '96
(1) Umfasst ein Auftrag mehrere Objekte, so sind die Honorare vorbehaltlich der folgenden Absätze für jedes Objekt getrennt zu berechnen. Dies gilt nicht für Objekte mit weitgehend vergleichbaren Objektbedingungen derselben Honorarzone, die im zeitlichen und örtlichen Zusammenhang als Teil einer Gesamtmaßnahme geplant, betrieben und genutzt werden. Das Honorar ist dann nach der Summe der anrechenbaren Kosten zu berechnen.	(1) Umfasst ein Auftrag mehrere Gebäude, so sind die Honorare vorbehaltlich der nachfolgenden Absätze für jedes Gebäude getrennt zu berechnen.

Kurzkommentar: Der Grundsatz, Objekte, auch wenn sie im Rahmen eines Vertrags beauftragt wurden, getrennt abzurechnen, wird aufrecht erhalten.

Neu hingegen ist, dass Objekte, auch wenn sie nicht gleich, spiegelgleich oder im Wesentlichen gleichartig sind, über die Summe ihrer anrechenbaren Kosten gemeinsam abzurechnen sind, wenn die Objekte kumuliert folgende Gemeinsamkeiten aufweisen:
- Beauftragung in ein und demselben Auftrag,

- weitgehend vergleichbare Objektbedingung derselben Honorarzone,
- jeweils Teile einer Gesamtmaßnahme, die im zeitlichen und örtlichen Zusammenhang geplant, betrieben und genutzt werden.

Der Begriff „Objektbedingungen" ist von der HOAI nicht definiert, und somit lässt die Formulierung „vergleichbare Objektbedingungen" mit großer Wahrscheinlichkeit Meinungsverschiedenheiten befürchten. Es bleibt abzuwarten, wie die Rechtsprechung diesen Begriff mit Leben erfüllen wird.

§ 11 Auftrag für mehrere Objekte '09	§ 22 *Auftrag für mehrere Gebäude '96*
(2) Umfasst ein Auftrag mehrere im Wesentlichen gleichartige Objekte, die im zeitlichen oder örtlichen Zusammenhang unter gleichen baulichen Verhältnissen geplant und errichtet werden sollen, oder Objekte nach Typenplanung oder Serienbauten, so sind für die erste bis vierte Wiederholung die Prozentsätze der Leistungsphase 1 bis 7 um 50 Prozent, von der fünften bis siebten Wiederholung um 60 Prozent und ab der achten Wiederholung um 90 Prozent zu mindern.	*(2) Umfasst ein Auftrag mehrere gleiche, spiegelgleiche oder im Wesentlichen gleichartige Gebäude, die im zeitlichen oder örtlichen Zusammenhang und unter gleichen baulichen Verhältnissen errichtet werden sollen, oder Gebäude nach Typenplanung oder Serienbauten, so sind für die 1. bis 4. Wiederholung die Vomhundertsätze der Leistungsphasen 1 bis 7 in § 15 um 50 vom Hundert, von der 5. Wiederholung an um 60 vom Hundert zu mindern. Als gleich gelten Gebäude, die nach dem gleichen Entwurf ausgeführt werden. Als Serienbauten gelten Gebäude, die nach einem im Wesentlichen gleichen Entwurf ausgeführt werden.*

Kurzkommentar: Neu eingeführt wurde, dass ab dem achten Wiederholungsfall der Honoraranspruch für die Leistungsphasen 1 bis 7 um 90 % zu mindern ist.

§ 11 Auftrag für mehrere Objekte '09	§ 22 *Auftrag für mehrere Gebäude '96*
(3) Umfasst ein Auftrag Leistungen, die bereits Gegenstand eines anderen Auftrags zwischen den Vertragsparteien waren, so findet Absatz 2 für die Prozentsätze der beauftragten Leistungsphasen in Bezug auf den neuen Auftrag auch dann Anwendung, wenn die Leistungen nicht im zeitlichen oder örtlichen Zusammenhang erbracht werden sollen.	*(4) Umfasst ein Auftrag Leistungen, die bereits Gegenstand eines anderen Auftrags für ein Gebäude nach gleichem oder spiegelgleichem Entwurf zwischen den Vertragsparteien waren, so findet Absatz 2 auch dann entsprechende Anwendung, wenn die Leistungen nicht im zeitlichen oder örtlichen Zusammenhang erbracht werden sollen.*

Kurzkommentar: Der § 22 Abs. 3 **HOAI 1996** ist ersatzlos entfallen. Der § 22 Abs. 4 HOAI 1996 ist in § 11 Abs. 3 **HOAI 2009** übernommen, nicht mehr auf Gebäudeplanung beschränkt und für alle Leistungen, die in der HOAI 2009 erfasst sind, gültig.

§ 11 Auftrag für mehrere Objekte ´09 ´96

(4) Die Absätze 1 bis 3 gelten nicht bei der Flächenplanung. Soweit bei bauleitplanerischen Leistungen im Sinne der §§ 17 bis 21 die Festlegungen, Ergebnisse oder Erkenntnisse anderer Pläne, insbesondere die Bestandsaufnahme und Bewertungen von Landschaftsplänen und sonstigen Plänen herangezogen werden, ist das Honorar angemessen zu reduzieren; dies gilt auch, wenn mit der Aufstellung dieser Pläne andere Auftragnehmer betraut waren.

§ 12 Planausschnitte ´09 ´96

Werden Teilflächen bereits aufgestellter Bauleitpläne (Planausschnitte) geändert oder überarbeitet, so sind bei der Berechnung des Honorars nur die Ansätze des zu bearbeitenden Planausschnitts anzusetzen.

§ 13 Interpolation ´09 | § 5a Interpolation ´96

Die Mindest- und Höchstsätze für Zwischenstufen der in den Honorartafeln angegebenen anrechenbaren Kosten, Werte und Verrechnungseinheiten sind durch lineare Interpolation zu ermitteln.

Die zulässigen Mindest- und Höchstsätze für Zwischenstufen der in den Honorartafeln angegebenen anrechenbaren Kosten, Werte und Verrechnungseinheiten (VE) sind durch lineare Interpolation zu ermitteln.

§ 14 Nebenkosten ´09 | § 7 Nebenkosten ´96

(1) Die bei der Ausführung des Auftrags entstehenden Nebenkosten des Auftragnehmers können, soweit sie erforderlich sind, abzüglich der nach § 15 Absatz 1 des Umsatzsteuergesetzes abziehbaren Vorsteuern neben den Honoraren dieser Verordnung berechnet werden. Die Vertragsparteien kön-

(1) Die bei der Ausführung des Auftrages entstehenden Auslagen (Nebenkosten) des Auftragnehmers können, soweit sie erforderlich sind, abzüglich der nach § 15 Abs. 1 des Umsatzsteuergesetzes abziehbaren Vorsteuern neben den Honoraren dieser Verordnung berechnet werden. Die Vertragsparteien

nen bei Auftragserteilung schriftlich vereinbaren, dass abweichend von Satz 1 eine Erstattung ganz oder teilweise ausgeschlossen ist.

§ 14 Nebenkosten '09

(2) Zu den Nebenkosten gehören insbesondere:
1. Versandkosten, Kosten für Datenübertragungen,
2. Kosten für Vervielfältigungen von Zeichnungen und schriftlichen Unterlagen sowie Anfertigung von Filmen und Fotos,
3. Kosten für ein Baustellenbüro einschließlich der Einrichtung, Beleuchtung und Beheizung,
4. Fahrtkosten für Reisen, die über einen Umkreis von 15 Kilometern um den Geschäftssitz des Auftragnehmers hinausgehen, in Höhe der steuerlich zulässigen Pauschalsätze, sofern nicht höhere Aufwendungen nachgewiesen werden,
5. Trennungsentschädigungen und Kosten für Familienheimfahrten nach den steuerlich zulässigen Pauschalsätzen, sofern nicht höhere Aufwendungen an Mitarbeiter oder Mitarbeiterinnen des Auftragnehmers aufgrund von tariflichen Vereinbarungen bezahlt werden,
6. Entschädigungen für den sonstigen Aufwand bei längeren Reisen nach Nummer 4, sofern die Entschädigungen vor der Geschäftsreise schriftlich vereinbart worden sind,
7. Entgelte für nicht dem Auftragnehmer obliegende Leistungen, die von ihm im Einvernehmen mit dem Auftraggeber Dritten übertragen worden sind.

können bei Auftragserteilung schriftlich vereinbaren, dass abweichend von Satz 1 eine Erstattung ganz oder teilweise ausgeschlossen ist.

§ 7 Nebenkosten '96

(2) Zu den Nebenkosten gehören insbesondere:
1. Post- und Fernmeldegebühren,
2. Kosten für Vervielfältigungen von Zeichnungen und von schriftlichen Unterlagen sowie Anfertigung von Filmen und Fotos,
3. Kosten für ein Baustellenbüro einschließlich der Einrichtung, Beleuchtung und Beheizung,
4. Fahrtkosten für Reisen, die über den Umkreis von mehr als 15 Kilometer vom Geschäftssitz des Auftragnehmers hinausgehen, in Höhe der steuerlich zulässigen Pauschalsätze, sofern nicht höhere Aufwendungen nachgewiesen werden,
5. Trennungsentschädigungen und Kosten für Familienheimfahrten nach den steuerlich zulässigen Pauschalsätzen, sofern nicht höhere Aufwendungen an Mitarbeiter des Auftragnehmers aufgrund von tariflichen Vereinbarungen bezahlt werden,
6. Entschädigungen für den sonstigen Aufwand bei längeren Reisen nach Nummer 4, sofern die Entschädigungen vor der Geschäftsreise schriftlich vereinbart worden sind,
7. Entgelte für nicht dem Auftragnehmer obliegende Leistungen, die von ihm im Einvernehmen mit dem Auftraggeber Dritten übertragen worden sind,
8. im Falle der Vereinbarung eines Zeithonorars nach § 6 die Kosten für Vermessungsfahrzeuge und andere Messfahrzeuge, die mit umfangreichen Messinstrumenten ausgerüstet sind, sowie für hoch-

wertige Geräte, die für Vermessungsleistungen und für andere messtechnische Leistungen verwandt werden.

Kurzkommentar: § 7 Abs. 2 Nr. 8 **HOAI 1996** wurde gestrichen, da die Vermessungstechnischen Leistungen nicht mehr in den Regelungsbereich der HOAI aufgenommen und in Anlage 1 HOAI 2009 nur noch als Beratungsleistungen aufgeführt wurden.

§ 14 Nebenkosten '09	§ 7 Nebenkosten '96
(3) Nebenkosten können pauschal oder nach Einzelnachweis abgerechnet werden. Sie sind nach Einzelnachweis abzurechnen, sofern bei Auftragserteilung keine pauschale Abrechnung schriftlich vereinbart worden ist.	(3) Nebenkosten können pauschal oder nach Einzelnachweis abgerechnet werden. Sie sind nach Einzelnachweis abzurechnen, sofern nicht bei Auftragserteilung eine pauschale Abrechnung schriftlich vereinbart worden ist.

§ 15 Zahlungen '09	§ 8 Zahlungen '96
(1) Das Honorar wird fällig, soweit nichts anderes vertraglich vereinbart ist, wenn die Leistung vertragsgemäß erbracht und eine prüffähige Honorarschlussrechnung überreicht worden ist.	(1) Das Honorar wird fällig, wenn die Leistung vertragsgemäß erbracht und eine prüffähige Honorarschlussrechnung überreicht worden ist.

§ 15 Zahlungen '09	§ 8 Zahlungen '96
(2) Abschlagszahlungen können zu den vereinbarten Zeitpunkten oder in angemessenen zeitlichen Abständen für nachgewiesene Leistungen gefordert werden.	(2) Abschlagszahlungen können in angemessenen zeitlichen Abständen für nachgewiesene Leistungen gefordert werden.

§ 15 Zahlungen '09	§ 8 Zahlungen '96
(3) Die Nebenkosten sind auf Nachweis fällig, sofern bei Auftragserteilung nicht etwas anderes vereinbart worden ist.	(3) Nebenkosten sind auf Nachweis fällig, sofern nicht bei Auftragserteilung etwas anderes schriftlich vereinbart worden ist.

§ 15 Zahlungen '09	§ 8 Zahlungen '96
(4) Andere Zahlungsweisen können schriftlich vereinbart werden.	(4) Andere Zahlungsweisen können schriftlich vereinbart werden.

Einführung

§ 16 Umsatzsteuer ’09

(1) Der Auftragnehmer hat Anspruch auf Ersatz der gesetzlich geschuldeten Umsatzsteuer für nach dieser Verordnung abrechenbare Leistungen, sofern nicht die Kleinunternehmerregelung nach § 19 des Umsatzsteuergesetzes angewendet wird. Satz 1 gilt auch hinsichtlich der um die nach § 15 des Umsatzsteuergesetzes abziehbare Vorsteuer gekürzten Nebenkosten, die nach § 14 dieser Verordnung weiterberechenbar sind.

§ 9 Umsatzsteuer ’96

(1) Der Auftragnehmer hat Anspruch auf Ersatz der Umsatzsteuer, die auf sein nach dieser Verordnung berechnetes Honorar und auf die nach § 7 berechneten Nebenkosten entfällt, sofern sie nicht nach § 19 Abs. 1 des Umsatzsteuergesetzes unerhoben bleibt; dies gilt auch für Abschlagszahlungen gemäß § 8 Abs. 2. Die weiterberechneten Nebenkosten sind Teil des umsatzsteuerlichen Entgelts für eine einheitliche Leistung des Auftragnehmers.

§ 16 Umsatzsteuer ’09 ’96

2) Auslagen gehören nicht zum Entgelt für die Leistung des Auftragnehmers. Sie sind als durchlaufende Posten im umsatzsteuerrechtlichen Sinn einschließlich einer gegebenenfalls enthaltenen Umsatzsteuer weiter zu berechnen.

7 Honorarrechnung

7.1 Fälligkeit der Honorarrechnung

Das **BGB** legt klar, dass die Vergütung fällig wird, wenn das Werk erbracht und abgenommen ist.

> Zitat: § 641 BGB Fälligkeit der Vergütung:
> Abs. 1 Die Vergütung ist bei der Abnahme des Werks zu entrichten. [...]

Zur Fälligkeit einer Honorarrechnung sagt die **HOAI** in § 15 Abs. 1:

> Zitat: § 15 HOAI Zahlungen:
> Abs. 1 Das Honorar wird fällig, soweit nichts anderes vertraglich vereinbart ist, wenn die Leistung vertragsgemäß erbracht [...] worden ist.

Die **HOAI** als **Preisrecht** ist nicht befugt, Sachverhalte zu regeln, die dem **BGB** obliegen. Beachtlich ist aber, dass sie sich dennoch hierzu äußert, aber den Begriff der Abnahme **nicht** erwähnt und somit das wichtige Fälligkeitskriterium, den Nachweis für die werkvertraglich vereinbarte Beschaffenheit des Werkes, außen vor lässt. Auch bei Architekten- und Ingenieurverträgen sollte gelten, dass das Werk, das dem Bauherrn übergeben wird, im Sinne des § 633 BGB frei von Sach- und Rechtsmängeln sein muss,

> **Zitat:** **§ 633 BGB Sach- und Rechtsmängel:**
> Abs. 1 Der Unternehmer hat dem Besteller das Werk frei von Sach- und Rechtsmängeln zu verschaffen [...]

wenn der Honoraranspruch fällig gestellt werden soll.

Eine Abschlagszahlungsanforderung ist auf der Grundlage des § 632a BGB jederzeit möglich,

> **Zitat:** **§ 632a BGB Abschlagszahlungen:**
> Abs. 1 Der Unternehmer kann von dem Besteller für eine vertragsgemäß erbrachte Leistung eine Abschlagszahlung in der Höhe verlangen, in der der Besteller durch die Leistung einen Wertzuwachs erlangt hat. [...]

sodass es im Rahmen von Architekten- und Ingenieurverträgen keiner Ausnahme der Fälligstellungsregelungen des Werkvertragsrechts bedarf.

7.2 Prüffähigkeit der Honorarrechnung

7.2.1 Prüffähigkeit allgemein

Im Rahmen der Problematik zur Rechnungslegung sagt die **HOAI** in § 15 Abs. 1:

> **Zitat:** **§ 15 HOAI Zahlungen:**
> Abs. 1 Das Honorar wird fällig, soweit nichts anderes vertraglich vereinbart ist, wenn die Leistung vertragsgemäß erbracht und eine prüffähige Honorarschlussrechnung überreicht worden ist.

Die Nichtprüffähigkeit einer Honorarrechnung ist der häufigste Grund für einen negativ verlaufenden Honorarprozess. Ist die Rechnung für den Rechnungsempfänger nicht prüffähig, wird die Klage in der Regel als derzeit nicht begründet abgewiesen. Das bedeutet Kosten und Enttäuschung.

Prüffähigkeit bedeutet, dass in der Rechnung alle einzelnen Honorarberechnungskriterien detailliert aufgeschlüsselt sein müssen, sodass auch ein fachlich unkundiger Rechnungsempfänger die Berechtigung der Honorarforderung voll und ganz nachvollziehen und überprüfen kann.

Einer solchen Schlussrechnung, in der alle HOAI-gemäßen Berechnungsparameter aufgeführt sind, bedarf es hingegen nicht, wenn die Vertragsparteien eine Honorarpauschale vereinbart haben. Es muss aber darauf aufmerksam gemacht werden, dass in der Regel die meisten Pauschalvereinbarungen nicht rechtswirksam vereinbart werden und somit dann im Nachhinein doch nach der Systematik der HOAI abgerechnet werden muss, um die Honorarrechnung prüffähig zu machen.

An die Wirksamkeit einer **Pauschalvereinbarung** stellt die HOAI in § 7 Abs. 1 strenge Anforderungen.

> **Zitat:** **§ 7 HOAI Honorarvereinbarungen:**
> Abs. 1 Das Honorar richtet sich nach der schriftlichen Vereinbarung, die die Vertragsparteien bei Auftragserteilung im Rahmen der durch diese Verordnung festgesetzten Mindest- und Höchstsätze treffen.

Einführung

Schriftform bedeutet im Rahmen der HOAI, dass die Pauschalvereinbarung von beiden Parteien eigenhändig unterschrieben worden sein muss. Es ist dabei jedoch auch ausreichend, wenn jede Partei die Urkunde der Gegenseite unterzeichnet hat.

Bei Auftragserteilung bedeutet, dass die Pauschalvereinbarung bereits bei Abschluss des Architekten- oder Ingenieurvertrags schriftlich vereinbart werden muss. Dabei ist zu beachten, dass die Auftragserteilung schriftlich, mündlich oder konkludent zustande kommen kann. So kann bereits ein Vertragsabschluss darin zu sehen sein, dass der Architekt den ihm mündlich angebotenen Vertrag mündlich annimmt oder im Einvernehmen mit dem Bauherrn mit Planungsleistungen für ein bestimmtes Vorhaben beginnt. Hiermit ist mündlich oder konkludent das Vertragsverhältnis begründet worden. Ein danach schriftlich formulierter Vertrag erfüllt dann die Bedingung „bei Auftragserteilung" nicht mehr. Eine Pauschalvereinbarung kann dann nicht mehr wirksam getroffen werden.

Mindest- und Höchstsätze der HOAI bedeutet, dass die Höhe der Pauschalvereinbarung im Endeffekt den verordnungsrechtlich vorgegebenen Rahmen nicht sprengen darf. Das heißt, das Honorar darf weder die Mindestsätze unter- noch die Höchstsätze überschreiten. Ob die Pauschalvereinbarung diesem Kriterium entspricht, kann nur anhand einer den Anforderungen der HOAI an eine prüffähige Honorarrechnung entsprechenden Vergleichsberechnung unter Berücksichtigung aller relevanter Berechnungsfaktoren überprüft werden.

Wird die Pauschalvereinbarung einer der oben genannten Wirksamkeitsvoraussetzungen nicht gerecht, so ist sie als von Anfang an unwirksam zu betrachten.

Dies hat zur Folge, dass, sollte die Pauschalhonorarvereinbarung
- **unterhalb der Mindestsätze** liegen, die Vertragsparteien an die von ihnen „vereinbarte" Pauschale nicht gebunden sind und gemäß § 7 Abs. 6 HOAI die jeweiligen **Mindestsätze** als vereinbart gelten.

    Zitat: **§ 7 HOAI Honorarvereinbarungen:**
    Abs. 6 Sofern nicht bei Auftragserteilung etwas anderes schriftlich vereinbart worden ist, gelten die jeweiligen Mindestsätze gemäß Absatz 1 als vereinbart.
    [...]
- **oberhalb der Höchstsätze** liegen, die Vertragsparteien ebenfalls an die von ihnen „vereinbarte" Pauschale nicht gebunden sind und die jeweiligen **Höchstsätze** als vereinbart gelten, da diese dem Parteiwillen am nächsten kommen.

Eine **Schlussrechnung** kann erst gestellt werden, wenn der Architekt/Ingenieur seine Verpflichtungen voll erfüllt, d. h. den werkvertraglich geschuldeten Erfolg herbeigeführt hat. Dies bedeutet, insbesondere für den Fall der Vollbeauftragung in Anlehnung an § 33 HOAI mit den Leistungsphasen 1 bis 9, dass die Leistungen erst dann als vertragsgemäß erbracht angesehen werden können, wenn alle Gewährleistungsfristen der am Bau Beteiligten abgelaufen sind und der Architekt/Ingenieur dafür Sorge getragen hat, dass die in diesem Zeitraum angefallenen Mängel behoben worden sind.

Bei etwaigen zuvor gestellten Rechnungen kann es sich lediglich um Abschlagszahlungen im Sinne des § 15 Abs. 2 HOAI handeln.

Vor Erstellung der Schlussrechnung hat der Architekt/Ingenieur weiterhin zu überprüfen, aus wie vielen Objekten, also Abrechnungseinheiten, das von ihm bearbeitete Projekt besteht, da er diese ggf. gemäß § 11 Abs. 1 HOAI

> **Zitat:** **§ 11 HOAI Honorarvereinbarungen:**
> Abs. 1 Umfasst ein Auftrag mehrere Objekte, so sind die Honorare [...] für jedes Objekt getrennt zu berechnen. [...]

kumuliert oder jeweils getrennt abzurechnen hat, wobei die Regelungen der Abs. 2 bis 4 der Vorschrift, nach denen unter Umständen eine Honorarminderung berücksichtigt werden muss, zu beachten sind.

Wurden z. B. neben Planungsleistungen für Gebäude auch solche für Freianlagen erbracht, so ist zunächst zu überprüfen, ob eine separate Abrechnung der Grundleistungen für Freianlagen neben denen für Gebäude vorzunehmen ist. Maßgeblich dafür ist gemäß § 37 Abs. 3 die Höhe der anrechenbaren Kosten. Liegen diese bei getrennter Abrechnung für ein Objekt unter **7.500 Euro**, so werden diese den anrechenbaren Kosten für Grundleistungen für Gebäude zugeschlagen. Die Grundleistungen für Freianlagen werden dann zusammen mit denen für Gebäude abgerechnet. Bei anrechenbaren Kosten ab **7.500 Euro** hingegen besteht nach § 11 Abs. 1 die Verpflichtung, die Grundleistungen für Freianlagen getrennt abzurechnen.

7.2.2 Prüffähigkeit im Einzelnen

Eine im Sinne der HOAI prüffähige Rechnung sollte Aussagen und Hinweise zu folgenden Punkten enthalten:

Anspruchsgrundlage

Es muss erkennbar sein, **wann** das Vertragsverhältnis begann, ob es ein mündliches, konkludent zustande gekommenes oder ein schriftliches Vertragsverhältnis ist. Denn nur dann ist erkennbar, ob gewisse Honorarvereinbarungskriterien, die z. B. der Schriftform **bei** Auftragserteilung bedürfen um rechtswirksam zu sein, zeitgerecht getroffen worden sind. Der Rechnungsempfänger kann nur so nachvollziehen, ob ein vom Mindestsatz abweichender Honorarsatz rechtsgültig vereinbart wurde.

Honorarberechnungsgrundlage

Es muss für den Auftraggeber erkennbar sein, welche HOAI-Fassung er bei der Überprüfung der Honorarrechnung heranziehen muss. Denn es gilt in der Regel die HOAI-Fassung, die zum Zeitpunkt des Vertragsabschlusses Gültigkeit hatte.

> **Zitat:** **§ 55 HOAI Übergangsvorschrift:**
> Die Verordnung gilt nicht für Leistungen, die vor ihrem Inkrafttreten vertraglich vereinbart wurden; insoweit bleiben die bisherigen Vorschriften anwendbar.

Leistungsbild

Es muss für den Auftraggeber erkennbar sein, welche Leistungsbilder beauftragt wurden und abgerechnet werden dürfen. Hiervon ist abhängig, welcher Teil, ggf. auch welche Teile der HOAI zur Honorarberechnung herangezogen werden muss/müssen.

Einführung

Abrechnungseinheiten

Es muss für den Auftraggeber erkennbar sein, ob bei einer Beauftragung, die mehrere Objekte umfasste, gemäß § 11 ggf. die Objekte kumuliert oder getrennt abgerechnet oder ob Wiederholungsfaktoren berücksichtigt werden müssen. Wurde der Architekt z. B. mit der Planung eines Gebäudes und der Freianlagen beauftragt, so müssen diese Leistungsbilder getrennt abgerechnet werden, es sei es greift § 32 Abs. 4 HOAI

> **Zitat:** § 32 HOAI Besonderer Grundlagen des Honorars:
> Abs. 4 § 11 Abs. 1 gilt nicht, wenn die getrennte Berechnung weniger als 7.500 € anrechenbare Kosten der Freianlagen zum Gegenstand hätte. Abs. 3 ist insoweit nicht anzuwenden.

Erbrachter und ggf. noch nicht erbrachter Leistungsumfang

Es muss für den Auftraggeber erkennbar sein, wann der Vertrag vonseiten des Auftragnehmers als erfüllt anzusehen ist. Hiervon hängt der anzusetzende Mehrwertsteuersatz ab und z. B. im Falle einer Kündigung nach § 649 BGB, welcher Leistungsanteil mit und welcher ohne Mehrwertsteuer berechnet werden muss.

Herstellungskosten nach Kostengruppennummern DIN 272 (2008)

Es muss für den Auftraggeber erkennbar sein, ob die Kosten aus der Kostenberechnung korrekt im Sinne des § 4 Abs. 1

> **Zitat:** § 4 HOAI Anrechenbare Kosten:
> Abs. 1 Anrechenbare Kosten sind Teil der Kosten zur Herstellung [...] von Objekten sowie den damit zusammenhängenden Aufwendungen [...] Wird in dieser Verordnung die DIN 276 in Bezug genommen, so ist diese in der Fassung vom Dezember 2008 [...] bei der Ermittlung der anrechenbaren Kosten zugrunde zu legen. [...]

und des § 32 Abs. 1 bis 4 (hier bei Planungsleistungen für Gebäude) in die Honorarbemessungsgrundlage eingestellt worden sind und ob ggf. Kosten gemäß § 4 Abs. 2

> **Zitat:** § 4 HOAI Anrechenbare Kosten:
> Abs. 2 Als anrechenbare Kosten gelten ortsübliche Preise, wenn der Auftraggeber
> 1. selbst Lieferungen oder Leistungen übernimmt,
> 2. von bauausführenden Unternehmen oder von Lieferanten sonst nicht übliche Vergünstigungen erhält,
> 3. Lieferungen oder Leistungen in Gegenrechnung ausführt oder
> 4. vorhandene oder vorbeschaffte Baustoffe oder Bauteile einbauen lässt.

einbezogen werden dürfen.

Honorarzone

Es muss für den Auftraggeber erkennbar sein, in welcher Spalte der Honorartafel (hier bei Planungsleistungen für Gebäude: § 34 Abs. 1) die Interpolation der Honorarberechnung nachzuvollziehen ist.

Honorarsatz

Es muss für den Auftraggeber erkennbar sein, ob nach den Mindestsätzen abgerechnet wird oder berechtigterweise ein höherer Honorarsatz angesetzt werden darf.

vereinbarte oder sich aus der Verordnung ergebende Zuschläge

Es muss für den Auftraggeber erkennbar sein, ob zu Recht und wenn ja in welcher Höhe honorarerhöhende Zuschläge berechnet werden dürfen.

Mehrwertsteuersatz

Es muss für den Auftraggeber erkennbar sein, ob der Rechnungssteller den korrekten Mehrwertsteuersatz – nicht den, der zum Zeitpunkt der Rechnungslegung, sondern den, der zum Zeitpunkt der Vertragserfüllung gesetzlich gültig war – angesetzt hat.

Gesamtforderung

Es muss für den Auftraggeber erkennbar sein, was ihm insgesamt im Rahmen des Vertragsverhältnisses, auch an Nebenkosten, in Rechnung gestellt wird.

bisher erhaltene Abschlagszahlungen

Es muss für den Auftraggeber erkennbar sein, ob die Zahlungseingänge sich mit denen seiner Buchhaltungsdaten decken.

Restforderung

Es muss für den Auftraggeber erkennbar sein, welcher Betrag zur Überweisung noch ansteht.

7.3 Honorarberechnungskriterien (beispielhaft für Gebäudeplanung)

7.3.1 Leistungsumfang

Der Leistungsumfang ergibt sich regelmäßig aus der vertraglichen Vereinbarung, in der der werkvertraglich geschuldete Erfolg in der Regel definiert ist. Die vertragliche Vereinbarung ist an den in der HOAI aufgestellten Leistungsbildern abzugleichen und ein entsprechender Vom-Hundert-Satz in die Honorarberechnung einzustellen.

Beispiel 1:
Wurden die Leistungen für die **Planung** und die **Bauleitung** in Auftrag gegeben, wobei die **Nachsorgeleistungen** analog Objektbetreuung und Dokumentation **nicht** beauftragt wurden, hat sich der Architekt, abgeglichen an **§ 33 HOAI**, zu einem **Leistungsumfang von 97 %**, bezogen auf einen vollen Architektenvertrag, verpflichtet. Dies ist der Maßstab seiner Honorierung, der sich wie folgt darstellt:

Einführung

Leistungsphasen		laut 33 HOAI	beauftragt
1	Grundlagenermittlung:	3 %	3 %
2	Vorplanung:	7 %	7 %
3	Entwurfsplanung:	11 %	11 %
4	Genehmigungsplanung:	6 %	6 %
5	Ausführungsplanung:	25 %	25 %
6	Vorbereitung der Vergabe:	10 %	10 %
7	Mitwirkung bei der Vergabe:	4 %	4 %
8	Objektüberwachung:	31 %	31 %
9	Objektbetreuung und Dokumentation:	3 %	0 %
1–9	**Gesamt:**	**100 %**	**97 %**

Beispiel 2:
Wurden die Planungsleistungen für Gebäude, z. B. bei einem Wettbewerbsverfahren, auf drei Architekten verteilt, sodass der
Architekt A, der Wettbewerbsgewinner, seinen Wettbewerbsentwurf komplett durcharbeiten und diesen zur Genehmigung einreichen,
Architekt B, ein dem Auftraggeber bestens bekannter Detaillierungs- und Ausschreibungsspezialist, die gesamte Realisierungsplanung, d. h., die Ausführungsplanung, die Ausschreibungen und die vorbereitenden Arbeiten für alle Vergaben übernehmen und
Architekt C, der ortsansässige Architekt, die Bauleitung und die nach der Abnahme des Gebäudes zu erledigenden Nachsorgeleistungen übernehmen soll,
so ergibt sich aus dem Abgleich mit § 33 HOAI 2009, dass

Architekt A ein Leistungspaket

Leistungsphasen		laut 33 HOAI	beauftragt
1	Grundlagenermittlung:	3 %	3 %
2	Vorplanung:	7 %	7 %
3	Entwurfsplanung:	11 %	11 %
4	Genehmigungsplanung:	6 %	6 %
5	Ausführungsplanung:	25 %	0 %
6	Vorbereitung der Vergabe:	10 %	0 %
7	Mitwirkung bei der Vergabe:	4 %	0 %
8	Objektüberwachung:	31 %	0 %
9	Objektbetreuung und Dokumentation:	3 %	0 %
1–9	**Gesamt:**	**100 %**	**27 %**

in Höhe von **27 %** eines vollen Architektenvertrags,

Architekt B ein Leistungspaket

Leistungsphasen		laut 33 HOAI	beauftragt
1	Grundlagenermittlung:	3 %	0 %
2	Vorplanung:	7 %	0 %
3	Entwurfsplanung:	11 %	0 %
4	Genehmigungsplanung:	6 %	0 %
5	Ausführungsplanung:	25 %	25 %

6	Vorbereitung der Vergabe:	10 %	10 %
7	Mitwirkung bei der Vergabe:	4 %	4 %
8	Objektüberwachung:	31 %	0 %
9	Objektbetreuung und Dokumentation:	3 %	0 %
1–9	**Gesamt:**	**100 %**	**39 %**

in Höhe von **39 %** eines vollen Architektenvertrags und

Architekt C ein Leistungspaket

Leistungsphasen		laut 33 HOAI	beauftragt
1	Grundlagenermittlung:	3 %	0 %
2	Vorplanung:	7 %	0 %
3	Entwurfsplanung:	11 %	0 %
4	Genehmigungsplanung:	6 %	0 %
5	Ausführungsplanung:	25 %	0 %
6	Vorbereitung der Vergabe:	10 %	0 %
7	Mitwirkung bei der Vergabe:	4 %	0 %
8	Objektüberwachung:	31 %	31 %
9	Objektbetreuung und Dokumentation:	3 %	3 %
1–9	**Gesamt:**	**100 %**	**34 %**

in Höhe von **34 %** eines vollen Architektenvertrags übernommen hat.

Der Auftraggeber hat somit insgesamt die vollständigen Planungs-, Ausführungsvorbereitungs- und Bauüberwachungsleistungen beauftragt. Er hat diese aber, anders als im typischen Vollauftrag, in drei Vertragsverhältnisse mit unterschiedlichen Auftragnehmern aufgeteilt. Hierbei müssen sich die drei Planer verpflichten, aufeinander abgestimmt, gemeinsam das bestellte Gebäude entstehen zu lassen. Das Honorar, das den Lohn für das geschaffene Werk darstellt, wird unter den drei Architekten aufgeteilt, und zwar in den Relationen, wie sie durch die HOAI festgelegt werden. Das bedeutet im vorliegenden Beispiel 2, dass

Architekt A einen Honoraranteil enthält von	27 %,
Architekt B einen Honoraranteil enthält von	39 %,
Architekt C einen Honoraranteil enthält von	34 %,
die Architekten gemeinsam	**100 %**

erhalten, insofern jeder seinen Vertrag ordnungsgemäß erfüllt hat.

Bei einer solchen Fallgestaltung sollte aber schon bei der Auftragserteilung bedacht werden, dass der jeweils nachfolgende Architekt sich grundsätzlich, bevor er mit seiner Tätigkeit beginnen kann, in das von seinem Vorgänger, bzw. von seinen Vorgängern schon Geschaffene einzuarbeiten hat, um gewährleisten zu können, dass das vom Auftraggeber letztendlich gewünschte Werk entstehen kann. Diese vom Auftraggeber geschaffene Auftragssituation generiert eine Mehrarbeit, die bei einer einheitlichen Vergabe an einen Planer nicht entsteht. Die HOAI sieht das Honorar als Werklohn, als Gegenwert für den eingetretenen versprochenen Erfolg, das mangelfreie und funktionstüchtige Werk. Sie verteilt somit das Gesamthonorar konsequent auf die drei beteiligten Planer auf.

Einführung

> **Zitat:** § 8 Berechnung des Honorars in besonderen Fällen:
> Abs. 1 Werden nicht alle Leistungsphasen eines Leistungsbildes übertragen, so dürfen nur die für die übertragenen Phasen vorgesehenen Prozentsätze berechnet [...] werden.

Indem sie aber vorgibt, die Parteien dürften keine anderen Prozentsätze als die von ihr jeweils vorgegebenen vereinbaren,

> **Zitat:** § 8 Berechnung des Honorars in besonderen Fällen:
> Abs. 20 Werden nicht alle Leistungsphasen eines Leistungsbildes übertragen, so dürfen nur die für die übertragenen Phasen vorgesehenen Prozentsätze [...] **vertraglich vereinbart werden.**

so hat sie damit eklatant ihre Kompetenz überschritten. Die HOAI behandelt allein Preisrecht, nicht normatives Recht. Eine Bestimmung, dass für außerwerkvertraglich geschuldete Leistungen, wie hier das Einarbeiten in Arbeitsergebnisse eines Dritten, keine Vergütung **vereinbart** werden darf, fällt nicht in ihren Zuständigkeitsbereich. Verwunderlich hingegen ist es, dass sie dann, wenn

- nicht alle Leistungen innerhalb einer Leistungsphase
- oder wesentliche Teile einer Leistung

nicht übertragen wurden, bestimmt, dass ein zusätzlicher Koordinierungs- und Einarbeitungszuschlag zu berücksichtigen ist.

> **Zitat:** § 8 Berechnung des Honorars in besonderen Fällen:
> Abs. 2 Werden nicht alle Leistungen einer Leistungsphase übertragen, [...] wesentliche Teile von Leistungen [...] nicht übertragen [...] Ein zusätzlicher Koordinierungs- und Einarbeitungsaufwand ist zu berücksichtigen.

Im Hinblick auf ein ausgewogenes gegenseitiges Schuldverhältnis ist es Sinn bringend, den durch die vom Auftraggeber gewollte Auftragsaufteilung entstehenden Mehraufwand, der über die werkvertraglichen Verpflichtungen der Nachfolgeplaner hinausgeht, zusätzlich außerhalb der HOAI-Honorare angemessen zu ersetzen. Dies ist letztendlich ein Kostenersatzanspruch, den zu regeln die HOAI nicht autorisiert ist.

7.3.2 Anrechenbare Kosten

Die **HOAI 1996** schrieb in ihrem Geltungszeitraum noch vor, dass der Architekt seine Leistungen in drei Phasen abzurechnen und diesen als anrechenbare Kosten verschieden ermittelte Summen zugrunde zu legen hat.

Die anrechenbaren Kosten für die Leistungsphasen 1 bis 4, Grundlagenermittlung bis Genehmigungsplanung, waren unter Zugrundelegung des Kostenermittlungsverfahrens nach **DIN 276 (1981)**, nach der Kostenberechnung, solange diese nicht vorlag, nach der Kostenschätzung zu ermitteln. Für die Leistungsphasen 5 bis 7, Ausführungsplanung bis Mitwirkung bei der Vergabe, war der Kostenanschlag, solange dieser nicht vorlag, die Kostenberechnung anzusetzen. Für die Leistungsphasen 8 und 9, Objektüberwachung, Objektbetreuung und Dokumentation, war die Kostenfeststellung, solange diese nicht vorlag, der Kostenanschlag, der Ermittlung der anrechenbaren Kosten zugrunde zu legen.

Hierbei mussten die Kosten unter den einzelnen Kostengruppennummern der **DIN 276 (1981)** wie folgt dargestellt werden:

A: Kosten, die voll anrechenbar sind, wie die der Kostengruppe:
- 3.1 Baukonstruktionen
- 3.5.1 Besondere Baukonstruktionen
- 3.5.5.9 Sonstige künstlerische Gestaltung am Bauwerk

B: Kosten, die ggf. verringert anrechenbar sind, wie die der Kostengruppe:
- 3.2 Installationen
- 3.3 Zentrale Betriebstechnik
- 3.4 Betriebliche Einbauten
- 3.5.2 Besondere Installationen
- 3.5.3 Besondere zentrale Betriebstechnik
- 3.5.4 Besondere betriebliche Einbauten

C: Kosten, die bedingt anrechenbar sind, wie die der Kostengruppe:
- 1.4 Herrichten
- 2.2 Nicht öffentliche Erschließung
- 3.5.5.1 Kunstwerke
- 3.5.5.2 Künstlerisch gestaltete Bauteile
- 4 Geräte
- 5.3 Abwasser- und Versorgungsanlagen
- 5.4 Wirtschaftsgegenstände
- 5.7 Verkehrsanlagen
- 6.1.1-5 Zusätzliche Maßnahmen bei der Erschließung
- 6.2.1-6 Zusätzliche Maßnahmen beim Bauwerk
- 6.3.1-4 Zusätzliche Maßnahmen bei den Außenanlagen

D: Kosten, die nicht anrechenbar sind, wie die der Kostengruppe:
- 1.1 Wert des Baugrundstücks
- 1.2 Erwerb des Baugrundstücks
- 1.3 Freimachen des Baugrundstücks
- 2.1 Öffentliche Erschließung
- 2.3 Andere einmalige Abgaben
- 5.1 Einfriedungen
- 5.2 Geländebearbeitung und -gestaltung
- 5.5.1 Kunstwerke und künstlerisch gestaltete Bauwerke im Freien,
- 5.5.2 soweit sie nicht wesentlicher Bestandteil des Objekts sind
- 5.6 Anlagen für Sonderzwecke
- 5.8 Grünflächen
- 5.9 Sonstige Außenanlagen
- 6.1.9 Sonstige zusätzliche Maßnahmen bei der Erschließung
- 6.2.9 Sonstige zusätzliche Maßnahmen beim Bauwerk
- 6.3.9 Sonstige zusätzliche Maßnahmen bei den Außenanlagen
- 7 Baunebenkosten

Die **HOAI 2009** hat diese Systematik einerseits geändert, indem sie nun durch § 4 Abs. 1 auf die DIN 276 (2008) Bezug nimmt,

> Zitat: **§ 4 Anrechenbare Kosten:**
> Abs. 1 [...] Wird in dieser Verordnung die DIN 276 in Bezug genommen, so ist diese in der Fassung vom Dezember 2008 (DIN 276-1:2008-2) bei der Ermittlung der anrechenbaren Kosten zugrunde zu legen. [...]

Einführung

und andererseits stark vereinfacht, indem sie in § 6 Abs. 1 bestimmt, dass sich das Honorar für alle Leistungen für z. B. *Gebäude*
- lediglich nach der **Kostenberechnung**, die auf der Grundlage der Entwurfsplanung erstellt wird, aber soweit diese aufgrund des Planungsfortschritts noch nicht vorliegt,
- nach der **Kostenschätzung**, die überschlägig auf der Grundlage der Vorplanung erfolgt,

zu richten hat.

> **Zitat:** **§ 6 Grundlagen des Honorars:**
> Abs. 1 [...] Das Honorar für Leistungen nach dieser Verordnung richtet sich
> 1. für die Leistungsbilder der Teile 3 und 4 nach den anrechenbaren Kosten des Objekts auf der Grundlage der Kostenberechnung [...]

Aus der Kostenberechnung sind dann die anrechenbaren Kosten für das Planerhonorar zu ermitteln. Geblieben ist die Systematik, dass die Herstellungskosten, so wie früher in § 10 HOAI 1996 dargestellt, nun gemäß **§ 32 HOAI auch** unterschiedlich in die Bemessungsgrundlage für das Honorar einfließen.

> **Zitat:** **§ 32 Besondere Grundlagen des Honorars:**
> Abs. 1 Anrechenbar sind [...] die Kosten der Baukonstruktion.
> Abs. 2 Anrechenbar [...] sind auch die Kosten für Technische Anlagen [...]
> 1. vollständig bis zu 25 Prozent der sonstigen anrechenbaren Kosten und
> 2. zur Hälfte mit dem 25 Prozent der sonstigen Kosten übersteigenden Betrag.
> Abs. 3 Nicht anrechenbar sind [...]

So gibt es auch in der **HOAI 2009** Kosten, die

- **A:** **immer** und immer **voll** anrechenbar sind,
- **B:** **immer**, aber ggf. **voll**, ggf. **gemindert** anrechenbar sind,
- **C:** **bedingt** anrechenbar sind, aber wenn ja, dann **voll**,
- **D:** **unter bestimmten Voraussetzungen voll** oder **nicht** anrechenbar sind,
- **E:** nicht direkt anfallen, aber **als fiktive Kosten** anrechenbar sind und
- **F:** grundsätzlich **nicht** anrechenbar sind.

Da die anrechenbaren Kosten, also die Honorarberechnungsgrundlage, aus der Kostenberechnung zu ermitteln sind, die Kostenberechnung aber keinen höheren Genauigkeitsgrad als bis zur zweiten Stelle der jeweiligen Kostengruppennummer verlangt, und die HOAI selbst nur von Kosten der Baukonstruktion, Kosten der Technischen Anlagen und Kosten von Außenanlagen spricht, kann man aus folgender Tabelle alle für die Honorarberechnung für Gebäudeplanung relevanten Kosten herauslesen.

HOAI	KoGr.		Bezeichnung	wie anrechenbar
	F	100	Grundstück	grundsätzlich nicht
§ 32 (3)	C	210	Herrichten	bedingt, aber wenn ja, dann voll
	F	220	öffentliche Erschließung	grundsätzlich nicht
§ 32 (3)	C	230	nicht öffentliche Erschließung	bedingt, aber wenn ja, dann voll
	F	240	Ausgleichsabgaben	grundsätzlich nicht
	F	250	Übergangsmaßnahmen	grundsätzlich nicht
§ 32 (1)	A	300	Baukonstruktion	immer, und immer: voll
§ 32 (2)	B	400	Technische Anlagen	immer, aber ggf. voll, ggf. gemindert
§ 32 (4)	D	500	Außenanlagen	wenn < 7.500 € ja, wenn ≥ 7.500 € nein
§ 32 (3)	C	610	Ausstattung	bedingt, aber wenn ja, dann voll
§ 32 (3)	C	620	Kunstwerke	bedingt, aber wenn ja, dann voll
	F	700	Baunebenkosten	grundsätzlich nicht
§ 4 (1)	F		Mehrwertsteueranteile	grundsätzlich nicht

Aus § 4 HOAI ergibt sich, dass **fiktive Kosten**, also solche, die nicht konkret anfallen und somit vom Architekten im Rahmen der Planung anhand von Erfahrungswerten prognostiziert werden,

> Zitat: § 4 Anrechenbare Kosten:
> Abs. 2 [...] Als anrechenbare Kosten gelten ortsübliche Preise, wenn der Auftraggeber
> 1. selbst Lieferungen oder Leistungen übernimmt,
> 2. von [...] nicht übliche Vergünstigungen erhält,
> 3. Lieferungen oder Leistungen in Gegenrechnung ausführt oder
> 4. vorhandene [...] Baustoffe oder Bauteile einbauen lässt.

auch unter bestimmten Umständen mit in die Bemessungsgrundlage für die Berechnung des Honorars für Leistungen für Gebäude einzusetzen sind. Somit muss u. U. die oben gezeigte Tabelle wie folgt ergänzt werden:

§ HOAI		Bezeichnung	wie anrechenbar
§ 4 (2) 1	E	bei Eigenleistungen und Eigenlieferungen des AG	zu ortsüblichen Preisen
§ 4 (2) 2	E	bei nicht üblichen Vergünstigungen gegenüber dem AG	zu ortsüblichen Preisen
§ 4 (2) 3	E	bei Lieferungen und Leistungen in Gegenrechnung	zu ortsüblichen Preisen
§ 4 (2) 4	E	bei Einbau vorhandener oder vorbeschaffter Baustoffe/Bauteile	zu ortsüblichen Preisen

Nicht übernommen hat die **HOAI 2009** die Regelung aus *§ 10 3a HOAI 1996*, nach der der Auftragnehmer für vorhandene Bausubstanz, die er technisch oder gestalterisch mitverarbeitet, angemessene fiktive Kosten zusätzlich in seine Honorarbemessungsgrundlage (Kostenschätzung bis Kostenfeststellung) einstellen konnte.

Einführung

7.3.3 Honorarzone

Die **HOAI 2009** hat den Honorarberechnungsparameter Honorarzone unverändert von der **HOAI 1996** übernommen und bestimmt in § 5 Abs. 4

> Zitat: **§ 5 Honorarzonen:**
> Abs. 4 Die Honorarzonen sind anhand der Bewertungsmerkmale in den Honorarregelungen der jeweiligen Leistungsbilder der Teile 2 bis 4 zu ermitteln. Die Zurechnung zu den einzelnen Honorarzonen ist nach Maßgabe der Bewertungsmerkmale, gegebenenfalls der Bewertungspunkte und anhand der Regelbeispiele in den Objektlisten der Anlage 3 vorzunehmen.

Somit ist es sinnvoll, um die Honorarzone zu bestimmen, vorerst die Objektliste, hier die in Anlage 3 zu § 5 Abs. 4 Satz 2 für Gebäude, einzusehen und nachzusehen, ob das zu planende Gebäude in vergleichbarer Form beschrieben ist. Wird ein vergleichbarer Gebäudetyp nur einmal in einer Honorarzone genannt, so kann man im Prinzip davon ausgehen, dass hiermit die Honorarzone klar genug bestimmt ist.

Kommt dieser vergleichbare Gebäudetyp aber in mehreren Honorarzonen vor, so ist es sinnvoll, eine **Grobbewertung** nach § 5 **Abs. 1** und **Abs. 4** und § 34 **Abs. 2** i. V. m. **Anlage 3 Ziffer 3.1** vorzunehmen, die beispielhaft dann wie folgt aussehen kann:

Bewertungsmerkmale nach Planungsanforderungen	Bewertung der Planungsanforderungen nach Schwierigkeitsgrad				
	Sehr gering	Gering	Durchschnittlich	Überdurchschnittlich	Sehr hoch
Einbindung in die Umgebung		X			
Anzahl der Funktionsbereiche				X	
Gestalterische Anforderungen			X		
Konstruktive Anforderungen				X	
Technische Gebäudeausrüstung				X	
Ausbau				X	
	I	II	III	IV	V
	HONORARZONE				

Kann mit einer Grobbewertung, wie im vorliegenden Fall beispielhaft aufgezeigt, nicht eindeutig eine Honorarzone bestimmt werden, ist eine **Feinbewertung (Punktebewertung)** nach § 34 Abs. 2, 4 und 5 HOAI vorzunehmen. Nach dem hier verwendeten Bewertungsschema (nach Eich/Eich)[5] kann sich eine Zuordnung wie folgt ergeben:

---

[5] Eich/Eich: Architektenvertragshandbuch Gebäudeplanung. Neuwied: Werner Verlag, 2006, S. 75/154

Bewertungsmerkmale nach Planungsanforderungen	Bewertung der Planungsanforderungen nach Schwierigkeitsgrad									Punkte
	Sehr gering									
		Gering								
				Durchschnittlich						
						Überdurchschnittlich				
									Sehr hoch	
Einbindung in die Umgebung	1	**2**	3	4	5		6			**2**
Anzahl der Funktionsbereiche	1	2	3	4	5	**6**	**7**	8	9	**6,5**
Gestalterische Anforderungen	1	2	3	4	**5**	6	7	8	9	**5**
Konstruktive Anforderungen	1	2	3	4	**5**	6				**5**
Technische Gebäudeausrüstung	1	2	3	4	**5**	6				**5**
Ausbau	1	2	3	4	**5**	6				**5**
Gesamtpunktzahl:				28,5						**28,5**
	1 bis 10		11 bis 18		19 bis 26		**27 bis 34**		35 bis 42	
	I		II		III		**IV**		V	
	HONORARZONE									

Die Punktebewertung ergibt hier beispielsweise 28,5 Punkte, liegt somit zwischen 27 und 34 Punkten und die Planungsleistung für das Gebäude ist gemäß

> Zitat: § 34 Honorare für Leistungen bei Gebäuden [...]:
> Abs. 4
> [...]
> 4. Honorarzone IV: Gebäude [...] mit 27 bis 34 Punkten
> [...]

entsprechend der Feinbewertung in die **Honorarzone IV** einzustellen.

7.3.4 Honorarsatz

Die **HOAI 2009** hat das Prinzip der **HOAI 1996** übernommen, dass die Parteien bei Auftragserteilung einen Honorarsatz vereinbaren können, der sich im Rahmen der Mindest- und Höchstsätze bewegt.

> Zitat: § 7 Honorarvereinbarung:
> Abs. 1 Das Honorar richtet sich nach der schriftlichen Vereinbarung, die die Vertragsparteien bei Auftragserteilung im Rahmen der durch diese Verordnung festgesetzten Mindest- und Höchstsätze treffen.

Hinzuweisen aber ist, da diese Vorschrift auch schon in den Zeiten der Vorgängerfassungen der HOAI selten beachtet wurde, darauf, dass eine Honorarsatzvereinbarung, die

- **nicht schriftlich** getroffen wurde, keine Rechtswirkung entfaltet, da es an der **Schriftform** fehlt,

Einführung

- zwar schriftlich, aber **nicht bei Auftragserteilung**, z. B. erst später nach einer mündlichen oder konkludent zustande gekommenen Beauftragung getroffen wurde, ebenso nicht rechtswirksam werden kann, da das Kriterium **bei Auftragserteilung** nicht eingehalten worden ist.

7.3.5 Zuschläge

Die Definition des Begriffs Umbau ist von der **HOAI 2009** in

> Zitat: § 2 Begriffsbestimmungen
> [...]
> 6. „Umbauten" sind Umgestaltungen eines vorhandenen Objekts mit Eingriffen in Konstruktion oder Bestand;
> [...]

weitgehend übernommen worden, hat sich aber insoweit geändert, als bisher nur **wesentliche** Eingriffe in Konstruktion oder Bestand berücksichtigt wurden; das Merkmal der Wesentlichkeit ist weggefallen, sodass jetzt auch unwesentliche Eingriffe ausreichen können, um von einem Umbau auszugehen.

Die Höhe eines Umbauzuschlags war im Gültigkeitsbereich der **HOAI 1996** bei den Honorarzonen I bis III begrenzt auf 33 %. Bei fehlender schriftlicher Vereinbarung galt ab Honorarzone III, und somit auch für die Honorarzonen IV und V, ein Zuschlag von 20 % als vereinbart.

Die HOAI 2009 gibt vor,

> Zitat: § 35 Bauen im Bestand
> (1) Für Leistungen bei **Umbauten** und **Modernisierungen** kann für Objekte ein Zuschlag **bis zu 80 Prozent** vereinbart werden. Sofern kein Zuschlag **schriftlich vereinbart** ist, fällt für Leistungen ab der **Honorarzone II** ein Zuschlag von **20 Prozent** an.[...]

dass bei fehlender Vereinbarung schon ab der Honorarzone II ein Zuschlag in Höhe von 20 % verlangt werden und grundsätzlich in allen Honorarzonen ein Zuschlag bis zu 80 % vereinbart werden kann.

Hiermit kann der durch den Wegfall des früheren **§ 10 3 a HOAI 1996**,

> Zitat: § 10 HOAI 1996 Grundlagen des Honorars
> Abs. 10 3a Vorhandene Bausubstanz, die technisch oder gestalterisch mitverarbeitet wird, ist bei den anrechenbaren Kosten angemessen zu berücksichtigen [...]

eintretende Honorarverlust bei Umbau- und Modernisierungsmaßnahmen u. U. teilweise kompensiert werden.

Bisher hat § 24 Abs. 2 HOAI 1996 alternativ die Möglichkeit eröffnet, anstelle eines pauschalen Zuschlags auf das gesamte Honorar die Leistungsphasen 1, 2 und 8 höher zu bewerten. Diese Möglichkeit ist in § 35 HOAI 2009 nicht mehr vorgesehen.

B Musterrechnungen

Nachfolgend wird am Beispiel der Leistungsbilder **Gebäude** des § 33 HOAI und **Freianlagen** des § 38 HOAI anhand von zwei Musterrechnungen beschrieben, wie die Honorarberechnungskriterien im Einzelnen zu ermitteln und in einer prüffähigen Rechnung darzustellen sind. Damit nicht das Argument kommt „Ich kann die Rechnung nicht prüfen", ist dringend anzuraten, der Rechnung, wie auch nachfolgend dargestellt, grundsätzlich ausführliche Anlagen beizufügen, aus denen erkennbar ist, auf welcher Anspruchsgrundlage und nach welcher Honorarberechnungsgrundlage die Rechnung erstellt wurde.

Fallbeispiel

Folgende Vertragsvereinbarungen werden angenommen:

- **Anspruchsgrundlage:**
  Das Vertragsverhältnis wurde zum Zeitpunkt der Auftragserteilung schriftlich begründet.
- **Honorarberechnungsgrundlage:**
  Das Vertragsverhältnis wurde am xx.yy.zz geschlossen, im Geltungszeitraum der HOAI 2009. Somit gibt diese die Honorarberechnungssystematik vor.
- **Leistungsbild des Vertragsgegenstandes**:
  Planungs- und Bauleitungsleistungen für den Umbau eines Wohn- und Geschäftshauses mit Tiefgarage in ABC-Stadt, XYZ-Straße 123 und die dazu gehörenden Freianlagen.
- **Umfang der Leistungsverpflichtung** des Architekten nach folgenden Vereinbarungen:
  - Planung und Bauleitung für die Umbaumaßnahmen des Gebäudes und der Freianlagen, wobei die Nachsorgeleistungen analog Objektbetreuung und Dokumentation **nicht** beauftragt wurden.
- **Vergütungsverpflichtung** des Bauherrn nach folgenden Vereinbarungen:
  - Die **Honorarzone** wurde im Sinne des § 5 Abs. 1 HOAI sowie Anlage 3, Ziffer 3.1 der HOAI (Objektliste für Gebäude) und § 34 Abs. 2 HOAI (Bewertungsmerkmale für Gebäude) bzw. Anlage 3, Ziffer 3.2 der HOAI (Objektliste für Freianlagen) und § 39 Abs. 2 (Bewertungsmerkmale für Freianlagen) für die
    - Gebäudeplanung als überdurchschnittlich eingestuft und somit der Honorarzone IV zugeordnet[6],
    - Freianlagenplanung als durchschnittlich eingestuft und somit der Honorarzone III zugeordnet[7].
  - Der **Honorarsatz** wird aufgrund aufwandsbezogener Einflussgrößen zum Zeitpunkt der Auftragserteilung schriftlich festgelegt bei
    - der Gebäudeplanung als Mittelsatz,
    - der Freianlagenplanung als Viertelsatz.

---

[6] Diese Einordnung muss korrigiert werden, wenn die Punktebewertung gemäß § 34 Abs. 2, 4 und 5 HOAI ein Ergebnis außerhalb des Rahmens von 27 bis 34 Punkten ergeben sollte.

[7] Vorbehaltlich die Punktebewertung gemäß § 39 Abs. 2, 3 und 4 HOAI ergibt ein Ergebnis außerhalb des Rahmens von 16 bis 22 Punkten.

- Der **Umbauzuschlag** wird aufgrund projektindividueller leistungserschwerender Kriterien bei der Gebäudeplanung mit 60 % des Honorars festgelegt.
- Die **Nebenkosten** im Sinne des § 14 Abs. 2 können pauschal mit 5 % des Honorars zusätzlich berechnet werden.
- **Der Vertrag wurde vollständig erfüllt.**

1 Musterrechnung – Leistungsbild Gebäude

Honorarrechnung für Gebäudeplanung

Vertragsgrundlage:	Schriftvertrag vom xx.yy.zz	
Berechnungsgrundlage:	HOAI 2009	
Vertragsgegenstand:	Umbau eines **Wohn- und Geschäftshauses mit Tiefgarage** in ABC-Stadt, XYZ-Straße 123	
Berechnungskriterien:	**Leistungsumfang** der Beauftragung laut Vertrag: gemessen an § 33 wie folgt:	**97 %**
	1. Grundlagenermittlung	3 %
	2. Vorplanung	7 %
	3. Entwurfsplanung	11 %
	4. Genehmigungsplanung	6 %
	5. Ausführungsplanung	25 %
	6. Vorbereitung der Vergabe	10 %
	7. Mitwirkung bei der Vergabe	4 %
	8. Objektüberwachung	31 %
	Gesamt	97 %

Honorarzone lt. Vertrag und Kontrolle nach § 34 Abs. 2, 4 + 5:		**IV**
Honorarsatz lt. Vertrag:		**Mittelsatz**
anrechenbare **Kosten** nach Kostenberechnung:		**2.732.668,03 €**
Zuschlagsvereinbarung lt. Vertrag:		**60 % des Nettohonorars**
Nebenkostenvereinbarung lt. Vertrag:		**5 % des Nettohonorars**

Honorarberechnung: siehe § 34 Abs. 1 unter Berücksichtigung von § 13

bei	2.500.000,00 €	= (254.487 + 288.842) : 2	= 271.664,50 €	
bei	3.000.000,00 €	= (297.639 + 336.534) : 2	= 317.086,50 €	
bei	2.732.668,03 €	=	271.664,50 €	271.664,50 €
	+ (317.086,50 – 271.664,50) x (2.732.668,03 – 2.500.000,00)			
	(3.000.000,00 – 2.500.000,00)		= 21.136,50 €	21.136,50 €

Honoraranspruch:	100 % =	292.801,00 €
Hiervon Leistungsumfang:	97 % =	284.016,97 €
zuzüglich Umbauzuschlag:	60 % =	170.410,18 €
Zwischensumme:	=	454.427,15 €
zuzüglich Nebenkosten:	5 % =	22.721,36 €
Zwischensumme:	=	477.148,51 €
zuzüglich Mehrwertsteuer:	19 % =	90.658,22 €
Endsumme:	**=**	**567.806,73 €**

Musterrechnungen

2 Musterrechnung – Leistungsbild Freianlagen

Honorarrechnung für Freianlagenplanung

Vertragsgrundlage:	Schriftvertrag vom xx.yy.zz
Berechnungsgrundlage:	HOAI 2009
Vertragsgegenstand:	Neugestaltung der Freianlagen bei dem **Wohn- und Geschäftshaus mit Tiefgarage** in ABC-Stadt, XYZ-Straße 123
Berechnungskriterien:	**Umfang** der Beauftragung laut Vertrag: **97 %** gemessen an § 38 Abs. 1 wie folgt:

1. Grundlagenermittlung	3 %
2. Vorplanung	10 %
3. Entwurfsplanung	15 %
4. Genehmigungsplanung	6 %
5. Ausführungsplanung	24 %
6. Vorbereitung der Vergabe	7 %
7. Mitwirkung bei der Vergabe	3 %
8. Objektüberwachung	29 %
Gesamt	97 %

- **Honorarzone** lt. Vertrag und Kontrolle nach § 39 Abs. 2, 3 + 4: **III**
- **Honorarsatz** lt. Vertrag: **Viertelsatz**
- **anrechenbare Kosten** nach Kostenberechnung: **126.050,42 €**
- **Nebenkostenvereinbarung** lt. Vertrag: **5 % des Nettohonorars**

Honorarberechnung: siehe § 39 Abs. 1 unter Berücksichtigung von § 13

bei 100.000,00 € = 17.665 + $\frac{(22.756 - 17.665) \times 25}{100}$ = 18.937,75 €

bei 150.000,00 € = 24.785 + $\frac{(31.810 - 24.785) \times 25}{100}$ = 26.541,25 €

bei 126.050,42 € = = 18.937,75 € 18.937,75 €
+ $\frac{(26.541,25 - 18.937,75) \times (126.050,42 - 100.000,00)}{(150.000,00 - 100.000,00)}$ = 3.961,49 € 3.961,49 €

Honoraranspruch:	100 % =	22.899,24 €
Hiervon Leistungsumfang:	97 % =	22.212,26 €
zuzüglich Nebenkosten:	5 % =	1.110,61 €
Zwischensumme:	=	23.322,87 €
zuzüglich Mehrwertsteuer:	19 % =	4.431,35 €
Endsumme:	**=**	**27.754,22 €**

3 Anlagen zu den Musterrechnungen

3.1 Anspruchsgrundlage

Anspruchsgrundlage für die vorliegende Honorarforderung ist der schriftliche Vertrag, der bei Auftragserteilung am xx.yy.zz geschlossen worden ist.

3.2 Honorarberechnungsgrundlage

Entsprechend dem Architektenvertrag vom xx.yy.zz erfolgte die Auftragserteilung nach dem Inkrafttreten der **HOAI 2009**.

3.3 Honorarberechnungskriterien

3.3.1 Leistungsumfang der Beauftragung

Der Leistungsumfang ergibt sich regelmäßig aus der vertraglichen Vereinbarung.

Umfang der Beauftragung für Leistungen für Gebäude

Es wurden die Leistungen für die **Planung** und die **Bauleitung** in Auftrag gegeben, die abgeglichen an § 33 HOAI einen **Leistungsumfang von 97 %** darstellen:

Leistungsphasen		laut § 33 HOAI	beauftragt	erbracht
1	Grundlagenermittlung:	3 %	3 %	3 %
2	Vorplanung:	7 %	7 %	7 %
3	Entwurfsplanung:	11 %	11 %	11 %
4	Genehmigungsplanung:	6 %	6 %	6 %
5	Ausführungsplanung:	25 %	25 %	25 %
6	Vorbereitung der Vergabe:	10 %	10 %	10 %
7	Mitwirkung bei der Vergabe:	4 %	4 %	4 %
8	Objektüberwachung:	31 %	31 %	31 %
9	Objektbetreuung und Dokumentation:	3 %	0 %	0 %
1–9	**Gesamt:**	**100 %**	**97 %**	**97 %**

Umfang der Beauftragung für Leistungen für Freianlagen

Für die Leistungen für die **Freianlagen** wurden ebenfalls die **Planung** und die **Bauleitung** in Auftrag gegeben, die abgeglichen an § 38 Abs. 1 HOAI einen Leistungsumfang von 97 % darstellen:

Leistungsphasen		laut § 38 HOAI	beauftragt	erbracht
1	Grundlagenermittlung:	3 %	3 %	3 %
2	Vorplanung:	10 %	10 %	10 %
3	Entwurfsplanung:	15 %	15 %	15 %
4	Genehmigungsplanung:	6 %	6 %	6 %
5	Ausführungsplanung:	24 %	24 %	24 %
6	Vorbereitung der Vergabe:	7 %	7 %	7 %
7	Mitwirkung bei der Vergabe:	3 %	3 %	3 %
8	Objektüberwachung:	29 %	29 %	29 %
9	Objektbetreuung und Dokumentation:	3 %	0 %	0 %
1–9	**Gesamt:**	**100 %**	**97 %**	**97 %**

Musterrechnungen

3.3.2 Honorarzone

Honorarzone – Gebäude

Im Architektenvertrag ist die Honorarzone IV schriftlich vereinbart. Eine solche Vereinbarung ist gültig, sofern diese Festlegung nicht gegen die Mindest- bzw. Höchstsatzbestimmung der HOAI in Verbindung mit dem MRVG Artikel 10 § 1 und 2 verstößt. Eine Kontrolle hierüber ist im vorliegenden Fall erfolgt.

Eine **Grobbewertung** nach **§ 5 Abs. 1** und **Abs. 4** und **§ 34 Abs. 2** i. V. m. **Anlage 3 Ziffer 3.1** ergibt folgende Zuordnung:

Bewertungsmerkmale nach Planungsanforderungen:	Bewertung der Planungsanforderungen nach Schwierigkeitsgrad:				
	Sehr gering	Gering	Durchschnittlich	Überdurchschnittlich	Sehr hoch
Einbindung in die Umgebung			X		
Anzahl der Funktionsbereiche				X	
Gestalterische Anforderungen			X		
Konstruktive Anforderungen				X	
Technische Gebäudeausrüstung				X	
Ausbau				X	
	I	II	III	IV	V
	HONORARZONE				

Da das vorliegende Bauvorhaben nach einer Grobbewertung nicht eindeutig einer Honorarzone zugeordnet werden kann, wurde eine **Feinbewertung (Punktebewertung)** nach **§ 34 Abs. 2, 4 und 5 HOAI** vorgenommen. Nach dem hier verwendeten Bewertungsschema (nach Eich/Eich)[8] ergibt sich folgende Zuordnung:

---

[8] Eich/Eich: Architektenvertragshandbuch Gebäudeplanung. Neuwied: Werner Verlag, 2006, S. 75/154

Musterrechnungen

Bewertungsmerkmale nach Planungsanforderungen:	Bewertung der Planungsanforderungen nach Schwierigkeitsgrad:									Punkte
	Sehr gering									
		Gering								
				Durchschnittlich						
						Überdurchschnittlich				
								Sehr hoch		
Einbindung in die Umgebung	1	2	3	4	5		6			3,5
Anzahl der Funktionsbereiche	1	2	3	4	5	6	7	8	9	6
Gestalterische Anforderungen	1	2	3	4	5	6	7	8	9	5
Konstruktive Anforderungen	1	2		3	4	5		6		5
Technische Gebäudeausrüstung	1	2		3	4	5		6		5
Ausbau	1	2		3	4	5		6		5
Gesamtpunktzahl:					29,5					29,5
	1 bis 10		11 bis 18		19 bis 26		**27 bis 34**		35 bis 42	
	I		II		III		IV		V	
	HONORARZONE									

Die Planungsleistungen für das Gebäude fallen entsprechend der Feinbewertung in die **Honorarzone IV**.

Honorarzone – Freianlagen

Eine **Grobbewertung** nach § 5 Abs. 1 und Abs. 4 und § 39 Abs. 2 i. V. m. **Anlage 3 Ziffer 3.2** ergibt folgende Zuordnung:

Bewertungsmerkmale nach Planungsanforderungen:	Bewertung der Planungsanforderungen nach Schwierigkeitsgrad:					
	Sehr gering					
		Gering				
			Durchschnittlich			
				Überdurchschnittlich		
					Sehr hoch	
Einbindung in die Umgebung			X			
Schutz, Pflege, Entwicklung von Natur/Landschaft		X				
Anzahl der Funktionsbereiche			X			
Gestalterische Anforderungen				X		
Ver- und Entsorgungseinrichtungen			X			
	I	II	III	IV	V	
	HONORARZONE					

Musterrechnungen

Auch hier führt die Grobbewertung zu keiner eindeutigen Honorarzonenzuordnung. Die **Feinbewertung (Punktebewertung)** nach **§ 39 Abs. 2, 3 und 4 HOAI** ergibt hier nach dem Bewertungsschema (nach Eich/Eich)[9] folgende Zuordnung:

Bewertungsmerkmale nach Planungsanforderungen:	Bewertung der Planungsanforderungen nach Schwierigkeitsgrad:								Punkte
	Sehr gering								
		Gering							
				Durchschnittlich					
						Überdurchschnittlich			
								Sehr hoch	
Einbindung in die Umgebung	1	2	3	4	5	**6**	7	8	6
Schutz, Pflege, Entwicklung von Natur/Landschaft	1	**2**	3	4	5	6	7	8	2
Anzahl der Funktionsbereiche	1	2	**3**	**4**	5		6		3,5
Gestalterische Anforderungen	1	2	3	4	5	**6**	7	8	6
Ver- und Entsorgungseinrichtungen	1	2	3	**4**	5		6		4
Gesamtpunktezahl:					21,5				21,5
	1 bis 8		9 bis 15		**16 bis 22**		23 bis 29	30 bis 36	
	I		II		**III**		IV	V	
					HONORARZONE				

Die Planungsleistungen für die Freianlagen fallen entsprechend der Feinbewertung in die **Honorarzone III**.

3.3.3 Honorarsatz

Honorarsatz – Gebäude

Im Architektenvertrag wurde der **Mittelsatz** vereinbart. Da diese Vereinbarung **bei** Auftragserteilung in **Schriftform** getroffen wurde, sind die Bedingungen des § 7 Abs. 1 HOAI eingehalten und der Mittelsatz somit rechtsgültig.

Honorarsatz – Freianlagen

Im Architektenvertrag wurde der **Viertelsatz** vereinbart. Ansonsten wie beim Gebäude.

3.3.4 Anrechenbare Kosten

Die auf der Grundlage der **Entwurfsplanung** ermittelten **Herstellungskosten**, die nach Gewerken und/oder Grobelementen ausgewiesen wurden, werden nachfolgend den Kostengruppen der DIN 276 (2008) zugeordnet, um HOAI-konform die anrechenbaren Kosten für die Honorarbemessung errechnen zu können:

---

[9] Eich/Eich: Architektenvertragshandbuch Freianlagenplanung. Neuwied: Werner Verlag, 2006, S. 67/108

Musterrechnungen

Bezeichnung:	Bruttobetrag in €:	DIN 276 (2008)
Sicherungsmaßnahmen für vorhandene Bauwerksteile:	20.000,00	211
Abbruch von vorhandenen Bauwerksteilen:	40.000,00	212
Sanieren kontaminierter Böden:	10.000,00	213
Baugrubenaushub und Baugrubenumschließung:	60.000,00	311
Baugrubenwasserhaltungsmaßnahmen:	10.000,00	313
Flachgründungsmaßnahmen:	10.000,00	322
Bodenplatte:	50.000,00	324
Bauwerksabdichtung:	20.000,00	326
Drainagen:	30.000,00	327
Außenwände, tragend inkl. Außen- und Innenverkleidungen:	500.000,00	331
Außenwände, nicht tragend inkl. Verkleidungen:	200.000,00	332
Innenwände:	250.000,00	342
Innentüren:	80.000,00	344
Innenwandverkleidungen:	150.000,00	345
Deckenbeläge:	100.000,00	352
Deckenbekleidungen:	200.000,00	353
Dachfenster:	100.000,00	362
Dachbeläge:	140.000,00	363
Einbauküchen und Einbauregale:	100.000,00	371
Abwasserleitungen:	80.000,00	411
Wasserleitungen und Sanitärobjekte:	40.000,00	412
Heizleitungen:	80.000,00	422
Heizkörper:	120.000,00	423
Lüftungsanlagen:	40.000,00	431
Elektrokabel:	80.000,00	444
Einbauleuchten:	60.000,00	445
Blitzschutz:	20.000,00	446
Türsprechanlage:	50.000,00	452
Fernsehanlagen:	20.000,00	455
Brandschutzanlagen:	10.000,00	456
Personenaufzug:	40.000,00	461
Anlage zur Getränkezubereitung:	40.000,00	471
Sprinkleranlagen:	60.000,00	475
Abfallentsorgungsanlagen:	40.000,00	478
Staubsauganlagen:	20.000,00	478
Geländeflächenab- und -auftrag:	30.000,00	512
Zufahrten:	40.000,00	521
Stellflächen:	30.000,00	524
Einfriedungen:	10.000,00	531
Spielteich:	10.000,00	538
Zufahrtsrampenheizung:	15.000,00	544
Kinderspielgeräte und Fahrradständer:	10.000,00	551
Pflanzung von Büschen und Raseneinsaat:	5.000,00	575

Musterrechnungen

Möbel, Geräte und Vorhänge:	40.000,00	611
Schilder und Wegweiser:	10.000,00	619
Künstlerische Glasarbeiten im Eingangsbereich:	30.000,00	622
Zusätzlich zu den Herstellungskosten sind anzurechnen: nicht übliche Vergünstigungen gegenüber dem AG bei Außenwandarbeiten:	25.000,00	336
Malerarbeiten im Innenbereich als Eigenleistungen des AG:	140.000.00	342
Einbau vorbeschaffter Baustoffe, hier Innenwandvertäfelung:	220.000,00	345
Summe der prognostizierten Kosten:	3.485.000,00	

§ 6 Abs. 1 HOAI bestimmt, dass sich das Honorar für die Leistungen für Gebäude und Freianlagen nach der **Kostenberechnung**, die auf der Grundlage der Entwurfsplanung erfolgt, zu richten hat.

Die Kostenaussage sieht ausgerichtet nach DIN 276 (2008) wie folgt aus:

KoGr.	Bezeichnung:	Brutto €	MwSt. €	Netto €
100	Grundstück			
110	Grundstückswert	250.000,00	39.915,97	210.084,03
120	Grundstücksnebenkosten	50.000,00	7.983,19	42.016,81
130	Freimachen	10.000,00	1.596,64	8.403,36
Σ 100	Gesamtsumme Kostengruppe 100	310.000,00	49.495,80	260.504,20

KoGr.	Bezeichnung:	Brutto €	MwSt. €	Netto €
200	Herrichten und Erschließen			
210	Herrichten			
211	Sicherungsmaßnahmen	20.000,00	3.193,28	16.806,72
212	Abbruchmaßnahmen	40.000,00	6.386,56	33.613,44
213	Altlastenbeseitigung	10.000,00	1.596,64	8.403,36
Σ 210	Herrichten	70.000,00	11.176,48	58.823,52
220	Öffentliche Erschließung			
230	Nicht öffentliche Erschließung			
240	Ausgleichsabgaben			
250	Übergangsmaßnahmen			
Σ 200	Gesamtsumme Kostengruppe 200	70.000,00	11.176,48	58.823,52

KoGr.	Bezeichnung:	Brutto €	MwSt. €	Netto €
300	Bauwerk – Baukonstruktionen			
310	Baugrube			
311	Baugrubenaushub und -umschließung	60.000,00	9.579,83	50.420,17
313	Baugrubenwasserhaltungsmaßnahmen	10.000,00	1.596,64	8.403,36
Σ 310	Baugrube	70.000,00	11.176,47	58.823,53
320	Gründung			
322	Flachgründungsmaßnahmen	10.000,00	1.596,64	8.403,36
324	Bodenplatte	50.000,00	7.983,19	42.016,81

300	Bauwerk – Baukonstruktionen			
326	Bauwerksabdichtung	20.000,00	3.193,28	16.806,72
327	Dränagen	30.000,00	4.789,92	25.210,08
Σ 320	Gründung	110.000,00	17.563,03	92.436,97
330	Außenwände			
331	Tragende Außenwände inkl. Verkleidungen	500.000,00	79.831,93	420168,07
332	Nicht tragende Außenwände inkl. Verkleidungen	200.000,00	31.932,77	168.067,23
Σ 330	Außenwände	700.000,00	111.764,70	588.235,30
340	Innenwände			
342	Innenwände	250.000,00	39.915,97	210.084,03
344	Innentüren	80.000,00	12.773,11	67.226,89
345	Innenwandverkleidungen	150.000,00	23.949,58	126.050,42
Σ 340	Innenwände	480.000,00	76.638,66	403.361,34
350	Decken			
352	Deckenbeläge	100.000,00	15.966,39	84.033,61
353	Deckenbekleidungen	200.000,00	31.932,77	168.067,23
Σ 350	Decken	300.000,00	47.899,16	252.100,84
360	Dächer			
362	Dachfenster	100.000,00	15.966,39	84.033,61
363	Dachbeläge	140.000,00	22.352,94	117.647,06
Σ 360	Dächer	240.000,00	38.319,33	201.680,67
370	Baukonstruktive Einbauten			
371	Einbauküchen und Einbauregale	100.000,00	15.966,39	84.033,61
Σ 370	Baukonstruktive Einbauten	100.000,00	15.966,39	84.033,61
390	Sonstige Maßnahmen für Baukonstruktionen			
Σ 300	Gesamtsumme Kostengruppe 300	2.000.000,00	319.327,74	1.680.672,27

400	Bauwerk – Technische Anlagen			
410	Abwasser-, Wasser-, Gasanlagen			
411	Abwasserleitungen	80.000,00	12.773,11	67.226,89
412	Wasserleitungen und Sanitärobjekte	40.000,00	6.386,56	33.613,44
Σ 410	Abwasser-, Wasser-, Gasanlagen	120.000,00	19.159,67	100.840,33
420	Wärmeversorgungsanlagen			
422	Heizleitungen	80.000,00	12.773,11	67.226,89
423	Heizkörper	120.000,00	19.159,66	100.840,34
Σ 420	Wärmeversorgungsanlagen	200.000,00	31.932,77	168.067,23
430	Lufttechnische Anlagen			
431	Lüftungsanlagen	40.000,00	6.386,56	33.613,44
Σ 430	Lufttechnische Anlagen	40.000,00	6.386,56	33.613,44
440	Starkstromanlagen			
444	Elektrokabel		80.000,00	12.773,11	67.226,89

Musterrechnungen

445	Einbauleuchten	60.000,00	9.579,83	50.420,17
446	Blitzschutz	20.000,00	3.193,28	16.806,72
∑ 440	**Starkstromanlagen**	**160.000,00**	**25.546,22**	**134.453,78**
450	**Fernmelde- und informationstechnische Anlagen**			
452	Türsprechanlage	50.000,00	7.983,19	42.016,81
455	Fernsehanlagen	20.000,00	3.193,28	16.806,72
456	Brandschutzanlage	10.000,00	1.596,64	8.403,36
∑ 450	**Fernmelde- und informationstechn. Anlagen**	**80.000,00**	**12.773,11**	**67.226,89**
460	**Förderanlagen**			
461	Personenaufzug	40.000,00	6.386,56	33.613,44
∑ 460	**Förderanlagen**	**40.000,00**	**6.386,56**	**33.613,44**
470	**Nutzungsspezifische Anlagen**			
471	Anlage zur Getränkezubereitung	40.000,00	6.386,56	33.613,44
475	Sprinkleranlage	60.000,00	9.579,83	50.420,17
478	Abfallentsorgungsanlage	40.000,00	6.386,56	33.613,44
478	Staubsauganlage	20.000,00	3.193,28	16.806,72
∑ 470	**Nutzungsspezifische Anlagen**	**160.000,00**	**25.546,23**	**134.453,77**
480	**Gebäudeautomation**			
490	**Sonstige Maßnahmen für technische Anlagen**			
∑ 400	**Gesamtsumme Kostengruppe 400**	**800.000,00**	**127.731,12**	**672.268,88**
500	**Außenanlagen**			
510	**Geländeflächen**			
512	Geländeflächenab- und -auftrag	30.000,00	4.789,92	25.210,08
∑ 510	**Geländeflächen**	**30.000,00**	**4.789,92**	**25.210,08**
520	**Befestigte Flächen**			
521	Zufahrten	40.000,00	6.386,56	33.613,44
524	Stellflächen	30.000,00	4.789,92	25.210,08
∑ 520	**Befestigte Flächen**	**70.000,00**	**11.176,48**	**58.823,52**
530	**Baukonstruktionen in Außenanlagen**			
531	Einfriedungen	10.000,00	1.596,64	8.403,36
538	Spielteich	10.000,00	1.596,64	8.403,36
∑ 530	**Baukonstruktionen in Außenanlagen**	**20.000,00**	**3.193,28**	**16.806,72**
540	**Technische Anlagen in Außenanlagen**			
544	Zufahrtsrampenheizung	15.000,00	2.394,96	12.605,04
∑ 540	**Technische Anlagen in Außenanlagen**	**15.000,00**	**2.394,96**	**12.605,04**

550	Einbauten in Außenanlagen			
551	Kinderspielgeräte und Fahrradständer	10.000,00	1.596,64	8.403,36
∑ 550	Einbauten in Außenanlagen	10.000,00	1.596,64	8.403,36
560	Wasserflächen			
570	Pflanz- und Saatflächen			
575	Pflanzung von Büschen und Raseneinsaat	5.000,00	798,32	4.201,68
∑ 570	Pflanz- und Saatflächen	5.000,00	798,32	4.201,68
590	Sonstige Maßnahmen für Außenanlagen			
∑ 500	Gesamtsumme Kostengruppe 500	150.000,00	23.949,58	126.050,42

600	Ausstattung und Kunstwerke			
610	Ausstattung			
611	Möbel, Geräte und Vorhänge	40.000,00	6.386,56	33.613,44
619	Schilder und Wegweiser	10.000,00	1.596,64	8.403,36
∑ 610	Ausstattung	50.000,00	7.983,20	42.016,80
620	Kunstwerke			
622	Künstlerische Glasarbeiten im Eingangsbereich	30.000,00	4.789,92	25.210,08
∑ 620	Kunstwerke	30.000,00	4.789,92	25.210,08
∑ 600	Gesamtsumme Kostengruppe 600	80.000,00	12.773,31	67.226,89

700	Baunebenkosten			
710	Bauherrenaufgaben			
720	Vorbereitung der Objektplanung			
730	Architekten- und Ingenieurleistungen			
740	Gutachten und Beratung			
750	Kunst			
760	Finanzierung			
770	Allgemeine Baunebenkosten			
790	Sonstige Baunebenkosten			
∑ 700	Gesamtsumme Kostengruppe 700			

	Geldwerter Vorteil durch:			
336	Nicht übliche Vergünstigungen Außenwandarb.	25.000,00	3.991,60	21.008,40
342	Eigenleistungen Malerarbeiten	140.000,00	22.352,94	117.647,06
345	Einbau vorbeschaffter Innenwandvertäfelung	220.000,00	35.126,05	184.873,95
	Gesamtsumme geldwerter Vorteil:	385.000,00	61.470,59	323.529,41

Musterrechnungen

Anrechenbare Kosten – Gebäude

Aus **§ 32 HOAI** ergibt sich, **welche Kosten** unter welchen Bedingungen in die **anrechenbaren Kosten** als Bemessungsgrundlage für das Honorar für die **Gebäudeplanung** einfließen.

Hiernach sind folgende Kosten für die Honorarbemessung für die **Gebäudeplanung** anrechenbar:

Fall	KG	Anrechenbar		Zwischensumme in €	Summe in €
Σ A:	300	Baukonstruktion:	voll	1.680.672,27	1.680.672,27
C:	210	Herrichten:			
	211	Sicherungsmaßnahmen: (geplant)	voll,	16.806,72	
	212	Abbruchmaßnahmen: (Ausführung überwacht):	voll,	33.613,44	
	213	Altlastenbeseitigung: (Ausführung überwacht):	voll,	8.403,36	
	210			58.823,52	58.823,52
	230	Nicht öffentliche Erschließung:	0,00		
	600	Ausstattung und Kunstwerke:			
	610	Ausstattung: (bei Beschaffung mitgewirkt):	voll,	42.016,81	
	620	Kunstwerke: (Einbau fachlich überwacht):	voll,	25.210,08	
Σ C:	600			67.226,89	67.226,89
D:	500	Außenanlagen:	ja/nein,		
		Hier **nein**, da Kosten über > 7.500,00 €:		0,00	
E:					
	336	Nicht übliche Vergünstigungen Außenwandarbeiten		21.008,40	
	342	Eigenleistungen Malerarbeiten		117.647,06	
	345	Einbau vorbeschaffter Innenwandvertäfelung		184.873,95	
Σ E:				323.529,40	323.529,40
		Sonstige anrechenbare Kosten im Sinne des § 32 Abs. 2 HOAI:			2.130.252,08
Σ B:	400	**Technische Anlagen:** gem. 32 Abs. 2 HOAI **gemindert**, da 672.268,88 25 % der sonstigen anrechenbaren Kosten übersteigt; Minderung: anrechenbar bis 25 % von 2.130.252,08 = 532.563,02 und den übersteigenden Betrag zu 50 % 672.268,88 − 532.563,02 = 139.705,86 × 50 % = 69.852,93		602.415,95	602.415,95
		anrechenbare Kosten für Honorarberechnung: Gebäude:			**2.732.668,03**

Anrechenbare Kosten – Freianlagen

Aus **§ 37 HOAI** ergibt sich, **welche Kosten** unter welchen Bedingungen in die **anrechenbaren Kosten** als Bemessungsgrundlage für das Honorar für die **Freianlagenplanung** einfließen.

Für den vorliegenden Fall ergeben sich folgende Kosten für die Honorarbemessung für Freianlagenplanung:

Fall:	KG:	HOAI	Bezeichnung:	Summe in €
A	500	§ 37 (1)	Außenanlagen	126.050,42
B	ohne	§ 37 (1) 1	Einzelgewässer	
		§ 37 (1) 2	Teiche	
		§ 37 (1) 3	Flächenhafter Erdbau	
		§ 37 (1) 4	Einfache Durchlässe und Uferbefestigungen	
		§ 37 (1) 5	Lärmschutzwälle	
		§ 37 (1) 6	Stützbauwerke und Geländeabstützungen	
		§ 37 (1) 7	Stege und Brücken	
		§ 37 (1) 8	Wege	
			anrechenbare Kosten für Honorarberechnung: Freianlagen:	**126.050,42**

3.3.5 Umsatzsteuer

Gemäß **§ 16 Abs. 1 HOAI** hat der Auftragnehmer Anspruch auf Ersatz der Umsatzsteuer. Der derzeit geltende Mehrwertsteuersatz liegt bei 19 %.

3.3.6 Nebenkosten

Im Architektenvertrag wurde eine Nebenkostenerstattung in Höhe von pauschal **5 %** des Honorars vereinbart.

C HOAI 2009

Verordnung über die Honorare für Architekten- und Ingenieurleistungen
(Honorarordnung für Architekten und Ingenieure – HOAI)[10]

vom 11. August 2009

Aufgrund der §§ 1 und 2 des Gesetzes zur Regelung von Ingenieur- und Architektenleistungen vom 4. November 1971, die durch Artikel 1 des Gesetzes vom 12. November 1984 (BGBl. I S. 1337) geändert worden sind, verordnet die Bundesregierung:

Teil 1 Allgemeine Vorschriften

§ 1 Anwendungsbereich

Diese Verordnung regelt die Berechnung der Entgelte für die Leistungen der Architekten und Architektinnen und der Ingenieure und Ingenieurinnen (Auftragnehmer oder Auftragnehmerinnen) mit Sitz im Inland, soweit die Leistungen durch diese Verordnung erfasst und vom Inland aus erbracht werden.

§ 2 Begriffsbestimmungen

Für diese Verordnung gelten folgende Begriffsbestimmungen:

1. „Objekte" sind Gebäude, raumbildende Ausbauten, Freianlagen, Ingenieurbauwerke, Verkehrsanlagen, Tragwerke und Anlagen der Technischen Ausrüstung;
2. „Gebäude" sind selbstständig benutzbare, überdeckte bauliche Anlagen, die von Menschen betreten werden können und geeignet oder bestimmt sind, dem Schutz von Menschen, Tieren oder Sachen zu dienen;
3. „Neubauten und Neuanlagen" sind Objekte, die neu errichtet oder neu hergestellt werden;
4. „Wiederaufbauten" sind vormals zerstörte Objekte, die auf vorhandenen Bau- oder Anlageteilen wiederhergestellt werden; sie gelten als Neubauten, sofern eine neue Planung erforderlich ist;
5. „Erweiterungsbauten" sind Ergänzungen eines vorhandenen Objekts;
6. „Umbauten" sind Umgestaltungen eines vorhandenen Objekts mit Eingriffen in Konstruktion oder Bestand;
7. „Modernisierungen" sind bauliche Maßnahmen zur nachhaltigen Erhöhung des Gebrauchswertes eines Objekts, soweit sie nicht unter die Nummern 5, 6 oder Nummer 9 fallen;
8. „raumbildende Ausbauten" sind die innere Gestaltung oder Erstellung von Innenräumen ohne wesentliche Eingriffe in Bestand oder Konstruktion; sie können im Zusammenhang mit Leistungen nach den Nummern 3 bis 7 anfallen;
9. „Instandsetzungen" sind Maßnahmen zur Wiederherstellung des zum bestimmungsgemäßen Gebrauch geeigneten Zustandes (Soll-Zustandes) eines Objekts, soweit sie nicht unter Nummer 4 fallen oder durch Maßnahmen nach Nummer 7 verursacht sind;
10. „Instandhaltungen" sind Maßnahmen zur Erhaltung des Soll-Zustandes eines Objekts;

---

[10] vom 17.08.2009 (BGBl. I S. 2732)

11. „Freianlagen" sind planerisch gestaltete Freiflächen und Freiräume sowie entsprechend gestaltete Anlagen in Verbindung mit Bauwerken oder in Bauwerken;
12. „fachlich allgemein anerkannte Regeln der Technik" sind schriftlich fixierte technische Festlegungen für Verfahren, die nach herrschender Auffassung der beteiligten Fachleute, Verbraucher und der öffentlichen Hand geeignet sind, die Ermittlung der anrechenbaren Kosten nach dieser Verordnung zu ermöglichen, und die sich in der Praxis allgemein bewährt haben oder deren Bewährung nach herrschender Auffassung in überschaubarer Zeit bevorsteht;
13. „Kostenschätzung" ist eine überschlägige Ermittlung der Kosten auf der Grundlage der Vorplanung; sie ist die vorläufige Grundlage für Finanzierungsüberlegungen; ihr liegen Vorplanungsergebnisse, Mengenschätzungen, erläuternde Angaben zu den planerischen Zusammenhängen, Vorgängen und Bedingungen sowie Angaben zum Baugrundstück und zur Erschließung zugrunde; wird die Kostenschätzung nach § 4 Absatz 1 Satz 3 auf der Grundlage der DIN 276, in der Fassung vom Dezember 2008 (DIN 276-1:2008-12)*⁾ erstellt, müssen die Gesamtkosten nach Kostengruppen bis zur ersten Ebene der Kostengliederung ermittelt werden;
14. „Kostenberechnung" ist eine Ermittlung der Kosten auf der Grundlage der Entwurfsplanung; ihr liegen durchgearbeitete Entwurfszeichnungen oder auch Detailzeichnungen wiederkehrender Raumgruppen, Mengenberechnungen und für die Berechnung und Beurteilung der Kosten relevante Erläuterungen zugrunde; wird sie nach § 4 Absatz 1 Satz 3 auf der Grundlage der DIN 276 erstellt, müssen die Gesamtkosten nach Kostengruppen bis zur zweiten Ebene der Kostengliederung ermittelt werden;
15. „Honorarzonen" stellen den Schwierigkeitsgrad eines Objekts oder einer Flächenplanung dar.

§ 3 Leistungen und Leistungsbilder

(1) Die Honorare für Leistungen sind in den Teilen 2 bis 4 dieser Verordnung verbindlich geregelt. Die Honorare für Beratungsleistungen sind in der Anlage 1 zu dieser Verordnung enthalten und nicht verbindlich geregelt.

(2) Leistungen, die zur ordnungsgemäßen Erfüllung eines Auftrags im Allgemeinen erforderlich sind, sind in Leistungsbildern erfasst. Andere Leistungen, die durch eine Änderung des Leistungsziels, des Leistungsumfangs, einer Änderung des Leistungsablaufs oder anderer Anordnungen des Auftraggebers erforderlich werden, sind von den Leistungsbildern nicht erfasst und gesondert frei zu vereinbaren und zu vergüten.

(3) Besondere Leistungen sind in der Anlage 2 aufgeführt, die Aufzählung ist nicht abschließend. Die Honorare für Besondere Leistungen können frei vereinbart werden.

(4) Die Leistungsbilder nach dieser Verordnung gliedern sich in die folgenden Leistungsphasen 1 bis 9:
  1. Grundlagenermittlung,
  2. Vorplanung,
  3. Entwurfsplanung,
  4. Genehmigungsplanung,
  5. Ausführungsplanung,
  6. Vorbereitung der Vergabe,
  7. Mitwirkung bei der Vergabe,
  8. Objektüberwachung (Bauüberwachung oder Bauoberleitung),
  9. Objektbetreuung und Dokumentation.

---

*⁾ zu beziehen über das Deutsche Institut für Normung e. V. unter www.din.de

(5) Die Tragwerksplanung umfasst nur die Leistungsphasen 1 bis 6.
(6) Abweichend von Absatz 4 Satz 1 sind die Leistungsbilder des Teils 2 in bis zu fünf dort angegebenen Leistungsphasen zusammengefasst. Die Wirtschaftlichkeit der Leistung ist stets zu beachten.
(7) Die Leistungsphasen in den Teilen 2 bis 4 dieser Verordnung werden in Prozentsätzen der Honorare bewertet.
(8) Das Ergebnis jeder Leistungsphase ist mit dem Auftraggeber zu erörtern.

§ 4 Anrechenbare Kosten

(1) Anrechenbare Kosten sind Teil der Kosten zur Herstellung, zum Umbau, zur Modernisierung, Instandhaltung oder Instandsetzung von Objekten sowie den damit zusammenhängenden Aufwendungen. Sie sind nach fachlich allgemein anerkannten Regeln der Technik oder nach Verwaltungsvorschriften (Kostenvorschriften) auf der Grundlage ortsüblicher Preise zu ermitteln. Wird in dieser Verordnung die DIN 276 in Bezug genommen, so ist diese in der Fassung vom Dezember 2008 (DIN 276-1:2008-12)[*] bei der Ermittlung der anrechenbaren Kosten zugrunde zu legen. Die auf die Kosten von Objekten entfallene Umsatzsteuer ist nicht Bestandteil der anrechenbaren Kosten.
(2) Als anrechenbare Kosten gelten ortsübliche Preise, wenn der Auftraggeber
1. selbst Lieferungen oder Leistungen übernimmt,
2. von bauausführenden Unternehmen oder von Lieferanten sonst nicht übliche Vergünstigungen erhält,
3. Lieferungen oder Leistungen in Gegenrechnung ausführt oder
4. vorhandene oder vorbeschaffte Baustoffe oder Bauteile einbauen lässt.

§ 5 Honorarzonen

(1) Die Objekt-, Bauleit- und Tragwerksplanung wird den folgenden Honorarzonen zugeordnet:
  1. Honorarzone I: sehr geringe Planungsanforderungen,
  2. Honorarzone II: geringe Planungsanforderungen,
  3. Honorarzone III: durchschnittliche Planungsanforderungen,
  4. Honorarzone IV: überdurchschnittliche Planungsanforderungen,
  5. Honorarzone V: sehr hohe Planungsanforderungen.
(2) Abweichend von Absatz 1 werden Landschaftspläne und die Planung der technischen Ausrüstung den folgenden Honorarzonen zugeordnet:
  1. Honorarzone I: geringe Planungsanforderungen,
  2. Honorarzone II: durchschnittliche Planungsanforderungen,
  3. Honorarzone III: hohe Planungsanforderungen.
(3) Abweichend von den Absätzen 1 und 2 werden Grünordnungspläne und Landschaftsrahmenpläne den folgenden Honorarzonen zugeordnet:
  1. Honorarzone I: durchschnittliche Planungsanforderungen,
  2. Honorarzone II: hohe Planungsanforderungen.
(4) Die Honorarzonen sind anhand der Bewertungsmerkmale in den Honorarregelungen der jeweiligen Leistungsbilder der Teile 2 bis 4 zu ermitteln. Die Zurechnung zu den einzelnen Honorarzonen ist nach Maßgabe der Bewertungsmerkmale, gegebenenfalls der Bewertungspunkte und anhand der Regelbeispiele in den Objektlisten der Anlage 3 vorzunehmen.

---

[*] zu beziehen über das Deutsche Institut für Normung e. V. unter www.din.de

§ 6 Grundlagen des Honorars

(1) Das Honorar für Leistungen nach dieser Verordnung richtet sich
  1. für die Leistungsbilder der Teile 3 und 4 nach den anrechenbaren Kosten des Objekts auf der Grundlage der Kostenberechnung oder, soweit diese nicht vorliegt, auf der Grundlage der Kostenschätzung und für die Leistungsbilder des Teils 2 nach Flächengrößen oder Verrechnungseinheiten,
  2. nach dem Leistungsbild,
  3. nach der Honorarzone,
  4. nach der dazugehörigen Honorartafel,
  5. bei Leistungen im Bestand zusätzlich nach den §§ 35 und 36.
(2) Wenn zum Zeitpunkt der Beauftragung noch keine Planungen als Voraussetzung für eine Kostenschätzung oder Kostenberechnung vorliegen, können die Vertragsparteien abweichend von Absatz 1 schriftlich vereinbaren, dass das Honorar auf der Grundlage der anrechenbaren Kosten einer Baukostenvereinbarung nach den Vorschriften dieser Verordnung berechnet wird. Dabei werden nachprüfbare Baukosten einvernehmlich festgelegt.

§ 7 Honorarvereinbarung

(1) Das Honorar richtet sich nach der schriftlichen Vereinbarung, die die Vertragsparteien bei Auftragserteilung im Rahmen der durch diese Verordnung festgesetzten Mindest- und Höchstsätze treffen.
(2) Liegen die ermittelten anrechenbaren Kosten, Werte oder Verrechnungseinheiten außerhalb der Tafelwerte dieser Verordnung, sind die Honorare frei vereinbar.
(3) Die in dieser Verordnung festgesetzten Mindestsätze können durch schriftliche Vereinbarung in Ausnahmefällen unterschritten werden.
(4) Die in dieser Verordnung festgesetzten Höchstsätze dürfen nur bei außergewöhnlichen oder ungewöhnlich lange dauernden Leistungen durch schriftliche Vereinbarung überschritten werden. Dabei bleiben Umstände, soweit sie bereits für die Einordnung in Honorarzonen oder für die Einordnung in den Rahmen der Mindest- und Höchstsätze mitbestimmend gewesen sind, außer Betracht.
(5) Ändert sich der beauftragte Leistungsumfang auf Veranlassung des Auftraggebers während der Laufzeit des Vertrages mit der Folge von Änderungen der anrechenbaren Kosten, Werten oder Verrechnungseinheiten, ist die dem Honorar zugrunde liegende Vereinbarung durch schriftliche Vereinbarung anzupassen.
(6) Sofern nicht bei Auftragserteilung etwas anderes schriftlich vereinbart worden ist, gelten die jeweiligen Mindestsätze gemäß Absatz 1 als vereinbart. Sofern keine Honorarvereinbarung nach Absatz 1 getroffen worden ist, sind die Leistungsphasen 1 und 2 bei der Flächenplanung mit den Mindestsätzen in Prozent des jeweiligen Honorars zu bewerten.
(7) Für Kostenunterschreitungen, die unter Ausschöpfung technisch-wirtschaftlicher oder umweltverträglicher Lösungsmöglichkeiten zu einer wesentlichen Kostensenkung ohne Verminderung des vertraglich festgelegten Standards führen, kann ein Erfolgshonorar schriftlich vereinbart werden, das bis zu 20 Prozent des vereinbarten Honorars betragen kann. In Fällen des Überschreitens der einvernehmlich festgelegten anrechenbaren Kosten kann ein Malus-Honorar in Höhe von bis zu 5 Prozent des Honorars vereinbart werden.

§ 8 Berechnung des Honorars in besonderen Fällen

(1) Werden nicht alle Leistungsphasen eines Leistungsbildes übertragen, so dürfen nur die für die übertragenen Phasen vorgesehenen Prozentsätze berechnet und vertraglich vereinbart werden.

(2) Werden nicht alle Leistungen einer Leistungsphase übertragen, so darf für die übertragenen Leistungen nur ein Honorar berechnet und vereinbart werden, das dem Anteil der übertragenen Leistungen an der gesamten Leistungsphase entspricht. Das Gleiche gilt, wenn wesentliche Teile von Leistungen dem Auftragnehmer nicht übertragen werden. Ein zusätzlicher Koordinierungs- und Einarbeitungsaufwand ist zu berücksichtigen.

§ 9 Berechnung des Honorars bei Beauftragung von Einzelleistungen

(1) Wird bei Bauleitplänen, Gebäuden und raumbildenden Ausbauten, Freianlagen, Ingenieurbauwerken, Verkehrsanlagen und Technischer Ausrüstung die Vorplanung oder Entwurfsplanung als Einzelleistung in Auftrag gegeben, können die entsprechenden Leistungsbewertungen der jeweiligen Leistungsphase
1. für die Vorplanung den Prozentsatz der Vorplanung zuzüglich der Anteile bis zum Höchstsatz des Prozentsatzes der vorangegangenen Leistungsphase und
2. für die Entwurfsplanung den Prozentsatz der Entwurfsplanung zuzüglich der Anteile bis zum Höchstsatz des Prozentsatzes der vorangegangenen Leistungsphase

betragen.

(2) Wird bei Gebäuden oder der Technischen Ausrüstung die Objektüberwachung als Einzelleistung in Auftrag gegeben, können die entsprechenden Leistungsbewertungen der Objektüberwachung
1. für die Technische Ausrüstung den Prozentsatz der Objektüberwachung zuzüglich Anteile bis zum Höchstsatz des Prozentsatzes der vorangegangenen Leistungsphase betragen und
2. für Gebäude anstelle der Mindestsätze nach den §§ 33 und 34 folgende Prozentsätze der anrechenbaren Kosten nach § 32 berechnet werden:
   a) 2,3 Prozent bei Gebäuden der Honorarzone II,
   b) 2,5 Prozent bei Gebäuden der Honorarzone III,
   c) 2,7 Prozent bei Gebäuden der Honorarzone IV,
   d) 3,0 Prozent bei Gebäuden der Honorarzone V.

(3) Wird die Vorläufige Planfassung bei Landschaftsplänen oder Grünordnungsplänen als Einzelleistung in Auftrag gegeben, können abweichend von den Leistungsbewertungen in Teil 2 Abschnitt 2 bis zu 60 Prozent für die Vorplanung vereinbart werden.

§ 10 Mehrere Vorentwurfs- oder Entwurfsplanungen

Werden auf Veranlassung des Auftraggebers mehrere Vorentwurfs- oder Entwurfsplanungen für dasselbe Objekt nach grundsätzlich verschiedenen Anforderungen gefertigt, so sind für die vollständige Vorentwurfs- oder Entwurfsplanung die vollen Prozentsätze dieser Leistungsphasen nach § 3 Absatz 4 vertraglich zu vereinbaren. Bei der Berechnung des Honorars für jede weitere Vorentwurfs- oder Entwurfsplanung sind die anteiligen Prozentsätze der entsprechenden Leistungen vertraglich zu vereinbaren.

§ 11 Auftrag für mehrere Objekte

(1) Umfasst ein Auftrag mehrere Objekte, so sind die Honorare vorbehaltlich der folgenden Absätze für jedes Objekt getrennt zu berechnen. Dies gilt nicht für Objekte mit weitgehend vergleichbaren Objektbedingungen derselben Honorarzone, die im zeitlichen und örtlichen Zusammenhang als Teil einer Gesamtmaßnahme geplant, betrieben und genutzt werden. Das Honorar ist dann nach der Summe der anrechenbaren Kosten zu berechnen.

(2) Umfasst ein Auftrag mehrere im Wesentlichen gleichartige Objekte, die im zeitlichen oder örtlichen Zusammenhang unter gleichen baulichen Verhältnissen geplant und errichtet werden sollen, oder Objekte nach Typenplanung oder Serienbauten, so sind für die erste bis vierte Wiederholung die Prozentsätze der Leistungsphase 1 bis 7 um 50 Prozent, von der fünften bis siebten Wiederholung um 60 Prozent und ab der achten Wiederholung um 90 Prozent zu mindern.

(3) Umfasst ein Auftrag Leistungen, die bereits Gegenstand eines anderen Auftrages zwischen den Vertragsparteien waren, so findet Absatz 2 für die Prozentsätze der beauftragten Leistungsphasen in Bezug auf den neuen Auftrag auch dann Anwendung, wenn die Leistungen nicht im zeitlichen oder örtlichen Zusammenhang erbracht werden sollen.

(4) Die Absätze 1 bis 3 gelten nicht bei der Flächenplanung. Soweit bei bauleitplanerischen Leistungen im Sinne der §§ 17 bis 21 die Festlegungen, Ergebnisse oder Erkenntnisse anderer Pläne, insbesondere die Bestandsaufnahme und Bewertungen von Landschaftsplänen und sonstigen Plänen herangezogen werden, ist das Honorar angemessen zu reduzieren; dies gilt auch, wenn mit der Aufstellung dieser Pläne andere Auftragnehmer betraut waren.

§ 12 Planausschnitte

Werden Teilflächen bereits aufgestellter Bauleitpläne (Planausschnitte) geändert oder überarbeitet, so sind bei der Berechnung des Honorars nur die Ansätze des zu bearbeitenden Planausschnitts anzusetzen.

§ 13 Interpolation

Die Mindest- und Höchstsätze für Zwischenstufen der in den Honorartafeln angegebenen anrechenbaren Kosten, Werte und Verrechnungseinheiten sind durch lineare Interpolation zu ermitteln.

§ 14 Nebenkosten

(1) Die bei der Ausführung des Auftrags entstehenden Nebenkosten des Auftragnehmers können, soweit sie erforderlich sind, abzüglich der nach § 15 Absatz 1 des Umsatzsteuergesetzes abziehbaren Vorsteuern neben den Honoraren dieser Verordnung berechnet werden. Die Vertragsparteien können bei Auftragserteilung schriftlich vereinbaren, dass abweichend von Satz 1 eine Erstattung ganz oder teilweise ausgeschlossen ist.

(2) Zu den Nebenkosten gehören insbesondere:
1. Versandkosten, Kosten für Datenübertragungen,
2. Kosten für Vervielfältigungen von Zeichnungen und schriftlichen Unterlagen sowie Anfertigung von Filmen und Fotos,

3. Kosten für ein Baustellenbüro einschließlich der Einrichtung, Beleuchtung und Beheizung,
4. Fahrtkosten für Reisen, die über einen Umkreis von 15 Kilometern um den Geschäftssitz des Auftragnehmers hinausgehen, in Höhe der steuerlich zulässigen Pauschalsätze, sofern nicht höhere Aufwendungen nachgewiesen werden,
5. Trennungsentschädigungen und Kosten für Familienheimfahrten nach den steuerlich zulässigen Pauschalsätzen, sofern nicht höhere Aufwendungen an Mitarbeiter oder Mitarbeiterinnen des Auftragnehmers aufgrund von tariflichen Vereinbarungen bezahlt werden,
6. Entschädigungen für den sonstigen Aufwand bei längeren Reisen nach Nummer 4, sofern die Entschädigungen vor der Geschäftsreise schriftlich vereinbart worden sind,
7. Entgelte für nicht dem Auftragnehmer obliegende Leistungen, die von ihm im Einvernehmen mit dem Auftraggeber Dritten übertragen worden sind.

(3) Nebenkosten können pauschal oder nach Einzelnachweis abgerechnet werden. Sie sind nach Einzelnachweis abzurechnen, sofern bei Auftragserteilung keine pauschale Abrechnung schriftlich vereinbart worden ist.

§ 15 Zahlungen

(1) Das Honorar wird fällig, soweit nichts anderes vertraglich vereinbart ist, wenn die Leistung vertragsgemäß erbracht und eine prüffähige Honorarschlussrechnung überreicht worden ist.
(2) Abschlagszahlungen können zu den vereinbarten Zeitpunkten oder in angemessenen zeitlichen Abständen für nachgewiesene Leistungen gefordert werden.
(3) Die Nebenkosten sind auf Nachweis fällig, sofern bei Auftragserteilung nicht etwas anderes vereinbart worden ist.
(4) Andere Zahlungsweisen können schriftlich vereinbart werden.

§ 16 Umsatzsteuer

(1) Der Auftragnehmer hat Anspruch auf Ersatz der gesetzlich geschuldeten Umsatzsteuer für nach dieser Verordnung abrechenbare Leistungen, sofern nicht die Kleinunternehmerregelung nach § 19 des Umsatzsteuergesetzes angewendet wird. Satz 1 gilt auch hinsichtlich der um die nach § 15 des Umsatzsteuergesetzes abziehbare Vorsteuer gekürzten Nebenkosten, die nach § 14 dieser Verordnung weiterberechenbar sind.
(2) Auslagen gehören nicht zum Entgelt für die Leistung des Auftragnehmers. Sie sind als durchlaufende Posten im umsatzsteuerrechtlichen Sinn einschließlich einer gegebenenfalls enthaltenen Umsatzsteuer weiter zu berechnen.

Teil 2 Flächenplanung

Abschnitt 1: Bauleitplanung

§ 17 Anwendungsbereich

(1) Bauleitplanerische Leistungen umfassen die Vorbereitung und die Erstellung der für die Planarten nach Absatz 2 erforderlichen Ausarbeitungen und Planfassungen sowie die Mitwirkung beim Verfahren.

(2) Die Bestimmungen dieses Abschnitts gelten für Bauleitpläne nach § 1 Absatz 2 des Baugesetzbuchs.

§ 18 Leistungsbild Flächennutzungsplan

(1) Die Leistungen bei Flächennutzungsplänen sind in fünf Leistungsphasen zusammengefasst und werden wie folgt in Prozentsätzen der Honorare des § 20 bewertet:

	Bewertung der Leistungen in Prozent der Honorare
1. Klären der Aufgabenstellung und Ermitteln des Leistungsumfangs	1 bis 3
2. Ermitteln der Planungsvorgaben	10 bis 20
3. Vorentwurf	40
4. Entwurf	30
5. Genehmigungsfähige Planfassung	7

Die einzelnen Leistungen jeder Leistungsphase sind in Anlage 4 geregelt.

(2) Die Teilnahme an bis zu fünf Sitzungen von politischen Gremien des Auftraggebers oder Sitzungen im Rahmen der Öffentlichkeitsbeteiligung, die bei Leistungen nach Absatz 1 anfallen, ist mit dem Honorar nach § 20 abgegolten. Bei Neuaufstellungen von Flächennutzungsplänen sind die Sitzungsteilnahmen abweichend von Satz 1 frei zu vereinbaren.

§ 19 Leistungsbild Bebauungsplan

(1) Die Leistungen bei Bebauungsplänen sind in fünf Leistungsphasen zusammengefasst. Sie werden nach § 18 Absatz 1 in Prozentsätzen der Honorare des § 21 bewertet. Die einzelnen Leistungen jeder Leistungsphase sind in Anlage 5 geregelt.

(2) Die Teilnahme an bis zu fünf Sitzungen von politischen Gremien des Auftraggebers oder Sitzungen im Rahmen der Öffentlichkeitsbeteiligung, die bei Leistungen nach Absatz 1 anfallen, ist mit dem Honorar nach § 21 abgegolten. Bei Neuaufstellungen von Bebauungsplänen sind die Sitzungsteilnahmen abweichend von Satz 1 frei zu vereinbaren.

§ 20 Honorare für Leistungen bei Flächennutzungsplänen

(1) Die Mindest- und Höchstsätze der Honorare für die in § 18 und Anlage 4 aufgeführten Leistungen bei Flächennutzungsplänen sind in der folgenden Honorartafel festgesetzt:

Honorartafel zu § 20 Absatz 1 – Flächennutzungsplan

Ansätze Verrechnungseinheiten	Zone I von Euro	bis Zone II von Euro	Zone III von Euro	bis Zone IV von Euro	Zone V von Euro	bis Euro
5 000	1 041	1 169	1 305	1 434	1 570	1 698
10 000	2 087	2 345	2 604	2 869	3 127	3 386
20 000	3 335	3 751	4 168	4 589	5 005	5 422
40 000	5 838	6 569	7 301	8 026	8 757	9 488
60 000	7 924	8 914	9 904	10 889	11 878	12 868
80 000	9 786	11 012	12 233	13 459	14 680	15 905
100 000	11 389	12 812	14 241	15 663	17 092	18 515
150 000	15 005	16 884	18 757	20 635	22 508	24 387
200 000	18 065	20 326	22 581	24 842	27 097	29 358
250 000	20 843	23 448	26 057	28 661	31 271	33 875
300 000	23 762	26 732	29 701	32 671	35 641	38 610
350 000	26 749	30 095	33 436	36 782	40 124	43 470
400 000	28 903	32 514	36 124	39 741	43 351	46 962
450 000	30 635	34 465	38 295	42 131	45 961	49 792
500 000	32 648	36 731	40 814	44 892	48 975	53 059
600 000	35 849	40 332	44 814	49 291	53 774	58 256
700 000	37 936	42 677	47 418	52 164	56 906	61 647
800 000	40 022	45 022	50 021	55 028	60 027	65 028
900 000	41 264	46 422	51 586	56 742	61 906	67 063
1 000 000	43 076	48 458	53 846	59 228	64 616	69 999
1 500 000	47 935	53 925	59 920	65 910	71 906	77 895
2 000 000	50 021	56 276	62 530	68 779	75 032	81 287
3 000 000	54 189	60 961	67 738	74 510	81 287	88 058

(2) Die Honorare sind nach Maßgabe der Ansätze nach Absatz 3 zu berechnen. Sie sind für die Einzelansätze der Nummern 1 bis 4 gemäß der Honorartafel des Absatzes 1 getrennt zu berechnen und zur Ermittlung des Gesamthonorars zu addieren. Dabei sind die Ansätze nach den Nummern 1 bis 3 gemeinsam einer Honorarzone nach Absatz 7 zuzuordnen. Der Ansatz nach Nummer 4 ist gesondert einer Honorarzone zuzuordnen.

(3) Für die Ermittlung des Honorars ist von folgenden Ansätzen auszugehen:
  1. nach der für den Planungszeitraum anzusetzenden Zahl der Einwohner
     je Einwohner   10 Verrechnungseinheiten,
  2. für die darzustellenden Bauflächen und Baugebiete
     je Hektar Fläche   1 800 Verrechnungseinheiten,
  3. für die darzustellenden Flächen nach § 5 Absatz 2 Nummer 4, 5, 8 und 10 des Baugesetzbuchs, die nicht nach § 5 Absatz 4 Satz 1 des Baugesetzbuchs nur nachrichtlich übernommen werden sollen,
     je Hektar Fläche   1 400 Verrechnungseinheiten,
  4. für darzustellende Flächen, die nicht unter die Nummer 2 oder Nummer 3 oder Absatz 4 fallen,
     je Hektar Fläche   35 Verrechnungseinheiten.

(4) Gemeindebedarfsflächen und Sonderbauflächen ohne nähere Darstellung der Art der Nutzung sind mit dem Hektaransatz nach Absatz 3 Nummer 2 anzusetzen.

(5) Liegt ein gültiger Landschaftsplan vor, der unverändert zu übernehmen ist, so ist ein Ansatz nach Absatz 3 Nummer 3 für Flächen mit Darstellungen nach § 5 Absatz 2 Nummer 10 des Baugesetzbuchs nicht zu berücksichtigen; diese Flächen sind den Flächen nach Absatz 3 Nummer 4 zuzuordnen.

(6) Das Gesamthonorar für Grundleistungen nach den Leistungsphasen 1 bis 5 beträgt mindestens 2 300 Euro.

(7) Die Zuordnung zu den Honorarzonen wird anhand folgender Bewertungsmerkmale für die planerischen Anforderungen ermittelt:
1. topografische Verhältnisse und geologische Gegebenheiten,
2. bauliche und landschaftliche Umgebung, Denkmalpflege,
3. Nutzungen und Dichte,
4. Gestaltung,
5. Erschließung,
6. Umweltvorsorge und ökologische Bedingungen.

(8) Sind für einen Flächennutzungsplan Bewertungsmerkmale aus mehreren Honorarzonen anwendbar und bestehen deswegen Zweifel, welcher Honorarzone der Flächennutzungsplan zugeordnet werden kann, so ist die Anzahl der Bewertungspunkte nach Absatz 9 zu ermitteln; der Flächennutzungsplan ist nach der Summe der Bewertungspunkte folgenden Honorarzonen zuzuordnen:
1. Honorarzone I: Ansätze mit bis zu 9 Punkten,
2. Honorarzone II: Ansätze mit 10 bis 14 Punkten,
3. Honorarzone III: Ansätze mit 15 bis 19 Punkten,
4. Honorarzone IV: Ansätze mit 20 bis 24 Punkten,
5. Honorarzone V: Ansätze mit 25 bis 30 Punkten.

(9) Bei der Zurechnung eines Flächennutzungsplans in die Honorarzonen sind entsprechend dem Schwierigkeitsgrad der Planungsanforderungen die in Absatz 7 genannten Bewertungsmerkmale mit je bis zu 5 Punkten zu bewerten.

§ 21 Honorare für Leistungen bei Bebauungsplänen

(1) Die Mindest- und Höchstsätze der Honorare für die in § 19 aufgeführten Leistungen bei Bebauungsplänen sind nach der Fläche des Planbereichs in Hektar in der folgenden Honorartafel festgesetzt (*vgl. S. 91*).

(2) Das Honorar ist nach der Größe des Planbereichs zu berechnen, die dem Aufstellungsbeschluss zugrunde liegt. Wird die Größe des Planbereichs im förmlichen Verfahren geändert, so ist das Honorar für die Leistungsphasen, die bis zur Änderung der Größe des Planbereichs noch nicht erbracht sind, nach der geänderten Größe des Planbereichs zu berechnen.

(3) Für die Ermittlung der Honorarzone bei Bebauungsplänen gilt § 20 Absatz 7 bis 9 entsprechend mit der Maßgabe, dass der Bebauungsplan insgesamt einer Honorarzone zuzuordnen ist.

(4) Das Gesamthonorar für Grundleistungen nach den Leistungsphasen 1 bis 5 beträgt mindestens 2 300 Euro.

Honorartafel zu § 21 Absatz 1 – Bebauungsplan

Fläche in ha	Zone I von Euro	bis Zone II von Euro	Zone III von Euro	bis Zone IV von Euro	Zone V von Euro	bis Euro
0,5	472	1 592	3 516	5 438	7 362	8 481
1	954	2 907	6 266	9 628	12 987	14 944
2	1 895	5 068	10 512	15 950	21 395	24 566
3	2 840	7 036	14 230	21 428	28 622	32 817
4	3 791	8 813	17 419	26 023	34 628	39 651
5	4 736	10 579	20 602	30 624	40 646	46 489
6	5 686	12 120	23 155	34 189	45 224	51 658
7	6 524	13 464	25 359	37 260	49 156	56 096
8	7 149	14 645	27 502	40 359	53 216	60 713
9	7 778	15 787	29 516	43 239	56 968	64 977
10	8 403	16 918	31 518	46 124	60 724	69 240
11	9 021	18 009	33 414	48 818	64 222	73 211
12	9 651	19 021	35 083	51 152	67 214	76 585
13	10 281	20 033	36 754	53 481	70 201	79 954
14	10 832	21 108	38 722	56 338	73 953	84 228
15	11 350	22 210	40 832	59 459	78 081	88 942
16	11 872	23 323	42 952	62 575	82 203	93 654
17	12 396	24 432	45 062	65 685	86 315	98 351
18	12 918	25 540	47 176	68 813	90 449	103 069
19	13 442	26 648	49 286	71 928	94 566	107 771
20	13 959	27 755	51 400	75 044	98 688	112 484
21	14 483	28 807	53 368	77 935	102 496	116 820
22	15 005	29 871	55 353	80 831	106 315	121 179
23	15 511	30 917	57 322	83 733	110 139	125 544
24	16 035	31 974	59 302	86 624	113 952	129 891
25	16 569	33 042	61 287	89 526	117 772	134 244
30	18 796	38 133	71 287	104 436	137 590	156 927
35	20 821	43 031	81 106	119 188	157 264	179 474
40	22 862	47 777	90 494	133 216	175 931	200 846
45	24 899	52 271	99 195	146 112	193 035	220 407
50	26 940	56 602	107 450	158 293	209 142	238 805
60	30 124	64 099	122 343	180 583	238 827	272 802
70	32 896	70 634	135 324	200 014	264 704	302 442
80	35 618	77 131	148 288	219 446	290 604	332 115
90	38 200	83 648	161 561	239 468	317 380	362 830
100	40 736	90 454	175 689	260 924	346 159	395 877

Abschnitt 2: Landschaftsplanung

§ 22 Anwendungsbereich

(1) Landschaftsplanerische Leistungen umfassen das Vorbereiten, das Erstellen der für die Pläne nach Absatz 2 erforderlichen Ausarbeitungen und das Mitwirken beim Verfahren.
(2) Die Bestimmungen dieses Abschnitts gelten für folgende Pläne:
1. Landschafts- und Grünordnungspläne,
2. Landschaftsrahmenpläne,
3. Landschaftspflegerische Begleitpläne zu Vorhaben, die den Naturhaushalt, das Landschaftsbild oder den Zugang zur freien Natur beeinträchtigen können, Pflege- und Entwicklungspläne sowie sonstige landschaftsplanerische Leistungen.

§ 23 Leistungsbild Landschaftsplan

(1) Die Leistungen bei Landschaftsplänen sind in vier Leistungsphasen zusammengefasst und werden wie folgt in Prozentsätzen der Honorare des § 28 bewertet:

	Bewertung der Leistungen in Prozent der Honorare
1. Klären der Aufgabenstellung und Ermitteln des Leistungsumfangs	1 bis 3
2. Ermitteln der Planungsgrundlagen	20 bis 37
3. Vorläufige Planfassung (Vorentwurf)	50
4. Entwurf	10

Die einzelnen Leistungen jeder Leistungsphase werden in Anlage 6 geregelt.
(2) Die Teilnahme an bis zu sechs Sitzungen von politischen Gremien des Auftraggebers oder Sitzungen im Rahmen der Bürgerbeteiligungen, die bei Leistungen nach Anlage 6 anfallen, ist mit dem Honorar nach § 28 abgegolten.

§ 24 Leistungsbild Grünordnungsplan

(1) Die Leistungen bei Grünordnungsplänen sind in vier Leistungsphasen zusammengefasst. Sie werden zu den in § 23 Absatz 1 Satz 1 genannten in Prozentsätzen der Honorare des § 29 bewertet. Die einzelnen Leistungen jeder Leistungsphase werden in Anlage 7 geregelt.
(2) § 23 Absatz 2 gilt entsprechend.

§ 25 Leistungsbild Landschaftsrahmenplan

(1) Die Leistungen bei Landschaftsrahmenplänen sind in vier Leistungsphasen zusammengefasst und werden wie folgt in Prozentsätzen der Honorare des § 30 bewertet:

	Bewertung der Leistungen in Prozent der Honorare
1. Landschaftsanalyse	20
2. Landschaftsdiagnose	20
3. Entwurf	50
4. Endgültige Planfassung	10

Die einzelnen Leistungen jeder Leistungsphase sind in Anlage 8 geregelt.
(2) Bei einer Fortschreibung des Landschaftsrahmenplans ermäßigt sich die Bewertung der Leistungsphase 1 auf 5 Prozent der Honorare nach § 30.

§ 26 Leistungsbild Landschaftspflegerischer Begleitplan

(1) Die Leistungen bei Landschaftspflegerischen Begleitplänen sind in fünf Leistungsphasen zusammengefasst und werden wie folgt in Prozentsätzen der Honorare des Absatzes 2 bewertet:

	Bewertung der Leistungen in Prozent der Honorare
1. Klären der Aufgabenstellung und Ermitteln des Leistungsumfangs	1 bis 3
2. Ermitteln und Bewerten der Planungsgrundlagen	15 bis 22
3. Ermitteln und Bewerten des Eingriffs	25
4. Vorläufige Planfassung	40
5. Endgültige Planfassung	10

Die einzelnen Leistungen jeder Leistungsphase sind in Anlage 9 geregelt.
(2) Die Honorare sind bei einer Planung im Maßstab des Flächennutzungsplans entsprechend § 28, bei einer Planung im Maßstab des Bebauungsplans entsprechend § 29 zu berechnen. Anstelle eines Honorars nach Satz 1 kann das Honorar frei vereinbart werden.

§ 27 Leistungsbild Pflege- und Entwicklungsplan

(1) Die Leistungen bei Pflege- und Entwicklungsplänen sind in vier Leistungsphasen zusammengefasst und werden wie folgt in Prozentsätzen der Honorare des § 31 bewertet:

	Bewertung der Leistungen in Prozent der Honorare
1. Zusammenstellen der Ausgangsbedingungen	1 bis 5
2. Ermitteln der Planungsgrundlagen	20 bis 50
3. Konzept der Pflege- und Entwicklungsmaßnahmen	20 bis 40
4. Endgültige Planfassung	5

Die einzelnen Leistungen jeder Leistungsphase sind in Anlage 10 geregelt.

§ 28 Honorare für Leistungen bei Landschaftsplänen

(1) Die Mindest- und Höchstsätze der Honorare für die in § 23 aufgeführten Leistungen bei Landschaftsplänen sind in der folgenden Honorartafel festgesetzt:

Fläche	Zone I		Zone II		Zone III	
	von	bis	von	bis	von	bis
in ha	Euro	Euro	Euro	Euro	Euro	Euro
1 000	12 632	15 157	15 157	17 688	17 688	20 214
1 300	15 321	18 385	18 385	21 451	21 451	24 516
1 600	18 257	21 907	21 907	25 551	25 551	29 201
1 900	20 765	24 921	24 921	29 072	29 072	33 228
2 200	23 104	27 728	27 728	32 344	32 344	36 968
2 500	25 264	30 315	30 315	35 371	35 371	40 422
3 000	28 593	34 313	34 313	40 028	40 028	45 747
3 500	31 782	38 138	38 138	44 493	44 493	50 849
4 000	34 836	41 804	41 804	48 773	48 773	55 741
4 500	37 761	45 315	45 315	52 862	52 862	60 415
5 000	40 550	48 661	48 661	56 766	56 766	64 876
5 500	43 194	51 833	51 833	60 471	60 471	69 111
6 000	45 714	54 858	54 858	63 998	63 998	73 143
6 500	48 099	57 721	57 721	67 339	67 339	76 962
7 000	50 354	60 421	60 421	70 488	70 488	80 555
7 500	52 507	63 008	63 008	73 509	73 509	84 009
8 000	54 572	65 489	65 489	76 399	76 399	87 316
8 500	56 551	67 861	67 861	79 173	79 173	90 483
9 000	58 441	70 128	70 128	81 810	81 810	93 497
9 500	60 235	72 282	72 282	84 329	84 329	96 377
10 000	61 945	74 335	74 335	86 720	86 720	99 110
11 000	65 179	78 216	78 216	91 253	91 253	104 290
12 000	68 334	81 995	81 995	95 663	95 663	109 324
13 000	71 382	85 663	85 663	99 936	99 936	114 216
14 000	74 352	89 222	89 222	104 093	104 093	118 963
15 000	77 226	92 671	92 671	108 120	108 120	123 564

(2) Die Honorare sind nach der Gesamtfläche des Plangebiets in Hektar zu berechnen.
(3) Die Zuordnung zu den Honorarzonen wird anhand folgender Bewertungsmerkmale ermittelt:
  1. topografische Verhältnisse,
  2. Flächennutzung,
  3. Landschaftsbild,
  4. Anforderungen an Umweltsicherung und Umweltschutz,
  5. ökologische Verhältnisse,
  6. Bevölkerungsdichte.

(4) Sind für einen Landschaftsplan Bewertungsmerkmale aus mehreren Honorarzonen anwendbar und bestehen deswegen Zweifel, welcher Honorarzone der Landschaftsplan zugeordnet werden kann, so ist die Anzahl der Bewertungspunkte nach Absatz 5 zu ermitteln; der Landschaftsplan ist nach der Summe der Bewertungspunkte folgenden Honorarzonen zuzuordnen:
1. Honorarzone I: Landschaftspläne mit bis zu 16 Punkten,
2. Honorarzone II: Landschaftspläne mit 17 bis 30 Punkten,
3. Honorarzone III: Landschaftspläne mit 31 bis 42 Punkten.

(5) Bei der Zuordnung eines Landschaftsplans zu den Honorarzonen sind entsprechend dem Schwierigkeitsgrad der Planungsanforderungen die Bewertungsmerkmale gemäß Absatz 3 Nummer 1, 2, 3 und 6 mit je bis zu 6 Punkten, die Bewertungsmerkmale gemäß Absatz 3 Nummer 4 und 5 mit je bis zu 9 Punkten zu bewerten.

§ 29 Honorare für Leistungen bei Grünordnungsplänen

(1) Die Mindest- und Höchstsätze der Honorare für die in § 24 aufgeführten Leistungen bei Grünordnungsplänen sind in der folgenden Honorartafel festgesetzt:

Honorartafel zu § 29 Absatz 1 – Grünordnungsplan				
Ansätze Verrechnungs- einheiten	Zone I von Euro	bis Euro	Zone II von Euro	bis Euro
1 500	1 895	2 368	2 368	2 840
5 000	6 316	7 897	7 897	9 477
10 000	10 483	13 110	13 110	15 731
20 000	17 435	21 794	21 794	26 147
40 000	28 295	35 371	35 371	42 440
60 000	35 618	44 527	44 527	53 430
80 000	42 440	53 053	53 053	63 666
100 000	48 003	60 005	60 005	72 002
150 000	66 321	82 900	82 900	99 475
200 000	83 368	104 211	104 211	125 055
250 000	101 056	126 320	126 320	151 578
300 000	117 473	146 848	146 848	176 218
350 000	132 630	165 791	165 791	198 950
400 000	146 528	183 163	183 163	219 794
450 000	159 159	198 950	198 950	238 736
500 000	170 526	213 164	213 164	255 795
600 000	193 265	241 582	241 582	289 900
700 000	216 640	270 795	270 795	324 950
800 000	242 527	303 162	303 162	363 791
900 000	267 161	333 955	333 955	400 742
1 000 000	290 530	363 161	363 161	435 793

(2) Die Honorare sind für die Summe der Einzelansätze des Absatzes 3 gemäß der Honorartafel des Absatzes 1 zu berechnen.
(3) Für die Ermittlung des Honorars ist von folgenden Ansätzen auszugehen:
1. für Flächen nach § 9 des Baugesetzbuchs mit Festsetzungen einer Geschossflächenzahl oder Baumassenzahl
je Hektar Fläche   400 Verrechnungseinheiten,
2. für Flächen nach § 9 des Baugesetzbuchs mit Festsetzungen einer Geschossflächenzahl oder Baumassenzahl und Pflanzbindungen oder Pflanzpflichten
je Hektar Fläche   1 150 Verrechnungseinheiten,
3. für Grünflächen nach § 9 Absatz 1 Nummer 15 des Baugesetzbuchs, soweit nicht Bestand
je Hektar Fläche   1 000 Verrechnungseinheiten,
4. für sonstige Grünflächen
je Hektar Fläche   400 Verrechnungseinheiten,
5. für Flächen mit besonderen Maßnahmen des Naturschutzes und der Landschaftspflege, die nicht bereits unter Nummer 2 angesetzt sind
je Hektar Fläche   1 200 Verrechnungseinheiten,
6. für Flächen für Aufschüttungen, Abgrabungen oder für die Gewinnung von Steinen, Erden und anderen Bodenschätzen
je Hektar Fläche   400 Verrechnungseinheiten,
7. für Flächen für Landwirtschaft und Wald mit mäßigem Anteil an Maßnahmen für Naturschutz und Landschaftspflege
je Hektar Fläche   400 Verrechnungseinheiten,
8. für Flächen für Landwirtschaft und Wald ohne Maßnahmen für Naturschutz und Landschaftspflege oder flurbereinigte Flächen von Landwirtschaft und Wald
je Hektar Fläche   100 Verrechnungseinheiten,
9. für Wasserflächen mit Maßnahmen für Naturschutz und Landschaftspflege
je Hektar Fläche   400 Verrechnungseinheiten,
10. für Wasserflächen ohne Maßnahmen für Naturschutz und Landschaftspflege
je Hektar Fläche   100 Verrechnungseinheiten,
11. sonstige Flächen
je Hektar Fläche   100 Verrechnungseinheiten.
(4) Grünordnungspläne können nach Anzahl und Gewicht der Bewertungsmerkmale der Honorarzone II zugeordnet werden, wenn es bei Auftragserteilung schriftlich vereinbart worden ist. Bewertungsmerkmale sind insbesondere:
1. schwierige ökologische oder topografische Verhältnisse,
2. sehr differenzierte Flächennutzungen,
3. erschwerte Planung durch besondere Maßnahmen auf den Gebieten Umweltschutz, Denkmalschutz, Naturschutz, Spielflächenleitplanung oder Sportstättenplanung,
4. Änderungen oder Überarbeitungen von Teilgebieten vorliegender Grünordnungspläne mit einem erhöhten Arbeitsaufwand sowie
5. Grünordnungspläne in einem Entwicklungsbereich oder in einem Sanierungsgebiet.
(5) Die Honorare sind nach Darstellungen der endgültigen Planfassung nach Leistungsphase 4 von § 24 zu berechnen. Kommt es nicht zur endgültigen Planfassung, so sind die Honorare nach den Festsetzungen der mit dem Auftraggeber abgestimmten Planfassung zu berechnen.

§ 30 Honorare für Leistungen bei Landschaftsrahmenplänen

(1) Die Mindest- und Höchstsätze der Honorare für die in § 25 aufgeführten Leistungen bei Landschaftsrahmenplänen sind in der folgenden Honorartafel festgesetzt:

Honorartafel zu § 30 Absatz 1 – Landschaftsrahmenplan

Fläche	Zone I		Zone II	
in ha	von Euro	bis Euro	von Euro	bis Euro
5 000	32 402	40 500	40 500	48 599
6 000	37 249	46 563	46 563	55 877
7 000	41 822	52 278	52 278	62 732
8 000	46 130	57 665	57 665	69 194
9 000	50 021	62 530	62 530	75 032
10 000	53 526	66 911	66 911	80 297
12 000	60 005	75 005	75 005	89 999
14 000	65 696	82 125	82 125	98 548
16 000	71 140	88 930	88 930	106 714
18 000	76 168	95 213	95 213	114 256
20 000	81 534	101 922	101 922	122 305
25 000	94 897	118 626	118 626	142 349
30 000	106 106	132 636	132 636	159 159
35 000	115 611	144 520	144 520	173 423
40 000	123 789	154 739	154 739	185 683
45 000	130 419	163 029	163 029	195 633
50 000	138 002	172 505	172 505	207 005
60 000	151 894	189 868	189 868	227 842
70 000	164 463	205 582	205 582	246 695
80 000	174 317	217 899	217 899	261 476
90 000	184 171	230 216	230 216	276 255
100 000	194 531	243 163	243 163	291 789

(2) § 28 Absatz 2 gilt entsprechend.
(3) Landschaftsrahmenpläne können nach Anzahl und Gewicht der Bewertungsmerkmale der Honorarzone II zugeordnet werden, wenn es bei Auftragserteilung schriftlich vereinbart worden ist. Bewertungsmerkmale sind insbesondere:
 1. schwierige ökologische Verhältnisse,
 2. Verdichtungsräume,
 3. Erholungsgebiete,
 4. tief greifende Nutzungsansprüche wie großflächiger Abbau von Bodenbestandteilen,
 5. erschwerte Planung durch besondere Maßnahmen der Umweltsicherung und des Umweltschutzes.

§ 31 Honorare für Leistungen bei Pflege- und Entwicklungsplänen

(1) Die Mindest- und Höchstsätze der Honorare für die in § 27 aufgeführten Leistungen bei Pflege- und Entwicklungsplänen sind in der folgenden Honorartafel festgesetzt:

Honorartafel zu § 31 Absatz 1 – Pflege- und Entwicklungsplan

Fläche in ha	Zone I von Euro	Zone I bis Euro	Zone II von Euro	Zone II bis Euro	Zone III von Euro	Zone III bis Euro
5	2 576	5 146	5 146	7 722	7 722	10 293
10	3 240	6 474	6 474	9 702	9 702	12 936
15	3 713	7 424	7 424	11 136	11 136	14 848
20	4 083	8 161	8 161	12 239	12 239	16 316
30	4 736	9 477	9 477	14 224	14 224	18 965
40	5 326	10 658	10 658	15 984	15 984	21 316
50	5 843	11 688	11 688	17 525	17 525	23 368
75	6 940	13 886	13 886	20 837	20 837	27 784
100	7 868	15 731	15 731	23 599	23 599	31 462
150	9 342	18 673	18 673	28 008	28 008	37 340
200	10 432	20 871	20 871	31 310	31 310	41 748
300	11 906	23 813	23 813	35 719	35 719	47 626
400	13 009	26 017	26 017	39 032	39 032	52 041
500	13 897	27 789	27 789	41 676	41 676	55 568
1 000	17 570	35 134	35 134	52 704	52 704	70 269
2 500	26 389	52 773	52 773	79 160	79 160	105 544
5 000	37 412	74 824	74 824	112 231	112 231	149 643
10 000	52 114	104 222	104 222	156 336	156 336	208 445

(2) Die Honorare sind nach der Grundfläche des Planungsbereichs in Hektar zu berechnen.
(3) Die Zuordnung zu den Honorarzonen wird anhand folgender Bewertungsmerkmale für die planerischen Anforderungen ermittelt:
   1. fachliche Vorgaben,
   2. Differenziertheit des floristischen Inventars oder der Pflanzengesellschaften,
   3. Differenziertheit des faunistischen Inventars,
   4. Beeinträchtigungen oder Schädigungen von Naturhaushalt und Landschaftsbild sowie
   5. Aufwand für die Festlegung von Zielaussagen sowie Pflege- und Entwicklungsmaßnahmen.
(4) Sind für einen Pflege- und Entwicklungsplan Bewertungsmerkmale aus mehreren Honorarzonen anwendbar und bestehen deswegen Zweifel, welcher Honorarzone der Pflege- und Entwicklungsplan zugeordnet werden kann, so ist die Anzahl der Bewertungspunkte nach Absatz 5 zu ermitteln; der Pflege- und Entwicklungsplan ist nach der Summe der Bewertungspunkte folgenden Honorarzonen zuzuordnen:
   1. Honorarzone I: Pflege- und Entwicklungspläne bis zu 13 Punkten,
   2. Honorarzone II: Pflege- und Entwicklungspläne mit 14 bis 24 Punkten,
   3. Honorarzone III: Pflege- und Entwicklungspläne mit 25 bis 34 Punkten.

(5) Bei der Zuordnung eines Pflege- und Entwicklungsplans zu den Honorarzonen ist entsprechend dem Schwierigkeitsgrad der Planungsanforderungen das Bewertungsmerkmal gemäß Absatz 3 Nummer 1 mit bis zu 4 Punkten, die Bewertungsmerkmale gemäß Absatz 3 Nummer 4 und 5 mit je bis zu 6 Punkten und die Bewertungsmerkmale gemäß Absatz 3 Nummer 2 und 3 mit je bis zu 9 Punkten zu bewerten.

Teil 3 Objektplanung

Abschnitt 1: Gebäude und raumbildende Ausbauten

§ 32 Besondere Grundlagen des Honorars

(1) Anrechenbar sind für Leistungen bei Gebäuden und raumbildenden Ausbauten die Kosten der Baukonstruktion.

(2) Anrechenbar für Leistungen bei Gebäuden und raumbildenden Ausbauten sind auch die Kosten für Technische Anlagen, die der Auftragnehmer nicht fachlich plant oder deren Ausführung er nicht fachlich überwacht,
1. vollständig bis zu 25 Prozent der sonstigen anrechenbaren Kosten und
2. zur Hälfte mit dem 25 Prozent der sonstigen anrechenbaren Kosten übersteigenden Betrag.

(3) Nicht anrechenbar sind insbesondere die Kosten für das Herrichten, die nicht öffentliche Erschließung sowie Leistungen für Ausstattung und Kunstwerke, soweit der Auftragnehmer sie nicht plant, bei der Beschaffung mitwirkt oder ihre Ausführung oder ihren Einbau fachlich überwacht.

(4) § 11 Absatz 1 gilt nicht, wenn die getrennte Berechnung weniger als 7 500 Euro anrechenbare Kosten der Freianlagen zum Gegenstand hätte. Absatz 3 ist insoweit nicht anzuwenden.

§ 33 Leistungsbild Gebäude und raumbildende Ausbauten

Das Leistungsbild Gebäude und raumbildende Ausbauten umfasst Leistungen für Neubauten, Neuanlagen, Wiederaufbauten, Erweiterungsbauten, Umbauten, Modernisierungen, raumbildende Ausbauten, Instandhaltungen und Instandsetzungen.
Die Leistungen sind in neun Leistungsphasen zusammengefasst und werden wie folgt in Prozentsätzen der Honorare des § 34 bewertet:

	Bewertung der Leistungen in Prozent der Honorare	
	Gebäude	raumbildende Ausbauten
1. Grundlagenermittlung	3	3
2. Vorplanung	7	7
3. Entwurfsplanung	11	14
4. Genehmigungsplanung	6	2
5. Ausführungsplanung	25	30
6. Vorbereitung der Vergabe	10	7
7. Mitwirkung bei der Vergabe	4	3
8. Objektüberwachung (Bauüberwachung)	31	31
9. Objektbetreuung und Dokumentation	3	3

Die einzelnen Leistungen jeder Leistungsphase sind in Anlage 11 geregelt.

HOAI 2009

§ 34 Honorare für Leistungen bei Gebäuden und raumbildenden Ausbauten

(1) Die Mindest- und Höchstsätze der Honorare für die in § 33 aufgeführten Leistungen bei Gebäuden und raumbildenden Ausbauten sind in der folgenden Honorartafel festgesetzt:

Honorartafel zu § 34 Absatz 1 – Gebäude und raumbildende Ausbauten

Anrechenbare Kosten Euro	Zone I von Euro	bis Zone II von Euro	Zone III von Euro	bis Zone IV von Euro	Zone V von Euro	bis Euro
25 565	2 182	2 654	3 290	4 241	4 876	5 348
30 000	2 558	3 109	3 847	4 948	5 686	6 237
35 000	2 991	3 629	4 483	5 760	6 613	7 252
40 000	3 411	4 138	5 112	6 565	7 538	8 264
45 000	3 843	4 657	5 743	7 372	8 458	9 272
50 000	4 269	5 167	6 358	8 154	9 346	10 243
100 000	8 531	10 206	12 442	15 796	18 032	19 708
150 000	12 799	15 128	18 236	22 900	26 008	28 337
200 000	17 061	19 927	23 745	29 471	33 289	36 155
250 000	21 324	24 622	29 018	35 610	40 006	43 305
300 000	24 732	28 581	33 715	41 407	46 540	50 389
350 000	27 566	32 044	38 017	46 970	52 944	57 421
400 000	29 999	35 114	41 940	52 175	59 001	64 116
450 000	32 058	37 820	45 498	57 024	64 702	70 465
500 000	33 738	40 137	48 667	61 464	69 994	76 392
1 000 000	60 822	72 089	87 112	109 650	124 674	135 940
1 500 000	88 184	104 284	125 749	157 951	179 416	195 516
2 000 000	115 506	136 436	164 341	206 201	234 105	255 036
2 500 000	142 830	168 598	202 953	254 487	288 842	314 607
3 000 000	171 226	200 401	239 295	297 639	336 534	365 708
3 500 000	199 766	232 158	275 353	340 143	383 337	415 731
4 000 000	228 305	263 920	311 411	382 642	430 133	465 748
4 500 000	256 840	295 678	347 465	425 145	476 931	515 769
5 000 000	285 379	327 439	383 522	467 649	523 731	565 792
10 000 000	570 757	648 805	752 869	908 967	1 013 031	1 091 079
15 000 000	856 136	964 745	1 109 559	1 326 782	1 471 595	1 580 205
20 000 000	1 141 514	1 275 044	1 453 088	1 720 148	1 898 192	2 031 722
25 000 000	1 426 893	1 586 268	1 798 766	2 117 513	2 330 011	2 489 383
25 564 594	1 459 117	1 621 426	1 837 835	2 162 447	2 378 856	2 541 160

(2) Die Zuordnung zu den Honorarzonen für Leistungen bei Gebäuden wird anhand folgender Bewertungsmerkmale ermittelt:
1. Anforderungen an die Einbindung in die Umgebung,
2. Anzahl der Funktionsbereiche,
3. gestalterische Anforderungen,
4. konstruktive Anforderungen,
5. Technische Ausrüstung,
6. Ausbau.

(3) Die Zuordnung zu den Honorarzonen für Leistungen bei raumbildenden Ausbauten wird anhand folgender Bewertungsmerkmale ermittelt:
1. Funktionsbereich,
2. Anforderungen an die Lichtgestaltung,
3. Anforderungen an die Raum-Zuordnung und Raum-Proportion,
4. technische Ausrüstung,
5. Farb- und Materialgestaltung,
6. konstruktive Detailgestaltung.

(4) Sind für ein Gebäude oder einen raumbildenden Ausbau Bewertungsmerkmale aus mehreren Honorarzonen anwendbar und bestehen deswegen Zweifel, welcher Honorarzone das Gebäude oder der raumbildende Ausbau zugeordnet werden kann, so ist die Anzahl der Bewertungspunkte nach Absatz 5 zu ermitteln; das Gebäude oder der raumbildende Ausbau ist nach der Summe der Bewertungspunkte folgenden Honorarzonen zuzuordnen:
1. Honorarzone I: Gebäude bzw. der raumbildende Ausbau mit bis zu 10 Punkten
2. Honorarzone II: Gebäude bzw. der raumbildende Ausbau mit 11 bis 18 Punkten
3. Honorarzone III: Gebäude bzw. der raumbildende Ausbau mit 19 bis 26 Punkten
4. Honorarzone IV: Gebäude bzw. der raumbildende Ausbau mit 27 bis 34 Punkten
5. Honorarzone V: Gebäude bzw. der raumbildende Ausbau mit 35 bis 42 Punkten

(5) Bei der Zuordnung zu den Honorarzonen sind entsprechend dem Schwierigkeitsgrad der Planungsanforderungen die Bewertungsmerkmale für Gebäude nach Absatz 2 Nummer 1, 4 bis 6 mit je bis zu 6 Punkten, die Bewertungsmerkmale nach Absatz 2 Nummer 2 und 3 mit je bis zu 9 Punkten, für raumbildende Ausbauten nach Absatz 3 Nummer 1 bis 4 mit je bis zu 6 Punkten, die Bewertungsmerkmale nach Absatz 3 Nummer 5 und 6 mit je bis zu 9 Punkten zu bewerten.

§ 35 Leistungen im Bestand

(1) Für Leistungen bei Umbauten und Modernisierungen kann für Objekte ein Zuschlag bis zu 80 Prozent vereinbart werden. Sofern kein Zuschlag schriftlich vereinbart ist, fällt für Leistungen ab der Honorarzone II ein Zuschlag von 20 Prozent an.

(2) Honorare für Leistungen bei Umbauten und Modernisierungen von Objekten im Sinne des § 2 Nummer 6 und 7 sind nach den anrechenbaren Kosten, der Honorarzone, den Leistungsphasen und der Honorartafel, die dem Umbau oder der Modernisierung sinngemäß zuzuordnen ist, zu ermitteln.

§ 36 Instandhaltungen und Instandsetzungen

(1) Für Leistungen bei Instandhaltungen und Instandsetzungen von Objekten kann vereinbart werden, den Prozentsatz für die Bauüberwachung um bis zu 50 Prozent zu erhöhen.

(2) Honorare für Leistungen bei Instandhaltungen und Instandsetzungen von Objekten sind nach den anrechenbaren Kosten, der Honorarzone, den Leistungsphasen und der Honorartafel, der die Instandhaltungs- und Instandsetzungsmaßnahme zuzuordnen ist, zu ermitteln.

HOAI 2009

Abschnitt 2: Freianlagen

§ 37 Besondere Grundlagen des Honorars

(1) Zu den anrechenbaren Kosten für Leistungen bei Freianlagen rechnen neben den Kosten für Außenanlagen auch die Kosten für folgende Bauwerke und Anlagen, soweit sie der Auftragnehmer plant und überwacht:
1. Einzelgewässer mit überwiegend ökologischen und landschaftsgestalterischen Elementen,
2. Teiche ohne Dämme,
3. flächenhafter Erdbau zur Geländegestaltung,
4. einfache Durchlässe und Uferbefestigungen als Mittel zur Geländegestaltung, soweit keine Leistungen nach Teil 4 erforderlich sind,
5. Lärmschutzwälle als Mittel zur Geländegestaltung,
6. Stützbauwerke und Geländeabstützungen ohne Verkehrsbelastung als Mittel zur Geländegestaltung, soweit keine Leistungen nach Teil 4 erforderlich sind,
7. Stege und Brücken, soweit keine Leistungen nach Teil 4 erforderlich sind,
8. Wege ohne Eignung für den regelmäßigen Fahrverkehr mit einfachen Entwässerungsverhältnissen sowie andere Wege und befestigte Flächen, die als Gestaltungselement der Freianlagen geplant werden und für die Leistungen nach Teil 3 nicht erforderlich sind.

(2) Nicht anrechenbar sind die Kosten für Leistungen bei Freianlagen für:
1. das Gebäude sowie die in § 32 Absatz 3 genannten Kosten und
2. den Unter- und Oberbau von Fußgängerbereichen, ausgenommen die Kosten für die Oberflächenbefestigung.

(3) § 11 Absatz 1 gilt nicht, wenn die getrennte Berechnung 7 500 Euro anrechenbare Kosten der Gebäude unterschreitet. Absatz 2 ist insoweit nicht anzuwenden.

§ 38 Leistungsbild Freianlagen

(1) § 33 Absatz 1 Satz 1 gilt mit Ausnahme der Ausführungen zu den raumbildenden Ausbauten entsprechend. Die Leistungen bei Freianlagen sind in neun Leistungsphasen zusammengefasst und werden wie folgt in Prozentsätzen der Honorare des § 39 bewertet:

	Bewertung der Leistungen in Prozent der Honorare
1. Grundlagenermittlung	3
2. Vorplanung	10
3. Entwurfsplanung	15
4. Genehmigungsplanung	6
5. Ausführungsplanung	24
6. Vorbereitung der Vergabe	7
7. Mitwirkung bei der Vergabe	3
8. Objektüberwachung (Bauüberwachung)	29
9. Objektbetreuung und Dokumentation	3

(2) Die einzelnen Leistungen jeder Leistungsphase sind in Anlage 11 geregelt.

§ 39 Honorare für Leistungen bei Freianlagen

(1) Die Mindest- und Höchstsätze der Honorare für die in § 38 aufgeführten Leistungen bei Freianlagen sind in der folgenden Honorartafel festgesetzt.

Honorartafel zu § 39 Absatz 1 – Freianlagen

Anrechen-bare Kosten Euro	Zone I von Euro	bis Zone II von Euro	Zone III von bis Euro	bis Zone IV von Euro	Zone V von bis Euro	bis Euro
20 452	2 616	3 205	3 988	5 163	5 944	6 535
25 000	3 186	3 902	4 853	6 279	7 230	7 946
30 000	3 798	4 651	5 785	7 486	8 620	9 468
35 000	4 409	5 394	6 710	8 676	9 991	10 977
40 000	5 015	6 133	7 624	9 855	11 348	12 465
45 000	5 610	6 861	8 524	11 019	12 682	13 932
50 000	6 200	7 578	9 412	12 162	13 995	15 373
100 000	11 730	14 276	17 665	22 756	26 145	28 690
150 000	16 590	20 103	24 785	31 810	36 491	40 004
200 000	20 814	25 089	30 781	39 329	45 022	49 297
250 000	24 364	29 196	35 638	45 308	51 750	56 582
300 000	29 051	34 471	41 693	52 534	59 755	65 175
350 000	33 897	39 806	47 685	59 505	67 384	73 293
400 000	38 737	45 026	53 411	65 990	74 373	80 663
450 000	43 581	50 122	58 839	71 915	80 633	87 173
500 000	48 418	55 091	63 989	77 340	86 238	92 912
1 000 000	96 839	107 026	120 607	140 982	154 563	164 750
1 500 000	145 255	159 689	178 937	207 811	227 058	241 492
1 533 876	148 535	163 260	182 894	212 347	231 982	246 706

(2) Die Zuordnung zu den Honorarzonen wird anhand folgender Bewertungsmerkmale für die planerischen Anforderungen ermittelt:
1. Anforderungen an die Einbindung in die Umgebung,
2. Anforderungen an Schutz, Pflege und Entwicklung von Natur und Landschaft,
3. Anzahl der Funktionsbereiche,
4. gestalterische Anforderungen,
5. Ver- und Entsorgungseinrichtungen.

(3) Sind für eine Freianlage Bewertungsmerkmale aus mehreren Honorarzonen anwendbar und bestehen deswegen Zweifel, welcher Honorarzone die Freianlage zugeordnet werden kann, so ist die Anzahl der Bewertungspunkte nach Absatz 4 zu ermitteln; die Freianlage ist nach der Summe der Bewertungsmerkmale folgenden Honorarzonen zuzuordnen:
1. Honorarzone I: Freianlagen mit bis zu   8 Punkten,
2. Honorarzone II: Freianlagen mit   9 bis 15 Punkten,
3. Honorarzone III: Freianlagen mit 16 bis 22 Punkten,
4. Honorarzone IV: Freianlagen mit 23 bis 29 Punkten,
5. Honorarzone V: Freianlagen mit 30 bis 36 Punkten.

(4) Bei der Zuordnung einer Freianlage zu einer Honorarzone sind entsprechend dem Schwierigkeitsgrad der Planungsanforderungen die Bewertungsmerkmale nach Absatz 2 Nummer 1, 2 und 4 mit je bis zu 8 Punkten, die Bewertungsmerkmale nach Absatz 2 Nummer 3 und 5 mit je bis zu 6 Punkten zu bewerten.

Abschnitt 3: Ingenieurbauwerke

§ 40 Anwendungsbereich

Ingenieurbauwerke umfassen:
1. Bauwerke und Anlagen der Wasserversorgung,
2. Bauwerke und Anlagen der Abwasserentsorgung,
3. Bauwerke und Anlagen des Wasserbaus, ausgenommen Freianlagen nach § 2 Nummer 11,
4. Bauwerke und Anlagen für Ver- und Entsorgung mit Gasen, Feststoffen einschließlich wassergefährdenden Flüssigkeiten, ausgenommen Anlagen nach § 51,
5. Bauwerke und Anlagen der Abfallentsorgung,
6. konstruktive Ingenieurbauwerke für Verkehrsanlagen,
7. sonstige Einzelbauwerke, ausgenommen Gebäude und Freileitungsmaste.

§ 41 Besondere Grundlagen des Honorars

(1) Anrechenbar sind für Leistungen bei Ingenieurbauwerken die Kosten der Baukonstruktion.

(2) Anrechenbar für Leistungen bei Ingenieurbauwerken sind auch die Kosten für Technische Anlagen mit Ausnahme von Absatz 3 Nummer 7, die der Auftragnehmer nicht fachlich plant oder deren Ausführung er oder sie nicht fachlich überwacht,
1. vollständig bis zu 25 Prozent der sonstigen anrechenbaren Kosten und
2. zur Hälfte mit dem 25 Prozent der sonstigen anrechenbaren Kosten übersteigenden Betrag.

(3) Nicht anrechenbar sind, soweit der Auftragnehmer die Anlagen weder plant noch ihre Ausführung überwacht, die Kosten für:
1. das Herrichten des Grundstücks,
2. die öffentliche Erschließung,
3. die nicht öffentliche Erschließung und die Außenanlagen,
4. verkehrsregelnde Maßnahmen während der Bauzeit, das Umlegen und Verlegen von Leitungen, die Ausstattung und Nebenanlagen von Straßen sowie Ausrüstung und Nebenanlagen von Gleisanlagen und
5. Anlagen der Maschinentechnik, die der Zweckbestimmung des Ingenieurbauwerks dienen.

§ 42 Leistungsbild Ingenieurbauwerke

(1) § 33 Absatz 1 Satz 1 gilt entsprechend. Die Leistungen für Ingenieurbauwerke sind in neun Leistungsphasen zusammengefasst und werden wie folgt in Prozentsätzen der Honorare des § 43 bewertet:

	Bewertung der Leistungen in Prozent der Honorare
1. Grundlagenermittlung	2
2. Vorplanung	15
3. Entwurfsplanung	30
4. Genehmigungsplanung	5
5. Ausführungsplanung	15
6. Vorbereitung der Vergabe	10
7. Mitwirkung bei der Vergabe	5
8. Bauoberleitung	15
9. Objektbetreuung und Dokumentation	3

Die einzelnen Leistungen jeder Leistungsphase sind in Anlage 12 geregelt. Abweichend von der Bewertung der Leistungsphase 2 (Vorplanung) mit 15 Prozent, wird die Leistungsphase 2 bei Objekten nach § 40 Nummer 6 und 7, die eine Tragwerksplanung erfordern, mit 8 Prozent bewertet.

(2) Die §§ 35 und 36 Absatz 2 gelten entsprechend.

(3) Die Teilnahme an bis zu fünf Erläuterungs- oder Erörterungsterminen mit Bürgern und Bürgerinnen oder politischen Gremien, die bei Leistungen nach Anlage 12 anfallen, sind als Leistungen mit den Honoraren nach § 43 abgegolten.

§ 43 Honorare für Leistungen bei Ingenieurbauwerken

(1) Die Mindest- und Höchstsätze der Honorare für die in § 42 aufgeführten Leistungen bei Ingenieurbauwerken sind in der folgenden Honorartafel für den Anwendungsbereich des § 40 festgesetzt:

Honorartabelle zu § 43 Absatz 1 – Ingenieurbauwerke (Anwendungsbereich des § 40)

Anrechenbare Kosten Euro	Zone I von Euro	bis Zone II von Euro	Zone III von Euro	bis Zone IV von Euro	Zone V von Euro	bis Euro
25 565	2 616	3 290	3 959	4 634	5 303	5 979
30 000	2 981	3 735	4 487	5 244	5 996	6 750
35 000	3 375	4 215	5 061	5 904	6 749	7 590
40 000	3 751	4 681	5 610	6 534	7 465	8 393
45 000	4 125	5 134	6 146	7 152	8 165	9 173
50 000	4 495	5 585	6 675	7 759	8 851	9 940
75 000	6 233	7 687	9 141	10 591	12 045	13 499
100 000	7 863	9 649	11 436	13 218	15 004	16 790
150 000	10 902	13 286	15 671	18 053	20 437	22 821
200 000	13 753	16 680	19 606	22 528	25 454	28 381
250 000	16 467	19 892	23 322	26 748	30 177	33 603
300 000	19 070	22 970	26 877	30 778	34 684	38 586
350 000	21 593	25 948	30 304	34 654	39 010	43 365
400 000	24 056	28 839	33 626	38 408	43 196	47 979
450 000	26 451	31 653	36 856	42 052	47 255	52 457

**Fortsetzung: Honorartabelle zu § 43 Absatz 1 – Ingenieurbauwerke
(Anwendungsbereich des § 40)**

Anrechenbare Kosten Euro	Zone I von Euro	bis Zone II von Euro	Zone III von Euro	bis Zone IV von Euro	Zone V von Euro	bis Euro
500 000	28 793	34 399	40 002	45 607	51 209	56 816
750 000	39 906	47 363	54 819	62 275	69 732	77 188
1 000 000	50 338	59 468	68 603	77 733	86 868	95 998
1 500 000	69 798	81 930	94 062	106 198	118 330	130 462
2 000 000	88 043	102 884	117 725	132 572	147 413	162 254
2 500 000	105 403	122 755	140 099	157 451	174 797	192 147
3 000 000	122 104	141 804	161 504	181 210	200 910	220 611
3 500 000	138 269	160 202	182 135	204 063	225 996	247 929
4 000 000	154 001	178 067	202 128	226 193	250 254	274 320
4 500 000	169 349	195 466	221 580	247 691	273 807	299 922
5 000 000	184 370	212 464	240 558	268 655	296 748	324 842
7 500 000	255 540	292 695	329 850	367 006	404 161	441 316
10 000 000	322 325	367 629	412 932	458 236	503 540	548 844
15 000 000	446 895	506 699	566 498	626 302	686 100	745 903
20 000 000	563 691	636 474	709 258	782 047	854 831	927 615
25 000 000	674 891	759 620	844 344	929 073	1 013 797	1 098 526
25 564 594	687 391	773 458	859 520	945 588	1 031 649	1 117 717

(2) Die Zuordnung zu den Honorarzonen wird anhand folgender Bewertungsmerkmale für die planerischen Anforderungen ermittelt:
 1. geologische und baugrundtechnische Gegebenheiten,
 2. Technische Ausrüstung und Ausstattung,
 3. Einbindung in die Umgebung oder das Objektfeld,
 4. Umfang der Funktionsbereiche oder der konstruktiven oder technischen Anforderungen,
 5. fachspezifische Bedingungen.

(3) Sind für Ingenieurbauwerke Bewertungsmerkmale aus mehreren Honorarzonen anwendbar und bestehen deswegen Zweifel, welcher Honorarzone das Objekt zugeordnet werden kann, so ist die Anzahl der Bewertungspunkte nach Absatz 4 zu ermitteln. Das Objekt ist nach der Summe der Bewertungsmerkmale folgenden Honorarzonen zuzuordnen:
 1. Honorarzone I: Objekte mit bis zu 10 Punkten,
 2. Honorarzone II: Objekte mit 11 bis 17 Punkten,
 3. Honorarzone III: Objekte mit 18 bis 25 Punkten,
 4. Honorarzone IV: Objekte mit 26 bis 33 Punkten,
 5. Honorarzone V: Objekte mit 34 bis 40 Punkten.

(4) Bei der Zuordnung eines Ingenieurbauwerks zu den Honorarzonen sind entsprechend dem Schwierigkeitsgrad der Planungsanforderungen die Bewertungsmerkmale wie folgt zu bewerten:
 1. nach Absatz 2 Nummer 1, 2 und 3 mit bis zu 5 Punkten,
 2. nach Absatz 2 Nummer 4 mit bis zu 10 Punkten,
 3. nach Absatz 2 Nummer 5 mit bis zu 15 Punkten.

Abschnitt 4: Verkehrsanlagen

§ 44 Anwendungsbereich

Verkehrsanlagen umfassen:
1. Anlagen des Straßenverkehrs, ausgenommen selbstständige Rad-, Geh- und Wirtschaftswege und Freianlagen nach § 2 Nummer 11,
2. Anlagen des Schienenverkehrs,
3. Anlagen des Flugverkehrs.

§ 45 Besondere Grundlagen des Honorars

(1) § 41 gilt entsprechend.
(2) Anrechenbar sind für Leistungen der Leistungsphasen 1 bis 7 und 9 der Anlage 12 bei Verkehrsanlagen:
1. die Kosten für Erdarbeiten einschließlich Felsarbeiten bis zu 40 Prozent der sonstigen anrechenbaren Kosten nach Absatz 1 und
2. 10 Prozent der Kosten für Ingenieurbauwerke, wenn dem Auftragnehmer nicht gleichzeitig Leistungen nach § 46 für diese Ingenieurbauwerke übertragen werden.

(3) Anrechenbar sind für Leistungen der Leistungsphasen 1 bis 7 und 9 des § 46 bei Straßen mit mehreren durchgehenden Fahrspuren, wenn diese eine gemeinsame Entwurfsachse und eine gemeinsame Entwurfsgradiente haben, sowie bei Gleis- und Bahnsteiganlagen mit zwei Gleisen, wenn diese ein gemeinsames Planum haben, nur folgende Prozentsätze der nach den Absätzen 1 und 2 ermittelten Kosten:
1. bei dreistreifigen Straßen   85 Prozent,
2. bei vierstreifigen Straßen   70 Prozent,
3. bei mehr als vierstreifigen Straßen   60 Prozent,
4. bei Gleis- und Bahnsteiganlagen mit zwei Gleisen   90 Prozent.

§ 46 Leistungsbild Verkehrsanlagen

(1) Die Sätze 1 und 2 des § 33 Absatz 1 gelten entsprechend. Sie sind in der folgenden Tabelle für Verkehrsanlagen in Prozentsätzen der Honorare des § 47 bewertet:

	Bewertung der Leistungen in Prozent der Honorare
1. Grundlagenermittlung	2
2. Vorplanung	15
3. Entwurfsplanung	30
4. Genehmigungsplanung	5
5. Ausführungsplanung	15
6. Vorbereitung der Vergabe	10
7. Mitwirkung bei der Vergabe	5
8. Bauoberleitung	15
9. Objektbetreuung und Dokumentation	3

(2) Die einzelnen Leistungen jeder Leistungsphase sind in Anlage 12 geregelt.
(3) Die §§ 35 und 36 Absatz 2 gelten entsprechend.

§ 47 Honorare für Leistungen bei Verkehrsanlagen

(1) Die Mindest- und Höchstsätze der Honorare für die in § 46 aufgeführten Leistungen bei Verkehrsanlagen sind in der folgenden Honorartafel für den Anwendungsbereich des § 44 festgesetzt:

Honorartafel zu § 47 Absatz 1 – Verkehrsanlagen (Anwendungsbereich des § 44)

Anrechenbare Kosten Euro	Zone I von Euro	bis Zone II von Euro	Zone III von Euro	bis Zone IV von Euro	Zone V von Euro	bis Euro
25 565	2 874	3 610	4 347	5 090	5 827	6 564
30 000	3 269	4 094	4 918	5 744	6 568	7 393
35 000	3 700	4 624	5 543	6 467	7 385	8 309
40 000	4 111	5 124	6 141	7 154	8 172	9 185
45 000	4 518	5 619	6 727	7 828	8 934	10 035
50 000	4 912	6 101	7 292	8 481	9 671	10 861
75 000	6 775	8 357	9 940	11 527	13 109	14 691
100 000	8 516	10 452	12 389	14 321	16 258	18 195
150 000	11 718	14 280	16 837	19 399	21 955	24 517
200 000	14 642	17 758	20 875	23 997	27 113	30 230
250 000	17 381	21 002	24 625	28 241	31 864	35 485
300 000	19 962	24 045	28 133	32 216	36 303	40 387
350 000	22 410	26 927	31 444	35 955	40 471	44 987
400 000	24 735	29 657	34 579	39 494	44 417	49 338
450 000	26 954	32 254	37 555	42 855	48 156	53 457
500 000	29 084	34 746	40 407	46 065	51 725	57 387
750 000	38 446	45 634	52 814	60 001	67 181	74 368
1 000 000	46 193	54 575	62 955	71 332	79 713	88 094
1 500 000	63 820	74 911	86 004	97 100	108 192	119 283
2 000 000	80 496	94 064	107 633	121 207	134 775	148 344
2 500 000	96 370	112 231	128 093	143 956	159 818	175 680
3 000 000	111 639	129 652	147 663	165 675	183 687	201 699
3 500 000	126 423	146 474	166 525	186 575	206 626	226 677
4 000 000	140 808	162 808	184 809	206 806	228 806	250 807
4 500 000	154 832	178 710	202 588	226 461	250 339	274 218
5 000 000	168 563	194 249	219 935	245 623	271 310	296 996
7 500 000	233 640	267 609	301 577	335 551	369 519	403 487
10 000 000	294 697	336 115	377 533	418 957	460 375	501 794
15 000 000	408 590	463 264	517 937	572 617	627 292	681 965
20 000 000	515 368	581 913	648 458	715 009	781 553	848 098
25 000 000	617 043	694 507	771 967	849 433	926 893	1 004 357
25 564 594	628 472	707 160	785 843	864 531	943 214	1 021 902

(2) § 43 Absatz 2 bis 4 gilt entsprechend.

Teil 4 Fachplanung

Abschnitt 1: Tragwerksplanung

§ 48 Besondere Grundlagen des Honorars

(1) Anrechenbare Kosten sind bei Gebäuden und zugehörigen baulichen Anlagen 55 Prozent der Bauwerk- und Baukonstruktionskosten und 10 Prozent der Kosten der Technischen Anlagen.

(2) Die Vertragsparteien können bei Gebäuden mit einem hohen Anteil an Kosten der Gründung und der Tragkonstruktionen sowie bei Umbauten bei der Auftragserteilung schriftlich vereinbaren, dass die anrechenbaren Kosten abweichend von Absatz 1 nach Absatz 3 Nummer 1 bis 12 ermittelt werden.

(3) Anrechenbare Kosten sind bei Ingenieurbauwerken die vollständigen Kosten für:
1. Erdarbeiten,
2. Mauerarbeiten,
3. Beton- und Stahlbetonarbeiten,
4. Naturwerksteinarbeiten,
5. Betonwerksteinarbeiten,
6. Zimmer- und Holzbauarbeiten,
7. Stahlbauarbeiten,
8. Tragwerke und Tragwerksteile aus Stoffen, die anstelle der in den vorgenannten Leistungen enthaltenen Stoffe verwendet werden,
9. Abdichtungsarbeiten,
10. Dachdeckungs- und Dachabdichtungsarbeiten,
11. Klempnerarbeiten,
12. Metallbau- und Schlosserarbeiten für tragende Konstruktionen,
13. Bohrarbeiten, außer Bohrungen zur Baugrunderkundung,
14. Verbauarbeiten für Baugruben,
15. Rammarbeiten,
16. Wasserhaltungsarbeiten,
einschließlich der Kosten für Baustelleneinrichtungen. Absatz 4 bleibt unberührt.

(4) Nicht anrechenbar sind bei Anwendung von Absatz 2 oder Absatz 3 die Kosten für:
1. das Herrichten des Baugrundstücks,
2. Oberbodenauftrag,
3. Mehrkosten für außergewöhnliche Ausschachtungsarbeiten,
4. Rohrgräben ohne statischen Nachweis,
5. nichttragendes Mauerwerk, das kleiner als 11,5 Zentimeter ist,
6. Bodenplatten ohne statischen Nachweis,
7. Mehrkosten für Sonderausführungen,
8. Winterbauschutzvorkehrungen und sonstige zusätzliche Maßnahmen für den Winterbau,
9. Naturwerkstein-, Betonwerkstein-, Zimmer- und Holzbau-, Stahlbau- und Klempnerarbeiten, die in Verbindung mit dem Ausbau eines Gebäudes oder Ingenieurbauwerks ausgeführt werden,
10. die Baunebenkosten.

(5) Anrechenbare Kosten für Traggerüste bei Ingenieurbauwerken sind die Herstellkosten einschließlich der zugehörigen Kosten für Baustelleneinrichtungen. Bei mehrfach verwendeten Bauteilen ist der Neuwert anrechenbar.

(6) Die Vertragsparteien können bei Ermittlung der anrechenbaren Kosten vereinbaren, dass Kosten von Arbeiten, die nicht in den Absätzen 1 bis 3 erfasst sind, sowie die in Absatz 4 Nummer 7 und bei Gebäuden die in Absatz 3 Nummer 13 bis 16 genannten Kosten ganz oder teilweise zu den anrechenbaren Kosten gehören, wenn der Auftragnehmer wegen dieser Arbeiten Mehrleistungen für das Tragwerk nach § 49 erbringt.

§ 49 Leistungsbild Tragwerksplanung

(1) Die Leistungen bei der Tragwerksplanung sind für Gebäude und zugehörige bauliche Anlagen sowie für Ingenieurbauwerke nach § 40 Nummer 1 bis 5 in den in Anlage 13 aufgeführten Leistungsphasen 1 bis 6, für Ingenieurbauwerke nach § 40 Nummer 6 und 7 in den in der Anlage 13 aufgeführten Leistungsphasen 2 bis 6 zusammengefasst und werden wie folgt in Prozentsätzen der Honorare des § 50 bewertet:

	Bewertung der Leistungen in Prozent der Honorare
1. Grundlagenermittlung	3
2. Vorplanung	10
3. Entwurfsplanung	12
4. Genehmigungsplanung	30
5. Ausführungsplanung	42
6. Vorbereitung der Vergabe	3

Die einzelnen Leistungen jeder Leistungsphase sind in der Anlage 13 geregelt. Die Leistungen der Leistungsphase 1 für Ingenieurbauwerke nach § 40 Nummer 6 und 7 sind im Leistungsbild der Ingenieurbauwerke des § 42 enthalten.

(2) Die Leistungsphase 5 ist abweichend von Absatz 1 mit 26 Prozent der Honorare des § 50 zu bewerten:
1. im Stahlbetonbau, sofern keine Schalpläne in Auftrag gegeben werden,
2. im Stahlbau, sofern der Auftragnehmer die Werkstattzeichnungen nicht auf Übereinstimmung mit der Genehmigungsplanung und den Ausführungszeichnungen nach Anlage 13, Leistungsphase 5, überprüft,
3. im Holzbau mit unterdurchschnittlichem Schwierigkeitsgrad.

(3) Die §§ 35 und 36 Absatz 2 gelten entsprechend.

§ 50 Honorare für Leistungen bei Tragwerksplanungen

(1) Die Mindest- und Höchstsätze der Honorare für die in § 49 aufgeführten Leistungen bei Tragwerksplanungen sind in der folgenden Honorartafel festgesetzt:

Honorartafel zu § 50 Absatz 1 – Tragwerksplanung							
Anrechenbare Kosten	Zone I von	bis	Zone III von	bis	Zone V von	bis
		Zone II von	bis	Zone IV von	bis		
Euro	Euro	Euro	Euro	Euro	Euro	Euro
10 226	1 119	1 305	1 760	2 306	2 768	2 947
15 000	1 539	1 783	2 385	3 110	3 713	3 956
20 000	1 948	2 247	2 999	3 894	4 646	4 945
25 000	2 335	2 690	3 574	4 635	5 521	5 874
30 000	2 716	3 120	4 132	5 348	6 360	6 764
35 000	3 086	3 539	4 673	6 029	7 163	7 616
40 000	3 435	3 938	5 189	6 697	7 946	8 449
45 000	3 792	4 340	5 705	7 344	8 710	9 258
50 000	4 132	4 723	6 200	7 970	9 447	10 039
75 000	5 762	6 557	8 547	10 935	12 925	13 721
100 000	7 292	8 276	10 737	13 695	16 155	17 139
150 000	10 166	11 493	14 809	18 795	22 111	23 439
200 000	12 872	14 515	18 612	23 533	27 631	29 273
250 000	15 452	17 388	22 221	28 017	32 849	34 785
300 000	17 952	20 165	25 691	32 316	37 841	40 054
350 000	20 368	22 846	29 030	36 457	42 647	45 120
400 000	22 729	25 457	32 283	40 470	47 297	50 024
450 000	25 038	28 014	35 450	44 377	51 813	54 789
500 000	27 298	30 512	38 548	48 192	56 224	59 439
750 000	38 041	42 364	53 167	66 138	76 940	81 264
1 000 000	48 166	53 503	66 836	82 834	96 173	101 504
1 500 000	67 164	74 329	92 237	113 733	131 643	138 807
2 000 000	85 039	93 876	115 959	142 467	164 555	173 386
2 500 000	102 126	112 520	138 494	169 668	195 644	206 037
3 000 000	118 606	130 468	160 118	195 700	225 352	237 212
3 500 000	134 591	147 857	181 013	220 805	253 966	267 227
4 000 000	150 174	164 787	201 308	245 143	281 665	296 276
4 500 000	165 403	181 315	221 086	268 819	308 594	324 502
5 000 000	180 330	197 500	240 424	291 932	334 859	352 028
7 500 000	251 338	274 330	331 806	400 777	458 253	481 246
10 000 000	318 266	346 554	417 271	502 132	572 849	601 137
15 000 000	443 713	481 549	576 137	689 642	784 230	822 066
15 338 756	452 187	490 667	586 864	702 301	798 498	836 978

(2) Die Honorarzone wird bei der Tragwerksplanung nach dem statisch-konstruktiven Schwierigkeitsgrad aufgrund folgender Bewertungsmerkmale ermittelt:
1. Honorarzone I:
   Tragwerke mit sehr geringem Schwierigkeitsgrad, insbesondere einfache statisch bestimmte ebene Tragwerke aus Holz, Stahl, Stein oder unbewehrtem Beton mit ruhenden Lasten, ohne Nachweis horizontaler Aussteifung,
2. Honorarzone II:
   Tragwerke mit geringem Schwierigkeitsgrad, insbesondere
   a) statisch bestimmte ebene Tragwerke in gebräuchlichen Bauarten ohne Vorspann- und Verbundkonstruktionen, mit vorwiegend ruhenden Lasten,

b) Deckenkonstruktionen mit vorwiegend ruhenden Flächenlasten, die sich mit gebräuchlichen Tabellen berechnen lassen,
c) Mauerwerksbauten mit bis zur Gründung durchgehenden tragenden Wänden ohne Nachweis horizontaler Aussteifung,
d) Flachgründungen und Stützwände einfacher Art,

3. Honorarzone III:
Tragwerke mit durchschnittlichem Schwierigkeitsgrad, insbesondere schwierige
a) statisch bestimmte und statisch unbestimmte ebene Tragwerke in gebräuchlichen Bauarten ohne Vorspannkonstruktionen und ohne Stabilitätsuntersuchungen,
b) einfache Verbundkonstruktionen des Hochbaus ohne Berücksichtigung des Einflusses von Kriechen und Schwinden,
c) Tragwerke für Gebäude mit Abfangung der tragenden beziehungsweise aussteifenden Wände,
d) ausgesteifte Skelettbauten,
e) ebene Pfahlrostgründungen,
f) einfache Gewölbe,
g) einfache Rahmentragwerke ohne Vorspannkonstruktionen und ohne Stabilitätsuntersuchungen,
h) einfache Traggerüste und andere einfache Gerüste für Ingenieurbauwerke,
i) einfache verankerte Stützwände;

4. Honorarzone IV:
Tragwerke mit überdurchschnittlichem Schwierigkeitsgrad, insbesondere
a) statisch und konstruktiv schwierige Tragwerke in gebräuchlichen Bauarten und Tragwerke, für deren Standsicherheits- und Festigkeitsnachweis schwierig zu ermittelnde Einflüsse zu berücksichtigen sind,
b) vielfach statisch unbestimmte Systeme,
c) statisch bestimmte räumliche Fachwerke,
d) einfache Faltwerke nach der Balkentheorie,
e) statisch bestimmte Tragwerke, die Schnittgrößenbestimmungen nach der Theorie II. Ordnung erfordern,
f) einfach berechnete, seilverspannte Konstruktionen,
g) Tragwerke für schwierige Rahmen- und Skelettbauten sowie turmartige Bauten, bei denen der Nachweis der Stabilität und Aussteifung die Anwendung besonderer Berechnungsverfahren erfordert,
h) Verbundkonstruktionen, soweit nicht in Honorarzone III oder V erwähnt,
i) einfache Trägerroste und einfache orthotrope Platten,
j) Tragwerke mit einfachen Schwingungsuntersuchungen,
k) schwierige statisch unbestimmte Flachgründungen, schwierige ebene und räumliche Pfahlgründungen, besondere Gründungsverfahren, Unterfahrungen,
l) schiefwinklige Einfeldplatten für Ingenieurbauwerke,
m) schiefwinklig gelagerte oder gekrümmte Träger,
n) schwierige Gewölbe und Gewölbereihen,
o) Rahmentragwerke, soweit nicht in Honorarzone III oder V erwähnt,
p) schwierige Traggerüste und andere schwierige Gerüste für Ingenieurbauwerke,
q) schwierige, verankerte Stützwände,
r) Konstruktionen mit Mauerwerk nach Eignungsprüfung (Ingenieurmauerwerk);

5. Honorarzone V:
   Tragwerke mit sehr hohem Schwierigkeitsgrad, insbesondere
   a) statisch und konstruktiv ungewöhnlich schwierige Tragwerke,
   b) schwierige Tragwerke in neuen Bauarten,
   c) räumliche Stabwerke und statisch unbestimmte räumliche Fachwerke,
   d) schwierige Trägerroste und schwierige orthotrope Platten,
   e) Verbundträger mit Vorspannung durch Spannglieder oder andere Maßnahmen,
   f) Flächentragwerke (Platten, Scheiben, Faltwerke, Schalen), die die Anwendung der Elastizitätstheorie erfordern,
   g) statisch unbestimmte Tragwerke, die Schnittgrößenbestimmungen nach der Theorie II. Ordnung erfordern,
   h) Tragwerke mit Standsicherheitsnachweisen, die nur unter Zuhilfenahme modellstatischer Untersuchungen oder durch Berechnungen mit finiten Elementen beurteilt werden können,
   i) Tragwerke mit Schwingungsuntersuchungen, soweit nicht in Honorarzone IV erwähnt,
   j) seilverspannte Konstruktionen, soweit nicht in Honorarzone IV erwähnt,
   k) schiefwinklige Mehrfeldplatten,
   l) schiefwinklig gelagerte, gekrümmte Träger,
   m) schwierige Rahmentragwerke mit Vorspannkonstruktionen und Stabilitätsuntersuchungen,
   n) sehr schwierige Traggerüste und andere sehr schwierige Gerüste für Ingenieurbauwerke, zum Beispiel weit gespannte oder hohe Traggerüste,
   o) Tragwerke, bei denen die Nachgiebigkeit der Verbindungsmittel bei der Schnittkraftermittlung zu berücksichtigen ist.

(3) Sind für ein Tragwerk Bewertungsmerkmale aus mehreren Honorarzonen anwendbar und bestehen deswegen Zweifel, welcher Honorarzone das Tragwerk zugeordnet werden kann, so ist für die Zuordnung die Mehrzahl der in den jeweiligen Honorarzonen nach Absatz 2 aufgeführten Bewertungsmerkmale und ihre Bedeutung im Einzelfall maßgebend.

Abschnitt 2: Technische Ausrüstung

§ 51 Anwendungsbereich

(1) Die Leistungen der Technischen Ausrüstung umfassen die Fachplanungen für die Objektplanung.
(2) Die Technische Ausrüstung umfasst folgende Anlagegruppen:
   1. Abwasser-, Wasser- und Gasanlagen,
   2. Wärmeversorgungsanlagen,
   3. Lufttechnische Anlagen,
   4. Starkstromanlagen,
   5. Fernmelde- und informationstechnische Anlagen,
   6. Förderanlagen,
   7. nutzungsspezifische Anlagen, einschließlich maschinen- und elektrotechnischen Anlagen in Ingenieurbauwerken,
   8. Gebäudeautomation.

§ 52 Besondere Grundlagen des Honorars

(1) Das Honorar für Leistungen bei der Technischen Ausrüstung richtet sich nach den anrechenbaren Kosten der Anlagen einer Anlagengruppe nach § 51 Absatz 2. Anrechenbar bei Anlagen in Gebäuden sind auch sonstige Maßnahmen für technische Anlagen.

(2) § 11 Absatz 1 gilt nicht, soweit mehrere Anlagen in einer Anlagengruppe nach § 51 Absatz 2 zusammengefasst werden und in zeitlichem und örtlichem Zusammenhang als Teil einer Gesamtmaßnahme geplant, betrieben und genutzt werden.

(3) Nicht anrechenbar sind die Kosten für die nicht öffentliche Erschließung und die technischen Anlagen in Außenanlagen, soweit der Auftragnehmer diese nicht plant oder ihre Ausführung überwacht.

(4) Werden Teile der Technischen Ausrüstung in Baukonstruktionen ausgeführt, so können die Vertragsparteien vereinbaren, dass die Kosten hierfür ganz oder teilweise zu den anrechenbaren Kosten gehören. Satz 1 gilt entsprechend für Bauteile der Kostengruppe Baukonstruktionen, deren Abmessung oder Konstruktion durch die Leistung der Technischen Ausrüstung wesentlich beeinflusst wird.

§ 53 Leistungsbild Technische Ausrüstung

(1) Das Leistungsbild „Technische Ausrüstung" umfasst Leistungen für Neuanlagen, Wiederaufbauten, Erweiterungsbauten, Umbauten, Modernisierungen, Instandhaltungen und Instandsetzungen. Die Leistungen bei der Technischen Ausrüstung sind in neun Leistungsphasen zusammengefasst und werden wie folgt in Prozentsätzen der Honorare des § 54 bewertet:

	Bewertung der Leistungen in Prozent der Honorare
1. Grundlagenermittlung	3
2. Vorplanung	11
3. Entwurfsplanung	15
4. Genehmigungsplanung	6
5. Ausführungsplanung	18
6. Vorbereitung der Vergabe	6
7. Mitwirkung bei der Vergabe	5
8. Objektüberwachung (Bauüberwachung)	33
9. Objektbetreuung und Dokumentation	3

Die einzelnen Leistungen jeder Leistungsphase sind in Anlage 14 geregelt.

(2) Die Leistungsphase 5 ist abweichend von Absatz 1, sofern das Anfertigen von Schlitz- und Durchbruchsplänen nicht in Auftrag gegeben wird, mit 14 Prozent der Honorare des § 54 zu bewerten.

(3) Die §§ 35 und 36 gelten entsprechend.

§ 54 Honorare für Leistungen bei der Technischen Ausrüstung

(1) Die Mindest- und Höchstsätze der Honorare für die in § 53 aufgeführten Leistungen bei einzelnen Anlagen sind in der folgenden Honorartafel festgesetzt:

Honorartafel zu § 54 Absatz 1 – Technische Ausrüstung

Anrechen-bare Kosten Euro	Zone I von Euro	Zone I bis Euro	Zone II von Euro	Zone II bis Euro	Zone III von Euro	Zone III bis Euro
5 113	1 626	2 109	2 109	2 593	2 593	3 077
7 500	2 234	2 886	2 886	3 538	3 538	4 190
10 000	2 812	3 618	3 618	4 421	4 421	5 227
15 000	3 903	4 981	4 981	6 053	6 053	7 132
20 000	4 920	6 262	6 262	7 605	7 605	8 947
25 000	5 882	7 489	7 489	9 100	9 100	10 707
30 000	6 795	8 670	8 670	10 552	10 552	12 428
35 000	7 674	9 804	9 804	11 932	11 932	14 062
40 000	8 506	10 891	10 891	13 269	13 269	15 653
45 000	9 336	11 942	11 942	14 541	14 541	17 147
50 000	10 157	12 991	12 991	15 818	15 818	18 652
75 000	13 825	17 645	17 645	21 470	21 470	25 290
100 000	17 184	21 839	21 839	26 490	26 490	31 145
150 000	23 216	29 252	29 252	35 290	35 290	41 328
200 000	29 057	36 110	36 110	43 159	43 159	50 212
250 000	35 152	43 175	43 175	51 203	51 203	59 226
300 000	41 263	50 245	50 245	59 227	59 227	68 209
350 000	47 493	57 474	57 474	67 455	67 455	77 437
400 000	53 700	64 757	64 757	75 819	75 819	86 876
450 000	59 961	72 030	72 030	84 097	84 097	96 166
500 000	66 254	79 301	79 301	92 353	92 353	105 400
750 000	96 686	113 598	113 598	130 516	130 516	147 428
1 000 000	125 694	144 936	144 936	164 174	164 174	183 415
1 500 000	180 748	200 873	200 873	220 993	220 993	241 119
2 000 000	233 881	254 373	254 373	274 869	274 869	295 361
2 500 000	285 744	308 367	308 367	330 998	330 998	353 621
3 000 000	335 147	359 125	359 125	383 098	383 098	407 076
3 500 000	380 361	405 518	405 518	430 680	430 680	455 838
3 750 000	401 625	427 295	427 295	452 971	452 971	478 641
3 834 689	408 667	434 499	434 499	460 336	460 336	486 168

(2) Die Zuordnung zu den Honorarzonen wird anhand folgender Bewertungsmerkmale ermittelt:
1. Anzahl der Funktionsbereiche,
2. Integrationsansprüche,
3. technische Ausgestaltung,
4. Anforderungen an die Technik,
5. konstruktive Anforderungen.

(3) Werden Anlagen einer Anlagengruppe verschiedenen Honorarzonen zugeordnet, so ergibt sich das Honorar nach Absatz 1 aus der Summe der Einzelhonorare. Ein Einzelhonorar wird jeweils für die Anlagen ermittelt, die einer Honorarzone zugeordnet werden. Für die Ermittlung des Einzelhonorars ist zunächst für die Anlagen jeder Honorarzone das Honorar zu berechnen, das sich ergeben würde, wenn die gesamten anrechenbaren Kosten der Anlagengruppe nur der Honorarzone zugeordnet würden, für die das Einzelhonorar berechnet wird. Das Einzelhonorar ist dann nach dem Verhältnis der Summe der anrechenbaren Kosten der Anlagen einer Honorarzone zu den gesamten anrechenbaren Kosten der Anlagengruppe zu ermitteln.

Teil 5 Übergangs- und Schlussvorschriften

§ 55 Übergangsvorschrift

Die Verordnung gilt nicht für Leistungen, die vor ihrem Inkrafttreten vertraglich vereinbart wurden; insoweit bleiben die bisherigen Vorschriften anwendbar.

§ 56 Inkrafttreten, Außerkrafttreten

Diese Verordnung tritt am Tag nach der Verkündung in Kraft. Gleichzeitig tritt die Honorarordnung für Architekten und Ingenieure in der Fassung der Bekanntmachung vom 4. März 1991 (BGBl. I S. 533), die zuletzt durch Artikel 5 des Gesetzes vom 10. November 2001 (BGBl. I S. 2992) geändert worden ist, außer Kraft.

Anlagen

Anlage 1 zu § 3 Absatz 1: Beratungsleistungen

1.1 Leistung Umweltverträglichkeitsstudie

1.1.1 Leistungsbild Umweltverträglichkeitsstudie

(1) Die Grundleistungen bei Umweltverträglichkeitsstudien zur Standortfindung als Beitrag zur Umweltverträglichkeitsprüfung können nach den in Absatz 2 aufgeführten Leistungsphasen 1 bis 5 zusammengefasst werden. Sie können nach der folgenden Tabelle in Prozentsätze der Honorare unter Punkt 1.1.2 bewertet werden:

	Bewertung der Grundleistungen in Prozentsätzen der Honorare
1. Klären der Aufgabenstellung und Ermitteln des Leistungsumfangs	3
2. Ermitteln und Bewerten der Planungsgrundlagen Bestandsaufnahme, Bestandsbewertung und zusammenfassende Darstellung	30
3. Konfliktanalyse und Alternativen	20
4. Vorläufige Fassung der Studie	40
5. Endgültige Fassung der Studie	7

(2) Das Leistungsbild kann sich wie folgt zusammensetzen:

Grundleistungen	Besondere Leistungen
1. Klären der Aufgabenstellung und Ermitteln des Leistungsumfangs Abgrenzen des Untersuchungsbereichs Zusammenstellen der verfügbaren planungsrelevanten Unterlagen, insbesondere – örtliche und überörtliche Planungen und Untersuchungen – thematische Karten, Luftbilder und sonstige Daten Ermitteln des Leistungsumfangs und ergänzender Fachleistungen Ortsbesichtigungen	

Grundleistungen	Besondere Leistungen
2. Ermitteln und Bewerten der Planungsgrundlagen a) Bestandsaufnahme Erfassen auf der Grundlage vorhandener Unterlagen und örtlicher Erhebungen – des Naturhaushalts in seinen Wirkungszusammenhängen, insbesondere durch Landschaftsfaktoren wie Relief, Geländegestalt, Gestein, Boden, oberirdische Gewässer, Grundwasser, Geländeklima sowie Tiere und Pflanzen und deren Lebensräume – der Schutzgebiete, geschützten Landschaftsbestandteile und schützenswerten Lebensräume – der vorhandenen Nutzungen, Beeinträchtigungen und Vorhaben – des Landschaftsbildes und der -struktur – der Sachgüter und des kulturellen Erbes b) Bestandsbewertung Bewerten der Leistungsfähigkeit und der Empfindlichkeit des Naturhaushalts und des Landschaftsbildes nach den Zielen und Grundsätzen des Naturschutzes und der Landschaftspflege Bewerten der vorhandenen und vorhersehbaren Umweltbelastungen der Bevölkerung sowie Beeinträchtigungen (Vorbelastung) von Natur und Landschaft c) Zusammenfassende Darstellung der Bestandsaufnahme und der -bewertung in Text und Karte	Einzeluntersuchungen zu natürlichen Grundlagen, zur Vorbelastung und zu sozioökonomischen Fragestellungen Sonderkartierungen Prognosen Ausbreitungsberechnungen Beweissicherung Aktualisierung der Planungsgrundlagen Untersuchen von Sekundäreffekten außerhalb des Untersuchungsgebiets.

Grundleistungen	Besondere Leistungen

3. Konfliktanalyse und Alternativen
Ermitteln der projektbedingten umwelterheblichen Wirkungen
Verknüpfen der ökologischen und nutzungsbezogenen Empfindlichkeit des Untersuchungsgebiets mit den projektbedingten umwelterheblichen Wirkungen und Beschreiben der Wechselwirkungen zwischen den betroffenen Faktoren
Ermitteln konfliktarmer Bereiche und Abgrenzen der vertieft zu untersuchenden Alternativen
Überprüfen der Abgrenzung des Untersuchungsbereichs
Abstimmen mit dem Auftraggeber
Zusammenfassende Darstellung in Text und Karte

4. Vorläufige Fassung der Studie
Erarbeiten der grundsätzlichen Lösung der wesentlichen Teile der Aufgabe in Text und Karte mit Alternativen
a) Ermitteln, Bewerten und Darstellen für jede sich wesentlich unterscheidende Lösung unter Berücksichtigung des Vermeidungs- und/oder Ausgleichsgebots
 – des ökologischen Risikos für den Naturhaushalt
 – der Beeinträchtigungen des Landschaftsbildes
 – der Auswirkungen auf den Menschen, die Nutzungsstruktur, die Sachgüter und das kulturelle Erbe
Aufzeigen von Entwicklungstendenzen des Untersuchungsbereichs ohne das geplante Vorhaben (Status-quo-Prognose)
b) Ermitteln und Darstellen voraussichtlich nicht ausgleichbarer Beeinträchtigungen

Erstellen zusätzlicher Hilfsmittel der Darstellung
Vorstellen der Planung vor Dritten
Detailausarbeitungen in besonderen Maßstäben

Grundleistungen	Besondere Leistungen
c) Vergleichende Bewertung der sich wesentlich unterscheidenden Alternativen Abstimmen der vorläufigen Fassung der Studie mit dem Auftraggeber	

5. **Endgültige Fassung der Studie**
Darstellen der Umweltverträglichkeitsstudie in der vorgeschriebenen Fassung in Text und Karte in der Regel im Maßstab 1 : 5 000 einschließlich einer nicht technischen Zusammenfassung

1.1.2 Honorarzonen und Honorare für Grundleistungen bei Umweltverträglichkeitsstudien

(1) Die Honorarzone wird bei Umweltverträglichkeitsstudien aufgrund folgender Bewertungsmerkmale ermittelt:
1. Honorarzone I:
Umweltverträglichkeitsstudien mit geringem Schwierigkeitsgrad, insbesondere bei einem Untersuchungsraum
   - mit geringer Ausstattung an ökologisch bedeutsamen Strukturen,
   - mit schwach gegliedertem Landschaftsbild,
   - mit schwach ausgeprägter Erholungsnutzung,
   - mit gering ausgeprägten und einheitlichen Nutzungsansprüchen,
   - mit geringer Empfindlichkeit gegenüber Umweltbelastungen und Beeinträchtigungen von Natur und Landschaft

   und bei Vorhaben und Maßnahmen mit geringer potenzieller Beeinträchtigungsintensität;
2. Honorarzone II:
Umweltverträglichkeitsstudien mit durchschnittlichem Schwierigkeitsgrad, insbesondere bei einem Untersuchungsraum
   - mit durchschnittlicher Ausstattung an ökologisch bedeutsamen Strukturen,
   - mit mäßig gegliedertem Landschaftsbild,
   - mit durchschnittlich ausgeprägter Erholungsnutzung,
   - mit differenzierten Nutzungsansprüchen,
   - mit durchschnittlicher Empfindlichkeit gegenüber Umweltbelastungen und Beeinträchtigungen von Natur und Landschaft

   und bei Vorhaben und Maßnahmen mit durchschnittlicher potenzieller Beeinträchtigungsintensität;
3. Honorarzone III:
Umweltverträglichkeitsstudien mit hohem Schwierigkeitsgrad, insbesondere bei einem Untersuchungsraum
   - mit umfangreicher und vielgestaltiger Ausstattung an ökologisch bedeutsamen Strukturen,
   - mit stark gegliedertem Landschaftsbild,

- mit intensiv ausgeprägter Erholungsnutzung,
- mit stark differenzierten oder kleinräumigen Nutzungsansprüchen,
- mit hoher Empfindlichkeit gegenüber Umweltbelastungen und Beeinträchtigungen von Natur und Landschaft
und bei Vorhaben und Maßnahmen mit hoher potenzieller Beeinträchtigungsintensität.

(2) Sind für eine Umweltverträglichkeitsstudie Bewertungsmerkmale aus mehreren Honorarzonen anwendbar und bestehen deswegen Zweifel, welcher Honorarzone die Umweltverträglichkeitsstudie zugeordnet werden kann, so ist die Anzahl der Bewertungspunkte nach Absatz 3 zu ermitteln; die Umweltverträglichkeitsstudie ist nach der Summe der Bewertungspunkte folgenden Honorarzonen zuzuordnen:
1. Honorarzone I
   Umweltverträglichkeitsstudien mit bis zu   16 Punkten,
2. Honorarzone II
   Umweltverträglichkeitsstudien mit 17 bis zu 30 Punkten,
3. Honorarzone III
   Umweltverträglichkeitsstudien mit 31 bis zu 42 Punkten.

(3) Bei der Zurechnung einer Umweltverträglichkeitsstudie in die Honorarzonen sind entsprechend dem Schwierigkeitsgrad der Aufgabenstellung die Bewertungsmerkmale Ausstattung an ökologisch bedeutsamen Strukturen, Landschaftsbild, Erholungsnutzung sowie Nutzungsansprüche mit je bis zu 6 Punkten zu bewerten, die Bewertungsmerkmale Empfindlichkeit gegenüber Umweltbelastungen und Beeinträchtigungen von Natur und Landschaft sowie Vorhaben und Maßnahmen mit potenzieller Beeinträchtigungsintensität mit je bis zu 9 Punkten.

(4) Honorare für die unter Punkt 1.1.1 aufgeführten Grundleistungen bei Umweltverträglichkeitsstudien ab 50 Hektar können sich nach der folgenden Honorartafel, die Mindest- und Höchstsätze nach der Gesamtfläche des Untersuchungsraumes in Hektar enthält, richten:

Honorartafel zu Leistungen bei Umweltverträglichkeitsstudien						
Fläche	Zone I		Zone II		Zone III	
in ha	von Euro	bis Euro	von Euro	bis Euro	von Euro	bis Euro
50	7 581	9 258	9 258	10 927	10 927	12 604
100	10 107	12 340	12 340	14 566	14 566	16 799
250	16 423	20 298	20 298	24 167	24 167	28 042
500	25 421	31 811	31 811	38 200	38 200	44 589
750	33 239	41 956	41 956	50 680	50 680	59 398
1 000	40 422	51 411	51 411	62 401	62 401	73 390
1 250	46 973	60 000	60 000	73 025	73 025	86 051
1 500	53 053	68 210	68 210	83 368	83 368	98 525
1 750	59 684	76 636	76 636	93 581	93 581	110 532
2 000	65 685	84 212	84 212	102 738	102 738	121 264
2 500	76 580	98 160	98 160	119 739	119 739	141 319
3 000	87 159	110 842	110 842	134 526	134 526	158 209
3 500	96 158	121 944	121 944	147 737	147 737	173 524
4 000	104 841	132 208	132 208	159 581	159 581	186 948
4 500	112 265	141 635	141 635	171 004	171 004	200 374

Fortsetzung: Honorartafel zu Leistungen bei Umweltverträglichkeitsstudien

Fläche	Zone I		Zone II		Zone III	
in ha	von Euro	bis Euro	von Euro	bis Euro	von Euro	bis Euro
5 000	120 003	151 055	151 055	182 112	182 112	213 164
5 500	128 531	160 369	160 369	192 213	192 213	224 051
6 000	136 421	169 266	169 266	202 106	202 106	234 951
6 500	143 688	177 900	177 900	212 106	212 106	246 318
7 000	150 318	186 319	186 319	222 320	222 320	258 320
7 500	158 687	196 583	196 583	234 479	234 479	272 375
8 000	166 741	206 318	206 318	245 896	245 896	285 474
8 500	174 474	216 526	216 526	258 585	258 585	300 637
9 000	181 898	226 425	226 425	270 952	270 952	315 479
9 500	189 002	236 503	236 503	284 000	284 000	331 503
10 000	195 790	246 318	246 318	296 846	296 846	347 373

1.2 Leistungen für Thermische Bauphysik

1.2.1 Anwendungsbereich

(1) Leistungen für Thermische Bauphysik (Wärme- und Kondensatfeuchteschutz) werden erbracht, um thermodynamische Einflüsse und deren Wirkungen auf Gebäude und Ingenieurbauwerke sowie auf Menschen, Tiere und Pflanzen und auf die Raumhygiene zu erfassen und zu begrenzen.

(2) Zu den Leistungen für Thermische Bauphysik können insbesondere gehören:
1. Entwurf, Bemessung und Nachweis des Wärmeschutzes nach der Wärmeschutzverordnung und nach den bauordnungsrechtlichen Vorschriften,
2. Leistungen zum Begrenzen der Wärmeverluste und Kühllasten,
3. Leistungen zum Ermitteln der wirtschaftlich optimalen Wärmedämm-Maßnahmen, insbesondere durch Minimieren der Bau- und Nutzungskosten,
4. Leistungen zum Planen von Maßnahmen für den sommerlichen Wärmeschutz in besonderen Fällen,
5. Leistungen zum Begrenzen der dampfdiffusionsbedingten Wasserdampfkondensation auf und in den Konstruktionsquerschnitten,
6. Leistungen zum Begrenzen von thermisch bedingten Einwirkungen auf Bauteile durch Wärmeströme,
7. Leistungen zum Regulieren des Feuchte- und Wärmehaushaltes von belüfteten Fassaden- und Dachkonstruktionen.

(3) Bei den Leistungen nach Absatz 2 Nummer 2 bis 7 können zusätzlich bauphysikalische Messungen an Bauteilen und Baustoffen, zum Beispiel Temperatur- und Feuchtemessungen, Messungen zur Bestimmung der Sorptionsfähigkeit, Bestimmungen des Wärmedurchgangskoeffizienten am Bau oder der Luftgeschwindigkeit in Luftschichten anfallen.

1.2.2 Wärmeschutz

(1) Leistungen für den Wärmeschutz nach Punkt 1.2.1 Absatz 2 Nummer 1 können folgende Leistungen umfassen:

	Bewertung der Grundleistungen in Prozent der Honorare
1. Erarbeiten des Planungskonzepts für den Wärmeschutz	20
2. Erarbeiten des Entwurfs einschließlich der überschlägigen Bemessung für den Wärmeschutz und Durcharbeiten konstruktiver Details der Wärmeschutzmaßnahmen	40
3. Aufstellen des prüffähigen Nachweises des Wärmeschutzes	25
4. Abstimmen des geplanten Wärmeschutzes mit der Ausführungsplanung und der Vergabe	15
5. Mitwirken bei der Ausführungsüberwachung	–

(2) Das Honorar für die Leistungen nach Absatz 1 kann sich nach den anrechenbaren Kosten des Gebäudes nach § 32, nach der Honorarzone nach § 34, der das Gebäude zuzuordnen ist, und nach der Honorartafel in Absatz 3 richten.

(3) Honorare für die in Absatz 1 aufgeführten Leistungen für den Wärmeschutz ab 255 646 Euro können anhand der folgenden Honorartafel bestimmt werden:

Honorartafel zu Leistungen für den Wärmeschutz							
Anrechenbare Kosten	Zone I von	bis	Zone III von	bis	Zone V von	bis	
		Zone II von	bis	Zone IV von	bis		
Euro	Euro	Euro	Euro	Euro	Euro	Euro	Euro
255 646	596	686	810	990	1 113	1 203	
500 000	768	912	1 111	1 398	1 597	1 741	
2 500 000	2 083	2 416	2 853	3 512	3 949	4 281	
5 000 000	3 136	3 636	4 300	5 297	5 962	6 460	
25 000 000	12 989	14 436	16 369	19 268	21 200	22 648	
25 564 594	13 267	14 741	16 709	19 663	21 630	23 104	

1.3 Leistungen für Schallschutz und Raumakustik

1.3.1 Schallschutz

(1) Leistungen für Schallschutz werden erbracht, um
1. in Gebäuden und Innenräumen einen angemessenen Luft- und Trittschallschutz, Schutz gegen von außen eindringende Geräusche und gegen Geräusche von Anlagen der Technischen Ausrüstung und anderen technischen Anlagen und Einrichtungen zu erreichen (baulicher Schallschutz) und
2. die Umgebung geräuscherzeugender Anlagen gegen schädliche Umwelteinwirkungen durch Lärm zu schützen (Schallimmissionsschutz).

(2) Zu den Leistungen für baulichen Schallschutz können insbesondere rechnen:
1. Leistungen zur Planung und zum Nachweis der Erfüllung von Schallschutzanforderungen, soweit objektbezogene schalltechnische Berechnungen oder Untersuchungen erforderlich werden (Bauakustik) und
2. schalltechnische Messungen, zum Beispiel zur Bestimmung von Luft- und Trittschalldämmung, der Geräusche von Anlagen der Technischen Ausrüstung und von Außengeräuschen.

(3) Zu den Leistungen für den Schallimmissionsschutz können insbesondere rechnen:
1. schalltechnische Bestandsaufnahme,
2. Festlegen der schalltechnischen Anforderungen,
3. Entwerfen der Schallschutzmaßnahmen,
4. Mitwirken bei der Ausführungsplanung und
5. Abschlussmessungen.

1.3.2 Bauakustik

(1) Leistungen für Bauakustik unter Punkt 1.3.1 Absatz 2 Nummer 1 können folgende Leistungen umfassen:

	Bewertung der Grundleistungen in Prozent der Honorare
1. Erarbeiten des Planungskonzepts, Festlegen der Schallschutzanforderungen	10
2. Erarbeiten des Entwurfs einschließlich Aufstellens der Nachweise des Schallschutzes	35
3. Mitwirken bei der Ausführungsplanung	30
4. Mitwirken bei der Vorbereitung der Vergabe und bei der Vergabe	5
5. Mitwirken bei der Überwachung schalltechnisch wichtiger Ausführungsarbeiten	20

(2) Das Honorar für die Leistungen nach Absatz 1 kann sich nach den anrechenbaren Kosten nach den Absätzen 3 bis 5, nach der Honorarzone, der das Objekt nach Punkt 1.3.3 zuzuordnen ist, und nach der Honorartafel unter Punkt 1.3.3 richten.

(3) Anrechenbare Kosten können die Kosten für Baukonstruktionen, Installationen, zentrale Betriebstechnik und betriebliche Einbauten sein.

(4) Die §§ 4, 6, 35 und 36 gelten sinngemäß.

(5) Die Vertragsparteien können vereinbaren, dass die Kosten für besondere Bauausführungen ganz oder teilweise zu den anrechenbaren Kosten gehören, wenn hierdurch dem Auftragnehmer ein erhöhter Arbeitsaufwand entsteht.

1.3.3 Honorarzonen und Honorare für Leistungen bei der Bauakustik

(1) Die Honorarzone kann bei der Bauakustik aufgrund folgender Bewertungsmerkmale ermittelt werden:
1. Honorarzone I:
Objekte mit geringen Planungsanforderungen an die Bauphysik, insbesondere
   – Wohnhäuser, Heime, Schulen, Verwaltungsgebäude und Banken mit jeweils durchschnittlicher Technischer Ausrüstung und entsprechendem Ausbau;
2. Honorarzone II:
Objekte mit durchschnittlichen Planungsanforderungen an die Bauakustik, insbesondere
   – Heime, Schulen, Verwaltungsgebäude mit jeweils überdurchschnittlicher technischer Ausrüstung und entsprechendem Ausbau,
   – Wohnhäuser mit versetzten Grundrissen,
   – Wohnhäuser mit Außenlärmbelastungen,
   – Hotels, soweit nicht in Honorarzone III erwähnt,
   – Universitäten und Hochschulen, Krankenhäuser, soweit nicht in Honorarzone III erwähnt,
   – Gebäude für Erholung, Kur und Genesung,
   – Versammlungsstätten, soweit nicht in Honorarzone III erwähnt,
   – Werkstätten mit schutzbedürftigen Räumen;
3. Honorarzone III:
Objekte mit überdurchschnittlichen Planungsanforderungen an die Bauakustik, insbesondere
   – Hotels mit umfangreichen gastronomischen Einrichtungen,
   – Gebäude mit gewerblicher und Wohnnutzung,
   – Krankenhäuser in bauakustisch besonders ungünstigen Lagen oder mit ungünstiger Anordnung der Versorgungseinrichtungen,
   – Theater-, Konzert- und Kongressgebäude,
   – Tonstudios und akustische Messräume.

(2) § 50 Absatz 3 gilt sinngemäß.

(3) Honorare für die nach Absatz 1 aufgeführten Leistungen für Bauakustik ab 255 646 Euro können anhand der folgenden Honorartafel bestimmt werden:

Anrechen- bare Kosten Euro	Honorartafel zu Leistungen für Bauakustik					
	Zone I		Zone II		Zone III	
	von Euro	bis Euro	von Euro	bis Euro	von Euro	bis Euro
255 646	1 766	2 025	2 025	2 329	2 329	2 683
300 000	1 942	2 230	2 230	2 567	2 567	2 961
350 000	2 135	2 451	2 451	2 823	2 823	3 255
400 000	2 323	2 662	2 662	3 071	3 071	3 538
450 000	2 506	2 871	2 871	3 310	3 310	3 809
500 000	2 670	3 062	3 062	3 533	3 533	4 074
750 000	3 462	3 971	3 971	4 580	4 580	5 279
1 000 000	4 171	4 782	4 782	5 512	5 512	6 355
1 500 000	5 433	6 229	6 229	7 187	7 187	8 284
2 000 000	6 564	7 527	7 527	8 685	8 685	10 009
2 500 000	7 605	8 724	8 724	10 065	10 065	11 604
3 000 000	8 581	9 844	9 844	11 351	11 351	13 086
3 500 000	9 501	10 898	10 898	12 570	12 570	14 487
4 000 000	10 382	11 905	11 905	13 734	13 734	15 828
4 500 000	11 224	12 876	12 876	14 848	14 848	17 114
5 000 000	12 034	13 803	13 803	15 923	15 923	18 355
7 500 000	15 740	18 053	18 053	20 822	20 822	24 000
10 000 000	19 061	21 864	21 864	25 213	25 213	29 068
15 000 000	24 957	28 628	28 628	33 017	33 017	38 060
20 000 000	30 230	34 676	34 676	39 993	39 993	46 107
25 000 000	35 080	40 237	40 237	46 407	46 407	53 496
25 564 594	35 624	40 860	40 860	47 125	47 125	54 325

1.3.4. Raumakustik

(1) Leistungen für Raumakustik werden erbracht, um Räume mit besonderen Anforderungen an die Raumakustik durch Mitwirkung bei Formgebung, Materialauswahl und Ausstattung ihrem Verwendungszweck akustisch anzupassen.
(2) Zu den Leistungen für Raumakustik können insbesondere gehören:
  1. raumakustische Planung und Überwachung,
  2. akustische Messungen,
  3. Modelluntersuchungen,
  4. Beraten bei der Planung elektroakustischer Anlagen.

1.3.5 Raumakustische Planung und Überwachung

(1) Die raumakustische Planung und Überwachung nach Punkt 1.3.4 Absatz 2 Nummer 1 kann folgende Leistungen umfassen:

	Bewertung der Grundleistungen in Prozent der Honorare
1. Erarbeiten des raumakustischen Planungskonzepts, Festlegen der raumakustischen Anforderungen	20
2. Erarbeiten des raumakustischen Entwurfs	35
3. Mitwirken bei der Ausführungsplanung	25
4. Mitwirken bei der Vorbereitung der Vergabe und bei der Vergabe	5
5. Mitwirken bei der Überwachung raumakustisch wichtiger Ausführungsarbeiten	15

(2) Das Honorar für jeden Innenraum, für den Leistungen nach Absatz 1 erbracht werden, kann sich nach den anrechenbaren Kosten nach den Absätzen 3 bis 5, nach der Honorarzone, der der Innenraum nach Punkt 1.3.6 und 1.3.7 zuzuordnen ist, sowie nach der Honorartafel nach Punkt 1.3.6 richten.

(3) Anrechenbare Kosten können die Kosten für Baukonstruktionen, geteilt durch den Bruttorauminhalt des Gebäudes und multipliziert mit dem Rauminhalt des betreffenden Innenraumes sowie die Kosten für betriebliche Einbauten, Möbel und Textilien des betreffenden Innenraums sein.

(4) Die §§ 4, 6, 35 und 36 gelten sinngemäß.

(5) Werden bei Innenräumen nicht sämtliche Leistungen nach Absatz 1 übertragen, so gilt § 8 sinngemäß.

1.3.6 Honorarzonen und Honorare für Leistungen bei der raumakustischen Planung und Überwachung

(1) Innenräume können bei der raumakustischen Planung und Überwachung nach den in Absatz 2 genannten Bewertungsmerkmalen folgenden Honorarzonen zugeordnet werden:
1. Honorarzone I: Innenräume mit sehr geringen Planungsanforderungen;
2. Honorarzone II: Innenräume mit geringen Planungsanforderungen;
3. Honorarzone III: Innenräume mit durchschnittlichen Planungsanforderungen;
4. Honorarzone IV: Innenräume mit überdurchschnittlichen Planungsanforderungen;
5. Honorarzone V: Innenräume mit sehr hohen Planungsanforderungen.

(2) Bewertungsmerkmale können sein:
1. Anforderungen an die Einhaltung der Nachhallzeit,
2. Einhalten eines bestimmten Frequenzganges der Nachhallzeit,
3. Anforderungen an die räumliche und zeitliche Schallverteilung,
4. akustische Nutzungsart des Innenraums,
5. Veränderbarkeit der akustischen Eigenschaften des Innenraums.

(3) § 50 Absatz 3 gilt sinngemäß.

(4) Honorare für die in Punkt 1.3.5 Absatz 1 aufgeführten Leistungen für raumakustische Planung und Überwachung bei Innenräumen ab 51 129 Euro können sich an der folgenden Honorartafel ausrichten:

Honorartafel zu Leistungen für raumakustische Planung

Anrechen-bare Kosten Euro	Zone I von Euro	bis Zone II von Euro	Zone III von Euro	bis Zone IV von Euro	Zone V von Euro	bis Euro
51 129	1 192	1 552	1 912	2 267	2 627	2 987
100 000	1 370	1 783	2 192	2 605	3 014	3 428
150 000	1 546	2 010	2 473	2 930	3 394	3 858
200 000	1 712	2 224	2 742	3 255	3 773	4 287
250 000	1 877	2 439	3 007	3 570	4 138	4 700
300 000	2 047	2 659	3 271	3 883	4 496	5 108
350 000	2 198	2 860	3 521	4 182	4 844	5 506
400 000	2 356	3 062	3 769	4 479	5 185	5 892
450 000	2 516	3 266	4 021	4 772	5 526	6 277
500 000	2 662	3 461	4 260	5 063	5 863	6 662
750 000	3 403	4 423	5 437	6 458	7 472	8 493
1 000 000	4 104	5 334	6 564	7 798	9 028	10 258
1 500 000	5 454	7 086	8 719	10 355	11 988	13 619
2 000 000	6 745	8 768	10 787	12 811	14 828	16 851
2 500 000	7 997	10 396	12 794	15 193	17 591	19 989
3 000 000	9 226	11 994	14 762	17 525	20 293	23 060
3 500 000	10 434	13 561	16 693	19 818	22 949	26 077
4 000 000	11 625	15 109	18 594	22 083	25 568	29 052
4 500 000	12 799	16 636	20 473	24 317	28 153	31 991
5 000 000	13 961	18 151	22 336	26 527	30 711	34 901
7 500 000	19 644	25 534	31 426	37 318	43 209	49 100
7 669 378	20 028	26 035	32 041	38 048	44 054	50 061

1.3.7. Objektliste für raumakustische Planung und Überwachung

Nachstehende Innenräume werden bei der raumakustischen Planung und Überwachung nach Maßgabe der in Punkt 1.3.6 genannten Merkmale in der Regel folgenden Honorarzonen zugeordnet:
(1) Honorarzone I: Pausenhallen, Spielhallen, Liege- und Wandelhallen;
(2) Honorarzone II: Unterrichts-, Vortrags- und Sitzungsräume bis 500 m³, nicht teilbare Sporthallen, Filmtheater und Kirchen bis 1 000 m³, Großraumbüros;
(3) Honorarzone III: Unterrichts-, Vortrags- und Sitzungsräume über 500 bis 1 500 m³, Filmtheater und Kirchen über 1 000 bis 3 000 m³, teilbare Turn und Sporthallen bis 3 000 m³;
(4) Honorarzone IV: Unterrichts-, Vortrags- und Sitzungsräume über 1 500 m³, Mehrzweckhallen bis 3 000 m³, Filmtheater und Kirchen über 3 000 m³;
(5) Honorarzone V: Konzertsäle, Theater, Opernhäuser, Mehrzweckhallen über 3 000 m³, Tonaufnahmeräume, Innenräume mit veränderlichen akustischen Eigenschaften, akustische Messräume.

1.4 Leistungen für Bodenmechanik, Erd- und Grundbau

1.4.1 Anwendungsbereich

(1) Leistungen für Bodenmechanik, Erd- und Grundbau werden erbracht, um die Wechselwirkung zwischen Baugrund und Bauwerk sowie seiner Umgebung zu erfassen und die für die Berechnung erforderlichen Bodenkennwerte festzulegen.

(2) Zu den Leistungen für Bodenmechanik, Erd- und Grundbau können insbesondere rechnen:
1. Baugrundbeurteilung und Gründungsberatung für Flächen- und Pfahlgründungen als Grundlage für die Bemessung der Gründung durch den Tragwerksplaner, soweit diese Leistungen nicht durch Anwendung von Tabellen oder anderen Angaben, zum Beispiel in den bauordnungsrechtlichen Vorschriften, erbracht werden können,
2. Ausschreiben und Überwachen der Aufschlussarbeiten,
3. Durchführen von Labor- und Feldversuchen,
4. Beraten bei der Sicherung von Nachbarbauwerken,
5. Aufstellung von Setzungs-, Grundbruch- und anderen erdstatischen Berechnungen, soweit diese Leistungen nicht in den Leistungen nach Nummer 1 oder in den Leistungen nach § 42 oder § 49 erfasst sind.
6. Untersuchungen zur Berücksichtigung dynamischer Beanspruchung bei der Bemessung des Bauwerks oder seiner Gründung,
7. Beratung bei Baumaßnahmen im Fels,
8. Abnahme von Gründungssohlen und Aushubsohlen,
9. Allgemeine Beurteilung der Tragfähigkeit des Baugrundes und der Gründungsmöglichkeiten, die sich nicht auf ein bestimmtes Gebäude oder Ingenieurbauwerk bezieht.

1.4.2 Baugrundbeurteilung und Gründungsberatung

(1) Die Baugrundbeurteilung und Gründungsberatung nach Punkt 1.4.1 Absatz 2 Nummer 1 kann folgende Leistungen für Gebäude und Ingenieurbauwerke umfassen:

	Bewertung der Grundleistungen in Prozent der Honorare
1. Klären der Aufgabenstellung; Ermittlung der Baugrundverhältnisse aufgrund der vorhandenen Unterlagen; Festlegen und Darstellen der erforderlichen Baugrunderkundungen;	15
2. Auswerten und Darstellen der Baugrunderkundungen sowie der Labor- und Feldversuche; Abschätzen des Schwankungsbereiches von Wasserständen im Boden; Baugrundbeurteilung; Festlegen der Bodenkennwerte;	35
3. Vorschlag für die Gründung mit Angabe der zulässigen Bodenpressungen in Abhängigkeit von den Fundamentabmessungen; gegebenenfalls mit An-	50

gaben zur Bemessung der Pfahlgründung; Angabe der zu erwartenden Setzungen für die vom Tragwerksplaner im Rahmen der Entwurfsplanung nach § 49 zu erbringenden Grundleistungen; Hinweise zur Herstellung und Trockenhaltung der Baugrube und des Bauwerks sowie zur Auswirkung der Baumaßnahme auf Nachbarbauwerke.

(2) Das Honorar für die Leistungen nach Absatz 1 kann sich nach den anrechenbaren Kosten, nach der Honorarzone, der die Gründung zuzuordnen ist, und nach der Honorartafel in Punkt 1.4.3 richten.
(3) Die anrechenbaren Kosten können gemäß § 48 ermittelt werden.
(4) Werden nicht sämtliche Leistungen nach Absatz 1 übertragen, so gilt § 8 sinngemäß.
(5) Das Honorar für Ingenieurbauwerke mit großer Längenausdehnung (Linienbauwerke) kann frei vereinbart werden.
(6) § 11 Absatz 1 bis 3 gilt sinngemäß.

1.4.3 Honorarzonen und Honorare für Grundleistungen bei der Baugrundbeurteilung und Gründungsberatung

(1) Die Honorarzone kann bei der Baugrundbeurteilung und Gründungsberatung aufgrund folgender Bewertungsmerkmale ermittelt werden:
1. Honorarzone I:
   Gründungen mit sehr geringem Schwierigkeitsgrad, insbesondere
   – gering setzungsempfindliche Bauwerke mit einheitlicher Gründungsart bei annähernd regelmäßigem Schichtenaufbau des Untergrundes mit einheitlicher Tragfähigkeit (Scherfestigkeit) und Setzungsfähigkeit innerhalb der Baufläche;
2. Honorarzone II:
   Gründungen mit geringem Schwierigkeitsgrad, insbesondere
   – setzungsempfindliche Bauwerke sowie gering setzungsempfindliche Bauwerke mit bereichsweise unterschiedlicher Gründungsart oder bereichsweise stark unterschiedlichen Lasten bei annähernd regelmäßigem Schichtenaufbau des Untergrundes mit einheitlicher Tragfähigkeit und Setzungsfähigkeit innerhalb der Baufläche,
   – gering setzungsempfindliche Bauwerke mit einheitlicher Gründungsart bei unregelmäßigem Schichtenaufbau des Untergrundes mit unterschiedlicher Tragfähigkeit und Setzungsfähigkeit innerhalb der Baufläche;
3. Honorarzone III:
   Gründungen mit durchschnittlichem Schwierigkeitsgrad, insbesondere
   – stark setzungsempfindliche Bauwerke bei annähernd regelmäßigem Schichtenaufbau des Untergrundes mit einheitlicher Tragfähigkeit und Setzungsfähigkeit innerhalb der Baufläche,
   – setzungsempfindliche Bauwerke sowie gering setzungsempfindliche Bauwerke mit bereichsweise unterschiedlicher Gründungsart oder bereichsweise stark unterschiedlichen Lasten bei unregelmäßigem Schichtenaufbau des Untergrundes mit unterschiedlicher Tragfähigkeit und Setzungsfähigkeit innerhalb der Baufläche,

- gering setzungsempfindliche Bauwerke mit einheitlicher Gründungsart bei unregelmäßigem Schichtenaufbau des Untergrundes mit stark unterschiedlicher Tragfähigkeit und Setzungsfähigkeit innerhalb der Baufläche,
4. Honorarzone IV:
Gründungen mit überdurchschnittlichem Schwierigkeitsgrad, insbesondere
- stark setzungsempfindliche Bauwerke bei unregelmäßigem Schichtenaufbau des Untergrundes mit unterschiedlicher Tragfähigkeit und Setzungsfähigkeit innerhalb der Baufläche,
- setzungsempfindliche Bauwerke sowie gering setzungsempfindliche Bauwerke mit bereichsweise unterschiedlicher Gründungsart oder bereichsweise stark unterschiedlichen Lasten bei unregelmäßigem Schichtenaufbau des Untergrundes mit stark unterschiedlicher Tragfähigkeit und Setzungsfähigkeit innerhalb der Baufläche;
5. Honorarzone V:
Gründungen mit sehr hohem Schwierigkeitsgrad, insbesondere
- stark setzungsempfindliche Bauwerke bei unregelmäßigem Schichtenaufbau des Untergrundes mit stark unterschiedlicher Tragfähigkeit und Setzungsfähigkeit der Baufläche.
(2) § 50 Absatz 3 gilt sinngemäß.
(3) Honorare für die in Punkt 1.4.1 aufgeführten Leistungen für die Baugrundbeurteilung und Gründungsberatung ab 51 129 Euro können an der folgenden Honorartafel orientiert werden:

Honorartafel zu Leistungen für die Baugrundbeurteilung und Gründungsberatung

Anrechenbare Kosten Euro	Zone I von Euro	bis Zone II von Euro	Zone III von Euro	bis Zone IV von Euro	Zone V von Euro	bis Euro
51 129	524	945	1 361	1 783	2 199	2 621
75 000	644	1 140	1 629	2 124	2 614	3 110
100 000	750	1 307	1 863	2 416	2 971	3 529
150 000	922	1 584	2 241	2 903	3 560	4 222
200 000	1 077	1 824	2 570	3 310	4 056	4 802
250 000	1 207	2 025	2 844	3 666	4 486	5 304
300 000	1 333	2 218	3 103	3 984	4 870	5 755
350 000	1 445	2 387	3 329	4 275	5 216	6 158
400 000	1 550	2 548	3 544	4 538	5 534	6 531
450 000	1 646	2 693	3 740	4 786	5 833	6 882
500 000	1 739	2 831	3 928	5 020	6 118	7 211
750 000	2 149	3 445	4 743	6 035	7 332	8 627
1 000 000	2 510	3 969	5 429	6 887	8 346	9 805
1 500 000	3 099	4 825	6 551	8 281	10 007	11 733
2 000 000	3 610	5 554	7 502	9 446	11 395	13 339
2 500 000	4 056	6 189	8 323	10 461	12 594	14 727
3 000 000	4 462	6 763	9 063	11 364	13 664	15 964
3 500 000	4 840	7 291	9 742	12 194	14 644	17 095
4 000 000	5 191	7 780	10 366	12 957	15 543	18 134
4 500 000	5 519	8 238	10 956	13 670	16 388	19 107

Fortsetzung: Honorartafel zu Leistungen für die Baugrundbeurteilung und Gründungsberatung

Anrechen- bare Kosten Euro	Zone I von Euro	bis Zone II von Euro	Zone III von Euro	bis Zone IV von Euro	Zone V von Euro	bis Euro
5 000 000	5 834	8 676	11 513	14 352	17 189	20 030
7 500 000	7 224	10 570	13 916	17 262	20 607	23 954
10 000 000	8 404	12 169	15 934	19 698	23 463	27 227
15 000 000	10 395	14 832	19 270	23 707	28 145	32 582
20 000 000	12 098	17 083	22 067	27 058	32 043	37 027
25 000 000	13 606	19 060	24 518	29 973	35 432	40 886
25 564 594	13 774	19 280	24 792	30 297	35 809	41 316

1.5 Vermessungstechnische Leistungen

1.5.1 Anwendungsbereich

(1) Vermessungstechnische Leistungen sind das Erfassen ortsbezogener Daten über Bauwerke und Anlagen, Grundstücke und Topografie, das Erstellen von Plänen, das Übertragen von Planungen in die Örtlichkeit sowie das vermessungstechnische Überwachen der Bauausführung, soweit die Leistungen mit besonderen instrumentellen und vermessungstechnischen Verfahrensanforderungen erbracht werden müssen. Ausgenommen von Satz 1 sind Leistungen, die nach landesrechtlichen Vorschriften für Zwecke der Landesvermessung und des Liegenschaftskatasters durchgeführt werden.

(2) Zu den vermessungstechnischen Leistungen können rechnen:
1. Entwurfsvermessung für die Planung und den Entwurf von Gebäuden, Ingenieurbauwerken und Verkehrsanlagen,
2. Bauvermessungen für den Bau und die abschließende Bestandsdokumentation von Gebäuden, Ingenieurbauwerken und Verkehrsanlagen,
3. Vermessung an Objekten außerhalb der Entwurfs- und Bauphase, Leistungen für nicht objektgebundene Vermessungen, Fernerkundung und geografischgeometrische Datenbasen sowie andere sonstige vermessungstechnische Leistungen.

1.5.2 Grundlagen des Honorars bei der Entwurfsvermessung

(1) Das Honorar für Grundleistungen bei der Entwurfsvermessung kann sich nach den anrechenbaren Kosten des Objekts, nach der Honorarzone, der die Entwurfsvermessung angehört sowie nach der Honorartafel unter Punkt 1.5.8 richten.

(2) Anrechenbare Kosten können unter Zugrundelegung der Kostenberechnung ermittelt werden, solange diese nicht vorliegt oder wenn die Vertragsparteien dies bei Auftragserteilung schriftlich vereinbaren, nach der Kostenschätzung.

(3) Anrechenbare Kosten können die Herstellungskosten des Objekts sein. Sie sind zu ermitteln nach § 4 und
1. bei Gebäuden nach § 32,
2. bei Ingenieurbauwerken nach § 41,
3. bei Verkehrsanlagen nach § 45.

(4) Anrechenbar sind bei Gebäuden und Ingenieurbauwerken nur folgende Prozentsätze der nach Absatz 3 ermittelten anrechenbaren Kosten, die wie folgt gestaffelt aufzusummieren sind:
1. bis zu 511 292 Euro 40 Prozent,
2. über 511 292 bis zu 1 022 584 Euro 35 Prozent,
3. über 1 022 584 bis zu 2 556 459 Euro 30 Prozent,
4. über 2 556 459 Euro 25 Prozent.
(5) Die Absätze 1 bis 4 sowie die Punkte 1.5.3 und 1.5.4 gelten nicht für vermessungstechnische Leistungen bei ober- und unterirdischen Leitungen, innerörtlichen Verkehrsanlagen mit überwiegend innerörtlichem Verkehr – ausgenommen Wasserstraßen – Geh- und Radwegen sowie Gleis- und Bahnsteiganlagen. Das Honorar für die in Satz 1 genannten Objekte kann frei vereinbart werden.
(6) Umfasst ein Auftrag Vermessungen für mehrere Objekte, so können die Honorare für die Vermessung jedes Objektes getrennt berechnet werden.

1.5.3 Honorarzonen für Leistungen bei der Entwurfsvermessung

(1) Die Honorarzonen können bei der Entwurfsvermessung aufgrund folgender Bewertungsmerkmale ermittelt werden:
1. Honorarzone I:
   Vermessungen mit sehr geringen Anforderungen, das heißt mit
   – sehr hoher Qualität der vorhandenen Kartenunterlagen,
   – sehr geringen Anforderungen an die Genauigkeit,
   – sehr hoher Qualität des vorhandenen Lage- und Höhenfestpunktfeldes,
   – sehr geringen Beeinträchtigungen durch die Geländebeschaffenheit und bei der Begehbarkeit,
   – sehr geringer Behinderung durch Bebauung und Bewuchs,
   – sehr geringer Behinderung durch Verkehr,
   – sehr geringer Topografiedichte;
2. Honorarzone II:
   Vermessungen mit geringen Anforderungen, das heißt mit
   – guter Qualität der vorhandenen Kartenunterlagen,
   – geringen Anforderungen an die Genauigkeit,
   – guter Qualität des vorhandenen Lage- und Höhenfestpunktfeldes,
   – geringen Beeinträchtigungen durch die Geländebeschaffenheit und bei der Begehbarkeit,
   – geringer Behinderung durch Bebauung und Bewuchs,
   – geringer Behinderung durch Verkehr,
   – geringer Topografiedichte;
3. Honorarzone III:
   Vermessungen mit durchschnittlichen Anforderungen, das heißt mit
   – befriedigender Qualität der vorhandenen Kartenunterlagen,
   – durchschnittlichen Anforderungen an die Genauigkeit,
   – befriedigender Qualität des vorhandenen Lage- und Höhenfestpunktfeldes,
   – durchschnittlichen Beeinträchtigungen durch die Geländebeschaffenheit und bei der Begehbarkeit,
   – durchschnittlicher Behinderung durch Bebauung und Bewuchs,
   – durchschnittlicher Behinderung durch Verkehr,
   – durchschnittlicher Topografiedichte;

4. Honorarzone IV:
Vermessungen mit überdurchschnittlichen Anforderungen, das heißt mit
- kaum ausreichender Qualität der vorhandenen Kartenunterlagen,
- überdurchschnittlichen Anforderungen an die Genauigkeit,
- kaum ausreichender Qualität des vorhandenen Lage- und Höhenfestpunktfeldes,
- überdurchschnittlichen Beeinträchtigungen durch die Geländebeschaffenheit und bei der Begehbarkeit,
- überdurchschnittlicher Behinderung durch Bebauung und Bewuchs,
- überdurchschnittlicher Behinderung durch Verkehr,
- überdurchschnittlicher Topografiedichte;

5. Honorarzone V:
Vermessungen mit sehr hohen Anforderungen, das heißt mit
- mangelhafter Qualität der vorhandenen Kartenunterlagen,
- sehr hohen Anforderungen an die Genauigkeit,
- mangelhafter Qualität des vorhandenen Lage- und Höhenfestpunktfeldes,
- sehr hohen Beeinträchtigungen durch die Geländebeschaffenheit und bei der Begehbarkeit,
- sehr hoher Behinderung durch Bebauung und Bewuchs,
- sehr hoher Behinderung durch Verkehr,
- sehr hoher Topografiedichte.

(2) Sind für eine Entwurfsvermessung Bewertungsmerkmale aus mehreren Honorarzonen anwendbar und bestehen deswegen Zweifel, welcher Honorarzone die Vermessung zugeordnet werden kann, so kann die Anzahl der Bewertungspunkte nach Absatz 3 ermittelt werden. Die Vermessung kann nach der Summe der Bewertungspunkte folgenden Honorarzonen zugeordnet werden:

1. Honorarzone I: Vermessungen mit bis zu 14 Punkten,
2. Honorarzone II: Vermessungen mit 15 bis 25 Punkten,
3. Honorarzone III: Vermessungen mit 26 bis 37 Punkten,
4. Honorarzone IV: Vermessungen mit 38 bis 48 Punkten,
5. Honorarzone V: Vermessungen mit 49 bis 60 Punkten.

(3) Bei der Zuordnung einer Entwurfsvermessung zu den Honorarzonen können entsprechend dem Schwierigkeitsgrad der Anforderungen an die Vermessung die Bewertungsmerkmale Qualität der vorhandenen Kartenunterlagen, Anforderungen an die Genauigkeit und Qualität des vorhandenen Lage- und Höhenfestpunktfeldes mit je bis zu 5 Punkten, die Bewertungsmerkmale Beeinträchtigungen durch die Geländebeschaffenheit und bei der Begehbarkeit, Behinderung durch Bebauung und Bewuchs sowie Behinderung durch Verkehr mit je bis zu 10 Punkten und das Bewertungsmerkmal Topografiedichte mit bis zu 15 Punkten bewertet werden.

1.5.4 Leistungsbild Entwurfsvermessung

(1) Das Leistungsbild Entwurfsvermessung kann die terrestrischen und fotogrammetrischen Vermessungsleistungen für die Planung und den Entwurf von Gebäuden, Ingenieurbauwerken und Verkehrslagen umfassen. Die Grundleistungen können in den in Absatz 2 aufgeführten Leistungsphasen 1 bis 6 zusammengefasst werden. Sie können in der folgenden Tabelle in Prozentsätzen der Honorare des Punktes 1.5.8 bewertet werden:

	Bewertung der Grundleistungen in Prozent der Honorare
1. Grundlagenermittlung	3
2. Geodätisches Festpunktfeld	15
3. Vermessungstechnische Lage- und Höhenpläne	52
4. Absteckungsunterlagen	15
5. Absteckung für Entwurf	5
6. Geländeschnitte	10

(2) Das Leistungsbild kann sich wie folgt zusammensetzen:

Grundleistungen	Besondere Leistungen
1. Grundlagenermittlung Einholen von Informationen und Beschaffen von Unterlagen über die Örtlichkeit und das geplante Objekt Beschaffen vermessungstechnischer Unterlagen Ortsbesichtigung Ermitteln des Leistungsumfangs in Abhängigkeit von den Genauigkeitsanforderungen und dem Schwierigkeitsgrad	Schriftliches Einholen von Genehmigungen zum Betreten von Grundstücken, zum Befahren von Gewässern und für anordnungsbedürftige Verkehrssicherungsmaßnahmen
2. Geodätisches Festpunktfeld Erkunden und Vermarken von Lage- und Höhenfestpunkten Erstellen von Punktbeschreibungen und Einmessungsskizzen Messungen zum Bestimmen der Fest- und Passpunkte Auswerten der Messungen und Erstellen des Koordinaten- und Höhenverzeichnisses	Netzanalyse und Messprogramm für Grundnetze hoher Genauigkeit Vermarken bei besonderen Anforderungen Bau von Festpunkten und Signalen
3. Vermessungstechnische Lage- und Höhenpläne Topografische/morphologische Geländeaufnahme (terrestrisch/fotogrammetrisch) einschließlich Erfassen von Zwangspunkten Auswerten der Messungen/Luftbilder Erstellen von Plänen mit Darstellen der Situation im Planungsbereich einschließlich der Einarbeitung der Katasterinformation	Orten und Aufmessen des unterirdischen Bestandes Vermessungsarbeiten Untertage, unter Wasser oder bei Nacht Maßnahmen für umfangreiche anordnungsbedürftige Verkehrssicherung, Detailliertes Aufnehmen bestehender Objekte und Anlagen außerhalb normaler topografischer Aufnahmen

Grundleistungen	Besondere Leistungen
Darstellen der Höhen in Punkt-, Raster- oder Schichtlinienform Erstellen eines digitalen Geländemodells Grafisches Übernehmen von Kanälen, Leitungen, Kabeln und unterirdischen Bauwerken aus vorhandenen Unterlagen Eintragen der bestehenden öffentlich-rechtlichen Festsetzungen Liefern aller Messdaten in digitaler Form	wie z. B. Fassaden und Innenräume von Gebäuden Eintragen von Eigentümerangaben Darstellen von verschiedenen Maßstäben Aufnahmen über den Planungsbereich hinaus Ausarbeiten der Lagepläne entsprechend der rechtlichen Bedingungen für behördliche Genehmigungsverfahren Erfassen von Baumkronen
4. **Absteckungsunterlagen** Berechnen der Detailgeometrie anhand des Entwurfs und Erstellen von Absteckungsunterlagen	Durchführen von Optimierungsberechnungen im Rahmen der Baugeometrie (Flächennutzung, Abstandsflächen, Fahrbahndecken)
5. **Absteckung für den Entwurf** Übertragen der Leitlinie linienhafter Objekte in die Örtlichkeit Übertragen der Projektgeometrie in die Örtlichkeit für Erörterungsverfahren	
6. **Geländeschnitte** Ermitteln und Darstellen von Längs- und Querprofilen aus terrestrischen/ fotogrammetrischen Aufnahmen	

1.5.5 Grundlagen des Honorars bei der Bauvermessung

(1) Das Honorar für Grundleistungen bei der Bauvermessung kann sich nach den anrechenbaren Kosten des Objekts, nach der Honorarzone, der die Bauvermessung angehört sowie nach der Honorartafel unter Punkt 1.5.8 richten.

(2) Anrechenbare Kosten können nach Punkt 1.5.2 Absatz 3 ermittelt werden. Anrechenbar können bei Ingenieurbauwerken 100 Prozent, bei Gebäuden und Verkehrsanlagen 80 Prozent der ermittelten Kosten sein.

(3) Die Absätze 1 bis 2 sowie die Punkte 1.5.6 und 1.5.7 gelten nicht für vermessungstechnische Leistungen bei ober- und unterirdischen Leitungen, Tunnel-, Stollen- und Kavernenbauwerken, innerörtlichen Verkehrsanlagen mit überwiegend innerörtlichem Verkehr – ausgenommen Wasserstraßen –, bei Geh- und Radwegen sowie Gleis- und Bahnsteiganlagen. Das Honorar für die in Satz 1 genannten Objekte kann frei vereinbart werden.

1.5.6 Honorarzonen für Leistungen bei der Bauvermessung

(1) Die Honorarzone kann bei der Bauvermessung aufgrund folgender Bewertungsmerkmale ermittelt werden:
1. Honorarzone I:
   Vermessungen mit sehr geringen Anforderungen, das heißt mit
   - sehr geringen Beeinträchtigungen durch die Geländebeschaffenheit und bei der Begehbarkeit,
   - sehr geringen Behinderungen durch Bebauung und Bewuchs,
   - sehr geringer Behinderung durch den Verkehr,
   - sehr geringen Anforderungen an die Genauigkeit,
   - sehr geringen Anforderungen durch die Geometrie des Objekts,
   - sehr geringer Behinderung durch den Baubetrieb;
2. Honorarzone II:
   Vermessungen mit geringen Anforderungen, das heißt mit
   - geringen Beeinträchtigungen durch die Geländebeschaffenheit und bei der Begehbarkeit,
   - geringen Behinderungen durch Bebauung und Bewuchs,
   - geringer Behinderung durch den Verkehr,
   - geringen Anforderungen an die Genauigkeit,
   - geringen Anforderungen durch die Geometrie des Objekts,
   - geringer Behinderung durch den Baubetrieb;
3. Honorarzone III:
   Vermessungen mit durchschnittlichen Anforderungen, das heißt mit
   - durchschnittlichen Beeinträchtigungen durch die Geländebeschaffenheit und bei der Begehbarkeit,
   - durchschnittlichen Behinderungen durch Bebauung und Bewuchs,
   - durchschnittlicher Behinderung durch den Verkehr,
   - durchschnittliche Anforderungen an die Genauigkeit,
   - durchschnittlichen Anforderungen durch die Geometrie des Objekts,
   - durchschnittlicher Behinderung durch den Baubetrieb;
4. Honorarzone IV:
   Vermessungen mit überdurchschnittlichen Anforderungen, das heißt mit
   - überdurchschnittlichen Beeinträchtigungen durch die Geländebeschaffenheit und bei der Begehbarkeit,
   - überdurchschnittlichen Behinderungen durch Bebauung und Bewuchs,
   - überdurchschnittlicher Behinderung durch den Verkehr,
   - überdurchschnittlichen Anforderungen an die Genauigkeit,
   - überdurchschnittlichen Anforderungen durch die Geometrie des Objekts,
   - überdurchschnittlicher Behinderung durch den Baubetrieb;
5. Honorarzone V:
   Vermessungen mit sehr hohen Anforderungen, das heißt mit
   - sehr hohen Beeinträchtigungen durch die Geländebeschaffenheit und bei der Begehbarkeit,
   - sehr hohen Behinderungen durch Bebauung und Bewuchs,
   - sehr hoher Behinderung durch den Verkehr,
   - sehr hohen Anforderungen an die Genauigkeit,
   - sehr hohen Anforderungen durch die Geometrie des Objekts,
   - sehr hoher Behinderung durch den Baubetrieb.

(2) Punkt 1.5.3 Absatz 2 gilt sinngemäß.

(3) Bei der Zurechnung einer Bauvermessung in die Honorarzonen kann entsprechend dem Schwierigkeitsgrad der Anforderungen an die Vermessung das Bewertungsmerkmal Beeinträchtigungen durch Geländebeschaffenheit und bei der Begehbarkeit mit bis zu 5 Punkten bewertet werden. Die Bewertungsmerkmale Behinderungen durch Bebauung und Bewuchs, Behinderungen durch den Verkehr, Anforderungen an die Genauigkeit sowie Anforderungen durch die Geometrie des Objekts können mit je bis zu 10 Punkten und das Bewertungsmerkmal Behinderung durch den Baubetrieb mit bis zu 15 Punkten bewertet werden.

1.5.7 Leistungsbild Bauvermessung

(1) Das Leistungsbild Bauvermessung kann die terrestrischen und fotogrammetrischen Vermessungsleistungen für den Bau und die abschließende Bestandsdokumentation von Gebäuden, Ingenieurbauwerken und Verkehrsanlagen umfassen. Die Grundleistungen sind in den in Absatz 2 aufgeführten Leistungsphasen 1 bis 4 zusammengefasst. Sie können in der folgenden Tabelle in Prozentsätzen der Honorare unter Punkt 1.5.8 bewertet werden:

	Bewertung der Grundleistungen in Prozent der Honorare
1. Baugeometrische Beratung	2
2. Absteckung für die Bauausführung	14
3. Bauausführungsvermessung	66
4. Vermessungstechnische Überwachung der Bauausführung	18

(2) Das Leistungsbild kann sich wie folgt zusammensetzen:

Grundleistungen	Besondere Leistungen
1. Baugeometrische Beratung Beraten bei der Planung, insbesondere im Hinblick auf die erforderlichen Genauigkeiten Erstellen eines konzeptionellen Messprogramms Festlegen eines für alle Beteiligten verbindlichen Maß-, Bezugs- und Benennungssystems Erstellen von Messprogrammen für Bewegungs- und Deformationsmessungen, einschließlich Vorgaben für die Baustelleneinrichtung	Erstellen von vermessungstechnischen Leistungsbeschreibungen Erarbeiten von Organisationsvorschlägen über Zuständigkeiten, Verantwortlichkeit und Schnittstellen der Objektvermessung

Grundleistungen	Besondere Leistungen

2. **Absteckung für Bauausführung**
Übertragen der Projektgeometrie (Hauptpunkte) in die Örtlichkeit
Übergabe der Lage- und Höhenfestpunkte, der Hauptpunkte und der Absteckungsunterlagen an das bauausführende Unternehmen

3. **Bauausführungsvermessung**

Grundleistungen	Besondere Leistungen
Messungen zur Verdichtung des Lage- und Höhenfestpunktfeldes Messungen zur Überprüfung und Sicherung von Fest- und Achspunkten Baubegleitende Absteckungen der geometriebestimmenden Bauwerkspunkte nach Lage und Höhe Messungen zur Erfassung von Bewegungen und Deformationen des zu erstellenden Objekts an konstruktiv bedeutsamen Punkten (bei Wasserstraßen keine Grundleistung) Stichprobenartige Eigenüberwachungsmessungen Fortlaufende Bestandserfassung während der Bauausführung als Grundlage für den Bestandplan	Absteckungen unter Berücksichtigung von belastungs- und fertigungstechnischen Verformungen Prüfen der Maßgenauigkeit von Fertigteilen Aufmaß von Bauleistungen, soweit besondere vermessungstechnische Leistungen gegeben sind Herstellen von Bestandsplänen Ausgabe von Baustellenbestandsplänen während der Bauausführung Fortführen der vermessungstechnischen Bestandspläne nach Abschluss der Grundleistungen

4. **Vermessungstechnische Überwachung der Bauausführung**

Grundleistungen	Besondere Leistungen
Kontrollieren der Bauausführung durch stichprobenartige Messungen an Schalungen und entstehenden Bauteilen Fertigen von Messprotokollen Stichprobenartige Bewegungs- und Deformationsmessungen an konstruktiv bedeutsamen Punkten des zu erstellenden Objekts	Prüfen der Mengenermittlungen Einrichten eines geometrischen Objektinformationssystems Planen und Durchführen von langfristigen vermessungstechnischen Objektüberwachungen im Rahmen der Ausführungskontrolle baulicher Maßnahmen Vermessungen für die Abnahme von Bauleistungen, soweit besondere vermessungstechnische Anforderungen gegeben sind

(3) Die Leistungsphase 3 kann abweichend von Absatz 1 bei Gebäuden mit 45 bis 66 Prozent bewertet werden.

1.5.8 Honorare für Grundleistungen bei der Vermessung

Honorare für die unter den Punkten 1.5.4 und 1.5.7 aufgeführten Grundleistungen ab 51 129 Euro können an der folgenden Honorartafel orientiert werden:

Honorartafel zu Leistungen bei der Vermessung

Anrechen-bare Kosten Euro	Zone I von Euro	bis Zone II von Euro	Zone III von Euro	bis Zone IV von Euro	Zone V von Euro	bis Euro
51 129	2 250	2 643	3 037	3 431	3 825	4 219
100 000	3 325	3 826	4 327	4 829	5 330	5 831
150 000	4 320	4 931	5 542	6 153	6 765	7 376
200 000	5 156	5 826	6 547	7 217	7 939	8 609
250 000	5 881	6 656	7 437	8 212	8 994	9 768
300 000	6 547	7 383	8 219	9 055	9 892	10 728
350 000	7 207	8 098	9 037	9 929	10 867	11 758
400 000	7 867	8 859	9 815	10 809	11 765	12 757
450 000	8 527	9 584	10 630	11 644	12 690	13 747
500 000	9 187	10 299	11 413	12 513	13 625	14 737
750 000	11 332	12 667	14 002	15 336	16 672	18 006
1 000 000	13 525	14 977	16 532	18 086	19 642	21 196
1 500 000	17 714	19 597	21 592	23 586	25 582	27 576
2 000 000	21 894	24 217	26 652	29 086	31 522	33 956
2 500 000	26 074	28 837	31 712	34 586	37 462	40 336
3 000 000	30 254	33 457	36 772	40 086	43 402	46 716
3 500 000	34 434	38 077	41 832	45 586	49 342	53 096
4 000 000	38 614	42 697	46 892	51 086	55 282	59 476
4 500 000	42 794	47 317	51 952	56 586	61 222	65 856
5 000 000	46 974	51 937	57 012	62 086	67 162	72 236
7 500 000	67 874	75 037	82 312	89 586	96 862	104 136
10 000 000	88 672	98 137	107 612	117 086	126 562	136 036
10 225 838	90 550	100 223	109 897	119 571	129 245	138 918

Anlage 2 zu § 3 Absatz 3: Besondere Leistungen

2.1 Leistungsbild Flächennutzungsplan

Das Leistungsbild kann folgende Besonderen Leistungen umfassen:

2.1.1 Klären der Aufgabenstellung und Ermitteln des Leistungsumfangs

Ausarbeiten eines Leistungskatalogs;

2.1.2 Ermitteln der Planungsvorgaben

Geländemodelle,
Geodätische Feldarbeit,
Kartentechnische Ergänzungen,
Erstellen von pausfähigen Bestandskarten,
Erarbeiten einer Planungsgrundlage aus unterschiedlichem Kartenmaterial,
Auswerten von Luftaufnahmen,
Befragungsaktion für Primärstatistik unter Auswerten von sekundärstatistischem Material,
Strukturanalysen,
Statistische und örtliche Erhebungen sowie Bedarfsermittlungen, zum Beispiel Versorgung, Wirtschafts-, Sozial- und Baustruktur sowie soziokulturelle Struktur, soweit nicht in den Grundleistungen erfasst,
Differenzierte Erhebung des Nutzungsbestands;

2.1.3 Vorentwurf

Mitwirken an der Öffentlichkeitsarbeit des Auftraggebers einschließlich Mitwirken an Informationsschriften und öffentlichen Diskussionen sowie Erstellens der dazu notwendigen Planungsunterlagen und Schriftsätze,
Vorbereiten, Durchführen und Auswerten der Verfahren im Sinne des § 3 Absatz 1 des Baugesetzbuchs,
Vorbereiten, Durchführen und Auswerten der Verfahren im Sinne des § 3 Absatz 2 des Baugesetzbuchs,
§ Erstellen von Sitzungsvorlagen, Arbeitsheften und anderen Unterlagen,
Durchführen der Beteiligung von Behörden und Stellen, die Träger öffentlicher Belange sind und von der Planung berührt werden können;

2.1.4 Entwurf

Anfertigen von Beiplänen, zum Beispiel für Verkehr, Infrastruktureinrichtungen, Flurbereinigung sowie von Wege- und Gewässerplänen, Grundbesitzkarten und Gütekarten unter Berücksichtigung der Pläne anderer an der Planung fachlich Beteiligter,
Wesentliche Änderungen oder Neubearbeitung des Entwurfs, insbesondere nach Bedenken und Anregungen,
Ausarbeiten der Beratungsunterlagen der Gemeinde zu Bedenken und Anregungen,
Differenzierte Darstellung der Nutzung;

2.1.5 Genehmigungsfähige Planfassung

Leistungen für die Drucklegung,
Herstellen von zusätzlichen farbigen Ausfertigungen des Flächennutzungsplans,
Überarbeiten von Planzeichnungen und von dem Erläuterungsbericht nach der Genehmigung.

2.2 Leistungsbild Bebauungsplan

Das Leistungsbild kann folgende Besondere Leistungen umfassen:

2.2.1 Klären der Aufgabenstellung und Ermitteln des Leistungsumfangs

Feststellen der Art und des Umfangs weiterer notwendiger Voruntersuchungen, besonders bei Gebieten, die bereits überwiegend bebaut sind,
Stellungnahme zu Einzelvorhaben während der Planaufstellung;

2.2.2 Ermitteln der Planungsvorgaben

Geodätische Einmessung,
Primärerhebungen (Befragungen, Objektaufnahme),
Ergänzende Untersuchungen bei nicht vorhandenem Flächennutzungsplan,
Mitwirken bei der Ermittlung der Förderungsmöglichkeiten durch öffentliche Mittel,
Stadtbildanalyse;

2.2.3 Vorentwurf

Modelle;

2.2.4 Entwurf

Berechnen und Darstellen der Umweltschutzmaßnahmen;

2.2.5 Planfassung für die Anzeige oder Genehmigung

Herstellen von zusätzlichen farbigen Ausfertigungen des Bebauungsplans.

2.3 Leistungsbild Landschaftsplan

Das Leistungsbild kann folgende Besondere Leistungen umfassen:

2.3.1 Klären der Aufgabenstellung und Ermitteln des Leistungsumfangs

Antragsverfahren für Planungszuschüsse;

2.3.2 Ermitteln der Planungsvorgaben

Einzeluntersuchungen natürlicher Grundlagen,
Einzeluntersuchungen zu spezifischen Nutzungen,
Daten aus vorhandenen Unterlagen im Einzelnen ermitteln und aufbereiten,
örtliche Erhebungen, die nicht überwiegend der Kontrolle der aus Unterlagen erhobenen Daten dienen.

2.4 Leistungsbild Landschaftsrahmenplan

Das Leistungsbild kann folgende Besondere Leistungen umfassen:

2.4.1 Landschaftsanalyse

Daten aus vorhandenen Unterlagen im Einzelnen ermitteln und aufbereiten,
örtliche Erhebungen, die nicht überwiegend der Kontrolle der aus Unterlagen erhobenen Daten dienen;

2.4.2 Endgültige Planfassung

Mitwirkung bei der Einarbeitung von Zielen der Landschaftsentwicklung in Programme und Pläne im Sinne des Raumordnungsgesetzes.

2.5 Leistungsbild Pflege- und Entwicklungsplan

Das Leistungsbild kann in der Leistungsphase 2 (Ermitteln der Planungsgrundlagen) folgende Besondere Leistungen umfassen:
Flächendeckende detaillierte Vegetationskartierung,
Eingehende zoologische Erhebungen einzelner Arten oder Artengruppen.

2.6 Leistungsbild Gebäude und raumbildende Ausbauten

Das Leistungsbild kann folgende Besondere Leistungen umfassen:

2.6.1 Grundlagenermittlung

Bestandsaufnahme,
Standortanalyse,
Betriebsplanung,
Aufstellung eines Raumprogramms,
Aufstellen eines Funktionsprogramms,
Prüfen der Umwelterheblichkeit,
Prüfen der Umweltverträglichkeit;

2.6.2 Vorplanung (Projekt und Planungsvorbereitung)

Untersuchen von Lösungsmöglichkeiten nach grundsätzlich verschiedenen Anforderungen,
Ergänzen der Vorplanungsunterlagen aufgrund besonderer Anforderungen,
Aufstellen eines Finanzierungsplanes,
Aufstellen einer Bauwerks- und Betriebs-Kosten-Nutzen-Analyse,
Mitwirken bei der Kreditbeschaffung,
Durchführen der Voranfrage (Bauanfrage),
Anfertigen von Darstellungen durch besondere Techniken, wie zum Beispiel Perspektiven, Muster, Modelle,
Aufstellen eines Zeit- und Organisationsplanes,
Ergänzen der Vorplanungsunterlagen hinsichtlich besonderer Maßnahmen zur Gebäude- und Bauteiloptimierung, die über das übliche Maß der Planungsleistungen hinausgehen, zur Verringerung des Energieverbrauchs sowie der Schadstoff- und CO_2-Emissionen und zur Nutzung erneuerbarer Energien in Abstimmung mit anderen an der Planung fachlich Beteiligten. Das übliche Maß ist für Maßnahmen zur Energieeinsparung durch die Erfüllung der Anforderungen gegeben, die sich aus Rechtsvorschriften und den allgemein anerkannten Regeln der Technik ergeben;

2.6.3 Entwurfsplanung (System- und Integrationsplanung)

Analyse der Alternativen/Varianten und deren Wertung mit Kostenuntersuchung (Optimierung),
Wirtschaftlichkeitsberechnung,
Kostenberechnung durch Aufstellen von Mengengerüsten oder Bauelementkatalog,
Ausarbeitung besonderer Maßnahmen zur Gebäude- und Bauteiloptimierung, die über das übliche Maß der Planungsleistungen hinausgehen, zur Verringerung des Energieverbrauchs sowie der Schadstoff- und CO_2-Emissionen und zur Nutzung erneuerbarer Energien in Abstimmung mit anderen an der Planung fachlich Beteiligter. Das übliche Maß ist für Maßnahmen zur Energieeinsparung durch die Erfüllung der Anforderungen gegeben, die sich aus Rechtsvorschriften und den allgemein anerkannten Regeln der Technik ergeben;

2.6.4 Genehmigungsplanung

Mitwirken bei der Beschaffung der nachbarlichen Zustimmung,
Erarbeiten von Unterlagen für besondere Prüfverfahren,
Fachliche und organisatorische Unterstützung des Bauherrn im Widerspruchsverfahren, Klageverfahren oder Ähnliches,
Ändern der Genehmigungsunterlagen infolge von Umständen, die der Auftragnehmer nicht zu vertreten hat;

2.6.5 Ausführungsplanung

Aufstellen einer detaillierten Objektbeschreibung als Baubuch zur Grundlage der Leistungsbeschreibung mit Leistungsprogramm[*)],

Aufstellen einer detaillierten Objektbeschreibung als Raumbuch zur Grundlage der Leistungsbeschreibung mit Leistungsprogramm*),
Prüfen der vom bauausführenden Unternehmen aufgrund der Leistungsbeschreibung mit Leistungsprogramm ausgearbeiteten Ausführungspläne auf Übereinstimmung mit der Entwurfsplanung*),
Erarbeiten von Detailmodellen,
Prüfen und Anerkennen von Plänen Dritter, nicht an der Planung fachlich Beteiligter auf Übereinstimmung mit den Ausführungsplänen (zum Beispiel Werkstattzeichnungen von Unternehmen, Aufstellungs- und Fundamentpläne von Maschinenlieferanten), soweit die Leistungen Anlagen betreffen, die in den anrechenbaren Kosten nicht erfasst sind;

2.6.6 Vorbereitung der Vergabe

Aufstellen der Leistungsbeschreibungen mit Leistungsprogramm unter Bezug auf Baubuch/Raumbuch*),
Aufstellen von alternativen Leistungsbeschreibungen für geschlossene Leistungsbereiche,
Aufstellen von vergleichenden Kostenübersichten unter Auswertung der Beiträge anderer an der Planung fachlich Beteiligter;

2.6.7 Mitwirkung bei der Vergabe

Prüfen und Werten der Angebote aus Leistungsbeschreibung mit Leistungsprogramm einschließlich Preisspiegel*),
Aufstellen, Prüfen und Werten von Preisspiegeln nach besonderen Anforderungen;

2.6.8 Objektüberwachung (Bauüberwachung)

Aufstellen, Überwachen und Fortschreiben eines Zahlungsplanes,
Aufstellen, Überwachen und Fortschreiben von differenzierten Zeit-, Kosten- oder Kapazitätsplänen,
Tätigkeit als verantwortlicher Bauleiter, soweit diese Tätigkeit nach jeweiligem Landesrecht über die Grundleistungen der Leistungsphase 8 hinausgeht;

2.6.9 Objektbetreuung und Dokumentation

Erstellen von Bestandsplänen,
Aufstellen von Ausrüstungs- und Inventarverzeichnissen,
Erstellen von Wartungs- und Pflegeanweisungen,
Objektbeobachtung,
Objektverwaltung,
Baubegehungen nach Übergabe,
Überwachen der Wartungs- und Pflegeleistungen,
Aufbereiten des Zahlungsmaterials für eine Objektdatei,
Ermittlung und Kostenfeststellung zu Kostenrichtwerten,
Überprüfen der Bauwerks- und Betriebs-Kosten-Nutzen-Analyse;

2.6.10 Besondere Leistungen bei Umbauten und Modernisierungen

Maßliches, technisches und verformungsgerechtes Aufmaß,
Schadenskartierung,
Ermitteln von Schadensursachen,
Planen und Überwachen von Maßnahmen zum Schutz von vorhandener Substanz,
Organisation von und Mitwirkung an Betreuungsmaßnahmen für Nutzer und andere Planungsbetroffene,
Wirkungskontrollen von Planungsansatz und Maßnahmen im Hinblick auf die Nutzer, beispielsweise durch Befragen.

*) Diese Besondere Leistung wird bei Leistungsbeschreibung mit Leistungsprogramm ganz oder teilweise Grundleistung. In diesem Fall entfallen die entsprechenden Grundleistungen dieser Leistungsphase, soweit die Leistungsbeschreibung mit Leistungsprogramm angewandt wird.

2.7 Leistungsbild Freianlagen

Das Leistungsbild kann die zu Punkt 2.6 aufgeführten Besonderen Leistungen umfassen.

2.8 Leistungsbild Ingenieurbauwerke

Das Leistungsbild kann folgende Besonderen Leistungen umfassen:

2.8.1 Grundlagenermittlung

Auswahl und Besichtigen ähnlicher Objekte,
Ermitteln besonderer, in den Normen nicht festgelegter Belastungen;

2.8.2 Vorplanung (Projekt- und Planungsvorbereitung)

Anfertigen von Nutzen-Kosten-Untersuchungen,
Anfertigen von topografischen und hydrologischen Unterlagen,
Genaue Berechnung besonderer Bauteile,
Koordinieren und Darstellen der Ausrüstung und Leitungen bei Gleisanlagen;

2.8.3 Entwurfsplanung

Beschaffen von Auszügen aus Grundbuch, Kataster und anderen amtlichen Unterlagen,
Fortschreiben von Nutzen-Kosten-Untersuchungen,
Signaltechnische Berechnung,
Mitwirken bei Verwaltungsvereinbarungen;

2.8.4 Genehmigungsplanung

Mitwirken beim Beschaffen der Zustimmung von Betroffenen,
Herstellen der Unterlagen für Verbandsgründungen;

2.8.5 Ausführungsplanung

Aufstellen von Ablauf- und Netzplänen,
Planen von Anlagen der Verfahrens- und Prozesstechnik für Ingenieurbauwerke gemäß § 40 Nummer 1 bis 3 und 5, die dem Auftragnehmer übertragen werden, der auch die Grundleistungen für die jeweiligen Ingenieurbauwerke erbringt,
Erstellen von Ausführungszeichnungen für Ingenieurbauwerke nach § 40 Nummer 1 bis 3 und 5, die einen überdurchschnittlichen Aufwand erfordern und die bei Auftragserteilung abweichend von § 42 Absatz 1 Nummer 5 mit mehr als 15 bis zu 35 Prozent schriftlich vereinbart werden können;

2.8.6 Mitwirkung bei der Vergabe

Prüfen und Werten von Nebenangeboten und Änderungsvorschlägen mit grundlegend anderen Konstruktionen im Hinblick auf die technische und funktionelle Durchführbarkeit;

2.8.7 Objektbetreuung und Dokumentation

Erstellen eines Bauwerksbuchs;

2.8.8 Örtliche Bauüberwachung

Überwachen der Ausführung des Objekts auf Übereinstimmung mit den zur Ausführung genehmigten Unterlagen, dem Bauvertrag sowie den allgemein anerkannten Regeln der Technik und den einschlägigen Vorschriften,
Hauptachsen für das Objekt von objektnahen Festpunkten abstecken sowie Höhenfestpunkte im Objektbereich herstellen, soweit die Leistungen nicht mit besonderen instrumentellen und vermessungstechnischen Verfahrensanforderungen erbracht werden müssen,
Baugelände örtlich kennzeichnen,
Führen eines Bautagebuchs,
Gemeinsames Aufmaß mit den ausführenden Unternehmen,
Mitwirken bei der Abnahme von Leistungen und Lieferungen,
Rechnungsprüfung,
Mitwirken bei behördlichen Abnahmen,
Mitwirken beim Überwachen der Prüfung der Funktionsfähigkeit der Anlagenteile der Gesamtanlage,
Überwachen der Beseitigung der bei der Leistung festgestellten Mängel,
bei Objekten nach § 40: Überwachen der Ausführung von Tragwerken nach § 50 Absatz 2 Nummer 1 und 2 auf Übereinstimmung mit dem Standsicherheitsnachweis;

2.8.9 Besondere Leistungen bei Umbauten und Modernisierungen von Ingenieurbauwerken und Verkehrsanlagen mit geringen Kosten für Erdarbeiten einschließlich Felsarbeiten mit gebundener Gradiente oder bei schwieriger Anpassung an vorhandene Randbebauung

- Ermitteln substanzbezogener Daten und Vorschriften,
- Untersuchen und Abwickeln der notwendigen Sicherungsmaßnahmen von Bau- und Betriebszuständen,
- Örtliches Überprüfen von Planungsdetails an der vorgefundenen Substanz und Überarbeiten der Planung bei Abweichen von den ursprünglichen Feststellungen,
- Erarbeiten eines Vorschlags zur Behebung von Schäden oder Mängeln.

2.9 Leistungsbild Verkehrsanlagen

Das Leistungsbild kann die zu Punkt 2.8 aufgeführten Besonderen Leistungen umfassen.

2.10 Leistungsbild Tragwerksplanung

Das Leistungsbild kann folgende Besondere Leistungen umfassen:

2.10.1 Vorplanung (Projekt- und Planungsvorbereitung)

Aufstellen von Vergleichsberechnungen für mehrere Lösungsmöglichkeiten unter verschiedenen Objektbedingungen,
Aufstellen eines Lastenplanes, zum Beispiel als Grundlage für die Baugrundbeurteilung und Gründungsberatung,
Vorläufige nachprüfbare Berechnung wesentlicher tragender Teile,
Vorläufig nachprüfbare Berechnung der Gründung;

2.10.2 Entwurfsplanung (System- und Integrationsplanung)

Vorgezogene, prüfbare und für die Ausführung geeignete Berechnung wesentlich tragender Teile,
Vorgezogene, prüfbare und für die Ausführung geeignete Berechnung der Gründung,
Mehraufwand bei Sonderbauweisen oder Sonderkonstruktionen, zum Beispiel Klären von Konstruktionsdetails,
Vorgezogene Stahl- oder Holzmengenermittlung des Tragwerks und der kraftübertragenden Verbindungsteile für eine Ausschreibung, die ohne Vorliegen von Ausführungsunterlagen durchgeführt wird,
Nachweise der Erdbebensicherung;

2.10.3 Genehmigungsplanung

Bauphysikalische Nachweise zum Brandschutz,
Statische Berechnung und zeichnerische Darstellung für Bergschadenssicherungen und Bauzustände, soweit diese Leistungen über das Erfassen von normalen Bauzuständen hinausgehen,
Zeichnungen mit statischen Positionen und den Tragwerksabmessungen, den Bewehrungs-Querschnitten, den Verkehrslasten und der Art und Güte der Baustoffe sowie Besonderheiten der Konstruktionen zur Vorlage bei der bauaufsichtlichen Prüfung anstelle von Positionsplänen,
Aufstellen der Berechnungen nach militärischen Lastenklassen (MLC),
Erfassen von Bauzuständen bei Ingenieurbauwerken, in denen das statische System von dem des Endzustands abweicht;

2.10.4 Ausführungsplanung

Werkstattzeichnungen im Stahl- und Holzbau einschließlich Stücklisten, Elementpläne für Stahlbetonfertigteile einschließlich Stahl- und Stücklisten,
Berechnen der Dehnwege, Festlegen des Spannvorganges und Erstellen der Spannprotokolle im Spannbetonbau,

Wesentliche Leistungen, die infolge Änderungen der Planung, die vom Auftragnehmer nicht zu vertreten sind, erforderlich werden,
Rohbauzeichnungen im Stahlbetonbau, die auf der Baustelle nicht der Ergänzung durch die Pläne des Objektplaners bedürfen;

2.10.5 Vorbereitung der Vergabe

Beitrag zur Leistungsbeschreibung mit Leistungsprogramm des Objektplaners[*],
Beitrag zum Aufstellen von vergleichenden Kostenübersichten des Objektplaners,
Aufstellen des Leistungsverzeichnisses des Tragwerks;

2.10.6 Mitwirkung bei der Vergabe

Mitwirken bei der Prüfung und Wertung der Angebote Leistungsbeschreibung mit Leistungsprogramm,
Mitwirken bei der Prüfung und Wertung von Nebenangeboten,
Beitrag zum Kostenanschlag nach DIN 276 aus Einheitspreisen oder Pauschalangeboten;

2.10.7 Objektüberwachung (Bauüberwachung)

Ingenieurtechnische Kontrolle der Ausführung des Tragwerks auf Übereinstimmung mit den geprüften statischen Unterlagen,
Ingenieurtechnische Kontrolle der Bauhelfe, zum Beispiel Arbeits- und Lehrgerüste, Kranbahnen, Baugrubensicherungen,
Kontrolle der Betonherstellung und -verarbeitung auf der Baustelle in besonderen Fällen sowie statische Auswertung der Güteprüfungen,
Betontechnologische Beratung;

2.10.8 Objektbetreuung und Dokumentation

Baubegehung zur Feststellung und Überwachung von die Standsicherheit betreffenden Einflüssen;

2.10.9 Besondere Leistungen bei Umbauten und Modernisierungen

Mitwirken bei der Überwachung der Ausführung der Tragwerkseingriffe.

[*] Diese Besondere Leistung wird bei Leistungsbeschreibung mit Leistungsprogramm Grundleistung. In diesem Fall entfallen die Grundleistungen dieser Leistungsphase.

2.11 Leistungsbild Technische Ausrüstung

Das Leistungsbild kann folgende Besonderen Leistungen umfassen:

2.11.1 Grundlagenermittlung

Systemanalyse (Klären der möglichen Systeme nach Nutzen, Aufwand, Wirtschaftlichkeit und Durchführbarkeit und Umweltverträglichkeit),
Datenerfassung, Analysen und Optimierungsprozesse für energiesparendes und umweltverträgliches Bauen;

2.11.2 Vorplanung

Durchführen von Versuchen und Modellversuchen,
Untersuchung zur Gebäude- und Anlagenoptimierung hinsichtlich Energieverbrauch und Schadstoffemission (z.B. SO_2, NO_x),
Erarbeiten optimierter Energiekonzepte;

2.11.3 Entwurfsplanung

Erarbeiten von Daten für die Planung Dritter, zum Beispiel für die Zentrale Leittechnik,
Detaillierter Wirtschaftlichkeitsnachweis,
Detaillierter Vergleich von Schadstoffemissionen,
Betriebskostenberechnungen,
Schadstoffemissionsberechnungen,
Erstellen des technischen Teils eines Raumbuchs als Beitrag zur Leistungsbeschreibung mit Leistungsprogramm des Objektplaners;

2.11.4 Ausführungsplanung

Prüfen und Anerkennen von Schalplänen des Tragwerksplaners und von Montage- und Werkstattzeichnungen auf Übereinstimmung mit der Planung,
Anfertigen von Plänen für Anschlüsse von beigestellten Betriebsmitteln und Maschinen,
Anfertigen von Stromlaufplänen;

2.11.5. Vorbereitung der Vergabe

Anfertigen von Ausschreibungszeichnungen bei Leistungsbeschreibung mit Leistungsprogramm;

2.11.6 Objektüberwachung (Bauüberwachung)

Durchführen von Leistungs- und Funktionsmessungen,
Ausbilden und Einweisen von Bedienungspersonal,
Überwachen und Detailkorrektur beim Hersteller,
Aufstellen, Fortschreiben und Überwachen von Ablaufplänen (Netzplantechnik für EDV);

2.11.7 Objektbetreuung und Dokumentation

Erarbeiten der Wartungsplanung und -organisation,
Ingenieurtechnische Kontrolle des Energieverbrauchs und der Schadstoffemission;

2.11.8 Besondere Leistungen bei Umbauten und Modernisierungen

Durchführen von Verbrauchsmessungen,
Endoskopische Untersuchungen.

Anlage 3 zu § 5 Absatz 4 Satz 2: Objektlisten

3.1 Gebäude

Nachstehende Gebäude werden in der Regel folgenden Honorarzonen zugeordnet:

3.1.1 Honorarzone I

Schlaf- und Unterkunftsbaracken und andere Behelfsbauten für vorübergehende Nutzung,
Pausenhallen, Spielhallen, Liege- und Wandelhallen, Einstellhallen, Verbindungsgänge, Feldscheunen und andere einfache landwirtschaftliche Gebäude,
Tribünenbauten, Wetterschutzhäuser;

3.1.2 Honorarzone II

Einfache Wohnbauten mit gemeinschaftlichen Sanitär- und Kücheneinrichtungen,
Garagenbauten, Parkhäuser, Gewächshäuser,
geschlossene, eingeschossige Hallen und Gebäude als selbständige Bauaufgabe, Kassengebäude, Bootshäuser,
einfache Werkstätten ohne Kranbahnen,
Verkaufslager, Unfall- und Sanitätswachen,
Musikpavillons;

3.1.3 Honorarzone III

Wohnhäuser, Wohnheime und Heime mit durchschnittlicher Ausstattung,
Kinderhorte, Kindergärten, Gemeinschaftsunterkünfte, Jugendherbergen, Grundschulen, Jugendfreizeitstätten, Jugendzentren, Bürgerhäuser, Studentenhäuser, Altentagesstätten und andere Betreuungseinrichtungen,
Fertigungsgebäude der metallverarbeitenden Industrie, Druckereien, Kühlhäuser, Werkstätten, geschlossene Hallen und landwirtschaftliche Gebäude, soweit nicht in Honorarzone I, II oder IV erwähnt, Parkhäuser mit integrierten weiteren Nutzungsarten,
Bürobauten mit durchschnittlicher Ausstattung, Ladenbauten, Einkaufszentren, Märkte und Großmärkte, Messehallen, Gaststätten, Kantinen, Mensen, Wirtschaftsgebäude, Feuerwachen, Rettungsstationen, Ambulatorien, Pflegeheime ohne medizinisch-technische Ausrüstung, Hilfskrankenhäuser,
Ausstellungsgebäude, Lichtspielhäuser,
Turn- und Sportgebäude sowie -anlagen, soweit nicht in Honorarzone II oder IV erwähnt;

3.1.4 Honorarzone IV

Wohnungshäuser mit überdurchschnittlicher Ausstattung, Terrassen- und Hügelhäuser, planungsaufwendige Einfamilienhäuser mit entsprechendem Ausbau und Hausgruppen in planungsaufwendiger verdichteter Bauweise auf kleineren Grundstücken, Heime mit zusätzlichen medizinisch-technischen Einrichtungen,
Zentralwerkstätten, Brauereien, Produktionsgebäude der Automobilindustrie, Kraftwerksgebäude,

Schulen, ausgenommen Grundschulen; Bildungszentren, Volkshochschulen, Fachhochschulen, Hochschulen, Universitäten, Akademien, Hörsaalgebäude, Laborgebäude, Bibliotheken und Archive, Institutsgebäude für Lehre und Forschung, soweit nicht in Honorarzone V erwähnt,
landwirtschaftliche Gebäude mit überdurchschnittlicher Ausstattung, Großküchen, Hotels, Banken, Kaufhäuser, Rathäuser, Parlaments- und Gerichtsgebäude sowie sonstige Gebäude für die Verwaltung mit überdurchschnittlicher Ausstattung,
Krankenhäuser der Versorgungsstufen I und II, Fachkrankenhäuser, Krankenhäuser besonderer Zweckbestimmung, Therapie- und Rehabilitationseinrichtungen, Gebäude für Erholung, Kur und Genesung,
Kirchen, Konzerthallen, Museen, Studiobühnen, Mehrzweckhallen für religiöse, kulturelle oder sportliche Zwecke,
Hallenschwimmbäder, Sportleistungszentren, Großsportstätten;

3.1.5 Honorarzone V

Krankenhäuser der Versorgungsstufe III, Universitätskliniken,
Stahlwerksgebäude, Sintergebäude, Kokereien,
Studios für Rundfunk, Fernsehen und Theater, Konzertgebäude, Theaterbauten, Kulissengebäude, Gebäude für die wissenschaftliche Forschung (experimentelle Fachrichtungen).

3.2 Freianlagen

Nachstehende Freianlagen werden in der Regel folgenden Honorarzonen zugeordnet:

3.2.1 Honorarzone I

Geländegestaltungen mit Einsaaten in der freien Landschaft,
Windschutzpflanzungen,
Spielwiesen, Ski- und Rodelhänge ohne technische Einrichtungen;

3.2.2 Honorarzone II

Freiflächen mit einfachem Ausbau bei kleineren Siedlungen, bei Einzelbauwerken und bei landwirtschaftlichen Aussiedlungen,
Begleitgrün an Verkehrsanlagen, soweit nicht in Honorarzone I oder III erwähnt, Grünverbindungen ohne besondere Ausstattung; Ballspielplätze (Bolzplätze), Ski- und Rodelhänge mit technischen Einrichtungen; Sportplätze ohne Laufbahnen oder ohne sonstige technische Einrichtungen,
Geländegestaltungen und Pflanzungen für Deponien, Halden und Entnahmestellen,
Pflanzungen in der freien Landschaft, soweit nicht in Honorarzone I erwähnt, Ortsrandeingrünungen;

3.2.3 Honorarzone III

Freiflächen bei privaten und öffentlichen Bauwerken, soweit nicht in Honorarzonen II, IV oder V erwähnt,

Begleitgrün an Verkehrsanlagen mit erhöhten Anforderungen an Schutz, Pflege und Entwicklung von Natur und Landschaft,
Flächen für den Arten- und Biotopschutz, soweit nicht in Honorarzone IV oder V erwähnt,
Ehrenfriedhöfe, Ehrenmale; Kombinationsspielfelder, Sportanlagen Typ D und andere Sportanlagen, soweit nicht in Honorarzone II oder IV erwähnt,
Camping-, Zelt- und Badeplätze, Kleingartenanlagen;

3.2.4 Honorarzone IV

Freiflächen mit besonderen topografischen oder räumlichen Verhältnissen bei privaten und öffentlichen Bauwerken,
innerörtliche Grünzüge, Oberflächengestaltungen und Pflanzungen für Fußgängerbereiche; extensive Dachbegrünungen,
Flächen für den Arten- und Biotopschutz mit differenzierten Gestaltungsansprüchen oder mit Biotopverbundfunktionen,
Sportanlagen Typ A bis C, Spielplätze, Sportstadien, Freibäder, Golfplätze,
Friedhöfe, Parkanlagen, Freilichtbühnen, Schulgärten, naturkundliche Lehrpfade und -gebiete;

3.2.5 Honorarzone V

Hausgärten und Gartenfriedhöfe für hohe Repräsentationsansprüche, Terrassen- und Dachgärten, intensive Dachbegrünungen,
Freiflächen im Zusammenhang mit historischen Anlagen; historische Parkanlagen, Gärten und Plätze,
botanische und zoologische Gärten,
Freiflächen mit besonderer Ausstattung für hohe Benutzungsansprüche, Garten- und Hallenschauen.

3.3 Raumbildende Ausbauten

Nachstehende raumbildende Ausbauten werden in der Regel folgenden Honorarzonen zugeordnet:

3.3.1 Honorarzone I

Innere Verkehrsflächen, offene Pausen-, Spiel- und Liegehallen, einfachste Innenräume für vorübergehende Nutzung;

3.3.2 Honorarzone II

Einfache Wohn-, Aufenthalts- und Büroräume, Werkstätten, Verkaufslager, Nebenräume in Sportanlagen, einfache Verkaufskioske,
Innenräume, die unter Verwendung von serienmäßig hergestellten Möbeln und Ausstattungsgegenständen einfacher Qualität gestaltet werden;

3.3.3 Honorarzone III

Aufenthalts-, Büro-, Freizeit-, Gaststätten-, Gruppen-, Wohn-, Sozial-, Versammlungs- und Verkaufsräume, Kantinen sowie Hotel-, Kranken-, Klassenzimmer und Bäder mit durchschnittlichem Ausbau, durchschnittlicher Ausstattung oder durchschnittlicher technischer Einrichtung,
Messestände bei Verwendung von System- oder Modulbauteilen,
Innenräume mit durchschnittlicher Gestaltung, die zum überwiegenden Teil unter Verwendung von serienmäßig hergestellten Möbeln und Ausstattungsgegenständen gestaltet werden;

3.3.4 Honorarzone IV

Wohn-, Aufenthalts-, Behandlungs-, Verkaufs-, Arbeits-, Bibliotheks-, Sitzungs-, Gesellschafts-, Gaststätten-, Vortragsräume, Hörsäle, Ausstellungen, Messestände, Fachgeschäfte, soweit nicht in Honorarzone II oder III erwähnt,
Empfangs- und Schalterhallen mit überdurchschnittlichem Ausbau, gehobener Ausstattung oder überdurchschnittlichen technischen Einrichtungen, z. B. in Krankenhäusern, Hotels, Banken, Kaufhäusern, Einkaufszentren oder Rathäusern,
Parlaments- und Gerichtssäle, Mehrzweckhallen für religiöse, kulturelle oder sportliche Zwecke,
raumbildende Ausbauten von Schwimmbädern und Wirtschaftsküchen,
Kirchen,
Innenräume mit überdurchschnittlicher Gestaltung unter Mitverwendung von serienmäßig hergestellten Möbeln und Ausstattungsgegenstände gehobener Qualität;

3.3.5 Honorarzone V

Konzert- und Theatersäle, Studioräume für Rundfunk, Fernsehen und Theater,
Geschäfts- und Versammlungsräume mit anspruchsvollem Ausbau, aufwendiger Ausstattung oder sehr hohen technischen Ansprüchen,
Innenräume der Repräsentationsbereiche mit anspruchsvollem Ausbau, aufwendiger Ausstattung oder mit besonderen Anforderungen an die technischen Einrichtungen.

3.4 Ingenieurbauwerke

Nachstehende Ingenieurbauwerke werden in der Regel folgenden Honorarzonen zugeordnet:

3.4.1 Honorarzone I

- Zisternen, Leitungen über Wasser ohne Zwangspunkte,
- Leitungen für Abwasser ohne Zwangspunkte,
- Einzelgewässer mit gleichförmigem ungegliederten Querschnitt ohne Zwangspunkte, ausgenommen Einzelgewässer mit überwiegend ökologischen und landschaftsgestalterischen Elementen,
  Teiche bis 3 m Dammhöhe über Sohle ohne Hochwasserentlastung, ausgenommen Teiche ohne Dämme; Bootsanlegestellen an stehenden Gewässern,
  einfache Deich- und Dammbauten; einfacher, insbesondere flächenhafter Erdbau, ausgenommen flächenhafter Erdbau zur Geländegestaltung,

- Transportleitungen für wassergefährdende Flüssigkeiten und Gase ohne Zwangspunkte, handelsübliche Fertigbehälter für Tankanlagen,
- Zwischenlager, Sammelstellen und Umladestationen offener Bauart für Abfälle oder Wertstoffe ohne Zusatzeinrichtungen,
- Stege, soweit Leistungen nach Teil 4 Abschnitt 1 erforderlich sind, einfache Durchlässe und Uferbefestigungen, ausgenommen einfache Durchlässe und Uferbefestigungen als Mittel zur Geländegestaltung, soweit keine Leistungen nach Teil 4 Abschnitt 1 erforderlich sind,
  einfache Ufermauern; Lärmschutzwälle, ausgenommen Lärmschutzwälle als Mittel zur Geländegestaltung; Stützbauwerke und Geländeabstützungen ohne Verkehrsbelastung als Mittel zur Geländegestaltung, soweit Leistungen nach § 50 Absatz 2 Nummer 3 bis 5 erforderlich sind,
- einfache gemauerte Schornsteine, einfache Maste und Türme ohne Aufbauten, Versorgungsbauwerke und Schutzrohre in sehr einfachen Fällen ohne Zwangspunkte;

3.4.2 Honorarzone II

- einfache Anlagen zur Gewinnung und Förderung von Wasser, z. B. Quellfassungen, Schachtbrunnen,
  einfache Anlagen zur Speicherung von Wasser, z. B. Behälter in Fertigbauweise, Feuerlöschbecken,
  Leitungen für Wasser mit geringen Verknüpfungen und wenigen Zwangspunkten, einfache Leitungsnetze für Wasser,
- industriell systematisierte Abwasserbehandlungsanlagen, Schlammabsetzanlagen, Schlammpolder, Erdbecken als Regenrückhaltebecken, Leitungen für Abwasser mit geringen Verknüpfungen und wenigen Zwangspunkten, einfache Leitungsnetze für Abwasser,
- einfache Pumpanlagen, Pumpwerke und Schöpfwerke,
  einfache feste Wehre, Düker mit wenigen Zwangspunkten, Einzelgewässer mit gleichförmigem gegliedertem Querschnitt und einigen Zwangspunkten,
  Teiche mit mehr als 3 m Dammhöhe über Sohle ohne Hochwasserentlastung, Teiche bis 3 m Dammhöhe über Sohle mit Hochwasserentlastung,
  Ufer- und Sohlensicherung an Wasserstraßen, einfache Schiffsanlege-, -lösch- und -ladestellen, Bootsanlegestellen an fließenden Gewässern, Deich- und Dammbauten, soweit nicht in Honorarzone I, III oder IV erwähnt,
  Berieselung und rohrlose Dränung, flächenhafter Erdbau mit unterschiedlichen Schütthöhen oder Materialien,
- Transportleitungen für wassergefährdende Flüssigkeiten und Gase mit geringen Verknüpfungen und wenigen Zwangspunkten, industriell vorgefertigte einstufige Leichtflüssigkeitsabscheider,
- Zwischenlager, Sammelstellen und Umladestationen offener Bauart für Abfälle oder Wertstoffe mit einfachen Zusatzeinrichtungen,
  einfache-, einstufige Aufbereitungsanlagen für Wertstoffe, einfache Bauschuttaufbereitungsanlagen,
  Pflanzenabfall-Kompostierungsanlagen und Bauschuttdeponien ohne besondere Einrichtungen,
- gerade Einfeldbrücken einfacher Bauart, Durchlässe, soweit nicht in Honorarzone I erwähnt,
  Stützbauwerke mit Verkehrsbelastungen, einfache Kaimauern und Piers, Schmalwände,

Uferspundwände und Ufermauern, soweit nicht in Honorarzone I oder III erwähnt, einfache Lärmschutzanlagen, soweit Leistungen nach Teil 4 Abschnitt 1 oder nach Punkt 1.4 erforderlich sind,
- einfache Schornsteine, soweit nicht in Honorarzone I erwähnt,
Maste und Türme ohne Aufbauten, soweit nicht in Honorarzone I erwähnt, Versorgungsbauwerke und Schutzrohre mit zugehörigen Schächten für Versorgungssysteme mit wenigen Zwangspunkten,
flach gegründete, einzeln stehende Silos ohne Anbauten,
einfache Werft-, Aufschlepp- und Helgenanlagen;

3.4.3 Honorarzone III

- Tiefbrunnen, Speicherbehälter,
einfache Wasseraufbereitungsanlagen und Anlagen mit mechanischen Verfahren,
Leitungen für Wasser mit zahlreichen Verknüpfungen und mehreren Zwangspunkten,
Leitungsnetze mit mehreren Verknüpfungen und zahlreichen Zwangspunkten und mit einer Druckzone,
- Abwasserbehandlungsanlagen mit gemeinsamer aerober Stabilisierung, Schlammabsetzanlagen mit mechanischen Einrichtungen,
Leitungen für Abwasser mit zahlreichen Verknüpfungen und zahlreichen Zwangspunkten,
Leitungsnetze für Abwasser mit mehreren Verknüpfungen und mehreren Zwangspunkten,
- Pump- und Schöpfwerke, soweit nicht in Honorarzone II oder IV erwähnt,
Kleinwasserkraftanlagen,
feste Wehre, soweit nicht in Honorarzone II erwähnt,
einfache bewegliche Wehre, Düker, soweit nicht in Honorarzone II oder IV erwähnt,
Einzelgewässer mit ungleichförmigem ungegliedertem Querschnitt und einigen Zwangspunkten, Gewässersysteme mit einigen Zwangspunkten, Hochwasserrückhaltebecken und Talsperren bis 5 m Dammhöhe über Sohle oder bis 100 000 m^3 Speicherraum, Schifffahrtskanäle, Schiffsanlege-, -lösch- und -ladestellen, Häfen, schwierige Deich- und Dammbauten,
Siele, einfache Sperrwerke, Sperrtore, einfache Schiffsschleusen, Bootsschleusen, Regenbecken und Kanalstauräume mit geringen Verknüpfungen und wenigen Zwangspunkten, Beregnung und Rohrdränung,
- Transportleitungen für wassergefährdende Flüssigkeiten und Gase mit geringen Verknüpfungen und wenigen Zwangspunkten,
Anlagen zur Lagerung wassergefährdender Flüssigkeiten in einfachen Fällen, Pumpzentralen für Tankanlagen in Ortbetonbauweise,
einstufige Leichtflüssigkeitsabscheider, soweit nicht in Honorarzone II erwähnt,
Leerrohrnetze mit wenigen Verknüpfungen,
- Zwischenlager, Sammelstellen und Umladestationen für Abfälle oder Wertstoffe, soweit nicht in Honorarzone I oder II erwähnt,
Aufbereitungsanlagen für Wertstoffe, soweit nicht in Honorarzone II oder IV erwähnt,
Bauschuttaufbereitungsanlagen, soweit nicht in Honorarzone II erwähnt,
Biomüll-Kompostierungsanlagen,
Pflanzenabfall-Kompostierungsanlagen, soweit nicht in Honorarzone II erwähnt,
Bauschuttdeponien, soweit nicht in Honorarzone II erwähnt,
Hausmüll- und Monodeponien, soweit nicht in Honorarzone IV erwähnt.

Abdichtung von Altablagerungen und kontaminierten Standorten, soweit nicht in Honorarzone IV erwähnt,
- Einfeldbrücken, soweit nicht in Honorarzone II oder IV erwähnt,
einfache Mehrfeld- und Bogenbrücken, Stützbauwerke mit Verankerungen, Kaimauern und Piers, soweit nicht in Honorarzone II oder IV erwähnt,
Schlitz- und Bohrpfahlwände, Trägerbohlwände, schwierige Uferspundwände und Ufermauern,
Lärmschutzanlagen, soweit nicht in Honorarzone II oder IV erwähnt und soweit Leistungen nach Teil 4 Abschnitt 1 oder Punkt 1.4 erforderlich sind,
einfache Tunnel- und Trogbauwerke,
- Schornsteine mittlerer Schwierigkeit, Maste und Türme mit Aufbauten, einfache Kühltürme,
Versorgungsbauwerke mit zugehörigen Schächten für Versorgungssysteme unter beengten Verhältnissen,
einzeln stehende Silos mit einfachen Anbauten,
Werft-, Aufschlepp- und Helgenanlagen, soweit nicht in Honorarzone II oder IV erwähnt,
einfache Docks,
einfache selbständige Tiefgaragen,
einfache Schacht- und Kavernenbauwerke, einfache Stollenbauten, schwierige Bauwerke für Heizungsanlagen in Ortbetonbauweise, einfache Untergrundbahnhöfe;

3.4.4 Honorarzone IV

- Brunnengalerien und Horizontalbrunnen, Speicherbehälter in Turmbauweise, Wasseraufbereitungsanlagen mit physikalischen und chemischen Verfahren, einfache Grundwasserdekontaminierungsanlagen,
Leitungsnetze für Wasser mit zahlreichen Verknüpfungen und zahlreichen Zwangspunkten,
- Abwasserbehandlungsanlagen, soweit nicht in Honorarzone II, III oder V erwähnt, Schlammbehandlungsanlagen; Leitungsnetze für Abwasser mit zahlreichen Zwangspunkten,
- schwierige Pump- und Schöpfwerke,
Druckerhöhungsanlagen, Wasserkraftanlagen, bewegliche Wehre soweit nicht in Honorarzone III erwähnt,
mehrfunktionale Düker, Einzelgewässer mit ungleichförmigem gegliedertem Querschnitt und vielen Zwangspunkten, Gewässersysteme mit vielen Zwangspunkten, besonders schwieriger Gewässerausbau mit sehr hohen technischen Anforderungen und ökologischen Ausgleichsmaßnahmen,
Hochwasserrückhaltebecken und Talsperren mit mehr als 100 000 m^3 und weniger als 5 000 000 m^3 Speicherraum,
Schiffsanlege-, -lösch- und -ladestellen bei Tide- oder Hochwasserbeeinflussung, Schiffsschleusen, Häfen bei Tide- und Hochwasserbeeinflussung,
besonders schwierige Deich- und Dammbauten,
Sperrwerke, soweit nicht in Honorarzone III erwähnt,
Regenbecken und Kanalstauräume mit zahlreichen Verknüpfungen und zahlreichen Zwangspunkten,
kombinierte Regenwasserbewirtschaftungsanlagen,
Beregnung und Rohrdränung bei ungleichmäßigen Boden- und schwierigen Geländeverhältnissen,

- Transportleitungen für wassergefährdende Flüssigkeiten und Gase mit zahlreichen Verknüpfungen und zahlreichen Zwangspunkten, mehrstufige Leichtflüssigkeitsabscheider; Leerrohrnetze mit zahlreichen Verknüpfungen,
- mehrstufige Aufbereitungsanlagen für Wertstoffe, Kompostwerke, Anlagen zur Konditionierung von Sonderabfällen, Hausmülldeponien und Monodeponien mit schwierigen technischen Anforderungen, Sonderabfalldeponien, Anlagen für Untertagedeponien, Behälterdeponien, Abdichtung von Altablagerungen und kontaminierten Standorten mit schwierigen technischen Anforderungen, Anlagen zur Behandlung kontaminierter Böden,
- schwierige Einfeld-, Mehrfeld- und Bogenbrücken, Schwierige Kaimauern und Piers, Lärmschutzanlagen in schwieriger städtebaulicher Situation, soweit Leistungen nach Teil 4 Abschnitt 1 oder Punkt 1.4 erforderlich sind, schwierige Tunnel- und Trogbauwerke,
- schwierige Schornsteine, Maste und Türme mit Aufbauten und Betriebsgeschoss, Kühltürme, soweit nicht in Honorarzone III oder V erwähnt, Versorgungskanäle mit zugehörigen Schächten in schwierigen Fällen für mehrere Medien, Silos mit zusammengefügten Zellenblöcken und Anbauten, schwierige Werft-, Aufschlepp- und Helgenanlagen, schwierige Docks, selbständige Tiefgaragen, soweit nicht in Honorarzone III erwähnt, schwierige Schacht- und Kavernenbauwerke, schwierige Stollenbauten, schwierige Untergrundbahnhöfe, soweit nicht in Honorarzone V erwähnt.

3.4.5 Honorarzone V

- Bauwerke und Anlagen mehrstufiger oder kombinierter Verfahren der Wasseraufbereitung; komplexe Grundwasserdekontaminierungsanlagen,
- schwierige Abwasserbehandlungsanlagen, Bauwerke und Anlagen für mehrstufige oder kombinierte Verfahren der Schlammbehandlung,
- schwierige Wasserkraftanlagen, z. B. Pumpspeicherwerke oder Kavernenkraftwerke, Schiffshebewerke, Hochwasserrückhaltebecken und Talsperren mit mehr als 5 000 000 m^3 Speicherraum,
- Verbrennungsanlagen, Pyrolyseanlagen,
- besonders schwierige Brücken, besonders schwierige Tunnel- und Trogbauwerke,
- besonders schwierige Schornsteine, Maste und Türme mit Aufbauten, Betriebsgeschoss- und Publikumseinrichtungen, schwierige Kühltürme, besonders schwierige Schacht- und Kavernenbauwerke, Untergrund-Kreuzungsbahnhöfe, Offshore Anlagen.

3.5 Verkehrsanlagen

Nachstehende Verkehrsanlagen werden in der Regel folgenden Honorarzonen zugeordnet:

3.5.1 Honorarzone I

- Wege im ebenen oder wenig bewegten Gelände mit einfachen Entwässerungsverhältnissen, ausgenommen Wege ohne Eignung für den regelmäßigen Fahrverkehr mit einfachen Entwässerungsverhältnissen sowie andere Wege und befestigte Flächen, die als Gestaltungselement der Freianlage geplant werden und für die Leistungen nach Teil 3 Abschnitt 3 nicht erforderlich sind,
einfache Verkehrsflächen, Parkplätze in Außenbereichen,
- Gleis- und Bahnsteiganlagen ohne Weichen und Kreuzungen, soweit nicht in den Honorarzonen II bis V erwähnt;

3.5.2 Honorarzone II

- Wege im bewegten Gelände mit einfachen Baugrund- und Entwässerungsverhältnissen, ausgenommen Wege ohne Eignung für den regelmäßigen Fahrverkehr und mit einfachen Entwässerungsverhältnissen sowie andere Wege und befestigte Flächen, die als Gestaltungselement der Freianlage geplant werden und für die Leistungen nach Teil 3 Abschnitt 3 nicht erforderlich sind,
außerörtliche Straßen ohne besondere Zwangspunkte oder im wenig bewegten Gelände,
Tankstellen- und Rastanlagen einfacher Art,
Anlieger- und Sammelstraßen in Neubaugebieten, innerörtliche Parkplätze, einfache höhengleiche Knotenpunkte,
- Gleisanlagen der freien Strecke ohne besondere Zwangspunkte, Gleisanlagen der freien Strecke im wenig bewegten Gelände, Gleis- und Bahnsteiganlagen der Bahnhöfe mit einfachen Spurplänen,
- einfache Verkehrsflächen für Landeplätze, Segelfluggelände;

3.5.3 Honorarzone III

- Wege im bewegten Gelände mit schwierigen Baugrund- und Entwässerungsverhältnissen,
außerörtliche Straßen mit besonderen Zwangspunkten oder im bewegten Gelände,
schwierige Tankstellen- und Rastanlagen,
innerörtliche Straßen und Plätze, soweit nicht in Honorarzone II, IV oder V erwähnt,
verkehrsberuhigte Bereiche, ausgenommen Oberflächengestaltungen und Pflanzungen für Fußgängerbereiche nach Punkt 3.2.4,
schwierige höhengleiche Knotenpunkte, einfache höhenungleiche Knotenpunkte,
Verkehrsflächen für Güterumschlag Straße/Straße,
- innerörtliche Gleisanlagen, soweit nicht in Honorarzone IV erwähnt,
Gleisanlagen der freien Strecke mit besonderen Zwangspunkten,
Gleisanlagen der freien Strecke im bewegten Gelände,
Gleis- und Bahnsteiganlagen der Bahnhöfe mit schwierigen Spurplänen,
- schwierige Verkehrsflächen für Landeplätze, einfache Verkehrsflächen für Flughäfen;

3.5.4 Honorarzone IV

- außerörtliche Straßen mit einer Vielzahl besonderer Zwangspunkte oder im stark bewegten Gelände, soweit nicht in Honorarzone V erwähnt,
 innerörtliche Straßen und Plätze mit hohen verkehrstechnischen Anforderungen oder in schwieriger städtebaulicher Situation, sowie vergleichbare verkehrsberuhigte Bereiche, ausgenommen Oberflächengestaltungen und Pflanzungen für Fußgängerbereiche nach Punkt 3.2.4,
 sehr schwierige höhengleiche Knotenpunkte, schwierige höhenungleiche Knotenpunkte,
 Verkehrsflächen für Güterumschlag im kombinierten Ladeverkehr,
- schwierige innerörtliche Gleisanlagen, Gleisanlagen der freien Strecke mit einer Vielzahl besonderer Zwangspunkte, Gleisanlagen der freien Strecke im stark bewegten Gelände; Gleis- und Bahnsteiganlagen der Bahnhöfe mit sehr schwierigen Spurplänen,
- schwierige Verkehrsflächen für Flughäfen;

3.5.5 Honorarzone V

- schwierige Gebirgsstraßen, schwierige innerörtliche Straßen und Plätze mit sehr hohen verkehrstechnischen Anforderungen oder in sehr schwieriger städtebaulicher Situation,
 sehr schwierige höhenungleiche Knotenpunkte,
- sehr schwierige innerörtliche Gleisanlagen.

3.6 Anlagen der Technischen Ausrüstung

Nachstehende Anlagen werden in der Regel folgenden Honorarzonen zugeordnet:

3.6.1 Honorarzone I

- Gas-, Wasser-, Abwasser- und sanitärtechnische Anlagen mit kurzen einfachen Rohrnetzen,
- Heizungsanlagen mit direktbefeuerten Einzelgeräten und einfache Gebäudeheizungsanlagen ohne besondere Anforderungen an die Regelung, Lüftungsanlagen einfacher Art,
- einfache Niederspannungs- und Fernmeldeinstallationen,
- Abwurfanlagen für Abfall oder Wäsche, einfache Einzelaufzüge, Regalanlagen, soweit nicht in Honorarzone II oder III erwähnt,
- chemische Reinigungsanlagen,
- medizinische und labortechnische Anlagen der Elektromedizin, Dentalmedizin, Medizinmechanik und Feinmechanik/Optik jeweils für Arztpraxen der Allgemeinmedizin;

3.6.2 Honorarzone II

- Gas-, Wasser-, Abwasser- und sanitärtechnische Anlagen mit umfangreichen verzweigten Rohrnetzen, Hebeanlagen und Druckerhöhungsanlagen, manuelle Feuerlösch- und Brandschutzanlagen,

- Gebäudeheizungsanlagen mit besonderen Anforderungen an die Regelung, Fernheiz- und Kältenetze mit Übergabestationen, Lüftungsanlagen mit Anforderungen an Geräuschstärke, Zugfreiheit oder mit zusätzlicher Luftaufbereitung (außer geregelter Luftkühlung),
- Kompaktstationen, Niederspannungsleitungs- und Verteilungsanlagen, soweit nicht in Honorarzone I oder III erwähnt, kleine Fernmeldeanlagen und -netze, zum Beispiel kleine Wählanlagen nach Telekommunikationsordnung, Beleuchtungsanlagen nach der Wirkungsgrad-Berechnungsmethode, Blitzschutzanlagen,
- Hebebühnen, flurgesteuerte Krananlagen, Verfahr-, Einschub- und Umlaufregelanlagen, Fahrtreppen und Fahrsteige, Förderanlagen mit bis zu zwei Sende- und Empfangsstellen, schwierige Einzelaufzüge, einfache Aufzugsgruppen ohne besondere Anforderungen, technische Anlagen für Mittelbühnen,
- Küchen und Wäschereien mittlerer Größe,
- medizinische und labortechnische Anlagen der Elektromedizin, Dentalmedizin, Medizinmechanik und Feinmechanik/Optik sowie Röntgen- und Nuklearanlagen mit kleinen Strahlendosen jeweils für Facharzt- oder Gruppenpraxen, Sanatorien, Altersheime und einfache Krankenhausfachabteilungen, Laboreinrichtungen, zum Beispiel für Schulen und Fotolabors;

3.6.3 Honorarzone III

- Gaserzeugungsanlagen und Gasdruckreglerstationen einschließlich zugehöriger Rohrnetze, Anlagen zur Reinigung, Entgiftung und Neutralisation von Abwasser, Anlagen zur biologischen, chemischen und physikalischen Behandlung von Wasser-, Abwasser- und sanitärtechnischen Anlagen mit überdurchschnittlichen hygienischen Anforderungen, automatische Feuerlösch- und Brandschutzanlagen,
- Dampfanlagen, Heißwasseranlagen, schwierige Heizungssysteme neuer Technologien, Wärmepumpanlagen, Zentralen für Fernwärme und Fernkälte, Kühlanlagen, Lüftungsanlagen mit geregelter Luftkühlung und Klimaanlagen einschließlich der zugehörigen Kälteerzeugungsanlagen,
- Hoch- und Mittelspannungsanlagen, Niederspannungsschaltanlagen, Eigenstromerzeugungs- und Umformeranlagen, Niederspannungsleitungs- und Verteilungsanlagen mit Kurzschlussberechnungen, Beleuchtungsanlagen nach der Punkt-für-Punkt-Berechnungsmethode, große Fernmeldeanlagen und -netze,
- Aufzugsgruppen mit besonderen Anforderungen, gesteuerte Förderanlagen mit mehr als zwei Sende- und Empfangsstellen, Regalbediengeräte mit zugehörigen Regalanlagen, zentrale Entsorgungsanlagen für Wäsche, Abfall oder Staub, technische Anlagen für Großbühnen, höhenverstellbare Zwischenböden und Wellenerzeugungsanlagen in Schwimmbecken, automatisch betriebene Sonnenschutzanlagen,
- Großküchen und Großwäschereien,
- medizinische und labortechnische Anlagen für große Krankenhäuser mit ausgeprägten Untersuchungs- und Behandlungsräumen sowie für Kliniken und Institute mit Lehr- und Forschungsaufgaben, Klimakammern und Anlagen für Klimakammern, Sondertemperaturräume und Reinräume, Vakuumanlagen, Medienver- und -entsorgungsanlagen, chemische und physikalische Einrichtungen für Großbetriebe, Forschung und Entwicklung, Fertigung, Klinik und Lehre.

Anlage 4 zu § 18 Absatz 1: Leistungen im Leistungsbild Flächennutzungsplan

Leistungsphase 1: Klären der Aufgabenstellung und Ermitteln des Leistungsumfangs

a) Zusammenstellen einer Übersicht der vorgegebenen bestehenden und laufenden örtlichen und überörtlichen Planungen und Untersuchungen einschließlich solcher benachbarter Gemeinden,
b) Zusammenstellen der verfügbaren Kartenunterlagen und Daten nach Umfang und Qualität,
c) Festlegen ergänzender Fachleistungen und Formulieren von Entscheidungshilfen für die Auswahl anderer fachlich Beteiligter, soweit notwendig,
d) Werten des vorhandenen Grundlagenmaterials und der materiellen Ausstattung,
e) Ermitteln des Leistungsumfangs,
f) Ortsbesichtigungen;

Leistungsphase 2: Ermitteln der Planungsvorgaben

a) Bestandsaufnahme
   – Erfassen und Darlegen der Ziele der Raumordnung und Landesplanung, der beabsichtigten Planungen und Maßnahmen der Gemeinde und der Träger öffentlicher Belange,
   – Darstellen des Zustands unter Verwendung hierzu vorliegender Fachbeiträge, insbesondere im Hinblick auf Topografie, vorhandene Bebauung und ihre Nutzung, Verkehrs-, Ver- und Entsorgungsanlagen, Umweltverhältnisse, wasserwirtschaftliche Verhältnisse, Lagerstätten, Bevölkerung, gewerbliche Wirtschaft, land- und forstwirtschaftliche Struktur,
   – Darstellen von Flächen, deren Böden erheblich mit umweltgefährdenden Stoffen belastet sind, soweit Angaben hierzu vorliegen,
   – kleinere Ergänzungen vorhandener Karten nach örtlichen Feststellungen unter Berücksichtigung aller Gegebenheiten, die auf die Planung von Einfluss sind,
   – Beschreiben des Zustands mit statistischen Angaben in Text, in Zahlen sowie in zeichnerischen oder grafischen Darstellungen, die den letzten Stand der Entwicklung zeigen,
   – Örtliche Erhebungen,
   – Erfassen von vorliegenden Äußerungen der Einwohner,
b) Analyse des in der Bestandsaufnahme ermittelten und beschriebenen Zustands,
c) Zusammenstellen und Gewichten der vorliegenden Fachprognosen über die voraussichtliche Entwicklung der Bevölkerung, der sozialen und kulturellen Einrichtungen, der gewerblichen Wirtschaft, der Land- und Forstwirtschaft, des Verkehrs, der Ver- und Entsorgung und des Umweltschutzes in Abstimmung mit dem Auftraggeber sowie unter Berücksichtigung von Auswirkungen übergeordneter Planungen,
d) Mitwirken beim Aufstellen von Zielen und Zwecken der Planung;

Leistungsphase 3: Vorentwurf

- grundsätzliche Lösung der wesentlichen Teile der Aufgabe in zeichnerischer Darstellung mit textlichen Erläuterungen zur Begründung der städtebaulichen Konzeption unter Darstellung von sich wesentlich unterscheidenden Lösungen nach gleichen Anforderungen,
- Darlegen der Auswirkungen der Planung,
- Berücksichtigen von Fachplanungen,
- Mitwirken an der Beteiligung der Behörden und Stellen, die Träger öffentlicher Belange sind und von der Planung berührt werden können,
- Mitwirken an der Abstimmung mit den Nachbargemeinden,
- Mitwirken an der frühzeitigen Beteiligung der Bürgerinnen und Bürger einschließlich Erörterung der Planung,
- Mitwirken bei der Auswahl einer sich wesentlich unterscheidenden Lösung zur weiteren Bearbeitung als Entwurfsgrundlage,
- Abstimmen des Vorentwurfs mit dem Auftraggeber;

Leistungsphase 4: Entwurf

- Entwurf des Flächennutzungsplans für die öffentliche Auslegung in der vorgeschriebenen Fassung mit Erläuterungsbericht,
- Mitwirken bei der Abfassung der Stellungnahme der Gemeinde zu Bedenken und Anregungen,
- Abstimmen des Entwurfs mit dem Auftraggeber;

Leistungsphase 5: Genehmigungsfähige Planfassung

Erstellen des Flächennutzungsplans in der durch Beschluss der Gemeinde aufgestellten Fassung für die Vorlage zur Genehmigung durch die höhere Verwaltungsbehörde in einer farbigen oder vervielfältigungsfähigen Schwarz-Weiß-Ausfertigung nach den Landesregelungen.

Anlage 5 zu § 19 Absatz 1: Leistungen im Leistungsbild Bebauungsplan

Leistungsphase 1: Klären der Aufgabenstellung und Ermitteln des Leistungsumfangs

a) Festlegen des räumlichen Geltungsbereichs und Zusammenstellen einer Übersicht der vorgegebenen bestehenden und laufenden örtlichen und überörtlichen Planungen und Untersuchungen,
b) Ermitteln des nach dem Baugesetzbuch erforderlichen Leistungsumfangs,
c) Festlegen ergänzender Fachleistungen und Formulieren von Entscheidungshilfen für die Auswahl anderer an der Planung fachlich Beteiligter, soweit notwendig,
d) Überprüfen, inwieweit der Bebauungsplan aus einem Flächennutzungsplan entwickelt werden kann,
e) Ortsbesichtigungen;

Leistungsphase 2: Ermitteln der Planungsvorgaben

a) Bestandsaufnahme
   - Ermitteln des Planungsbestands, wie die bestehenden Planungen und Maßnahmen der Gemeinde und der Stellen, die Träger öffentlicher Belange sind,
   - Ermitteln des Zustands des Planbereichs, wie Topografie, vorhandene Bebauung und Nutzung, Freiflächen und Nutzung einschließlich Bepflanzungen, Verkehrs-, Ver- und Entsorgungsanlagen, Umweltverhältnisse, Baugrund, wasserwirtschaftliche Verhältnisse, Denkmalschutz und Milieuwerte, Naturschutz, Baustrukturen, Gewässerflächen, Eigentümer, durch: Begehungen, zeichnerische Darstellungen, Beschreibungen unter Verwendung von Beiträgen anderer an der Planung fachlich Beteiligter; die Ermittlungen sollen sich auf die Bestandsaufnahme gemäß Flächennutzungsplan und deren Fortschreibung und Ergänzung stützen beziehungsweise darauf aufbauen,
   - Darstellen von Flächen, deren Böden erheblich mit umweltgefährdenden Stoffen belastet sind, soweit Angaben hierzu vorliegen,
   - Örtliche Erhebungen,
   - Erfassen von vorliegenden Äußerungen der Einwohner,
b) Analyse des in der Bestandsaufnahme ermittelten und beschriebenen Zustands,
c) Prognose der voraussichtlichen Entwicklung, insbesondere unter Berücksichtigung von Auswirkungen übergeordneter Planungen unter Verwendung von Beiträgen anderer an der Planung fachlich Beteiligter,
d) Mitwirken beim Aufstellen von Zielen und Zwecken der Planung;

Leistungsphase 3: Vorentwurf

- Grundsätzliche Lösung der wesentlichen Teile der Aufgabe in zeichnerischer Darstellung mit textlichen Erläuterungen zur Begründung der städtebaulichen Konzeption unter Darstellung von sich wesentlich unterscheidenden Lösungen nach gleichen Anforderungen,
- Darlegen der wesentlichen Auswirkungen der Planung,
- Berücksichtigen von Fachplanungen,
- Mitwirken an der Beteiligung der Behörden und Stellen, die Träger öffentlicher Belange sind und von der Planung berührt werden können,

- Mitwirken an der Abstimmung mit den Nachbargemeinden,
- Mitwirken an der frühzeitigen Beteiligung der Bürgerinnen und Bürger einschließlich Erörterung der Planung,
- Überschlägige Kostenschätzung,
- Abstimmen des Vorentwurfs mit dem Auftraggeber und den Gremien der Gemeinde;

Leistungsphase 4: Entwurf

- Entwurf des Bebauungsplans für die öffentliche Auslegung in der vorgeschriebenen Fassung mit Begründung,
- Mitwirken bei der überschlägigen Ermittlung der Kosten und, soweit erforderlich, Hinweise auf bodenordnende und sonstige Maßnahmen, für die der Bebauungsplan die Grundlage bilden soll,
- Mitwirken bei der Abfassung der Stellungnahme der Gemeinde zu Bedenken und Anregungen,
- Abstimmen des Entwurfs mit dem Auftraggeber;

Leistungsphase 5: Planfassung für die Anzeige oder Genehmigung

Erstellen des Bebauungsplans in der durch Beschluss der Gemeinde aufgestellten Fassung und seiner Begründung für die Anzeige oder Genehmigung in einer farbigen oder vervielfältigungsfähigen Schwarz-Weiß-Ausfertigung nach den Landesregelungen.

Anlage 6 zu § 23 Absatz 1: Leistungen im Leistungsbild Landschaftsplan

Leistungsphase 1: Klären der Aufgabenstellung und Ermitteln des Leistungsumfangs

a) Zusammenstellen einer Übersicht der vorgegebenen bestehenden und laufenden örtlichen und überörtlichen Planungen und Untersuchungen,
b) Abgrenzung des Planungsgebiets,
c) Zusammenstellen der verfügbaren Kartenunterlagen und Daten nach Umfang und Qualität,
d) Werten des vorhandenen Grundlagenmaterials,
e) Ermitteln des Leistungsumfangs und der Schwierigkeitsmerkmale,
f) Festlegen ergänzender Fachleistungen, soweit notwendig,
g) Ortsbesichtigungen;

Leistungsphase 2: Ermitteln der Planungsgrundlagen

a) Bestandsaufnahme einschließlich voraussehbarer Veränderungen von Natur und Landschaft,
 Erfassen aufgrund vorhandener Unterlagen und örtlicher Erhebungen, insbesondere
 – der größeren naturräumlichen Zusammenhänge und siedlungsgeschichtlichen Entwicklungen,
 – des Naturhaushalts,
 – der landschaftsökologischen Einheiten,
 – des Landschaftsbildes,
 – der Schutzgebiete und geschützten Landschaftsbestandteile,
 – der Erholungsgebiete und -flächen, ihrer Erschließung sowie Bedarfssituation,
 – von Kultur-, Bau und Bodendenkmälern,
 – der Flächennutzung,
 – voraussichtlicher Änderungen aufgrund städtebaulicher Planungen, Fachplanungen und anderer Eingriffe in Natur und Landschaft,
 Erfassen von vorliegenden Äußerungen der Einwohner,
b) Landschaftsbewertung nach den Zielen und Grundsätzen des Naturschutzes und der Landschaftspflege einschließlich der Erholungsvorsorge,
 Bewerten des Landschaftsbildes sowie der Leistungsfähigkeit des Zustands, der Faktoren und der Funktionen des Naturhaushalts, insbesondere hinsichtlich
 – der Empfindlichkeit,
 – besonderer Flächen- und Nutzungsfunktionen,
 – nachteiliger Nutzungsauswirkungen,
 – geplanter Eingriffe in Natur und Landschaft,
 Feststellung von Nutzungs- und Zielkonflikten nach den Zielen und Grundsätzen von Naturschutz und Landschaftspflege,
c) Zusammenfassende Darstellung der Bestandsaufnahme und der Landschaftsbewertung in Erläuterungstext und Karten;

Leistungsphase 3: Vorläufige Planfassung (Vorentwurf)

Grundsätzliche Lösung der Aufgabe mit sich wesentlich unterscheidenden Lösungen nach gleichen Anforderungen und Erläuterungen in Text und Karte
a) Darlegen der Entwicklungsziele des Naturschutzes und der Landschaftspflege, insbesondere in Bezug auf die Leistungsfähigkeit des Naturhaushalts, die Pflege natürlicher Ressourcen, das Landschaftsbild, die Erholungsvorsorge, den Biotop- und Artenschutz, den Boden-, Wasser- und Klimaschutz sowie Minimierung von Eingriffen (und deren Folgen) in Natur und Landschaft,
b) Darlegen der im Einzelnen angestrebten Flächenfunktionen einschließlich notwendiger Nutzungsänderungen, insbesondere für
   – landschaftspflegerische Sanierungsgebiete,
   – Flächen für landschaftspflegerische Entwicklungsmaßnahmen,
   – Freiräume einschließlich Sport-, Spiel- und Erholungsflächen,
   – Vorrangflächen und -objekte des Naturschutzes und der Landschaftspflege, Flächen für Kultur-, Bau- und Bodendenkmäler für besonders schutzwürdige Biotope und Ökosysteme sowie für Erholungsvorsorge,
   – Flächen für landschaftspflegerische Maßnahmen in Verbindung mit sonstigen Nutzungen, Flächen für Ausgleichs- und Ersatzmaßnahmen in Bezug auf die oben genannten Eingriffe,
c) Vorschläge für Inhalte, die für die Übernahme in andere Planungen, insbesondere in die Bauleitplanung, geeignet sind,
d) Hinweise auf landschaftliche Folgeplanungen und -maßnahmen sowie kommunale Förderungsprogramme,
Beteiligung an der Mitwirkung von Verbänden nach § 60 des Bundesnaturschutzgesetzes,
Berücksichtigen von Fachplanungen,
Mitwirken bei der Abstimmung des Vorentwurfs mit der für Naturschutz und Landschaftspflege zuständigen Behörde,
Abstimmen des Vorentwurfs mit dem Auftraggeber;

Leistungsphase 4: Entwurf

Darstellen des Landschaftsplans in der vorgeschriebenen Fassung in Text und Karte mit Erläuterungsbericht.

Anlage 7 zu § 24 Absatz 1: Leistungen im Leistungsbild Grünordnungsplan

Leistungsphase 1: Klären der Aufgabenstellung und Ermitteln des Leistungsumfangs

a) Zusammenstellen einer Übersicht der vorgegebenen bestehenden und laufenden örtlichen und überörtlichen Planungen und Untersuchungen,
b) Abgrenzen des Planungsbereichs,
c) Zusammenstellen der verfügbaren Kartenunterlagen und Daten nach Umfang und Qualität,
d) Werten des vorhandenen Grundlagenmaterials,
e) Ermitteln des Leistungsumfangs und der Schwierigkeitsmerkmale,
f) Festlegen ergänzender Fachleistungen, soweit notwendig,
g) Ortsbesichtigungen;

Leistungsphase 2: Ermitteln der Planungsgrundlagen

a) Bestandsaufnahme einschließlich voraussichtlicher Änderungen
   Erfassen aufgrund vorhandener Unterlagen eines Landschaftsplans und örtlicher Erhebungen, insbesondere
   – des Naturhaushalts als Wirkungsgefüge der Naturfaktoren,
   – der Vorgaben des Artenschutzes, des Bodenschutzes und des Orts- oder Landschaftsbildes,
   – der siedlungsgeschichtlichen Entwicklung,
   – der Schutzgebiete und geschützten Landschaftsbestandteile einschließlich der unter Denkmalschutz stehenden Objekte,
   – der Flächennutzung unter besonderer Berücksichtigung der Flächenversiegelung, Größe, Nutzungsarten oder Ausstattung, Verteilung, Vernetzung von Frei- und Grünflächen sowie der Erschließungsflächen Freizeit- und Erholungsanlagen,
   – des Bedarfs an Erholungs- und Freizeiteinrichtungen sowie an sonstigen Grünflächen,
   – der voraussichtlichen Änderungen aufgrund städtebaulicher Planungen, Fachplanungen und anderer Eingriffe in Natur und Landschaft,
   – der Immissionen, Boden- und Gewässerbelastungen,
   – der Eigentümer,
   Erfassen von vorliegenden Äußerungen der Einwohner,
b) Bewerten der Landschaft nach den Zielen und Grundsätzen des Naturschutzes und der Landschaftspflege einschließlich der Erholungsvorsorge,
   Bewerten des Landschaftsbildes sowie der Leistungsfähigkeit, des Zustands, der Faktoren und Funktionen des Naturhaushalts, insbesondere hinsichtlich
   – der Empfindlichkeit des jeweiligen Ökosystems für bestimmte Nutzungen, seiner Größe, der räumlichen Lage und der Einbindung in Grünflächensysteme, der Beziehungen zum Außenraum sowie der Ausstattung und Beeinträchtigungen der Grün- und Freiflächen,
   – nachteiliger Nutzungsauswirkungen,
c) Zusammenfassende Darstellung der Bestandsaufnahme und der Bewertung des Planungsbereichs in Erläuterungstext und Karten;

Leistungsphase 3: Vorläufige Planfassung (Vorentwurf)

Grundsätzliche Lösung der wesentlichen Teile der Aufgabe mit sich wesentlich unterscheidenden Lösungen nach gleichen Anforderungen in Text und Karten mit Begründung
a) Darlegen der Flächenfunktionen und räumlichen Strukturen nach ökologischen und gestalterischen Gesichtspunkten, insbesondere
   – Flächen mit Nutzungsbeschränkungen einschließlich notwendiger Nutzungsänderungen zur Erhaltung oder Verbesserung des Naturhaushalts oder des Landschafts- oder Ortsbildes,
   – landschaftspflegerische Sanierungsbereiche,
   – Flächen für landschaftspflegerische Entwicklungs- und Gestaltungsmaßnahmen,
   – Flächen für Ausgleichs- und Ersatzmaßnahmen,
   – Schutzgebiete und -objekte,
   – Freiräume,
   – Flächen für landschaftspflegerische Maßnahmen in Verbindung mit sonstigen Nutzungen,
b) Darlegen von Entwicklungs-, Schutz-, Gestaltungs- und Pflegemaßnahmen, insbesondere für
   – Grünflächen,
   – Anpflanzungen und Erhaltung von Grünbeständen,
   – Sport-, Spiel- und Erholungsflächen,
   – Fußwegesysteme,
   – Gehölzanpflanzungen zur Einbindung baulicher Anlagen in die Umgebung,
   – Ortseingänge und Siedlungsränder,
   – pflanzliche Einbindung von öffentlichen Straßen und Plätzen,
   – klimatisch wichtige Freiflächen,
   – Immissionsschutzmaßnahmen,
   – Festlegen von Pflegemaßnahmen aus Gründen des Naturschutzes und der Landschaftspflege,
   – Erhaltung und Verbesserung der natürlichen Selbstreinigungskraft von Gewässern,
   – Erhaltung und Pflege von naturnahen Vegetationsbeständen,
   – bodenschützende Maßnahmen – Schutz vor Schadstoffeintrag,
   – Vorschläge für Gehölzarten der potenziell natürlichen Vegetation, für Leitarten bei Bepflanzungen, für Befestigungsarten bei Wohnstraßen, Gehwegen, Plätzen, Parkplätzen, für Versickerungsfreiflächen,
   – Festlegen der zeitlichen Folge von Maßnahmen,
   – Kostenschätzung für durchzuführende Maßnahmen,
c) Hinweise auf weitere Aufgaben von Naturschutz und Landschaftspflege, Vorschläge für Inhalte, die für die Übernahme in andere Planungen, insbesondere in die Bauleitplanung, geeignet sind,
Beteiligung an der Mitwirkung von Verbänden nach § 60 des Bundesnaturschutzgesetzes,
Berücksichtigen von Fachplanungen,
Mitwirken an der Abstimmung des Vorentwurfs mit der für Naturschutz und Landschaftspflege zuständigen Behörde,
Abstimmen des Vorentwurfs mit dem Auftraggeber;

Leistungsphase 4: Endgültige Planfassung (Entwurf)

Darstellen des Grünordnungsplans in der vorgeschriebenen Fassung in Text und Karte mit Begründung.

Anlage 8 zu § 25 Absatz 1:
Leistungen im Leistungsbild Landschaftsrahmenplan

Leistungsphase 1: Landschaftsanalyse

Erfassen und Darstellen in Text und Karten der
a) natürlichen Grundlagen,
b) Landschaftsgliederung
   – Naturräume
   – ökologische Raumeinheiten,
c) Flächennutzung,
d) geschützten Flächen und Einzelbestandteile der Natur;

Leistungsphase 2: Landschaftsdiagnose

Bewerten der ökologischen Raumeinheiten und Darstellen in Text und Karten hinsichtlich
a) Naturhaushalt,
b) Landschaftsbild
   – naturbedingt
   – anthropogen,
c) Nutzungsauswirkungen, insbesondere Schäden an Naturhaushalt und Landschaftsbild,
d) Empfindlichkeit der Ökosysteme oder einzelner Landschaftsfaktoren,
e) Zielkonflikten zwischen Belangen des Naturschutzes und der Landschaftspflege einerseits und raumbeanspruchenden Vorhaben andererseits;

Leistungsphase 3: Entwurf

Darstellung der Erfordernisse und Maßnahmen zur Verwirklichung der Ziele des Naturschutzes und der Landschaftspflege in Text und Karten mit Begründung
a) Ziele der Landschaftsentwicklung nach Maßgabe der Empfindlichkeit des Naturhaushalts
   – Bereiche ohne Nutzung oder mit naturnaher Nutzung,
   – Bereiche mit extensiver Nutzung,
   – Bereiche mit intensiver landwirtschaftlicher Nutzung,
   – Bereiche städtisch-industrieller Nutzung,
b) Ziele des Arten- und Biotopschutzes,
c) Ziele zum Schutz und zur Pflege abiotischer Landschaftsgebiete,
d) Sicherung und Pflege von Schutzgebieten und Einzelbestandteilen von Natur und Landschaft,
e) Pflege-, Gestaltungs- und Entwicklungsmaßnahmen zur
   – Sicherung überörtlicher Grünzüge,
   – Grünordnung im Siedlungsbereich,
   – Landschaftspflege einschließlich des Arten- und Biotopschutzes sowie des Wasser-, Boden- und Klimaschutzes,
   – Sanierung von Landschaftsschäden,
f) Grundsätze einer landschaftsschonenden Landnutzung,
g) Leitlinien für die Erholung in der freien Natur,

h) Gebiete, für die detaillierte landschaftliche Planungen erforderlich sind:
  – Landschaftspläne,
  – Grünordnungspläne,
  – Landschaftspflegerische Begleitpläne,
Abstimmung des Entwurfs mit dem Auftraggeber;

Leistungsphase 4: Endgültige Planfassung

Darstellen des Landschaftsrahmenplans in der vorgeschriebenen Fassung in Text und Karte mit Erläuterungsbericht nach erfolgter Abstimmung des Entwurfs mit dem Auftraggeber gemäß Leitungsphase 3.

Anlage 9 zu § 26 Absatz 1:
Leistungen im Leistungsbild Landschaftspflegerischer Begleitplan

Leistungsphase 1: Klären der Aufgabenstellung und Ermitteln des Leistungsumfangs

a) Abgrenzen des Planungsbereichs,
b) Zusammenstellen der verfügbaren planungsrelevanten Unterlagen, insbesondere
   – örtliche und überörtliche Planungen und Untersuchungen,
   – thematische Karten, Luftbilder und sonstige Daten,
c) Ermitteln des Leistungsumfangs und ergänzender Fachleistungen,
d) Aufstellen eines verbindlichen Arbeitspapiers,
e) Ortsbesichtigungen;

Leistungsphase 2: Ermitteln und Bewerten der Planungsgrundlagen

a) Bestandsaufnahme
   Erfassen aufgrund vorhandener Unterlagen und örtlicher Erhebungen
   – des Naturhaushalts in seinen Wirkungszusammenhängen, insbesondere durch Landschaftsfaktoren wie Relief, Geländegestalt, Gestein, Boden, oberirdische Gewässer, Grundwasser, Geländeklima sowie Tiere und Pflanzen und deren Lebensräume,
   – der Schutzgebiete, geschützten Landschaftsbestandteile und schützenswerten Lebensräume,
   – der vorhandenen Nutzungen und Vorhaben,
   – des Landschaftsbildes und der -struktur,
   – der kulturgeschichtlich bedeutsamen Objekte,
   Erfassen der Eigentumsverhältnisse aufgrund vorhandener Unterlagen,
b) Bestandsbewertung
   Bewerten der Leistungsfähigkeit und Empfindlichkeit des Naturhaushalts und des Landschaftsbildes nach den Zielen und Grundsätzen des Naturschutzes und der Landschaftspflege,
   Bewerten der vorhandenen Beeinträchtigungen von Natur und Landschaft (Vorbelastung),
c) zusammenfassende Darstellung der Bestandsaufnahme und der -bewertung in Text und Karte;

Leistungsphase 3: Ermitteln und Bewerten des Eingriffs

a) Konfliktanalyse
   Ermitteln und Bewerten der durch das Vorhaben zu erwartenden Beeinträchtigungen des Naturhaushalts und des Landschaftsbildes nach Art, Umfang, Ort und zeitlichem Ablauf,
b) Konfliktminderung
   Erarbeiten von Lösungen zur Vermeidung oder Verminderung von Beeinträchtigungen des Naturhaushalts und des Landschaftsbildes in Abstimmung mit den an der Planung fachlich Beteiligten,
c) Ermitteln der unvermeidbaren Beeinträchtigungen,
d) Überprüfen der Abgrenzung des Untersuchungsbereichs,

e) Abstimmen mit dem Auftraggeber,
f) zusammenfassende Darstellung der Ergebnisse von Konfliktanalyse und Konfliktminderung sowie der unvermeidbaren Beeinträchtigungen in Text und Karte;

Leistungsphase 4: Vorläufige Planfassung

Erarbeiten der grundsätzlichen Lösung der wesentlichen Teile der Aufgabe in Text und Karte mit Alternativen
a) Darstellen und Begründen von Maßnahmen des Naturschutzes und der Landschaftspflege nach Art, Umfang, Lage und zeitlicher Abfolge einschließlich Biotopentwicklungs- und Pflegemaßnahmen, insbesondere Ausgleichs-, Ersatz-, Gestaltungs- und Schutzmaßnahmen sowie Maßnahmen nach § 3 Absatz 2 des Bundesnaturschutzgesetzes,
b) vergleichendes Gegenüberstellen von Beeinträchtigungen und Ausgleich einschließlich Darstellen verbleibender, nicht ausgleichbarer Beeinträchtigungen,
c) Kostenschätzung
   Abstimmen der vorläufigen Planfassung mit dem Auftraggeber und der für Naturschutz und Landschaftspflege zuständigen Behörde;

Leistungsphase 5: Endgültige Planfassung

Darstellen des landschaftspflegerischen Begleitplans in der vorgeschriebenen Fassung in Text und Karte.

Anlage 10 zu § 27:
Leistungen im Leistungsbild Pflege- und Entwicklungsplan

Leistungsphase 1: Zusammenstellen der Ausgangsbedingungen

a) Abgrenzen des Planungsbereichs,
b) Zusammenstellen der verfügbaren planungsrelevanten Unterlagen, insbesondere
   - ökologische und wissenschaftliche Bedeutung des Planungsbereichs,
   - Schutzzweck,
   - Schutzverordnungen,
   - Eigentümer;

Leistungsphase 2: Ermitteln der Planungsgrundlagen

a) Erfassen und Beschreiben der natürlichen Grundlagen,
b) Ermitteln von Beeinträchtigungen des Planungsbereichs;

Leistungsphase 3: Konzept der Pflege- und Entwicklungsmaßnahmen

a) Erfassen und Darstellen von
   - Flächen, auf denen eine Nutzung weiter betrieben werden soll,
   - Flächen, auf denen regelmäßig Pflegemaßnahmen durchzuführen sind,
   - Maßnahmen zur Verbesserung der ökologischen Standortverhältnisse,
   - Maßnahmen zur Änderung der Biotopstruktur,
b) Vorschläge für
   - gezielte Maßnahmen zur Förderung bestimmter Tier- und Pflanzenarten,
   - Maßnahmen zur Lenkung des Besucherverkehrs,
   - Maßnahmen zur Änderung der rechtlichen Vorschriften,
   - die Durchführung der Pflege- und Entwicklungsmaßnahmen,
c) Hinweise für weitere wissenschaftliche Untersuchungen,
d) Kostenschätzung der Pflege- und Entwicklungsmaßnahmen,
e) Abstimmen der Konzepte mit dem Auftraggeber;

Leistungsphase 4: Endgültige Planfassung

Darstellen des Pflege- und Entwicklungsplans in der vorgeschriebenen Fassung in Text und Karte.

Anlage 11 zu den §§ 33 und 38 Absatz 2:
Leistungen im Leistungsbild Gebäude und raumbildende Ausbauten sowie im Leistungsbild Freianlagen

Leistungsphase 1: Grundlagenermittlung

a) Klären der Aufgabenstellung,
b) Beraten zum gesamten Leistungsbedarf,
c) Formulieren von Entscheidungshilfen für die Auswahl anderer an der Planung fachlich Beteiligter,
d) Zusammenfassen der Ergebnisse;

Leistungsphase 2: Vorplanung (Projekt- und Planungsvorbereitung)

a) Analyse der Grundlagen,
b) Abstimmen der Zielvorstellungen (Randbedingungen, Zielkonflikte),
c) Aufstellen eines planungsbezogenen Zielkatalogs (Programmziele),
d) Erarbeiten eines Planungskonzepts einschließlich Untersuchung der alternativen Lösungsmöglichkeiten nach gleichen Anforderungen mit zeichnerischer Darstellung und Bewertung, zum Beispiel versuchsweise zeichnerische Darstellungen, Strichskizzen, gegebenenfalls mit erläuternden Angaben,
e) Integrieren der Leistungen anderer an der Planung fachlich Beteiligter,
f) Klären und Erläutern der wesentlichen städtebaulichen, gestalterischen, funktionalen, technischen, bauphysikalischen, wirtschaftlichen, energiewirtschaftlichen (zum Beispiel hinsichtlich rationeller Energieverwendung und der Verwendung erneuerbarer Energien) und landschaftsökologischen Zusammenhänge, Vorgänge und Bedingungen, sowie der Belastung und Empfindlichkeit der betroffenen Ökosysteme,
g) Vorverhandlungen mit Behörden und anderen an der Planung fachlich Beteiligten über die Genehmigungsfähigkeit,
h) bei Freianlagen: Erfassen, Bewerten und Erläutern der ökosystemaren Strukturen und Zusammenhänge, zum Beispiel Boden, Wasser, Klima, Luft, Pflanzen- und Tierwelt, sowie Darstellen der räumlichen und gestalterischen Konzeption mit erläuternden Angaben, insbesondere zur Geländegestaltung, Biotopverbesserung und -vernetzung, vorhandenen Vegetation, Neupflanzung, Flächenverteilung der Grün-, Verkehrs-, Wasser-, Spiel- und Sportflächen; ferner Klären der Randgestaltung und der Anbindung an die Umgebung,
i) Kostenschätzung nach DIN 276 oder nach dem wohnungsrechtlichen Berechnungsrecht,
j) Zusammenstellen aller Vorplanungsergebnisse;

Leistungsphase 3: Entwurfsplanung (System- und Integrationsplanung)

a) Durcharbeiten des Planungskonzepts (stufenweise Erarbeitung einer zeichnerischen Lösung) unter Berücksichtigung städtebaulicher, gestalterischer, funktionaler, technischer, bauphysikalischer, wirtschaftlicher, energiewirtschaftlicher (zum Beispiel hinsichtlich rationeller Energieverwendung und der Verwendung erneuerbarer Energie) und landschaftsökologischer Anforderungen unter Verwendung der Beiträge anderer an der Planung fachlich Beteiligter bis zum vollständigen Entwurf,
b) Integrieren der Leistungen anderer an der Planung fachlich Beteiligter.

c) Objektbeschreibung mit Erläuterung von Ausgleichs- und Ersatzmaßnahmen nach Maßgabe der naturschutzrechtlichen Eingriffsregelung,
d) Zeichnerische Darstellung des Gesamtentwurfs, zum Beispiel durchgearbeitete, vollständige Vorentwurfs- und/oder Entwurfszeichnungen (Maßstab nach Art und Größe des Bauvorhabens; bei Freianlagen: im Maßstab 1:500 bis 1:100, insbesondere mit Angaben zur Verbesserung der Biotopfunktion, zu Vermeidungs-, Schutz-, Pflege- und Entwicklungsmaßnahmen sowie zur differenzierten Bepflanzung; bei raumbildenden Ausbauten: im Maßstab 1:50 bis 1:20, insbesondere mit Einzelheiten der Wandabwicklungen, Farb-, Licht- und Materialgestaltung), gegebenenfalls auch Detailpläne mehrfach wiederkehrender Raumgruppen,
e) Verhandlungen mit Behörden und anderen an der Planung fachlich Beteiligten über die Genehmigungsfähigkeit,
f) Kostenberechnung nach DIN 276 oder nach dem wohnungsrechtlichen Berechnungsrecht,
g) Kostenkontrolle durch Vergleich der Kostenberechnung mit der Kostenschätzung,
h) Zusammenfassen aller Entwurfsunterlagen;

Leistungsphase 4: Genehmigungsplanung

a) Erarbeiten der Vorlagen für die nach den öffentlich-rechtlichen Vorschriften erforderlichen Genehmigungen oder Zustimmungen einschließlich der Anträge auf Ausnahmen und Befreiungen unter Verwendung der Beiträge anderer an der Planung fachlich Beteiligter sowie noch notwendiger Verhandlungen mit Behörden,
b) Einreichen dieser Unterlagen,
c) Vervollständigen und Anpassen der Planungsunterlagen, Beschreibungen und Berechnungen unter Verwendung der Beiträge anderer an der Planung fachlich Beteiligter,
d) bei Freianlagen und raumbildenden Ausbauten: Prüfen auf notwendige Genehmigungen, Einholen von Zustimmungen und Genehmigungen;

Leistungsphase 5: Ausführungsplanung

a) Durcharbeiten der Ergebnisse der Leistungsphasen 3 und 4 (stufenweise Erarbeitung und Darstellung der Lösung) unter Berücksichtigung städtebaulicher, gestalterischer, funktionaler, technischer, bauphysikalischer, wirtschaftlicher, energiewirtschaftlicher (zum Beispiel hinsichtlich rationeller Energieverwendung und der Verwendung erneuerbarer Energien) und landschaftsökologischer Anforderungen unter Verwendung der Beiträge anderer an der Planung fachlich Beteiligter bis zur ausführungsreifen Lösung,
b) zeichnerische Darstellung des Objekts mit allen für die Ausführung notwendigen Einzelangaben, zum Beispiel endgültige, vollständige Ausführungs-, Detail- und Konstruktionszeichnungen im Maßstab 1:50 bis 1:1, bei Freianlagen je nach Art des Bauvorhabens im Maßstab 1:200 bis 1:50, insbesondere Bepflanzungspläne, mit den erforderlichen textlichen Ausführungen,
c) bei raumbildenden Ausbauten: Detaillierte Darstellung der Räume und Raumfolgen im Maßstab 1:25 bis 1:1, mit den erforderlichen textlichen Ausführungen; Materialbestimmung,
d) Erarbeiten der Grundlagen für die anderen an der Planung fachlich Beteiligten und Integrierung ihrer Beiträge bis zur ausführungsreifen Lösung,
e) Fortschreiben der Ausführungsplanung während der Objektausführung;

Leistungsphase 6: Vorbereitung der Vergabe

a) Ermitteln und Zusammenstellen von Mengen als Grundlage für das Aufstellen von Leistungsbeschreibungen unter Verwendung der Beiträge anderer an der Planung fachlich Beteiligter,
b) Aufstellen von Leistungsbeschreibungen mit Leistungsverzeichnissen nach Leistungsbereichen,
c) Abstimmen und Koordinieren der Leistungsbeschreibungen der an der Planung fachlich Beteiligten;

Leistungsphase 7: Mitwirkung bei der Vergabe

a) Zusammenstellen der Vergabe- und Vertragsunterlagen für alle Leistungsbereiche,
b) Einholen von Angeboten,
c) Prüfen und Werten der Angebote einschließlich Aufstellens eines Preisspiegels nach Teilleistungen unter Mitwirkung aller während der Leistungsphasen 6 und 7 fachlich Beteiligten,
d) Abstimmen und Zusammenstellen der Leistungen der fachlich Beteiligten, die an der Vergabe mitwirken,
e) Verhandlung mit Bietern,
f) Kostenanschlag nach DIN 276 aus Einheits- oder Pauschalpreisen der Angebote,
g) Kostenkontrolle durch Vergleich des Kostenanschlags mit der Kostenrechnung,
h) Mitwirken bei der Auftragserteilung;

Leistungsphase 8: Objektüberwachung (Bauüberwachung)

a) Überwachen der Ausführung des Objekts auf Übereinstimmung mit der Baugenehmigung oder Zustimmung, den Ausführungsplänen und den Leistungsbeschreibungen sowie mit den allgemein anerkannten Regeln der Technik und den einschlägigen Vorschriften,
b) Überwachen der Ausführung von Tragwerken nach § 50 Absatz 2 Nummer 1 und 2 auf Übereinstimmung mit den Standsicherheitsnachweis,
c) Koordinieren der an der Objektüberwachung fachlich Beteiligten,
d) Überwachung und Detailkorrektur von Fertigteilen,
e) Aufstellen und Überwachen eines Zeitplanes (Balkendiagramm),
f) Führen eines Bautagebuches,
g) gemeinsames Aufmaß mit den bauausführenden Unternehmen,
h) Abnahme der Bauleistungen unter Mitwirkung anderer an der Planung und Objektüberwachung fachlich Beteiligter unter Feststellung von Mängeln,
i) Rechnungsprüfung,
j) Kostenfeststellung nach DIN 276 oder nach dem wohnungsrechtlichen Berechnungsrecht,
k) Antrag auf behördliche Abnahmen und Teilnahme daran,
l) Übergabe des Objekts einschließlich Zusammenstellung und Übergabe der erforderlichen Unterlagen, zum Beispiel Bedienungsanleitungen, Prüfprotokolle,
m) Auflisten der Verjährungsfristen für Mängelansprüche,
n) Überwachen der Beseitigung der bei der Abnahme der Bauleistungen festgestellten Mängel,
o) Kostenkontrolle durch Überprüfen der Leistungsabrechnung der bauausführenden Unternehmen im Vergleich zu den Vertragspreisen und dem Kostenanschlag;

Leistungsphase 9: Objektbetreuung und Dokumentation

a) Objektbegehung zur Mängelfeststellung vor Ablauf der Verjährungsfristen für Mängelansprüche gegenüber den bauausführenden Unternehmen,
b) Überwachen der Beseitigung von Mängeln, die innerhalb der Verjährungsfristen für Mängelansprüche, längstens jedoch bis zum Ablauf von vier Jahren seit Abnahme der Bauleistungen auftreten,
c) Mitwirken bei der Freigabe von Sicherheitsleistungen,
d) systematische Zusammenstellung der zeichnerischen Darstellungen und rechnerischen Ergebnisse des Objekts.

Anlage 12 zu § 42 Absatz 1 und § 46 Absatz 2:
Leistungen im Leistungsbild Ingenieurbauwerke und im Leistungsbild Verkehrsanlagen

Leistungsphase 1: Grundlagenermittlung

a) Klären der Aufgabenstellung,
b) Ermitteln der vorgegebenen Randbedingungen,
c) bei Objekten nach § 40 Nummer 6 und 7, die eine Tragwerksplanung erfordern: Klären der Aufgabenstellung auch auf dem Gebiet der Tragwerksplanung,
d) Ortsbesichtigung,
e) Zusammenstellen der die Aufgabe beeinflussenden Planungsabsichten,
f) Zusammenstellen und Werten von Unterlagen,
g) Erläutern von Planungsdaten,
h) Ermitteln des Leistungsumfangs und der erforderlichen Vorarbeiten, zum Beispiel Baugrunduntersuchungen, Vermessungsleistungen, Immissionsschutz,
i) Formulieren von Entscheidungshilfen für die Auswahl anderer an der Planung fachlich Beteiligter,
j) Zusammenfassen der Ergebnisse;

Leistungsphase 2: Vorplanung (Projekt- und Planungsvorbereitung)

a) Analyse der Grundlagen,
b) Abstimmen der Zielvorstellungen auf die Randbedingungen, die insbesondere durch Raumordnung, Landesplanung, Bauleitplanung, Rahmenplanung sowie örtliche und überörtliche Fachplanungen vorgegeben sind,
c) Untersuchungen von Lösungsmöglichkeiten mit ihren Einflüssen auf bauliche und konstruktive Gestaltung, Zweckmäßigkeit, Wirtschaftlichkeit unter Beachtung der Umweltverträglichkeit,
d) Beschaffen und Auswerten amtlicher Karten,
e) Erarbeiten eines Planungskonzepts einschließlich Untersuchung der alternativen Lösungsmöglichkeiten nach gleichen Anforderungen mit zeichnerischer Darstellung und Bewertung unter Einarbeitung der Beiträge anderer an der Planung fachlich Beteiligter, bei Verkehrsanlagen: überschlägige verkehrstechnische Bemessung der Verkehrsanlage; Ermitteln der Schallimmissionen von der Verkehrsanlage an kritischen Stellen nach Tabellenwerten; Untersuchen der möglichen Schallschutzmaßnahmen, ausgenommen detaillierte schalltechnische Untersuchungen, insbesondere in komplexen Fällen,
f) Klären und Erläutern der wesentlichen fachspezifischen Zusammenhänge, Vorgänge und Bedingungen,
g) Vorverhandlungen mit Behörden und anderen an der Planung fachlich Beteiligten über die Genehmigungsfähigkeit, gegebenenfalls über die Bezuschussung und Kostenbeteiligung,
h) Mitwirken beim Erläutern des Planungskonzepts gegenüber Bürgerinnen und Bürgern und politischen Gremien,
i) Überarbeiten des Planungskonzepts nach Bedenken und Anregungen,
j) Bereitstellen von Unterlagen als Auszüge aus dem Vorentwurf zur Verwendung für ein Raumordnungsverfahren,
k) Kostenschätzung,
l) Zusammenstellen aller Vorplanungsergebnisse;

Leistungsphase 3: Entwurfsplanung (System- und Integrationsplanung)

a) Durcharbeiten des Planungskonzepts (stufenweise Erarbeitung einer zeichnerischen Lösung) unter Berücksichtigung aller fachspezifischen Anforderungen und unter Verwendung der Beiträge anderer an der Planung fachlich Beteiligter bis zum vollständigen Entwurf,
b) Erläuterungsbericht,
c) fachspezifische Berechnungen, ausgenommen Berechnungen des Tragwerks,
d) zeichnerische Darstellung des Gesamtentwurfs,
e) Finanzierungsplan, Bauzeiten- und Kostenplan, Ermitteln und Begründen der zuwendungsfähigen Kosten sowie Vorbereiten der Anträge auf Finanzierung, Mitwirken beim Erläutern des vorläufigen Entwurfs gegenüber Bürgerinnen und Bürgern und politischen Gremien, Überarbeiten des vorläufigen Entwurfs aufgrund von Bedenken und Anregungen,
f) Verhandlungen mit Behörden und anderen an der Planung fachlich Beteiligten über die Genehmigungsfähigkeit,
g) Kostenberechnung,
h) Kostenkontrolle durch Vergleich der Kostenberechnung mit Kostenschätzung,
i) bei Verkehrsanlagen: überschlägige Festlegung der Abmessungen von Ingenieurbauwerken; Zusammenfassen aller vorläufigen Entwurfsunterlagen; Weiterentwickeln des vorläufigen Entwurfs zum endgültigen Entwurf; Ermitteln der Schallimmissionen von der Verkehrsanlage nach Tabellenwerten; Festlegen der erforderlichen Schallschutzmaßnahmen an der Verkehrsanlage, gegebenenfalls unter Einarbeitung der Ergebnisse detaillierter schalltechnischer Untersuchungen und Feststellen der Notwendigkeit von Schallschutzmaßnahmen an betroffenen Gebäuden; rechnerische Festlegung der Anlage in den Haupt- und Kleinpunkten; Darlegen der Auswirkungen auf Zwangspunkte, Nachweis der Lichtraumprofile; überschlägiges Ermitteln der wesentlichen Bauphasen unter Berücksichtigung der Verkehrslenkung während der Bauzeit,
j) Zusammenfassen aller Entwurfsunterlagen;

Leistungsphase 4: Genehmigungsplanung

a) Erarbeiten der Unterlagen für die erforderlichen öffentlich-rechtlichen Verfahren einschließlich der Anträge auf Ausnahmen und Befreiungen, Aufstellen des Bauwerksverzeichnisses unter Verwendung der Beiträge anderer an der Planung fachlich Beteiligter,
b) Einreichen dieser Unterlagen,
c) Grunderwerbsplan und Grunderwerbsverzeichnis,
d) bei Verkehrsanlagen: Einarbeiten der Ergebnisse der schalltechnischen Untersuchungen,
e) Verhandlungen mit Behörden,
f) Vervollständigen und Anpassen der Planungsunterlagen, Beschreibungen und Berechnungen unter Verwendung der Beiträge anderer an der Planung fachlich Beteiligter,
g) Mitwirken beim Erläutern gegenüber Bürgerinnen und Bürgern,
h) Mitwirken im Planfeststellungsverfahren einschließlich der Teilnahme an Erörterungsterminen sowie Mitwirken bei der Abfassung der Stellungnahmen zu Bedenken und Anregungen;

Leistungsphase 5: Ausführungsplanung

a) Durcharbeiten der Ergebnisse der Leistungsphasen 3 und 4 (stufenweise Erarbeitung und Darstellung der Lösung) unter Berücksichtigung aller fachspezifischen Anforderungen und Verwendung der Beiträge anderer an der Planung fachlich Beteiligter bis zur ausführungsreifen Lösung,
b) zeichnerische und rechnerische Darstellung des Objekts mit allen für die Ausführung notwendigen Einzelangaben einschließlich Detailzeichnungen in den erforderlichen Maßstäben,
c) Erarbeiten der Grundlagen für die anderen an der Planung fachlich Beteiligten und Integrieren ihrer Beiträge bis zur ausführungsreifen Lösung,
d) Fortschreiben der Ausführungsplanung während der Objektausführung;

Leistungsphase 6: Vorbereitung der Vergabe

a) Mengenermittlung und Aufgliederung nach Einzelpositionen unter Verwendung der Beiträge anderer an der Planung fachlich Beteiligter,
b) Aufstellen der Verdingungsunterlagen, insbesondere Anfertigen der Leistungsbeschreibungen mit Leistungsverzeichnissen sowie der Besonderen Vertragsbedingungen,
c) Abstimmen und Koordinieren der Verdingungsunterlagen der an der Planung fachlich Beteiligten,
d) Festlegen der wesentlichen Ausführungsphasen;

Leistungsphase 7: Mitwirkung bei der Vergabe

a) Zusammenstellen der Vergabe- und Vertragsunterlagen für alle Leistungsbereiche,
b) Einholen von Angeboten,
c) Prüfen und Werten der Angebote einschließlich Aufstellen eines Preisspiegels,
d) Abstimmen und Zusammenstellen der Leistungen der fachlich Beteiligten, die an der Vergabe mitwirken,
e) Mitwirken bei Verhandlungen mit Bietern,
f) Fortschreiben der Kostenberechnung,
g) Kostenkontrolle durch Vergleich der fortgeschriebenen Kostenberechnung mit der Kostenberechnung,
h) Mitwirken bei der Auftragserteilung;

Leistungsphase 8: Bauoberleitung

a) Aufsicht über die örtliche Bauüberwachung, soweit die Bauoberleitung und die örtliche Bauüberwachung getrennt vergeben werden, Koordinierung der an der Objektüberwachung fachlich Beteiligten, insbesondere Prüfen auf Übereinstimmung und Freigeben von Plänen Dritter,
b) Aufstellen und Überwachen eines Zeitplans (Balkendiagramm),
c) Inverzugsetzen der ausführenden Unternehmen,
d) Abnahme von Leistungen und Lieferungen unter Mitwirkung der örtlichen Bauüberwachung und anderer an der Planung und Objektüberwachung fachlich Beteiligter unter Fertigung einer Niederschrift über das Ergebnis der Abnahme,
e) Antrag auf behördliche Abnahmen und Teilnahme daran,

f) Übergabe des Objekts einschließlich Zusammenstellung und Übergabe der erforderlichen Unterlagen, zum Beispiel Abnahmeniederschriften und Prüfungsprotokolle,
g) Zusammenstellen von Wartungsvorschriften für das Objekt,
h) Überwachen der Prüfungen der Funktionsfähigkeit der Anlagenteile und der Gesamtanlage,
i) Auflisten der Verjährungsfristen für Mängelansprüche,
j) Kostenfeststellung,
k) Kostenkontrolle durch Überprüfen der Leistungsabrechnung der bauausführenden Unternehmen im Vergleich zu den Vertragspreisen und der fortgeschriebenen Kostenberechnung;

Leistungsphase 9: Objektbetreuung und Dokumentation

a) Objektbegehung zur Mängelfeststellung vor Ablauf der Verjährungsfristen für Gewährleistungsansprüche gegenüber den ausführenden Unternehmen,
b) Überwachen der Beseitigung von Mängeln, die innerhalb der Verjährungsfristen der Mängelansprüche, längstens jedoch bis zum Ablauf von vier Jahren seit Abnahme der Leistungen auftreten,
c) Mitwirken bei der Freigabe von Sicherheitsleistungen,
d) systematische Zusammenstellung der zeichnerischen Darstellungen und rechnerischen Ergebnisse des Objekts.

Anlage 13 zu § 49 Absatz 1: Leistungen im Leistungsbild Tragwerksplanung

Leistungsphase 1: Grundlagenermittlung

Klären der Aufgabenstellung auf dem Fachgebiet Tragwerksplanung im Benehmen mit dem Objektplaner;

Leistungsphase 2: Vorplanung (Projekt- und Planungsvorbereitung)

a) Bei Ingenieurbauwerken nach § 40 Nummer 6 und 7: Übernahme der Ergebnisse aus Leistungsphase 1 der Anlage 12,
b) Beraten in statisch-konstruktiver Hinsicht unter Berücksichtigung der Belange der Standsicherheit, der Gebrauchsfähigkeit und der Wirtschaftlichkeit,
c) Mitwirken bei dem Erarbeiten eines Planungskonzepts einschließlich Untersuchung der Lösungsmöglichkeiten des Tragwerks unter gleichen Objektbedingungen mit skizzenhafter Darstellung, Klärung und Angabe der für das Tragwerk wesentlichen konstruktiven Festlegungen für zum Beispiel Baustoffe, Bauarten und Herstellungsverfahren, Konstruktionsraster und Gründungsart,
d) Mitwirken bei Vorverhandlungen mit Behörden und anderen an der Planung fachlich Beteiligten über die Genehmigungsfähigkeit,
e) Mitwirken bei der Kostenschätzung; bei Gebäuden und zugehörigen baulichen Anlagen nach DIN 276;

Leistungsphase 3: Entwurfsplanung (System- und Integrationsplanung)

a) Erarbeiten der Tragwerkslösung unter Beachtung der durch die Objektplanung integrierten Fachplanungen bis zum konstruktiven Entwurf mit zeichnerischer Darstellung,
b) Überschlägige statische Berechnung und Bemessung,
c) Grundlegende Festlegungen der konstruktiven Details und Hauptabmessungen des Tragwerks für zum Beispiel Gestaltung der tragenden Querschnitte, Aussparungen und Fugen; Ausbildung der Auflager- und Knotenpunkte sowie der Verbindungsmittel,
d) Mitwirken bei der Objektbeschreibung,
e) Mitwirken bei Verhandlungen mit Behörden und anderen an der Planung fachlich Beteiligten über die Genehmigungsfähigkeit,
f) Mitwirken bei der Kostenberechnung, bei Gebäuden und zugehörigen baulichen Anlagen: nach DIN 276,
g) Mitwirken bei der Kostenkontrolle durch Vergleich der Kostenberechnung mit der Kostenschätzung;

Leistungsphase 4: Genehmigungsplanung

a) Aufstellen der prüffähigen statischen Berechnungen für das Tragwerk unter Berücksichtigung der vorgegebenen bauphysikalischen Anforderungen,
b) Bei Ingenieurbauwerken: Erfassen von normalen Bauzuständen,
c) Anfertigen der Positionspläne für das Tragwerk oder Eintragen der statischen Positionen, der Tragwerksabmessungen, der Verkehrslasten, der Art und Güte der Baustoffe und der Besonderheiten der Konstruktionen in die Entwurfszeichnungen des Objektplaners (zum Beispiel in Transparentpausen),

d) Zusammenstellen der Unterlagen der Tragwerksplanung zur bauaufsichtlichen Genehmigung,
e) Verhandlungen mit Prüfämtern und Prüfingenieuren,
f) Vervollständigen und Berichtigen der Berechnungen und Pläne;

Leistungsphase 5: Ausführungsplanung

a) Durcharbeiten der Ergebnisse der Leistungsphasen 3 und 4 unter Beachtung der durch die Objektplanung integrierten Fachplanungen,
b) Anfertigen der Schalpläne in Ergänzung der fertiggestellten Ausführungspläne des Objektplaners,
c) Zeichnerische Darstellung der Konstruktionen mit Einbau- und Verlegeanweisungen, zum Beispiel Bewehrungspläne, Stahlbaupläne, Holzkonstruktionspläne (keine Werkstattzeichnungen),
d) Aufstellen detaillierter Stahl- oder Stücklisten als Ergänzung zur zeichnerischen Darstellung der Konstruktionen mit Stahlmengenermittlung;

Leistungsphase 6: Vorbereitung der Vergabe

a) Ermitteln der Betonstahlmengen im Stahlbetonbau, der Stahlmengen in Stahlbau und der Holzmengen im Ingenieurholzbau als Beitrag zur Mengenermittlung des Objektplaners,
b) Überschlägiges Ermitteln der Mengen der konstruktiven Stahlteile und statisch erforderlichen Verbindungs- und Befestigungsmittel im Ingenieurholzbau,
c) Aufstellen von Leistungsbeschreibungen als Ergänzung zu den Mengenermittlungen als Grundlage für das Leistungsverzeichnis des Tragwerks;

Anlage 14 zu § 53 Absatz 1:
Leistungen im Leistungsbild Technische Ausrüstung

Leistungsphase 1: Grundlagenermittlung

a) Klären der Aufgabenstellung der Technischen Ausrüstung im Benehmen mit dem Auftraggeber und dem Objektplaner oder der Objektplanerin, insbesondere in technischen und wirtschaftlichen Grundsatzfragen,
b) Zusammenfassen der Ergebnisse;

Leistungsphase 2: Vorplanung (Projekt- und Planungsvorbereitung)

a) Analyse der Grundlagen,
b) Erarbeiten eines Planungskonzepts mit überschlägiger Auslegung der wichtigen Systeme und Anlagenteile einschließlich Untersuchung der alternativen Lösungsmöglichkeiten nach gleichen Anforderungen mit skizzenhafter Darstellung zur Integrierung in die Objektplanung einschließlich Wirtschaftlichkeitsvorbetrachtung,
c) Aufstellen eines Funktionsschemas beziehungsweise Prinzipschaltbildes für jede Anlage,
d) Klären und Erläutern der wesentlichen fachspezifischen Zusammenhänge, Vorgänge und Bedingungen,
e) Mitwirken bei Vorverhandlungen mit Behörden und anderen an der Planung fachlich Beteiligten über die Genehmigungsfähigkeit,
f) Mitwirken bei der Kostenschätzung, bei Anlagen in Gebäuden: nach DIN 276,
g) Zusammenstellen der Vorplanungsergebnisse;

Leistungsphase 3: Entwurfsplanung (System- und Integrationsplanung)

a) Durcharbeiten des Planungskonzepts (stufenweise Erarbeitung einer zeichnerischen Lösung) unter Berücksichtigung aller fachspezifischen Anforderungen sowie unter Beachtung der durch die Objektplanung integrierten Fachplanungen bis zum vollständigen Entwurf,
b) Festlegen aller Systeme und Anlagenteile,
c) Berechnung und Bemessung sowie zeichnerische Darstellung und Anlagenbeschreibung,
d) Angabe und Abstimmung der für die Tragwerksplanung notwendigen Durchführungen und Lastangaben (ohne Anfertigen von Schlitz- und Durchbruchsplänen),
e) Mitwirken bei Verhandlungen mit Behörden und anderen an der Planung fachlich Beteiligten über die Genehmigungsfähigkeit,
f) Mitwirken bei der Kostenrechnung, bei Anlagen in Gebäuden: nach DIN 276,
g) Mitwirken bei der Kostenkontrolle durch Vergleich der Kostenberechnung mit der Kostenschätzung;

Leistungsphase 4: Genehmigungsplanung

a) Erarbeiten der Vorlagen für die nach den öffentlich-rechtlichen Vorschriften erforderlichen Genehmigungen oder Zustimmungen einschließlich der Anträge auf Ausnahmen und Befreiungen sowie noch notwendiger Verhandlungen mit Behörden,
b) Zusammenstellen dieser Unterlagen,
c) Vervollständigen und Anpassen der Planungsunterlagen, Beschreibungen und Berechnungen;

Leistungsphase 5: Ausführungsplanung

a) Durcharbeiten der Ergebnisse der Leistungsphasen 3 und 4 (stufenweise Erarbeitung und Darstellung der Lösung) unter Berücksichtigung aller fachspezifischen Anforderungen sowie unter Beachtung der durch die Objektplanung integrierten Fachleistungen bis zur ausführungsreifen Lösung,
b) Zeichnerische Darstellung der Anlagen mit Dimensionen (keine Montage- und Werkstattzeichnungen),
c) Anfertigen von Schlitz- und Durchbruchsplänen,
d) Fortschreibung der Ausführungsplanung auf den Stand der Ausschreibensergebnisse;

Leistungsphase 6: Vorbereitung der Vergabe

a) Ermitteln von Mengen als Grundlage für das Aufstellen von Leistungsverzeichnissen in Abstimmung mit Beiträgen anderer an der Planung fachlich Beteiligter,
b) Aufstellen von Leistungsbeschreibungen mit Leistungsverzeichnissen nach Leistungsbereichen;

Leistungsphase 7: Mitwirkung bei der Vergabe

a) Prüfen und Werten der Angebote einschließlich Aufstellens eines Preisspiegels nach Teilleistungen,
b) Mitwirken bei der Verhandlung mit Bietern und Erstellen eines Vergabevorschlages,
c) Mitwirken beim Kostenanschlag aus Einheits- oder Pauschalpreisen der Angebote, bei Anlagen in Gebäuden: nach DIN 276,
d) Mitwirken bei der Kostenkontrolle durch Vergleich des Kostenanschlags mit der Kostenberechnung,
e) Mitwirken bei der Auftragserteilung;

Leistungsphase 8: Objektüberwachung (Bauüberwachung)

a) Überwachen der Ausführung des Objektes auf Übereinstimmung mit der Baugenehmigung oder Zustimmung, den Ausführungsplänen, den Leistungsbeschreibungen oder Leistungsverzeichnissen sowie mit den allgemein anerkannten Regeln der Technik und den einschlägigen Vorschriften,
b) Mitwirken beim Aufstellen und Überwachen eines Zeitplanes (Balkendiagramm),
c) Mitwirken beim Führen eines Bautagebuches,
d) Mitwirken beim Aufmaß mit den ausführenden Unternehmen,
e) Fachtechnische Abnahme der Leistungen und Feststellen der Mängel,
f) Rechnungsprüfung,
g) Mitwirken bei der Kostenfeststellung, bei Anlagen in Gebäuden: nach DIN 276,
h) Antrag auf behördliche Abnahmen und Teilnahme daran,
i) Zusammenstellen und Übergeben der Revisionsunterlagen, Bedienungsanleitungen und Prüfprotokolle,
j) Mitwirken beim Auflisten der Verjährungsfristen für Mängelansprüche,
k) Überwachen der Beseitigung der bei der Abnahme der Leistungen festgestellten Mängel,
l) Mitwirken bei der Kostenkontrolle durch Überprüfen der Leistungsabrechnung der bauausführenden Unternehmen im Vergleich zu den Vertragspreisen und dem Kostenanschlag;

Leistungsphase 9: Objektbetreuung und Dokumentation

a) Objektbegehung zur Mängelfeststellung vor Ablauf der Verjährungsfristen für Mängelansprüche gegenüber den ausführenden Unternehmen,
b) Überwachen der Beseitigung von Mängeln, die innerhalb der Verjährungsfristen für Mängelansprüche, längstens jedoch bis zum Ablauf von vier Jahren seit Abnahme der Leistungen auftreten,
c) Mitwirken bei der Freigabe von Sicherheitsleistungen,
d) Mitwirken bei der systematischen Zusammenstellung der zeichnerischen Darstellungen und rechnerischen Ergebnisse des Objekts.

D Amtliche Begründung

Quelle: Gesetzentwurf der Bundesregierung vom 30.04.2009
Die Begründung bezieht sich daher auf die im April 2009 noch geltende HOAI 1996.

A Allgemeines

I. Ausgangslage und Zielsetzung

Nach der Koalitionsvereinbarung vom 11. November 2005 soll die Honorarordnung für Architekten und Ingenieure (HOAI) systemkonform vereinfacht sowie transparenter und flexibler gestaltet werden. Außerdem sollen noch stärkere Anreize zum kostengünstigen und qualitätsbewusstem Bauen in ihr verankert werden. Der Bundesrat hat die letzte Novellierung der HOAI im Jahr 1996 mit Prüfaufträgen an die Bundesregierung verbunden und die Bundesregierung in seinem Beschluss vom 6. Juni 1997 in Verbindung mit der Entschließung vom 14. Juli 1995 aufgefordert, die HOAI zu vereinfachen, transparenter zu gestalten und Anreize für kostensparendes Bauen aufzunehmen.

Dies war auch Anlass, um durch ein Forschungsgutachten (Statusbericht 2000plus Architekten/Ingeneure der TU Berlin im Auftrag des Bundesministeriums für Wirtschaft und Technologie) die Situation des Berufsstandes und die Bedingungen für die HOAI klären zu lassen. Seine Ergebnisse fließen in die Reform der HOAI ein. Nach dem Berichtsergebnis ist die HOAI vor allem aus Gründen des Verbraucherschutzes notwendig.

Mit der Reform der HOAI soll der Wettbewerb gefördert und der Bürokratieabbau vorangebracht werden. Deshalb wird der Anwendungsbereich der Honorarordnung in einen verbindlichen Teil und eine Anlage mit Kann-Vorschriften (ausgenommen die verbindlich geltenden Objektlisten) geteilt, um Auftraggeber/Auftraggeberinnen sowie Auftragnehmer/Auftragnehmerinnen mehr Freiraum zur Vertragsgestaltung zu lassen. Dies ist vor allem bei der Beauftragung moderner komplexer Planungsprozesse bedeutsam. Die Büros werden konsequenter als bisher zur betriebswirtschaftlichen Kalkulation und Vertragsgestaltung angehalten, was auch zur Stärkung der internationalen Wettbewerbsfähigkeit und zu einer verstärkten Auslandsorientierung gerade von mittelständischen Büros beiträgt.

Der Verordnungsentwurf enthält wesentliche Vereinfachungen und ist ein einfacheres, transparenteres Regelungsmodell. Die verbindlichen Regeln sollen unerfahrene Bauherren angesichts der asymmetrischen Informationslage zwischen Planern und Bauherren schützen und dienen damit dem Verbraucherschutz. Die Ausweisung unverbindlicher Empfehlungen in der Anlage soll ein Orientierungsgeländer sein, um den Übergang von verbindlichen Regelungen in die Freivereinbarkeit abzufedern.

Die neue HOAI berücksichtigt auch Vorgaben der Richtlinie des europäischen Parlaments und des Rates über Dienstleistungen am Binnenmarkt (Dienstleistungsrichtlinie) vom 12. Dezember 2006.

Diese Richtlinie regelt in den Artikeln 14 und 15 die Niederlassungsfreiheit (für Dienstleistungserbringer). Die Vorgabe von festgesetzten Mindest- und Höchstpreisen ist in

Bezug auf die Niederlassungsfreiheit von Dienstleistungserbringern anderer Mitgliedstaaten nur insoweit zulässig, als sie durch zwingende Gründe des Allgemeinwohls zu rechtfertigen ist (Artikel 15 Absatz 3 b der Dienstleistungsrichtlinie). Wie im Erwägungsgrund 40 der Richtlinie ausgeführt wird, umfasst der Begriff des Allgemeininteresses u.a. auch Gründe des Verbraucherschutzes, des Schutzes der Umwelt und der städtischen Umwelt einschließlich der Stadt- und Raumplanung sowie die Wahrung des nationalen historischen und künstlerischen Erbes.

Die Mitgliedstaaten stellen des Weiteren sicher, dass Anforderungen, zum Beispiel an die Beachtung von festgesetzten Mindest- und Höchstpreisen, verhältnismäßig in dem Sinne sind, dass sie nicht durch minder einschneidende Maßnahmen ersetzt werden können.

Auf den Märkten für Planungsleistungen existieren teilweise Informationsasymmetrien zwischen Anbietern/Anbieterinnen und Nachfragern/Nachfragerinnen von Planungsleistungen; insbesondere sind einmalige Nachfrager/Nachfragerinnen von Planungsleistungen mangels Erfahrung vielfach nicht in der Lage, die Qualitäten angebotener Planungsleistungen bei Auftragserteilung einzuschätzen (dazu der Bericht über den Wettbewerb bei freiberuflichen Dienstleistungen in der Mitteilung KOM (2004) 83 endg. der Kommission vom 9. Februar 2004, Seite 10). Insofern können Mindest- und Höchstsätze zum Verbraucherschutz beitragen.

Zwar können Mindesthonorare die Mitglieder eines Berufsstands nicht davon abhalten, minderwertige Dienstleistungen zu erbringen; doch hat der EuGH im sog. Cipolla-Urteil vom 5. Dezember 2006 festgestellt, dass nicht von vornherein ausgeschlossen werden kann, dass solche Honorare helfen, in einem Markt mit einer großen Anzahl zugelassener und praktizierender Angehöriger der freien Berufe einen Konkurrenzkampf zu vermeiden, der zu Billigangeboten führen könnte, was das Risiko eines Verfalls der Qualität der erbrachten Dienstleistungen zur Folge hätte.

Der in der Dienstleistungsrichtlinie vorgesehene Schutz des freien Dienstleistungsverkehrs (Artikel 16 Absatz 2 Buchstabe d) und Absatz 3) geht über die Niederlassungsfreiheit hinaus. Hier ist ein allgemeines Behinderungsverbot für die vorübergehende Aufnahme und Ausübung der Dienstleistungstätigkeit vorgesehen. Der Schutz der Dienstleistungsrichtlinie umfasst nach Artikel 16 Absatz 1 diejenigen Dienstleistungserbringer, die Dienstleistungen in einem anderen Mitgliedstaat als demjenigen ihrer Niederlassung erbringen, das heißt, das Behinderungsverbot schützt Planer mit Bürositz im Ausland. Nach Artikel 16 Absatz 3 Dienstleistungsrichtlinie können Eingriffe in die Dienstleistungsfreiheit aus Gründen der öffentlichen Ordnung, der öffentlichen Sicherheit, der öffentlichen Gesundheit oder des Schutzes der Umwelt gerechtfertigt sein. Diese Rechtfertigungsgründe sind abschließend, der Verbraucherschutz ist in Artikel 16 der Richtlinie nicht genannt.

Unbestritten ist, dass Artikel 16 der Dienstleistungsrichtlinie auf die HOAI anwendbar ist und dass staatliches Preisrecht die Dienstleistungsfreiheit grundsätzlich beschränkt. Die jüngsten Feststellungen des EuGH im Cipolla-Urteil untermauern, dass Mindest- und Höchstsätze gegen die Dienstleistungsfreiheit verstoßen.

In Bezug auf die HOAI gibt Artikel 16 Dienstleistungsrichtlinie vor, dass es den Mitgliedstaaten verboten ist, Architekten/Architektinnen und Ingenieuren/Ingenieurinnen mit (ausschließlichem) Sitz im Ausland die Anwendung der HOAI vorzuschreiben, es sei

Amtliche Begründung

denn, dass einer der oben genannten Rechtfertigungsgründe greift. Die HOAI wird nach allgemeiner Auffassung aus den in Artikel 16 Absatz 3 der Richtlinie genannten Gründen der öffentlichen Ordnung, Sicherheit, Gesundheit oder des Schutzes der Umwelt nicht gerechtfertigt.

Deshalb ist die HOAI nur dann mit Artikel 16 der Dienstleistungsrichtlinie konform, wenn ausschließlich im Ausland niedergelassene Architekten/Architektinnen und Ingenieure/Ingenieurinnen aus ihrem Anwendungsbereich ausgenommen sind. Auf EU-Ebene gehen die Rechtsprechung des EuGH und die herrschende Meinung im europarechtlichen Schrifttum jedenfalls einhellig von der Zulässigkeit einer Inländerdiskriminierung aus, da die Gemeinschaftsgrundrechte des Vertrags zur Gründung der Europäischen Gemeinschaft (EGV) keine Anwendung bei reinen Inlandssachverhalten finden, die keinen gemeinschaftsrechtlichen Bezug aufweisen.

Klarzustellen ist hier aber, dass die Richtlinie einen Auslandssitz nur in engen Grenzen anerkennt: immer wenn ein Architekt/eine Architektin oder ein Ingenieur/eine Ingenieurin seine/ihre Tätigkeit faktisch mittels einer festen Einrichtung auf unbestimmte Zeit in Deutschland ausübt, gilt er/sie als in Deutschland niedergelassen, kann sich also nicht auf Artikel 16 berufen (siehe Erwägungsgrund 37 und Artikel 4 Nummer 4 der Dienstleistungsrichtlinie).

Auf nationaler Ebene könnte wegen der Begrenzung des Anwendungsbereichs der HOAI auf Büros mit Sitz im Inland theoretisch der Gleichheitsgrundsatz oder die Berufsausübungsfreiheit des Grundgesetzes berührt sein. Der Gleichheitsanspruch nach Artikel 3 Absatz 1 Grundgesetz besteht nach der ständigen Rechtsprechung des Bundesverfassungsgerichts aber nur gegenüber dem nach der Kompetenzordnung konkret zuständigen Träger öffentlicher Gewalt. Dieser Grundsatz ist nicht nur auf das Verhältnis verschiedener Bundesländer, Gemeinden oder Gerichte anzuwenden, sondern auch auf das Verhältnis der innerstaatlichen Gesetzgebung und die Ausübung hoheitlicher Gewalt durch die Organe der Europäischen Gemeinschaft.

Die Europäische Gemeinschaft regelt die Bedingungen der Marktteilnahme der Drittstaatsangehörigen, während der deutsche Verordnungsgeber die Bedingungen für Architekten/Architektinnen und Ingenieure/Ingenieurinnen mit Sitz im Inland bestimmt. Das Gebot der Gleichbehandlung bezweckt nicht, die Angehörigen anderer Mitgliedstaaten vor der Anwendung eines strengeren Rechtes als in ihrem Heimatrecht zu schützen oder umgekehrt die Gleichbehandlung Deutscher in anderen Europäischen Staaten sicherzustellen (so auch der Statusbericht, Kapitel 5 Seite 4). Der jeweilige Gesetzgeber ist nur gehalten, im jeweils ihm zugeordneten Gesetzgebungsbereich den Gleichheitsgrundsatz zu wahren.

Gleichwohl besteht ein verfassungsrechtlich relevanter Eingriff wegen der Bindung inländischer Büros an die Mindestsätze. (Dazu BVerfGE vom 26. September 2005, 1 BvR 82/03.) Der Eingriff ist aber sachlich gerechtfertigt.

Die Beschränkung der Unterschreitung der Mindestsätze für Architekten/Architektinnen und Ingenieure/Ingenieurinnen mit Sitz im Inland greift in die in Artikel 12 Absatz 1 GG geschützte Berufsausübungsfreiheit ein, weil sie inländische Planer/Planerinnen daran hindert, ihre Honorare frei zu vereinbaren. Außerdem stellt die Beschränkung der Anwendung der HOAI auf Büros mit Sitz im Inland in Ansehung eines etwaigen Preiswettbewerbs mit ausschließlich im Ausland ansässigen Architekten/Architektinnen und Ingenieuren/Ingenieurinnen einen Nachteil für Planer/Planerinnen mit Inlandsbezug dar. Eine Benachteiligung von Inländern ist aber nicht per se unzulässig (BVerfG, NJW 2005, 1736).

Solche Eingriffe sind verfassungsrechtlich gerechtfertigt, wenn wichtige Gründe des Allgemeinwohls vorliegen und die Regelung verhältnismäßig ist. Das gewählte Mittel zur Erreichung des verfolgten Zwecks muss geeignet und erforderlich sein und bei einer Gesamtabwägung zwischen der Schwere des Eingriffs und dem Gewicht der ihn rechtfertigenden Gründe die Grenze der Zumutbarkeit noch wahren (BVerfGE 76, 196 (207); 85, 248 (259)).

Die Honorarordnung für Architekten/Architektinnen und Ingenieure/Ingenieurinnen als Rechtsverordnung mit Zustimmung der Länder beruht auf dem Gesetz zur Regelung von Ingenieur- und Architektenleistungen. Zweck der Mindestsätze ist ausweislich der Gesetzesmaterialien zu der entsprechenden Norm in der Ermächtigungsgrundlage die Vermeidung eines ruinösen Preiswettbewerbs zwischen Architekten/Architektinnen, der die Qualität der Planungstätigkeit gefährden würde (BT-Drs. 10/543, S. 4 und BT-Drs. 10/1562, S. 5).

Die Sicherung und Verbesserung der Qualität der Tätigkeit der Architekten/Architektinnen stellt nach der Feststellung des Bundesverfassungsgerichts in seiner Entscheidung vom 26.09.2005 ein legitimes Ziel dar. Zu seiner Herbeiführung sind verbindliche Mindesthonorarsätze geeignet, da sie den Architekten/Architektinnen und Ingenieuren/Ingenieurinnen jenseits von Preiskonkurrenz den Freiraum schaffen, hochwertige Arbeit zu erbringen, die sich im Leistungswettbewerb der Architekten/Architektinnen bewähren muss.

Die Einschränkung der Wettbewerbschancen inländischer Architekten/Architektinnen und Ingenieure/Ingenieurinnen muss auch zumutbar sein. Sie richtet sich nach dem Ausmaß des Wettbewerbsnachteils, wobei zunächst darauf abzustellen ist, inwieweit eine Konkurrenzsituation überhaupt gegeben ist. Nach den Feststellungen des Statusberichts 2000plus (Kapitel 2-49) ist die Vielfalt der Honorarberechnung in anderen europäischen Mitgliedstaaten so groß, dass eine Vergleichbarkeit zwischen ihnen kaum herzustellen ist. Die Feststellung einer Konkurrenzsituation setzt eine vergleichende Betrachtung von Leistung und Honorierung voraus, die nach den Ermittlungen des Gutachters angesichts der großen Unterschiede kaum möglich ist.

Im Vergleich zu Leistungserbringern mit Sitz im Ausland wirken sich die Besonderheiten der deutschen Rechtsordnung, insbesondere das nationale Bauordnungsrecht und die Gestaltung der Rechtsverhältnisse der Planer nach dem Werkvertragsrecht aus. Außerhalb der deutschen Grenzen ist überwiegend Dienstleistungsrecht maßgeblich. Gegen die Vergabe an ausländische Planungsanbieter sprechen außerdem Praktikabilitätsgründe, da vor allem öffentliche Auftraggeber sich bei Planungsvergaben in Deutschland praktisch ausschließlich am System der HOAI orientieren und deren Leistungsphasen, Vertragskonditionen und Honorarfestsetzungen zugrunde legen. Dazu treten die Auswirkungen der Sprachbarriere, da die Planungsaufgaben eine intensive Kommunikation zwischen Auftraggeber und Auftragnehmer erfordern. Auch die Ausbildungsstandards im In- und Ausland divergieren stark. Nennenswerter Wettbewerb findet sich daher allenfalls bei Großprojekten außerhalb der HOAI-Tafelwerte oder begrenzt auf die unmittelbare Nachbarschaft zu den Landesgrenzen.

Amtliche Begründung

Diese Einschätzung wird durch Architekten/Architektinnen und Ingenieure/Ingenieurinnen untermauert, die selbst die Beibehaltung der Mindest- und Höchstsätze im Inland fordern und keine Einwände gegen eine mögliche Ungleichbehandlung erheben. Vonseiten der Spitzenverbände des Berufstandes wird rechtstatsächlich der reale Wettbewerb durch ausländische Anbieter im Bereich der HOAI als statistisch praktisch nicht messbar bezeichnet. Neuere Untersuchungen belegen auch empirisch die unverändert geringe Marktdurchdringung durch ausländische Anbieter bei Planungsleistungen in Deutschland. Insofern liegt die geringfügige Einschränkung der Wettbewerbschancen inländischer Anbieter im Hinblick auf die Schutzzwecke der HOAI im zumutbaren Rahmen.

II. Gesetzgebungskompetenz

Die HOAI ist eine Rechtsverordnung der Bundesregierung mit Zustimmung des Bundesrates und ist dem Preisrecht zuzuordnen. BMWi ist für das Preisrecht federführend zuständig. Der Verordnungsentwurf hält die Vorgaben der Verordnungsermächtigung ein, sodass eine Änderung des „Gesetzes zur Regelung von Ingenieur- und Architektenleistungen" vom 4. November 1971, geändert durch Gesetz vom 12. November 1984, nicht notwendig ist.

In Bezug auf die Regelung der Beratungsleistungen bleibt der Verordnungsentwurf hinter den Vorgaben der Verordnungsermächtigung zurück. Die Ermächtigungsgrundlage gibt dem Verordnungsgeber zwar die Befugnis zum Erlass einer Rechtsverordnung, sie legt ihm aber keine Pflicht zu ihrem Erlass auf. Dem Verordnungsgeber ist deshalb erst recht freigestellt, Teile der bisherigen HOAI, auch wenn sie in der Ermächtigung genannt sind, ungeregelt zu lassen beziehungsweise als unverbindliche Empfehlungen im Anhang zu regeln. Auch der Statusbericht kommt zu dem Ergebnis, dass „dem Verordnungsgeber aus der Ermächtigungsgrundlage keine Verpflichtung erwächst, alle vorkommenden Architekten- und Ingenieurleistungen zu regeln" (Statusbericht 2000plus, Kapitel 9, Seite 3). Der Verordnungsgeber muss nur den Zweckerwägungen folgen, die der Gesetzgeber im ermächtigenden Gesetz angelegt hat.

Der Gesetzgeber wollte ursprünglich mit der Neuordnung des Honorarrechts für Ingenieur- und Architektenleistungen eine Senkung der Baukosten erreichen, um dem 1970/1971 feststellbaren starken Anstieg der Mieten entgegenzuwirken.

III. Wesentliche Regelungen im Überblick

Die Mindest- und Höchstsätze bleiben erhalten; ebenso die Honorarzonen, das heißt Schwierigkeitsgrade bei Planungen, als Kriterium für eine sachgerechte Bemessung der Honorarhöhe. Auf die Einführung neuer Leistungsbilder wird bisher verzichtet. Die Aktualisierung bestehender Leistungsbilder bleibt einer nächsten Novellierungsstufe vorbehalten. Die übrigen Änderungen dienen der Entschlackung der HOAI, die sich – entsprechend der höchstrichterlichen Rechtsprechung zur bisherigen HOAI – auf preisrechtliche Regelungen beschränken soll. Schuldrechtliche Elemente entfallen in der Neufassung so weitgehend wie möglich.

Auch wenn der Verordnungstext keine Befristung der Geltungsdauer enthält, sollte die HOAI spätestens nach fünf Jahren vom Verordnungsgeber überprüft werden. Damit wird für alle Beteiligten eine ausreichende Erprobungsphase im Umgang mit den Neuerungen der HOAI gewährleistet. Die Kombination von bewährten Regelungen und dem Wegfall von Preisbeschränkungen zugunsten der Vertragsfreiheit in einem abgegrenzten Zeitfenster ermöglicht eine Gesamtschau der neuen Gestaltungsmöglichkeiten. Auch vor dem Hintergrund der Rechtsentwicklungen in der EU sollte sich der Verordnungsgeber ein Zeitziel zur Überprüfung und gegebenenfalls Anpassung der HOAI setzen.

Die Änderung der Bezeichnung des Gesetzes trägt dem Gender Mainstreaming (§ 42 Absatz 5 Satz 2 GGO) Rechnung.

Die wesentlichen Neuerungen im Einzelnen

1. Begrenzung des Anwendungsbereichs der HOAI auf Büros mit Sitz im Inland

Neu ist, dass der Anwendungsbereich der HOAI zukünftig ausdrücklich auf Büros mit Sitz im Inland beschränkt wird, um der Vorgabe des Artikels 16 der Dienstleistungsrichtlinie Rechnung zu tragen.

2. Deregulierung der Beratungsleistungen

Zukünftig entfällt die Verpreisung von Beratungsleistungen für thermische Bauphysik, Schallschutz, Raumakustik, Bodenmechanik und vermessungstechnische Leistungen in der HOAI. Eine staatliche Preisvorgabe soll es nur noch für Planungsleistungen geben, nicht jedoch bei den vielfältigen Beratungsleistungen im Wirtschaftsleben. Eine Deregulierung der Beratungsleistungen ist auch im Preisrecht anderer freier Berufe aufgegriffen worden: Mit dem neuen Rechtsanwaltsvergütungsgesetz ist zum 1. Juli 2006 die staatliche Preisregulierung für Beratungsleistungen entfallen. Mit dem Wegfall der verbindlichen Preisregelungen für Beratungsleistungen werden weitere Freiräume für die Vertragsgestaltung geschaffen.

3. Abkoppelung der Honorare von der tatsächlichen Bausumme durch die Einführung des Baukostenberechnungsmodells, frühzeitige Möglichkeit der Honorarfestlegung durch Einführung des alternativen Baukostenvereinbarungsmodells

Mit der Einführung des neuen Baukostenberechnungsmodells wird einer Forderung des Bundesrates entsprochen und die Abkopplung von den tatsächlichen Baukosten erreicht. Die Honorarermittlung basiert nunmehr auf den anrechenbaren Kosten unter Zugrundelegung der Kostenberechnung, die anhand der abgeschlossenen Entwurfsplanung (Leistungsphase 3) erstellt wird. Entgegen der bisherigen Honorierung werden dem Leistungsphasen 5 bis 9 anstatt auf Basis der anrechenbaren Kosten nach dem Kostenanschlag oder der Kostenfeststellung ebenfalls auf Grundlage der anrechenbaren Kosten nach der Kostenberechnung ermittelt. Damit wird der Forderung des Bundesrates nach einer Abkoppelung von den tatsächlich festgestellten Baukosten Rechnung getragen.

Solange noch keine Entwurfsplanung als Voraussetzung für eine Kostenberechnung vorliegt, kann wie bisher das Honorar auf Basis der Kostenschätzung vorläufig ermittelt werden. Die anrechenbaren Kosten werden für die Leistungsbereiche, in denen in der Verordnung Bezug genommen wird, nunmehr nach der DIN 276 in ihrer aktuellen Fassung nach § 2 Nummer 13 berechnet.

Amtliche Begründung

Neben der Ermittlung des Honorars anhand der anrechenbaren Kosten besteht zukünftig auch die Möglichkeit der Baukostenvereinbarung. Damit kann auch bereits in einem sehr frühen Stadium, in dem noch keine Planungen als Voraussetzung für eine Kostenschätzung oder Kostenberechnung vorliegen, eine Honorarvereinbarung getroffen und im Sinne einer verbindlichen Kostenobergrenze festgelegt werden. Um keine unrealistischen Baukosten und hieraus resultierenden Honorare zu fixieren, sind nachprüfbare Baukosten Voraussetzung für eine solche Honorarvereinbarung, die zum Beispiel anhand vergleichbarer Referenzobjekte oder einer Bedarfsplanung zum Beispiel auf Basis der DIN 18205 ermittelt werden kann. Der Abschluss einer solchen Baukostenvereinbarung setzt in der Regel eine fachkundige Auftraggeberin oder einen fachkundigen Auftraggeber voraus. Aus diesem Grunde ist diese Regelung nur als alternative Möglichkeit aufgenommen worden.

4. Honorarerhöhungen

Die bisherigen Tafelwerte wurden seit 1996 nicht mehr erhöht. Vor diesem Hintergrund ist eine pauschale 10%ige Anhebung der Honorare geboten.

Gestrichene Vorschriften

(Alle unter Punkt 5 folgenden §§ beziehen sich auf die geltende HOAI.)

§ 4a (Abweichende Honorarermittlung)

Der bisherige § 4a wird gestrichen. Der bisherige Satz 1 des bisherigen § 4a geht sinngemäß in § 6 Absatz 2 (Baukostenvereinbarungsmodell) ein. Satz 2 des bisherigen § 4a wird in § 7 Absatz 5 übernommen.

§ 6 (Wegfall von Zeithonoraren)

Die Regelung des geltenden § 6 zu den Stundensätzen wird ersatzlos gestrichen, um den Planern mehr Flexibilität bei der Vertragsgestaltung zu ermöglichen. Auch im Statusbericht wird der Wegfall der Stundensätze als Alternative dargestellt (Kapitel 10, Seite 20).

§ 21 (Zeitliche Trennung der Ausführung)

Der geltende § 21 wird gestrichen. Für den Fall, dass der Auftrag nicht einheitlich in einem Zuge, sondern abschnittsweise in größeren Zeitabständen ausgeführt wird, sollte mit der bisherigen Regelung der Auftragnehmerin oder dem Auftragnehmer der Mehraufwand für die längeren Zwischenintervalle vergütetet werden. Da nicht stets alle Leistungsphasen zwingend beauftragt werden, findet die Vorschrift vor allem dann Anwendung, wenn eine Vollbeauftragung vorliegt.
Mit der Streichung der Vorschrift bezweckt der Verordnungsgeber die Bereinigung der HOAI von vertraglichen Regelungen. Unbenommen bleibt den Vertragsparteien, bei Bedarf, insbesondere wenn die Objektüberwachung beauftragt wurde, eine freie Vereinbarung nach dem Vorbild des bisherigen § 21 zu treffen.

§ 23 (Verschiedene Leistungen an einem Gebäude)

Die Regelung ist durch die allgemeine Regelung des § 6 Absatz 1, nach der sich das Honorar unter anderem nach dem jeweiligen Leistungsbild und bei Bauten im Bestand nach den §§ 35 und 36 richtet, bereits erfasst.

Die Beweislast für die Minderung des Aufwands liegt beim Auftraggeber, da es sich bei der Regelung des Absatzes 2 um eine Ausnahme zu Absatz 1 handelt. Es ist offengelassen, wie die Minderung zu erfolgen hat. Da der Vorschrift praktisch keine Bedeutung zukommt, wurde diese gestrichen.

In einer zweiten Novellierungsstufe ist geplant, die Leistungsbilder strukturell zu überarbeiten. Hierzu gehören auch die zunehmend an Bedeutung gewinnenden Leistungen von Planen und Bauen im Bestand. Der Statusbericht kommt in diesem Zusammenhang ebenfalls zu dem Ergebnis, dass die Regelung nur eine klarstellende Funktion habe und daher an dieser Stelle entfallen könne.

§ 25 Abs. 1 (Leistungen des raumbildenden Ausbaus)

Die Vorschrift wird gestrichen, da Absatz 1, wonach keine parallele Honorarberechnung für Leistungen bei Gebäuden und raumbildendem Ausbau zulässig ist, systemwidrig ist. Nach der HOAI werden alle Leistungsbilder getrennt honoriert. Dies entspricht auch dem Vorschlag des Statusberichts (Kapitel 10, Seite 45).

§ 26 (Einrichtungsgegenstände und integrierte Werbeanlagen)

Der geltende § 26 HOAI wird gestrichen, da die Regelung keine klare Honorarregelung enthält. Ferner sind alle Vorschriften zu streichen, die sich in der Praxis in preisrechtlicher Hinsicht als bedeutungslos erwiesen haben oder Leistungen nur kursorisch ansprechen, ohne dass dabei ein klares Leistungsbild entsteht. Die Streichung entspricht weitgehend den Streichungsvorschlägen des AHO (Ausschuss der Verbände und Kammern und Ingenieure und Architekten für die Honorarordnung e.V.) vom 19. September 2003, dessen Einschätzung der Verordnungsgeber in diesem Punkt teilt.

Teil III (Zusätzliche Leistungen) und

Teil IV (Gutachten und Wertermittlungen)

Die bisherigen §§ 28 bis 34 werden aus den gleichen Erwägungen wie in der Begründung zur Streichung des bisherigen § 26 (Einrichtungsgegenstände und integrierte Werbeanlagen) gestrichen.

Die Regelung zu § 32 Winterbau kann entfallen, da durch die Umstellung auf die DIN 276 in der Fassung vom November 2006 die Bauwerks- und Baukonstruktionskosten KG 300 unter der KG 397 – Zusätzliche Maßnahmen – auch den Winterbauschutz umfassen.

§ 36 (Kosten von EDV-Leistungen)

Diese Regelung ist seit 1977 in der HOAI enthalten und nicht mehr zeitgemäß. Die EDV-Anwendung ist heute Standard und deshalb mit den Regelungen über die Honorare der

Leistungen abgegolten. Sollten zusätzliche, spezielle EDV-Leistungen erforderlich sein, können diese aufgrund einer gesonderten, freien Vereinbarung mit der Auftraggeberin oder dem Auftraggeber honoriert werden.

§ 42 (Sonstige städtebauliche Leistungen)

Die Vorschrift wird aus den gleichen Erwägungen wie in der Begründung zu § 26 (Einrichtungsgegenstände und integrierte Werbeanlagen) gestrichen. Mangels Preisbestimmung hat die Vorschrift keinen materiellen Regelungsgehalt.

§ 44 (Anwendung von Vorschriften aus den Teilen II und V)

Die Vorschrift wird gestrichen, weil die darin enthaltenen Verweisungen in der Neufassung der HOAI überflüssig sind. Die bisherigen Regelungen der §§ 20 und 39, auf die verwiesen wird, sind in den Allgemeinen Teil der Neufassung aufgenommen worden und gelten ohne Verweisung für den Besonderen Teil unmittelbar. Die Verweisungen auf die bisherigen §§ 36 und 38 Absatz 8 gehen ins Leere, da die Vorschriften gestrichen wurden.

§ 49 (Honorarzonen für Leistungen bei landschaftspflegerischen Begleitplänen)

Die Vorschrift wird gestrichen; sie verwies auf den bisherigen § 48 (Honorarzonen für Leistungen bei Umweltverträglichkeitsstudien). Bisher richtete sich die Honorarermittlung bei landschaftspflegerischen Begleitplänen einerseits nach den beiden Schwierigkeitsstufen für Umweltverträglichkeitsstudien und andererseits nach den Honorartabellen für Landschaftspläne und Grünordnungspläne.
Unklar war dabei, wie die Honorare zwar nach den Tabellen für Landschaftspläne berechnet wurden, die drei Honorarzonen vorgeben, im bisherigen § 48 aber nur zwei Schwierigkeitsstufen (es wurde auf § 48 verwiesen) vorgesehen waren. Deshalb richtet sich die Honorarermittlung zukünftig nicht nach den Schwierigkeitsstufen des gestrichenen Leistungsbildes „Umweltverträglichkeitsstudien", sondern nach den Honorarzonen, die jetzt mit den jeweiligen Honorartabellen korrespondieren. In § 26 der Neufassung wird festgelegt, dass die Honorare entweder nach § 28 oder § 29 zu berechnen sind. Entsprechend gelten die Bestimmungen zur Ermittlung der Honorarzonen in den jeweiligen Absätzen 3 der Verweisungsvorschriften. Dies entspricht der Forderung des Bundesrates und der Koalitionsvereinbarung nach mehr Transparenz.

§ 50 (Sonstige landschaftsplanerische Leistungen)

Die Regelung wird aus den gleichen Erwägungen wie in der Begründung zu § 26 (Einrichtungsgegenstände und integrierte Werbeanlagen) gestrichen.

§ 57 (Örtliche Bauüberwachung)

Die Vorschrift wurde aus dem verbindlichen Teil gestrichen. Der bisherige § 57 ergänzt die Leistungsphase 8 des geltenden § 55, in dem nur die Bauoberleitung erfasst wird.
Die dabei fehlende örtliche Bauüberwachung regelte der bisherige § 57 in den Absätzen 1 und 2. Die Leistungen der örtliche Bauüberwachung bei Ingenieurbauwerken und Verkehrsanlagen werden, da sie nicht durch das Grundhonorar der Honorartafeln des § 43 – für Ingenieurbauwerke – bzw. § 47 – für Verkehrsanlagen – erfasst werden, unter den Besonderen Leistungen informativ weitergeführt.

§ 58 (Vorplanung und Entwurfsplanung als Einzelleistung)

Die Vorschrift wird gestrichen, da sie in § 9 des Allgemeinen Teils aufgenommen wurde.

§ 61 (Bau- und landschaftsgestalterische Beratung)

Die Streichung der Vorschrift folgt der Empfehlung des Statusberichts 2000plus: danach ist der bisherige § 61 „in einem Preisrecht wie der HOAI entbehrlich, da mangels Preisbestimmung kein Regelungsgehalt entwickelt wird" (Kapitel 10, Seite 59).

Teil VIIa   Verkehrsplanerische Leistungen

§ 61a (Honorar für verkehrsplanerische Leistungen)

Teil VIIa besteht nur aus der Vorschrift des bisherigen § 61a und wird aufgehoben. Die Streichung der Vorschrift folgt der Empfehlung des Statusberichts 2000plus: danach ist der bisherige § 61a „in einem Preisrecht wie der HOAI entbehrlich, da mangels Preisbestimmung kein Regelungsgehalt entwickelt wird" (Kapitel 10, Seite 59).

§ 66 Abs. 1 bis 4 (Auftrag über mehrere Tragwerke und Umbauten)

Der geltende § 66 Absatz 1 und 3 wird gestrichen, da die Regelung im Zusammenhang mit § 11 geregelt und im Allgemeinen Teil vorangestellt wurde. Die Änderung folgt einer Empfehlung des Statusberichts 2000plus (Kapitel 10, Seiten 69 und 40).
Absatz 2 wurde gestrichen, weil sich die Vorschrift auf Aufträge über mehrere Gebäude mit konstruktiv weitgehend vergleichbaren Tragwerken derselben Honorarzone bezieht. Die anrechenbaren Kosten der Tragwerke einer Honorarzone waren zusammenzufassen und das Honorar nach der Summe der anrechenbaren Kosten zu berechnen. Hierbei handelt es sich um eine Auslegungshilfe zur Berechnung der anrechenbaren Kosten. Auch im Rahmen des Baukostenberechnungsmodells dürfte die Berechnung der einvernehmlich festgelegten, anrechenbaren Kosten (§ 6) stets eine Einzelfallbetrachtung bleiben, für die das Preisrecht keine Vorgaben machen kann.
Absatz 4 lässt eine Honorarminderung bis zu 90 Prozent zu, wenn keine Änderung bei Aufträgen über mehrere Tragwerke und bei Umbauten keine Änderung der Tragwerksplanung erforderlich ist. Nach § 11 Absatz 2 ist eine Honorarminderung bis zu 90 Prozent vorgesehen.

§ 67 Abs. 2 (Tragwerksplanung für Traggerüste bei Ingenieurbauwerken)

Die Vorschrift wurde an dieser Stelle gestrichen; in § 48 Absatz 5 wurde eine vergleichbare Regelung auf der Grundlage der Empfehlungen des Statusberichts 2000plus (Kapitel 10, Seite 63) eingefügt.
Darin wird eine besondere Honorarregelung zur Planungsleistung für Traggerüste bei Ingenieurbauwerken getroffen. Die Neuregelung folgt einem Vorschlag des Statusberichts.

Amtliche Begründung

IV. Gesetzesfolgen

Durch die Begrenzung des verbindlichen Anwendungsbereichs der HOAI auf die bisherigen Leistungsbereiche der bisherigen Teile II und V – IX wird der geltende gesetzlich geregelte Leistungsumfang zudem verringert. Die Vergabe von Beratungsleistungen kann anhand der Empfehlungen im Anhang zukünftig frei vereinbart werden.

Für den weiterhin durch die HOAI geschützten Bereich sind Anhebungen der Tafelwerte um pauschal 10 Prozent vorgesehen.

Im Anhang der HOAI sind auch für die sogenannten Beratungsleistungen unverbindliche Mindest- und Höchstpreise als Orientierungswerte aufgenommen worden. Auch diese Werte sind pauschal um 10 Prozent angehoben worden. Die Bundesregierung geht davon aus, dass sich die Ausgaben für diese Leistungen bei den Auftraggebern/Auftraggeberinnen weitgehend entsprechend erhöhen.

Die jährlichen Mehrkosten betragen für die Gebietskörperschaften insgesamt rund 290 Millionen Euro, davon für den Bund rund 80 Millionen Euro, für die Länder rund 35 Millionen Euro und für die Gemeinden rund 175 Millionen Euro.

Es werden keine Informationspflichten geändert, neu eingeführt oder aufgehoben.

B Zu den einzelnen Vorschriften

Zur Überschrift

Bisher lautete die Überschrift der abgelösten Honorarordnung: „Honorarordnung für Architekten und Ingenieure". Neu soll die Überschrift der Honorarordnung lauten: „Verordnung über die Honorare für Architekten- und Ingenieurleistungen". Die Änderung der Überschrift trägt dem Gender Mainstreaming Rechnung.

Teil 1 Allgemeine Vorschriften

Zu § 1 (Anwendungsbereich)

Die Vorschrift entspricht dem bisherigen § 1.
Die Begrenzung des Anwendungsbereichs der HOAI auf Büros mit Sitz im Inland setzt eine Vorgabe des Artikels 16 der Dienstleistungsrichtlinie um, nach der die Mitgliedstaaten die Dienstleistungsfreiheit von Dienstleistungserbringern aus anderen Mitgliedstaaten zu achten haben (dazu ausführlich oben unter Teil A, Punkt Allgemeines der Begründung).

Zu § 2 (Begriffsbestimmungen)

Der bisherige § 3 entspricht weitgehend dem neuen § 2.

Die Änderung der Begriffsbestimmung für Objekte wurde an die neue Systematik der HOAI angepasst. Da in der Praxis die Auslegung des Begriffs Gebäude häufig Probleme bereitet hat (zum Beispiel, ob eine Bahnhofsüberdachung ein Gebäude ist), wurde der Begriff anhand der Definition der Musterbauordnung konkretisiert.

Bisher musste es sich bei der Eingruppierung der Leistungen als Umbauten oder Umgestaltungen nach Nummer 6 um „wesentliche" Eingriffe in Konstruktion oder Bestand handeln. Durch die Streichung des Begriffes „wesentliche" wird der Anwendungsbereich ausgeweitet. Diese Änderung steht im Zusammenhang mit der Zusammenfassung der bisherigen Regelungen des § 10 Absatz 3 a – über die Berücksichtigung der vorhandenen Bausubstanz – und des § 24 – Umbauten und Modernisierungen von Gebäuden–, die in der neuen Regelung des § 35 – Leistungen im Bestand aufgegangen sind.

Die Streichung der Nummern 8 und 9 ist Folgeänderung zur Streichung des geltenden § 26, in dem festgelegt war, dass Honorare für Einrichtungsgegenstände und integrierte Werbeanlagen als Zeithonorar zu berechnen sind. Die Definition von „Einrichtungsgegenständen" und „integrierten Werbeanlagen" in den Nummern 8 und 9 kann daher entfallen.

Die Anfügung von § 2 Nummer 12 gibt eine Inhaltsbestimmung für die Generalklausel „Allgemein anerkannte Regeln der Technik" vor (Handbuch der Rechtsförmlichkeit, 3., neu bearbeitet Auflage 2008, Rn. 255). Diese Definition knüpft an die nachfolgende Regelung des § 4 Absatz 1 Satz 2 – anrechenbare Kosten – an, in dem festgelegt wird, dass die anrechenbaren Kosten nach fachlich allgemein anerkannten Regeln der Technik zu ermitteln sind.

Die Nummern 13 und 14 definieren die Begriffe „Kostenschätzung" und „Kostenberechnung", auf deren Grundlage nach § 6 das Honorar vereinbart werden soll. Der Kostenschätzung liegt unter anderem eine Schätzung der Mengen zugrunde. Diese kann auch aufgrund von Bezugseinheiten (zum Beispiel Kubikmeter umbauter Raum) ermittelt werden. Der Kostenberechnung liegen durchgearbeitete Entwurfszeichnungen, Mengenberechnungen und für die Berechnung und Beurteilung der Kosten relevante Erläuterungen zugrunde.

In der neuen Nummer 15 wird der Begriff der Honorarzone definiert.

Zu § 3 (Leistungen und Leistungsbilder)

§ 3 setzt sich aus den Vorschriften der geltenden §§ 2, 5 und 15 zusammen und gibt die neue Struktur der HOAI, die zukünftig aus einem verbindlichem Teil und einem Anhang besteht, wieder. Er verweist auf die ergänzenden Empfehlungen des Anhangs.

Absatz 1 legt fest, dass die Honorare für Leistungen im verbindlichen Teil geregelt und die Beratungsleistungen im Anhang zur HOAI enthalten sind.

Absatz 2 legt fest, dass Leistungen, die zur ordnungsgemäßen Erfüllung eines Auftrages im Allgemeinen erforderlich sind, in den Leistungsbildern erfasst werden. Klarzustellen ist hier, dass nicht alle Leistungen in den Leistungsbildern grundsätzlich bei jedem Objekt zur Erreichung des Vertragsziels notwendig sind. Dieser Vorbehalt manifestiert sich im Verordnungstext durch die Worte: „Im Allgemeinen".

Amtliche Begründung

Nach Absatz 3 entfällt in der Neufassung die Unterscheidung zwischen Grundleistungen und Besonderen Leistungen. Mit der gebührenrechtlichen Unterscheidung zwischen Grundleistungen und Besonderen Leistungen wurde bislang nur geregelt, in welchen Fällen sich der Architekt oder Ingenieur mit dem Grundhonorar begnügen musste. Ob der Architekt oder Ingenieur ein zusätzliches Honorar berechnen darf, richtet sich nach den vertraglichen Voraussetzungen. Die Zuordnung der HOAI in verschiedene Leistungsarten als besondere, außergewöhnliche oder zusätzliche Leistungsarten hatte nach der Rechtsprechung des Bundesgerichtshofs keine vertragsrechtlichen Konsequenzen, da die HOAI keine normativen Leitbilder für den Inhalt von Verträgen enthält (BGH vom 24.10.1996, VII ZR 283/95). Die in der HOAI geregelten „Leistungsbilder" sind lediglich Gebührentatbestände für die Berechnung der Höhe des Honorars.

Im Bereich der Besonderen Leistungen im Anhang besteht die Möglichkeit der freien Vereinbarung. Dies entspricht auch dem Vorschlag des Statusberichts. Die Leistungsbilder gliedern sich nach Absatz 4 in die bisherigen Leistungsphasen. Der geltende § 15 wurde gestrichen und im § 3 (neu) allgemein gefasst.

Systematisch wird die allgemeine Begriffsbestimmung der Leistungsphasen (Grundlagenermittlung, Vorplanung, Entwurfsplanung, Genehmigungsplanung und Ausführungsplanung, Vorbereitung der Vergabe, Mitwirkung bei der Vergabe, Objektüberwachung (Bauüberwachung) sowie Objektbetreuung und Dokumentation) in den Allgemeinen Teil vorgezogen, um Wiederholungen im Verordnungstext zu vermeiden.

Da in verschiedenen bisherigen Leistungsbildern der Teile V und VI festgelegt war, dass die Ergebnisse der Leistungsphasen mit der Auftraggeberin oder dem Auftraggeber abzustimmen sind, wurde diese Regelung in den neuen Allgemeinen Teil (§ 3 Absätze 4 bis 6) vorgezogen. Die Abstimmung der Ergebnisse einer jeden Leistungsphase soll kontinuierlich erfolgen und damit zu einem transparenten Vertragsablauf führen. Sie stellt keine Teilabnahme der Leistung dar.

Die Streichung des bisherigen § 5 Absatz 4 ist eine Folgeänderung zu § 3, nach dem Regelungen zu Besonderen Leistungen im verbindlichen Teil der HOAI entfallen sind. Die Bezugnahme auf Besondere Leistungen im Honorarrecht hat keine Auswirkung auf die vertraglichen Pflichten. Der BGH (BGH vom 24.10.1996, VII ZR 283/95) hat klargestellt, dass für Besondere Leistungen, für die schriftlich kein Honorar vereinbart wurde, zwar eine Leistungspflicht besteht, aber wegen des bisherigen § 5 Absatz 4 ohne schriftliche Vereinbarung keine weitere Vergütung durchgesetzt werden konnte. Insofern hatte die gestrichene Regelung keinen materiell-rechtlichen Regelungscharakter.
Die Streichung des bisherigen § 5 Absatz 5 ist Folgeänderung zu § 3.

Zu § 4 (Anrechenbare Kosten)

§ 4 baut auf der Regelung des bisherigen § 10 zu den anrechenbaren Kosten auf.

Absatz 1 verweist auf die DIN 276 und anerkannte Regeln der Technik. Neben Teilen des Baurechts in den Bauordnungen der Länder beziehen sich auch andere gesetzliche Regelungen, wie zum Beispiel § 55 Bundesbergbaugesetz oder § 3 Arbeitsstättenverordnung, auf die anerkannten Regeln der Technik.
Da die Kosten der öffentlichen Auftraggeber im Bereich Tiefbau anhand von Verwaltungsvorschriften (Kostenvorschriften) ermittelt werden, die sich nicht unter den Begriff

„fachlich allgemein anerkannte Regeln der Technik" subsumieren lassen, wurde die Regelung um den Zusatz „nach den einschlägigen Verwaltungsvorschriften (Kostenvorschriften)" ergänzt. Absatz 1 Satz 4 entspricht dem bisherigen § 9 Absatz 2.

Absatz 2 regelt, dass als anrechenbare Kosten die ortsüblichen Preise gelten. Der Honorarberechnung soll grundsätzlich der tatsächliche Bauwert zugrunde liegen. Daher enthält Absatz 2 eine Sonderregelung zur Höhe der Kosten für die Fälle, in denen Leistungen oder Lieferungen unter besonderen Bedingungen nicht zu ortsüblichen Preisen erbracht werden. In diesen Fällen, die auch im Wesentlichen bereits in § 6 Absatz 2 der GOA 1950 behandelt wurden, sollen als anrechenbare Kosten die ortsüblichen Preise angesetzt werden.

Der geltende § 10 Absatz 2 regelt die anrechenbaren Kosten unter Zugrundelegung der Kostenermittlung nach der DIN 276. Die Regelung über die anrechenbaren Kosten wurde in § 2 Nummer 13 und 14 und § 4 Absatz 1 aufgenommen. § 4 Absatz 1 Satz 2 legt einen Maßstab für die Kostenermittlung fest. Die Verweisung auf die DIN 276 wird vor allem zur Klarstellung in die Verordnung aufgenommen.

Der bisherige § 10 Absatz 3 regelt, was unter anrechenbare Kosten fällt, und wird inhaltlich in § 4 Absatz 2 übernommen. Bisher gab es in den meisten Teilen der HOAI (§§ 52 Absatz 3; 62 Absatz 3; 69 Absatz 4; 78 Absatz 2; 81 Absatz 4; 86 Absatz 4 und 97 Absatz 3) Regelungen zu den anrechenbaren Kosten. Der Regelungsinhalt aller bisherigen Vorschriften wurde in der Neufassung in § 4 Absatz 2 im Allgemeinen Teil gebündelt.

Geregelt wird unter anderem, dass Einsparungen nicht zu Lasten der anrechenbaren Kosten gehen dürfen, die die Grundlage zur Ermittlung des Honorars bilden. Der Architekt/die Architektin beziehungsweise der Ingenieur/die Ingenieurin ist zwar verpflichtet, Vergünstigungen bei der Beschaffung von Bauleistungen oder -lieferungen an den Auftraggeber oder die Auftraggeberin weiterzugeben, solche Einsparungen wirken sich aber nicht reduzierend auf den Arbeitsaufwand des Planerin/der Planerin aus. Folglich sollen solche Einsparungen nicht zu einer Minderung des Honorars führen dürfen.

Zu § 5 (Honorarzonen)

Die bisherige HOAI enthielt insgesamt elf, im besonderen Teil verstreute Vorschriften zur Regelung der Honorarzonen. Durch die Honorarzonen wird die Schwierigkeit eines Bauvorhabens bewertet. Die Schwierigkeitsgrade wurden im Teil 1 in § 5 gebündelt. Für Leistungen bei Gebäuden gelten nach Absatz 1 weiterhin fünf Honorarzonen und umfasst die Objektplanung in Teil III vollständig, von der Fachplanung in Teil IV aber nur die Tragwerksplanung.

Abweichend von den fünf Honorarzonen für Bauvorhaben und Bauleitplanung werden deshalb in Absatz 2 die drei Honorarzonen für Landschaftspläne und die Planung der Technischen Ausrüstung geregelt.

Absatz 3 regelt die Honorarzonen bei Grünordnungsplänen und Landschaftsrahmenplänen. Um ein Bauvorhaben allerdings in eine der Honorarzonen einordnen zu können, bedarf es konkreter Bewertungsmerkmale. Die bisherigen Bewertungsmerkmale werden in den jeweiligen Regelungen über die Honorare der Leistungen der Neufassung und die zugehörigen Objektlisten werden im Anhang unter Punkt 3 je nach Leistungsbild beibehalten.

Amtliche Begründung

Zu § 6 (Grundlagen des Honorars)

Die Neufassung des § 6 baut auf den geltenden § 10 Absatz 1 auf.
In Absatz 1 wird der Grundsatz festgelegt, wie das Honorar zu ermitteln ist. Das Honorar ermittelt sich aus den anrechenbaren Kosten auf Grundlage der Kostenberechnung und, soweit diese noch nicht vorliegt, auf Grundlage der Kostenschätzung. Planerische Grundlage für die Kostenberechnung ist die abgeschlossene Entwurfsplanung und für die Kostenschätzung die Vorplanung.

Durch den Verzicht auf die Anpassung der anrechenbaren Kosten auf Basis des Kostenanschlags beziehungsweise der Kostenfeststellung wird eine Abkopplung des Honorars von den tatsächlichen Baukosten erreicht. Davon unbenommen sind Honoraranpassungen aufgrund durch Anweisungen des Auftraggebers/der Auftraggeberin verursachte Änderungen des Leistungsumfangs gemäß § 7 Absatz 5. Um auch in einem sehr frühen Stadium, in dem noch keine Planungen als Voraussetzung für eine Kostenschätzung beziehungsweise Kostenberechnung vorliegen, eine Honorarvereinbarung zu ermöglichen, sieht Absatz 2 optional die Möglichkeit der Baukostenvereinbarung vor. Damit keine unrealistischen Baukosten und hieraus resultierende Honorare fixiert werden, sind nachprüfbare Baukosten Voraussetzung für eine solche Honorarvereinbarung, die zum Beispiel anhand vergleichbarer Referenzobjekte oder einer Bedarfsplanung, zum Beispiel auf Basis der DIN 18205, ermittelt werden kann.

Der Abschluss einer solchen Baukostenvereinbarung setzt außerdem voraus, dass beide Vertragspartner über den gleichen Informationsstand und das gleiche Fachwissen verfügen. Aus diesem Grunde ist diese Regelung nur als alternative Möglichkeit der Honorarermittlung aufgenommen worden. Da die Honorarermittlung des Teils II auf Verrechnungseinheiten oder Flächengrößen basiert, wurden diese Honorarermittlungsmaße in § 6 ergänzt. Die Verrechnungseinheiten resultieren aus der Anzahl der Einwohner.

Mit der Neuregelung wird der Forderung des Bundesrates in seiner Entschließung vom 14. Juli 1995 (BR-Drs. 399/95), die Honorare von den tatsächlichen Herstellungskosten abzukoppeln, Rechnung getragen.

Die Neuregelung führt zu einer Vereinfachung der Honorarabrechnung und für die öffentlichen Auftraggeber/Auftraggeberinnen auch zu einer besseren Planbarkeit von Bauvorhaben im Haushalt. Die Leistungsbilder, Honorartafeln und Honorarzonen bleiben im Wesentlichen als Ermittlungsgrundlagen erhalten.

Die Verweisung auf die jeweilige Honorartafel wurde in § 6 Absatz 1 des Allgemeinen Teils übernommen und gilt zukünftig nicht nur für Gebäude, Freianlagen und raumbildende Ausbauten.

Insgesamt wird die Vorschrift auf den notwendigen Regelungsinhalt hin gekürzt, um eine bessere Handhabbarkeit der HOAI zu erreichen, wie sie durch den Bundesrat gefordert wurde.

Zu § 7 (Honorarvereinbarung)

§ 7 orientiert sich an der Regelung des bisherigen § 4, in dem die Rahmenbedingungen für die Honorarvereinbarung festgelegt werden.

Regelungsinhalt in Absatz 1 ist wegen der Vorgabe im Artikelgesetz wie bisher das Gebot der schriftlichen Vereinbarung bei Auftragserteilung.

Die Honorierung von Leistungen, die auf anrechenbaren Kosten, Werten oder Verrechnungseinheiten außerhalb der Tafelwerte beruhen, wird zukünftig im Allgemeinen Teil in Absatz 2 geregelt. Sie ist nach der Neuregelung frei vereinbar und unterliegt nicht den Preisregelungen der HOAI.

Ausnahmefälle, in denen die Mindestsätze nach Absatz 3 Satz 1 unterschritten werden können, liegen zum Beispiel dann vor, wenn aufgrund der besonderen Umstände des Einzelfalles unter Berücksichtigung des Zwecks der Mindestsatzregelung ein unter den Mindestsätzen liegendes Honorar angemessen ist. Enge Bindungen rechtlicher, wirtschaftlicher, sozialer, persönlicher Art können ausreichen; ein Ausnahmefall kann auch angenommen werden, wenn eine ständige Geschäftsbeziehung zwischen den Parteien besteht, zum Beispiel ein Rahmenvertrag zwischen einem Unternehmen und einem Architekten.

Absatz 3 Satz 2 des geltenden § 4 wurde in § 7 Absatz 4 weitgehend übernommen, aber als redaktionelle Folgeänderung zur Regelung der Besonderen Leistungen im Anhang an die neue Systematik der HOAI angepasst.

Absatz 4 übernimmt die geltende Regelung im bisherigen § 4 Absatz 3 Satz 1, die auch vom Gesetz zur Regelung von Ingenieur- und Architektenleistungen (Ermächtigungsnorm) in den §§ 1 Absatz 3 Nummer 3 und 2 Absatz 3 Nummer 3 vorgegeben wird.

Absatz 5 stellt klar, dass der dem Honorar zugrunde liegende Vertrag auch im weiteren Verlauf des Verfahrens anzupassen ist, wenn sich aufgrund von Anforderungen des Auftraggebers/der Auftraggeberin der Leistungsumfang mit der Folge von Änderungen der anrechenbaren Kosten, Werte oder Verrechnungseinheiten ändert. Die Formulierung der neuen Regelung als Anspruch statt als abdingbare Regelung entspricht einem Vorschlag des AHO. Berücksichtigt werden können aber nur Änderungen aufgrund von Anforderungen des Auftraggebers/der Auftraggeberin, da ansonsten der Abkoppelungseffekt des Baukostenberechnungsmodells konterkariert würde.

Absatz 6 fasst die Regelungen der bisherigen §§ 37 Absatz 5, 45a Absatz 5 und 49c Absatz 4 zusammen, die die Prozentsätze für die Bewertungen der Leistungsphase 1 in der Flächenplanung regeln. Da die Leistungsphase 1 in diesen Fachteilen keine fixen Prozentsätze hat, sondern „Von-bis"-Spannen enthält, regelt der § 7 Absatz 6 Satz 2 den Fall fehlender schriftlicher Vereinbarung. Danach gelten in solchen Fällen nur die Mindestprozentsätze als vereinbart.

In Absatz 7 wird eine optionale Bonus-Malus-Regelung, wie sie vom Bundesrat in seiner Entschließung am vom 6. Juni 1997 (BR Drs. 399/95) gefordert wurde, eingeführt. Deshalb sieht die Vorschrift vor, dass die Parteien ein Bonus-Honorar bis zu 20 Prozent des vorab festgelegten Honorars vereinbaren können, wenn die Ermittlungsgrundlage des

Honorars unterschritten wird. Das Malus-Honorar bis zu 5 Prozent des Honorars orientiert sich an der zulässigen Höhe einer Vertragsstrafe nach den Regelungen für Allgemeine Geschäftsbedingungen. Änderungen der anrechenbaren Kosten aufgrund der Baupreisindizes bleiben hiervon unberührt.

Es ist festzuhalten, dass die bisherige Bonus-Malus-Regelung des geltenden § 5 Absatz 4a nur Bonus-Regelungen für Kostenunterschreitungen enthält, aber keine Malus-Regelungen bei Kostenüberschreitungen. Insofern entspricht die bisherige Regelung nicht in Gänze den Anforderungen des Bundesrates nach Bonus- und Malus-Regelungen.

Wegen der Vorgaben in der Ermächtigungsnorm (§§ 1 Absatz 2 Satz 2 und 2 Absatz 2 Satz 2 Gesetz zur Regelung von Ingenieur- und Architektenleistungen), einen gerechten Interessensausgleich zwischen Auftraggebern/Auftraggeberinnen und Auftragnehmern/Auftragnehmerinnen zu schaffen, ist der Verordnungsgeber angehalten, entsprechende Korrektive einzubauen.

Auch wenn die Minderung des Honorars bei Kostenüberschreitung möglicherweise eine Unterschreitung der Mindestsätze (gemessen an den tatsächlich festgestellten Kosten) zur Folge haben kann, ist dies trotzdem durch die Ermächtigungsgrundlage gedeckt. Denn die Ermächtigungsgrundlage lässt in Ausnahmefällen eine Mindestsatzunterschreitung zu. Es ist davon auszugehen, dass der Anwendungsbereich der Sanktionsregelung auf Ausnahmefälle beschränkt bleiben wird.

Zu § 8 (Berechnung des Honorars in besonderen Fällen)

§ 8 basiert auf der Regelung des bisherigen § 5 zur Berechnung des Honorars in besonderen Fällen. Die Regelung im geltenden § 5 Absatz 2 Satz 1, dass soweit nicht alle Leistungsphasen eines Leistungsbildes übertragen werden, auch nur die für die übertragenen Phasen vorgesehenen Teilhonorare berechnet werden dürfen, wurde im Absatz 1 übernommen.

Der geltende § 5 Satz 3 wurde gestrichen, da die Verweisung auf den bisherigen § 10 Absatz 4 keinen eigenen Regelungsgehalt hat. § 5 Absatz 4a wurde nicht aufgenommen. Die Regelung zur optionalen Vereinbarung eines Erfolgshonorars wurde allgemein in § 7 Absatz 7 aufgenommen.

Zu § 9 (Vorplanung und Entwurfsplanung als Einzelleistung)

Die Vorschrift bietet den Vertragsparteien die Möglichkeit zur Vereinbarung eines höheren Honorars, wenn die Anfertigung der Vorplanung, Entwurfsplanung oder Objektüberwachung als Einzelleistung in Auftrag gegeben werden. Hierdurch soll dem besonderen Arbeitsaufwand des Auftragnehmers/der Auftragnehmerin Rechnung getragen werden, der entstehen kann, wenn diese Leistungen als Einzelleistungen erbracht werden.

Bisher waren Erhöhungen bei Einzelvergaben von Vorplanung oder Entwurfsplanung nicht nur im geltenden § 19, sondern verstreut auch in anderen Vorschriften des Besonderen Teils der HOAI enthalten (dazu geltende § 19 Absätze 1 bis 3 für Gebäude und raumbildende Ausbauten sowie Freianlagen, § 37 Absatz 4 für Flächennutzungspläne, § 58 für Ingenieurbauwerke und Verkehrsanlagen und § 75 für die technische Ausrüstung). Höhere Honorarsätze bei Einzelvergabe alleine für die Vorplanung sahen auch die bisherigen §§ 45a Absatz 4 und 46 Absatz 3 in Bezug auf Landschaftspläne und Grünordnungspläne vor.

Der bisherige § 75 (Vorplanung, Entwurfsplanung und Objektüberwachung als Einzelleistung) bot den Vertragsparteien die Möglichkeit zur Vereinbarung eines höheren Honorars, wenn der Auftragnehmer/die Auftragnehmerin mit der Anfertigung bestimmter Leistungsphasen als Einzelleistung beauftragt wurde. Um die Regelungen zur Einzelvergabe zu bündeln, werden sie zukünftig in § 9 als Bestandteil des Allgemeinen Teils vorangestellt.

Absatz 1 und 2 gibt, wie die bisherigen Vorschriften auch, nur Honorarhöchstsätze vor. Diese berechnen sich mit Ausnahme der Einzelleistung „Objektüberwachung" bei Gebäuden, entsprechend der bisherigen Systematik der HOAI, aus den Leistungsbewertungen der jeweiligen einzelnen Leistungsphasen zuzüglich der Leistungsbewertung der vorangegangenen Leistungsphase (zum Beispiel Honorarhöchstsatz Vorplanung als Einzelleistung ergibt die Leistungsbewertung Vorplanung zuzüglich der Leistungsbewertung Grundlagenermittlung). Für die als Einzelleistung beauftragte Objektüberwachung bei Gebäuden wurden die Prozentsätze des bisherigen § 19 Absatz 4 übernommen.

Absatz 3 entspricht materiell-rechtlich den bisherigen §§ 45a Absatz 4 und 46 Absatz 3. Darin wird das Honorar für die Vorplanung als Einzelleistung bei Landschaftsplänen und Grünordnungsplänen von 50 Prozent auf 60 Prozent angehoben. Damit wird die rechtssystematische Bündelung und Straffung der bisherigen Einzelregelungen erreicht.

Zu § 10 (Mehrere Vor- oder Entwurfsplanungen)

§ 10 baut auf dem geltenden § 20 auf und ist aus Teil II „Leistungen bei Gebäuden, Freianlagen und raumbildenden Ausbauten" in den Allgemeinen Teil vorgezogen worden. Diese Rechtssystematik entspricht weitgehend einem Vorschlag des Statusberichts 2000plus (Zusammenfassung Z14).

§ 10 soll im Fall von verschiedenen Leistungen, die dennoch Teil eines Auftrags sind, zu einer angemessenen Honorierung von mehreren Vor- oder Entwurfsplanungen führen. Die Möglichkeit freier Vereinbarung soll den Beteiligten mehr Verhandlungsspielraum geben, das Honorar an die tatsächlichen Gegebenheiten anzupassen.

Zu § 11 (Auftrag für mehrere Objekte)

§ 11 entspricht der Regelung im geltenden § 22.

Die Vorschrift gilt auch für Fachplanungen. Die Begriffe „Tragwerke" und „Anlagen der technischen Ausrüstung" wurden nur deshalb nicht ausdrücklich eingefügt, weil sie von den Objekten nach der Begriffsbestimmung in § 2 Nummer 1 umfasst werden.

Da gleiche Verhältnisse auch gleicher Regelungen bedürfen, sollen diese Fälle für alle betroffenen Leistungsbilder zukünftig einheitlich im § 11 im Allgemeinen Teil der Verordnung geregelt sein.

Amtliche Begründung

Absatz 1 gilt im Allgemeinen Teil generell für mehrere Objekte. Dies führt zu einer Stärkung des Verbraucherschutzes und zu einer Straffung der uneinheitlichen Regelungen in der bisherigen HOAI (zum Beispiel §§ 18, 22, 23 und 25).

Absatz 1 Satz 2 entspricht dem Vorschlag des Statusberichts 2000plus (Kapitel 10, Seite 40). Dort ist festgestellt, dass sich ein Bezug auf den bisherigen § 22 unter anderem bei den Leistungen der Ingenieurbauwerke und Verkehrsanlagen findet. Die Gutachter halten es für richtig, dass ein Zusammenfassen von im Wesentlichen gleichartigen Objekten derselben Honorarzone, die im gleichen zeitlichen und örtlichen Zusammenhang geplant und errichtet wurden, bei allen Objektplanungs- und Fachplanungsleistungen gebündelt vorzunehmen ist, auch wenn dies zum Teil eine Honorarverschlechterung zur Folge hat. Insgesamt führe jedoch die Regelung in einer Gesamtschau mit den Absätzen 3 und 4 zu mehr Einzelfallgerechtigkeit.

Absatz 2 stimmt im Wesentlichen mit dem geltenden § 22 Absatz 2 überein, ist jedoch allgemeiner gefasst, weil er auch auf andere Leistungsbilder anwendbar sein soll. Die Wiederholungsabminderungen sind jedoch weiter geführt als bisher. Beispiele für gleiche oder im Wesentlichen gleichartige Objekte können spiegelgleiche Gebäude, Serienbauten oder Objekte nach Typenplanung sein.

Der bisherige § 22 Absatz 3 wurde nicht in die Neuregelung des § 11 übernommen. Dies entspricht einer Empfehlung des Statusberichts 2000plus (Kapitel 10, Seite 42) Darin wurden Honorarminderungen bei mehreren Aufträgen durch mehrere Auftraggeber/Auftraggeberinnen festgelegt. Auch andere Freiberufler wiederholen für verschiedene Auftraggeber/Auftraggeberinnen ähnliche oder gleiche Leistungen, ohne dass deshalb eine Honorarminderung eintreten würde. Insofern folgt der Verordnungsgeber hier der Empfehlung des Statusberichts 2000plus und lässt die Honorarminderungsregelungen ersatzlos entfallen.

Absatz 3 entspricht im Wesentlichen dem bisherigen § 22 Absatz 4. Er ist allgemeiner gefasst und gilt zukünftig für alle Leistungsbereiche. Bei einem neuen Auftrag, welcher wesentliche Ersparnisse aufgrund bereits erbrachter Leistungen zu einem anderen Auftrag zwischen den Vertragsparteien erwarten lässt, ist die geltende Regelung angepasst worden.

Absatz 4 ergänzt die Regelung des bisherigen § 22 insofern, dass § 11 Absatz 1 bis 3 nur für die Objektplanung, nicht aber für die Flächenplanung gilt, da diese sich grundlegend von der Objektplanung unterscheidet; dies wird mit Satz 1 ausdrücklich klargestellt. Um aber Doppelhonorierungen bei der Aufstellung von Bauleitplänen zu vermeiden, soll nach Absatz 4 Satz 2 in Fällen, in denen Erkenntnisse anderer Planungen, insbesondere Bestandsaufnahmen und Bewertungen von Landschaftsplänen und sonstigen Plänen im Sinne des § 1 Absatz 6 Nummer 7 Buchstabe g Baugesetzbuch herangezogen werden (dazu auch § 2 Absatz 4 Satz 6 Baugesetzbuch), das Honorar angemessen reduziert werden. Dies gilt unabhängig davon, ob die Pläne von dem Auftragnehmer/der Auftragnehmerin oder von einer anderen Person aufgestellt worden sind.

Soweit Bestandsaufnahme und Bewertung aus vorausgehender Planung genutzt werden, führt dies unabhängig davon, wer diese Bewertung seinerzeit vorgenommen hat, zu einer Verringerung des Aufwands. Deshalb ist es sachgerecht, dass das Honorar in diesen Fällen entsprechend reduziert ist, nicht zuletzt, um Nachteile des Verbrauchers wegen Doppelhonorierungen zu vermeiden. Insofern entspricht die Regelung der Vorgabe der Ermächtigungsnorm, einen sachgerechten Interessensausgleich zwischen Auftraggeber/Auftraggeberin und Auftragnehmer/Auftragnehmerin vorzusehen und stärkt die Argumentation gegenüber der EU, die HOAI sei eine verbraucherschützende Mindest- und Höchstpreisverordnung.

Zu § 12 (Planausschnitte)

§ 12 beruht auf dem geltenden § 39 und wird in den Allgemeinen Teil der HOAI eingefügt. Die Vorschrift regelt die Honorierung bei Teiländerungen von Flächennutzungs- oder Bebauungsplänen. In solchen Fällen wird das Planerhonorar reduziert und nur auf der Grundlage des zu bearbeitenden Planausschnittes angesetzt. Der Regelungsgehalt des bisherigen § 39 Satz 1 wurde in § 12 nahezu wortgleich übernommen. Die Einfügung in den Allgemeinen Teil war erforderlich, weil in der bisherigen Fassung eine Vielzahl von Vorschriften (zum Beispiel § 41 Absatz 6, § 44) auf den bisherigen § 39 verwiesen.

Die Einfügung in den Allgemeinen Teil dient dazu, den Verordnungstext transparenter zu machen, da Verweisungen obsolet werden. § 12 soll wegen seiner rechtssystematischen Einordnung im Allgemeinen Teil unmittelbar für diejenigen Regelungen im Besonderen Teil gelten, bei denen ein Sachzusammenhang besteht. Der geltende § 39 Satz 2 (Zeithonorar) wurde nicht übernommen. Die Vereinbarung von Zeithonoraren ist zukünftig frei.

Zu § 13 (Interpolation)

§ 13 entspricht dem bisherigen § 5a.

Zu § 14 (Nebenkosten)

§ 14 basiert auf der Regelung des bisherigen § 7 zur Regelung von Nebenkosten. Das Wort „Auslagen" wurde im Interesse einer durchgängig einheitlichen Sprachregelung gestrichen. Das Wort „Auslagen" legt die unzutreffende Schlussfolgerung nahe, dass es sich hierbei um sog. durchlaufende Posten im Sinne des Umsatzsteuergesetzes handeln könnte. Von den in dieser Vorschrift geregelten Nebenkosten sind aber grundsätzlich Auslagen nicht erfasst.

Änderungen redaktioneller Art berücksichtigen das Gender Mainstreaming.

Im Hinblick auf die Vertragsklarheit und zur Vermeidung von späteren Streitigkeiten über Art und Umfang der Vergütung von Nebenkosten soll aber die Festlegung, ob auf eine Erstattung der Nebenkosten ganz oder teilweise verzichtet werden soll, wie bisher mit Auftragserteilung vertraglich vereinbart werden.
Der bisherige § 7 Absatz 2 Nr. 8 wurde als Folgeänderung zur Streichung der Zeithonorare im bisherigen § 6 gestrichen. Darin waren die Nebenkosten für Vermessungsfahrzeuge und andere Messfahrzeuge im Fall einer Zeithonorarvereinbarung geregelt. Zeithonorare sollen zukünftig frei vereinbar sein.

Amtliche Begründung

Zu § 15 (Zahlungen)

§ 15 entspricht der Regelung des geltenden § 8.

Der geltende § 8 Absatz 1 über die Fälligkeit der Zahlungen wurde ursprünglich in die HOAI aufgenommen, um mangelhaft formulierte Verträge durch klare Abrechnungsgrundlagen, zum Beispiel einer Fälligkeitsregelung, zu ergänzen. Die Regelung ergänzt die §§ 641 und 646 im Bürgerlichen Gesetzbuch (BGB).

Der bisherige § 8 Absatz 2 zu Abschlagszahlungen wird im Wesentlichen beibehalten. Die Vertragsparteien sollen angehalten werden, die Möglichkeit zum Erhalten von Abschlagszahlungen für nachgewiesene Leistungen in ihren Verträgen zu vereinbaren. Auch nach § 632a BGB können zwar Abschlagszahlungen vereinbart werden; diese können aber nur für in sich abgeschlossene Teile des Werkes verlangt werden. Die Leistungsphasen dürften im Regelfall kaum als in sich abgeschlossene Teile eines Werkes anzusehen sein, insofern würden Planer und Planerinnen erst nach vollständigem Abschluss und Abnahme ihrer Leistung Honorar verlangen können.

Absatz 3 zur Regelung der Fälligkeit von Nebenkosten wird beibehalten.

Absatz 4, in dem festgestellt wird, dass andere Zahlungsweisen schriftlich vereinbart werden können, wird ebenfalls beibehalten.

Zu § 16 (Umsatzsteuer)

§ 16 entspricht dem bisherigen § 9, der materiell-rechtlich weitgehend beibehalten wird. In den Honorartafeln sind anrechenbare Nettobaukosten ausgewiesen.

Es wird klargestellt, dass die Nebenkosten netto weiter zu berechnen sind. Die Nebenkosten werden als Entgeltbestandteil mit der auf die Leistung entfallende Umsatzsteuer belastet. Der Auftragnehmer/die Auftragnehmerin können die in den bezogenen Nebenleistungen enthaltene Umsatzsteuer als Vorsteuer abziehen. Wirtschaftlich trägt der Auftraggeber/die Auftraggeberin die Umsatzsteuer auf die Netto-Nebenkosten; er oder sie soll dagegen nicht mit der Umsatzsteuer der Brutto-Nebenkosten belastet werden.

Mit dem Aufgreifen der sogenannten „Kleinunternehmerregelung" des § 19 Umsatzsteuergesetz wird klargestellt, dass die dort geregelte Verfahrensvereinfachung auch für den Anwendungsbereich der HOAI gelten soll.

Die Regelung zur Abschlagszahlung wurde gestrichen, weil diese ohnehin nur die geltende umsatzsteuerrechtliche Regelung in der HOAI wiederholt hat.

Absatz 2 stellt die umsatzsteuerrechtliche Behandlung von Auslagen klar. Echte Auslagen, das heißt umsatzsteuerrechtlich durchlaufende Posten, sind keine Nebenkosten. Die bisherige Formulierung in der HOAI war insoweit ungenau.

Die materiell-rechtliche Beibehaltung der geltenden Regelung entspricht dem Ziel des Verordnungsentwurfs, kleinere Büros und Existenzgründer weiterhin zu stärken.

Amtliche Begründung

Teil 2 Flächenplanung

Abschnitt 1: Bauleitplanung

Zu § 17 (Anwendungsbereich)

§ 17 entspricht dem geltenden § 35 und definiert den Anwendungsbereich der HOAI für städtebauliche Leistungen. Die Verweisung im geltenden § 35 auf den bisherigen § 42 wurde gestrichen, da sie sich auf Besondere Leistungen, die zukünftig im Anhang der HOAI enthalten sind, bezieht.

Zu § 18 (Leistungsbild Flächennutzungsplan)

Das Leistungsbild Flächennutzung enthält die Leistungen des Auftragnehmers/der Auftragnehmerin, die im Allgemeinen für die Vorbereitung sowie die Erstellung der für den Flächennutzungsplan notwendigen Ausarbeitungen und Planfassungen erforderlich sind. § 18 fasst die Regelungen im geltenden § 37 wie folgt zusammen:

Die bisherigen Leistungsphasen werden beibehalten. Die Prozentsätze der Bewertung entsprechen der Regelung im bisherigen § 37.

Alle Leistungsphasen sind in Prozentsätzen der Honorare nach § 20 bewertet. Die Tafelwerte sind um 10 Prozent erhöht. Dies führt im Ergebnis zu einer Honorarerhöhung. Die Chancen der Planungsbüros auf ein auskömmliches Honorar werden verbessert. Dies ist vor dem Hintergrund der Preisentwicklung seit der letzten Novellierung der HOAI erforderlich. Insofern erfüllt der Verordnungsgeber hier die Vorgabe der Ermächtigungsgrundlage, auch den berechtigten Interessen der Architekten/Architektinnen und Ingenieure/Ingenieurinnen Rechnung zu tragen.

Absatz 2 entspricht im Wesentlichen inhaltlich der Beschreibung des Leistungsbildes in dem bisherigen § 37 Absatz 2. Die Darstellung der Besonderen Leistungen ist gänzlich entfallen, da diese im Anhang der HOAI enthalten sind.

Absatz 3 entspricht inhaltlich dem bisherigen § 37 Absatz 3.

Der bisherige § 37 Absatz 5 wurde nicht in § 18 übernommen; die Vorschrift hielt die Vertragsparteien bisher zur rechtzeitigen Vereinbarung über die Bewertung der Leistungsphase 1 und 2 an. Die Vertragsparteien mussten vor der Erbringung der Leistung dieser Leistungsphasen schriftlich eine Bewertung vorgenommen haben, andernfalls wurde die Leistung nur mit 11 Prozent des Honorars des bisherigen § 38 bewertet. Die Vorschrift entspricht in ihrem Regelungsgehalt dem § 7 Absatz 6 im Allgemeinen Teil (sofern keine Honorarvereinbarung getroffen worden ist, gelten die jeweiligen Mindestprozentsätze) und ist deshalb obsolet.

Zu § 19 (Leistungsbild Bebauungsplan)

Die Prozentsätze der Bewertung entsprechen der Regelung im bisherigen § 40. Alle Leistungsphasen sind in Prozentsätzen der Honorare nach § 21 bewertet. Die Tafelwerte sind um 10 Prozent erhöht.

Amtliche Begründung 213

Dies führt im Ergebnis zu einer Honorarerhöhung. Die Chancen der Planungsbüros auf ein auskömmliches Honorar werden verbessert. Dies ist vor dem Hintergrund der Preisentwicklung seit der letzten Novellierung der HOAI erforderlich. Insofern erfüllt der Verordnungsgeber hier die Vorgabe der Ermächtigungsgrundlage, auch den berechtigten Interessen der Architekten und Ingenieure Rechnung zu tragen.

Die Beschreibung des Leistungsbildes entspricht im Wesentlichen der bisherigen Regelung. Die Darstellung der Besonderen Leistungen wurde nicht übernommen, da diese im Anhang zur HOAI enthalten sind.

Zu § 20 (Honorare für Leistungen bei Flächennutzungsplänen)

§ 20 entspricht dem geltenden § 38 und enthält folgende, für die Ermittlung des Honorars maßgeblichen Messwerte: Verrechnungseinheiten, Mindest- und Höchstsätze und Teilleistungssätze.

Die Überschrift wurde an die neue Systematik der HOAI angepasst, die nicht mehr zwischen Grund- und Besonderen Leistungen unterscheidet. Daher heißt es in der Neufassung der Überschrift: „Honorare für Leistungen bei Flächennutzungsplänen".

Absatz 2 entspricht dem geltenden § 38 Absatz 2. In Flächennutzungsplänen können nach § 5 Absatz 2 Nummer 1 Baugesetzbuch nicht nur Bauflächen, sondern auch Baugebiete festgesetzt werden. Deshalb wurden die Ansätze, von denen bei der Ermittlung des Honorars auszugehen ist, ergänzt.
Die bisherigen Regelungen des geltenden § 38 zu den Honoraren für Leistungen bei Flächennutzungsplänen werden weitgehend beibehalten, mit folgenden Abweichungen:

Der bisherige § 38 Absatz 6 Satz 1 wird in § 20 Absatz 6 übernommen.

Der bisherige § 38 Absatz 6 Satz 2, nach dem die Vertragsparteien die Möglichkeit erhalten, anstelle des Mindesthonorars von 2.300 Euro ein Zeithonorar zu vereinbaren, wird gestrichen. Eine solche Vereinbarung konnte bisher dazu führen, dass der Mindestsatz unterschritten wurde. Da die Vorschrift insofern keinen verbindlichen Mindestsatz vorschrieb, sondern faktisch eine freie Vereinbarkeit einräumte, ist sie gestrichen worden. Mit der Streichung wird die Rechtslage eindeutiger, der Verordnungsgeber verzichtet hier auf Regulierung.

Anstelle des bisherigen § 38 Absatz 6 wurde auf der Grundlage des bisherigen § 36a Absatz 2 eine Regelung zur Ermittlung der Honorarzone eingefügt. Der Regelungsgehalt des bisherigen § 36a Absatz 2 bleibt zukünftig in § 20 Absatz 8 in der HOAI erhalten. Da in der bisherigen HOAI insgesamt elf Vorschriften zu den Honorarzonen verstreut waren, wurde ihr gemeinsamer Regelungsgehalt, also die Beschreibung der Schwierigkeitsgrade, in § 5 des Allgemeinen Teils vorangestellt. Die Bewertungsmerkmale für die Einordnung in die Honorarzonen bei Flächennutzungsplänen wurden in Absatz 7 zusammengefasst; dies entspricht der Forderung des Koalitionsvertrages nach Vereinfachung und mehr Transparenz.

Der bisherige § 38 Absatz 7 wird nicht in § 20 übernommen, da der darin enthaltene Regelungsgedanke, dass Aufträge, deren Werte außerhalb der Tafelwerte liegen, frei vereinbar sein sollen, bereits in § 7 Absatz 2 des Allgemeinen Teils aufgenommen ist.

Der bisherige § 38 Absatz 8 wird nicht in § 20 übernommen, da er lediglich eine klarstellende, vertragliche Regelung, aber keine Preisregelung, enthält. Es geht, ähnlich wie im ebenfalls gestrichenen bisherigen § 21 um die Honorierung des Mehraufwandes bei zeitlicher Trennung der Auftragsausführung. Während der bisherige § 21 sich auf die Ausführungszeit bezog, wurde der bisherige § 38 Absatz 8 auf den Planungszeitraum der Flächennutzungspläne bezogen. Für den Mehraufwand sollte ein Pauschalhonorar vereinbart werden dürfen. Durch die Streichung der Vorschrift wird dies nicht verhindert. Den Parteien bleibt die Möglichkeit einer entsprechenden Pauschalvereinbarung weiterhin unbenommen.

Der Verzicht auf den bisherigen § 38 Absatz 9 in § 20 folgt den Erwägungen zur Streichung von Absatz 8. Nach dem bisherigen Absatz 9 kann ein Zuschlag frei vereinbart werden, wenn eine Umstrukturierung von Flächennutzungsplänen in baulicher, verkehrstechnischer, sozioökonomischer oder ökologischer Sicht vorgesehen ist. Durch die Streichung der Vorschrift wird dies nicht verhindert. Die Vorschrift wird aus der HOAI gestrichen, da sie keine Preisregelung enthält.

Der bisherige § 38 Absatz 10 wurde gestrichen, da er inhaltlich auf den Regelungsgehalt des § 10 im Allgemeinen Teil der Neufassung verweist. Dort geht es um die Vergütung von Leistungen für mehrere Vor- und Entwurfsplanungen. Eine Verweisung auf Vorschriften des Allgemeinen Teils, die ohnehin für den Besonderen Teil der HOAI gelten, ist rechtssystematisch nicht erforderlich.

Zu § 21 (Honorare für Leistungen bei Bebauungsplänen)

§ 21 entspricht dem geltenden § 41 und regelt die Honorierung für Leistungen bei Bebauungsplänen.

Die Überschrift wurde an die neue Systematik der HOAI angepasst, die nicht mehr zwischen Grund- und Besonderen Leistungen unterscheidet. Daher heißt es in der Neufassung der Überschrift: „Honorare für Leistungen bei Bebauungsplänen".

Die Verweisung auf § 19 statt auf den bisherigen § 40 ist eine redaktionelle Folgeänderung. Die Regelungen zu den Honoraren für Leistungen bei Bebauungsplänen sind in § 19 enthalten. Die Honorartafel zum geltenden § 41 bezieht sich in der Neufassung auf § 21. Die bisherigen Tafelendwerte der Honorartafel werden beibehalten.

§ 21 weicht in folgenden Punkten vom geltenden § 41 ab:
Der geltende § 41 Absatz 2 Satz 2, 2. Halbsatz, der eine Aufforderung zur Prüfung der Honorarzonen enthält, wurde gestrichen. Die Vorschrift ist deshalb überflüssig, weil in § 7 Absatz 5 festgelegt ist, dass das Honorar durch nachträgliche Vereinbarungen verändert werden kann, wenn sich im Laufe der Durchführung eines Architekten- oder Ingenieurvertrages ergibt, dass noch weitere Leistungen erbracht werden müssen. Hierüber ist als Nachtrag zum Vertrag eine weitere schriftliche Vereinbarung einschließlich Honorarvereinbarung zulässig.

Amtliche Begründung

Der bisherige § 41 Absatz 3, in dem geregelt war, dass zu dem Honorar für bestimmte Bebauungspläne, an die besondere Anforderungen gestellt werden, ein Zuschlag frei vereinbart werden konnte, wird nicht übernommen. Mit der Streichung wird die Rechtslage eindeutiger: der Verordnungsgeber verzichtet hier auf Regulierung. Da die Vorschrift lediglich einen klarstellenden Regelungsgehalt hat, ohne eine Preisregelung zu treffen, entspricht die Streichung der Forderung des Bundesrates, die HOAI zu vereinfachen. Die Möglichkeit, einen solchen Zuschlag frei zu vereinbaren, bleibt den Vertragsparteien auch nach der neuen Rechtslage erhalten.

Über die Verweisung in Absatz 3 auf § 20 Absätze 7 bis 9 bleibt der bisherige § 39a, der eine Regelung zur Ermittlung der Honorarzonen enthält und auf den bisherigen § 36a verweist, erhalten. Da in der bisherigen HOAI insgesamt elf Vorschriften zu den Honorarzonen verstreut waren, wurde ihr gemeinsamer Regelungsgehalt, das heißt, die Beschreibung der Schwierigkeitsgrade in § 5 des Allgemeinen Teils vorangestellt. Zur Einordnung in die Honorarzonen bedarf es konkreter Bewertungsmerkmale. Die bisherigen Bewertungsmerkmale für die Einordnung in die Honorarzonen bei Bebauungsplänen finden sich in § 20 Absätze 7 bis 9 in Verbindung mit § 21 Absatz 3 wieder.
Der bisherige § 41 Absatz 4 wurde im neuen § 21 Absatz 4 aufgenommen. Da in der HOAI zukünftig keine Stundensätze und damit Zeithonorare vorgegeben werden, wurde § 41 Absatz 4 Satz 2 entsprechend gestrichen.

Der bisherige § 41 Absatz 5 wird gestrichen, da der darin enthaltene Regelungsgedanke, dass Aufträge, deren Werte außerhalb der Tafelwerte liegen, frei vereinbar sein sollen, in § 7 Absatz 2 des Allgemeinen Teils aufgenommen ist.

Der bisherige § 41 Absatz 6 wurde gestrichen, da die in ihm enthaltenen Verweisungen in der Neufassung der HOAI überflüssig sind:
Der bisherige § 20 (Mehrere Vor- und Entwurfsplanungen) wurde als § 10 in den Allgemeinen Teil der HOAI aufgenommen und gilt ohne Verweisung für den Besonderen Teil.
Die Verweisung auf den bisherigen § 38 Absatz 8 geht ins Leere, da die Vorschrift gestrichen wurde.
Die Verweisung auf den bisherigen § 39 (Planausschnitte) ist nicht erforderlich, da die Vorschrift als § 12 im Allgemeinen Teil der Neufassung ohne Verweisung auf den Besonderen Teil der HOAI in den Fällen gilt, in denen ein Sachzusammenhang besteht.

Abschnitt 2: Landschaftsplanung

Zu § 22 (Anwendungsbereich)

§ 22 definiert den Anwendungsbereich der HOAI für landschaftsplanerische Leistungen und beruht auf dem geltenden § 43. Die Verweisung auf den bisherigen § 50 entfiel, da sie sich auf Besondere Leistungen, die im Anhang der HOAI enthalten sind, bezieht.

Der bisherige § 43 Absatz 2 Nummer 3 wurde in Absatz 2 ohne die Umweltverträglichkeitsstudie übernommen. Die Umweltverträglichkeitsstudie (geltender § 48a) wird zukünftig im Anhang enthalten sein.

Zu § 23 (Leistungsbild Landschaftsplan)

Mit den Landschaftsplänen werden die örtlichen Erfordernisse und Maßnahmen zur Verwirklichung der Ziele des Naturschutzes und der Landschaftspflege mit Text, Karten und Begründung dargestellt. Der geltende § 45a (Leistungsbild Landschaftsplan) wird in § 23 zusammengefasst.

Entsprechend der Neuregelung im Allgemeinen Teil gliedern sich die Leistungen in vier Leistungsphasen, anstatt wie bisher in fünf. Die bisherige Leistungsphase 5 (Genehmigungsfähige Planfassung) wird in der HOAI nicht mehr geregelt, da den Vertragsparteien schon nach dem bisherigen § 45a Absatz 3 die Honorarvereinbarung für die Leistungsphase 5 ausdrücklich freigestellt wurde. Deshalb gab es auch keine Bewertung der Leistungsphase 5 im bisherigen § 45a Absatz 1. Die Prozentsätze, mit denen die Leistungen bisher bewertet waren, bleiben unverändert. Die Bewertung entspricht der bisherigen Regelung. Alle Leistungsphasen sind in Prozentsätzen der Honorare nach § 28 bewertet.

Die Darstellung der Besonderen Leistungen wird nicht übernommen, da diese im Anhang zur HOAI enthalten sind.

Der bisherige § 45a Absatz 3, der den Parteien eine freie Honorarvereinbarung über die genehmigungsfähige Planfassung freistellt, wurde gestrichen. Er hat keinen materiellen Regelungsgehalt; die freie Vereinbarung bleibt den Parteien auch nach der Streichung möglich.

Der bisherige § 45b Absatz 4 wurde gestrichen, da eine entsprechende Regelung in § 9 Absatz 3 (neu) vorgezogen wurde.

Der gestrichene bisherige § 45a Absatz 5 enthielt die Vorschrift, mit welchem Prozentsatz die Leistungsphase 1 zu bewerten ist, wenn vor der Erbringung der Leistung eine schriftliche Vereinbarung fehlt. Die bisherige Regelung sollte die Vertragsparteien zur rechtzeitigen Vereinbarung über die Bewertung der Leistungsphase 1 anhalten, andernfalls wurde die Leistung nur mit einem Satz von 21 Prozent des Honorars bewertet. Die Vorschrift wird wegen § 7 Absatz 6, der im Fall einer fehlenden schriftlichen Vereinbarung bestimmt, dass die Mindestsätze gelten, überflüssig.

Der bisherige § 45a Absatz 6, der freie Honorarvereinbarungen über den bisherigen Honorarrahmen in Leistungsphase 2 hinaus ermöglicht, wird gestrichen. Die Regelung betrifft das Vertragsrecht, nicht aber die preisregulierten Leistungen nach der HOAI. Die Möglichkeit, ein zusätzliches Honorar für die Aufbereitung von Datenmaterial zu vereinbaren, wird durch die Streichung nicht ausgeschlossen. Gemäß der Empfehlung des Statusberichts (Kapitel 10, Seite 52), der diese Regelung eher als Zusatzleistung qualifiziert, werden diese Leistungen unter den Besonderen Leistungen im Anhang unter Punkt 2.3.2 aufgenommen.

Der bisherige § 45a Absatz 7 wurde in § 23 Absatz 3 wortgleich übernommen. Darin wird geregelt, dass der Auftragnehmer/die Auftragnehmerin für das Honorar nach § 28 nur an bis zu sechs Sitzungen teilnehmen muss. Darüber hinausgehende Sitzungen werden nicht mehr vom in der HOAI preisregulierten Leistungsbild erfasst und unterliegen der freien Honorarvereinbarung.

Amtliche Begründung

Zu § 24 (Leistungsbild Grünordnungsplan)

§ 24 entspricht dem geltenden § 46.

Die Vorschrift behandelt das Leistungsbild beim Grünordnungsplan, der im Maßstab des Bebauungsplans erstellt wird und der nach dem übergeordneten Recht entweder die Grundlage für einen Bebauungsplan bildet, Bestandteil des Bebauungsplans wird oder im Ausnahmefall ein Plan mit eigenem Rechtscharakter ist. Was in den Landschaftsplänen großflächig an Belangen des Naturschutzes, der Landschaftspflege und der Grünordnung dargestellt wird, wird in den Grünordnungsplänen für einen kleineren Bereich planintensiver und konkreter erfasst.

Entsprechend der Neuregelung im Allgemeinen Teil gliedern sich die Leistungen in vier Leistungsphasen, anstatt wie bisher in fünf. Die bisherige Leistungsphase 5 (Genehmigungsfähige Planfassung) wird in der HOAI nicht mehr geregelt, da den Vertragsparteien schon nach der Verweisung im bisherigen § 46 Absatz 4 auf den bisherigen § 45a Absatz 3 den Parteien die Honorarvereinbarung für die Leistungsphase 5 ausdrücklich freigestellt wird. Deshalb gab es auch keine Bewertung der Leistungsphase 5 im bisherigen § 45a Absatz 1. Die Prozentsätze, mit denen die Leistungen bisher bewertet waren, bleiben unverändert. Die Bewertung entspricht der bisherigen Regelung. Alle Leistungsphasen sind in Prozentsätzen der Honorare nach § 29 bewertet.

Die Beschreibung des Leistungsbildes entspricht im Wesentlichen der bisherigen Regelung des § 46 Absatz 2. Die Besonderen Leistungen sind entsprechend der neuen Systematik im Anhang zur HOAI enthalten. Der bisherige § 46 Absatz 3 wurde gestrichen und ist in einer entsprechenden Regelung, nämlich § 9 im Allgemeinen Teil enthalten.

Nach dem bisherigen § 46 Absatz 4 galten bisher § 45a Absatz 3, 5 bis 7 entsprechend. § 24 Absatz 3 entspricht der Verweisung auf den geltenden § 45a Absatz 7. Darin ist geregelt, dass die Teilnahme an bis zu sechs Sitzungen mit dem Honorar nach § 28 abgegolten ist. Darüber hinausgehende Sitzungen werden nicht mehr vom in der HOAI verpreisten Leistungsbild erfasst und unterliegen der freien Honorarvereinbarung. Die „entsprechende" Anwendung der Vorschrift bedeutet auch hier die Anwendung der zum Grünordnungsplan gehörenden Honorartafel in § 29.

Die Verweisung im bisherigen § 46 auf den bisherigen § 45a Absatz 3 betrifft Zeithonorare und geht ins Leere wegen Streichung der Verweisungsvorschrift. Die Verweisung im bisherigen § 46 auf den bisherigen § 45a Absatz 5 regelte, mit welchem Prozentsatz die Leistungsphasen 1 und 2 bei Landschaftsplänen zu bewerten waren, wenn vor der Erbringung der Leistung eine schriftliche Vereinbarung fehlte. Die Vorschrift wurde gestrichen, stattdessen bestimmt § 7 Absatz 6 Satz 2 im Allgemeinen Teil nunmehr, dass bei fehlender schriftlicher Vereinbarung die Mindestsätze gelten.

Zu § 25 (Leistungsbild Landschaftsrahmenplan)

§ 25 entspricht im Wesentlichen dem geltenden § 47.
Die Vorschrift regelt das Leistungsbild zum Landschaftsrahmenplan, der sich vom Landschaftsplan dadurch unterscheidet, dass er sich nicht auf den örtlichen Planungsbereich beschränkt, sondern große Planungsgebiete betrifft, für die überörtliche Maßnahmen in Bezug auf Naturschutz und Landschaftspflege darzustellen sind.

Die Definition des Landschaftsrahmensplans im bisherigen § 47 Absatz 1 wurde gestrichen, da sie in Leistungsphase 3 des Leistungsbildes enthalten ist und auch § 15 Bundesnaturschutzgesetz schon rahmengebende Regelungen vorgibt. Die inhaltliche Ausgestaltung ist den Ländern überlassen, die teilweise rechtlich davon in ihren Landesnaturschutzgesetzen Gebrauch gemacht haben. Insoweit ist eine weitere Definition in der HOAI überflüssig.

Die Leistungsphasen 1 bis 4 des bisherigen § 47 Absatz 2 sind inhaltlich erhalten geblieben. In der Leistungsphase 4 (endgültige Planfassung) des geltenden § 47 Absatz 2 fehlt eine Darstellung der Grundleistung. Als Besondere Leistung wurde die Mitwirkung bei der Einarbeitung von Zielen der Landschaftsentwicklung aufgeführt. Die Bewertung der Grundleistung lehnt sich an die Bewertung der Grundleistung für Landschafts- und Grünordnungspläne an. Dementsprechend wurde die Grundleistung ergänzt. Im Leistungsbild Landschaftsrahmenplan gibt es daher zukünftig vier definierte Leistungsphasen.

Die Beschreibung des Leistungsbildes entspricht der bisherigen Regelung. Der bisherige § 47 Absatz 4 wurde inhaltlich unverändert in § 25 übernommen. Redaktionelle Folgeänderung ist, dass auf § 30 statt auf den bisherigen § 47a verwiesen wird.

Der bisherige § 47 Absatz 5 eröffnete die Möglichkeit, über den Honorarrahmen in Leistungsphase 1 Honorarvereinbarungen zu treffen, und lehnte sich an den bisherigen § 45a Absatz 6 an, der ebenfalls gestrichen wurde.

Gemäß der Empfehlung des Statusberichts zu § 45 a Absatz 6 wird diese Regelung eher als Zusatzleistung qualifiziert und unter den Besonderen Leistungen im Anhang aufgenommen.

Zu § 26 (Leistungsbild Landschaftspflegerischer Begleitplan)

§ 26 entspricht im Wesentlichen dem geltenden § 49a.

Die Vorschrift regelt das Leistungsbild zu landschaftspflegerischen Begleitplänen, die in Verbindung mit landschaftsverändernden Vorhaben, wie Verkehrsbauten, Gewässerausbau, Deponien, Abgrabungen oder Flurbereinigungsvorhaben, in Auftrag gegeben werden. Die Eingriffe in Natur und Landschaft können entweder punktuellen, linien- oder flächenhaften Charakter besitzen.

Leistungsphase 2 enthält eine Bestandsbewertung. Definiert wird die Bestandsbewertung als das Bewerten der Leistungsfähigkeit und Empfindlichkeit des Naturhaushalts und des Landschaftsbildes nach den Zielen und Grundsätzen des Naturschutzes und der Landschaftspflege sowie das Bewerten der vorhandenen Beeinträchtigungen beziehungsweise die Vorbelastung von Natur und Landschaft.

Entsprechend der Neuregelung im Allgemeinen Teil gliedern sich die bisherigen fünf Leistungen wie bisher in fünf Leistungsphasen. Alle Leistungsphasen sind in Prozentsätzen der Honorare nach Absatz 3, der auf die §§ 28, 29 verweist, bewertet. Die Verweisungen in Absatz 3 auf die Honorartafeln für Landschaftspläne und Grünordnungspläne sind redaktionell angepasst. Die Prozentsätze, mit denen die Leistungen bisher bewertet waren, sind unverändert.

Amtliche Begründung

Die Beschreibung des Leistungsbildes entspricht der Regelung im bisherigen § 49a. Der Grundgedanke des bisherigen § 49a Absatz 3 Satz 2 wurde in § 26 Absatz 3 Satz 2 beibehalten. Die darin bisher geregelte Möglichkeit, anstelle eines Honorars nach Satz 1 ein Zeithonorar zu vereinbaren, wurde an die Systematik der neuen HOAI angepasst. Es wurde berücksichtigt, dass Zeithonorare in der Neufassung der HOAI nicht geregelt sind. Deshalb besteht hier zukünftig alternativ die Wahlmöglichkeit, das Honorar frei zu vereinbaren. Die Änderung des Satzes 2 schließt damit die Möglichkeit der Vereinbarung eines Zeithonorars weiter ein.

Zu § 27 (Leistungsbild Pflege- und Entwicklungsplan)

§ 27 entspricht im Wesentlichen dem geltenden § 49c.
Die Vorschrift regelt das Leistungsbild zu Pflege- und Entwicklungsplänen, die aufgrund landesgesetzlicher Vorschriften, insbesondere für Schutzgebiete und schützenswerte Landschaftsbestandteile, aufzustellen sind.

Die Begriffsbestimmung für Pflege- und Entwicklungspläne des bisherigen § 49c Absatz 1 wurde gestrichen. Solche Begriffsbestimmungen ergeben sich aus landesgesetzlichen Festlegungen (zum Beispiel § 7 VO der Bezirksregierung Hannover in Verbindung mit §§ 24, 28c, 29 und 30 Niedersächsisches Naturschutzgesetz oder aufgrund von Verordnungen auf Basis der Ermächtigungsgrundlagen in §§ 37, 45 Bayerisches Naturschutzgesetz), sodass diese in der HOAI nicht erforderlich sind.

Absatz 1 beruht auf dem geltenden § 49c Absatz 2 und behält die bisherigen vier Leistungsphasen bei. Alle Leistungsphasen sind in Prozentsätzen der Honorare nach § 31 bewertet.

Absatz 3 entspricht dem bisherigen § 49c Absatz 3. Die Beschreibung des Leistungsbildes deckt sich im Wesentlichen mit der bisherigen Regelung. Die Darstellung der Besonderen Leistungen ist gänzlich entfallen, da diese im Anhang der Neufassung der HOAI enthalten sind.

Der bisherige § 49c Absatz 4 wurde gestrichen und enthielt die Vorschrift, mit welchem Prozentsatz die Leistungsphasen 1 bis 3 zu bewerten waren, wenn vor der Erbringung der Leistung eine schriftliche Vereinbarung fehlte. Die Regelung hielt die Vertragsparteien zur rechtzeitigen Vereinbarung über die Bewertung der Leistungsphasen an und ist nunmehr im Allgemeinen Teil in § 7 Absatz 6 enthalten, nach dem bei fehlender schriftlicher Vereinbarung die Mindestsätze gelten.

Zu § 28 (Honorare für Leistungen bei Landschaftsplänen)

§ 28 regelt die Honorierung bei Landschaftsplänen und basiert im Wesentlichen auf dem bisherigen § 45b.

Die Überschrift wurde an die neue Systematik der HOAI angepasst, die nicht mehr zwischen Grund- und Besonderen Leistungen unterscheidet. Daher heißt es in der Neufassung der Überschrift nur noch: „Honorare für Leistungen bei Landschaftsplänen".

Die Verweisung auf § 23 anstatt auf § 45a ist redaktionelle Folgeänderung. Die Regelungen zu den Honoraren für Leistungen bei Flächennutzungsplänen sind in § 23 enthalten. Die Honorartafel zum bisherigen § 45b bezieht sich jetzt auf § 28.

Die Absätze 3 und 4 des bisherigen § 45b sind in § 28 nicht übernommen, da der darin enthaltene Regelungsgedanke, dass Aufträge, die außerhalb der Tafelwerte liegen, frei vereinbar sein sollen, in den § 7 Absatz 2 des Allgemeinen Teils aufgenommen wurde. Für die Festlegung von Mindest- oder Höchstsätzen für solche Aufträge wird kein Bedarf gesehen: Außerhalb der Tafelwerte sollen den Vertragsparteien keine weiteren Einschränkungen für ihre Vereinbarungen auferlegt werden. Dies entspricht auch der Systematik der HOAI, dass Mindest- und Höchstsätze abschließend durch die Honorartafeln festgelegt werden.

Absatz 3 enthält zukünftig die Regelung zur Ermittlung der Honorarzone des bisherigen § 45. Da in der bisherigen HOAI insgesamt elf Vorschriften zu den Honorarzonen verstreut enthalten waren, wurde ihr gemeinsamer Regelungsgehalt, das heißt die Beschreibung der Schwierigkeitsgrade, im neuen § 5 des Allgemeinen Teils vorangestellt. Für die Einordnung in die Honorarzonen bedarf es konkreter Bewertungsmerkmale. Die Bewertungsmerkmale für die Einordnung in die Honorarzonen bei Landschaftsplänen des geltenden § 45 wurden in § 28 Absatz 3 zusammengefasst; dies entspricht der Forderung des Koalitionsvertrages nach Vereinfachung und mehr Transparenz.

Zu § 29 (Honorare für Leistungen bei Grünordnungsplänen)

§ 29 basiert auf dem bisherigen § 46a, der die für die Ermittlung des Honorars maßgeblichen Bemessungsgrößen enthält: die Verrechnungseinheiten, die Mindest- und Höchstsätze und die Teilleistungssätze.

Die Überschrift wurde an die neue Systematik der HOAI angepasst, die nicht mehr zwischen Grund- und Besonderen Leistungen unterscheidet. Daher heißt es in der Neufassung der Überschrift nur noch: „Honorare für Leistungen bei Grünordnungsplänen".

Die Verweisung auf § 24 anstatt auf den bisherigen § 46 ist eine redaktionelle Folgeänderung. Die Honorartafel zum bisherigen § 46a bezieht sich jetzt auf § 29.
Der bisherige § 46a Absatz 4 wird gestrichen, da der darin enthaltene Regelungsgedanke, dass Aufträge, deren Werte außerhalb der Tafelwerte liegen, frei vereinbar sein sollen, in § 7 Absatz 2 des Allgemeinen Teils aufgenommen wurde.

Der bisherige § 46a Absatz 4a wird zu § 29 Absatz 5. Der bisherige § 46a Absatz 5 wurde folgerichtig zur Erhaltung der Honorarzonen beibehalten und wird zu § 29 Absatz 4.

Zu § 30 (Honorare für Leistungen bei Landschaftsrahmenplänen)

§ 30 regelt die Honorierung bei Landschaftsrahmenplänen und entspricht im Wesentlichen dem geltenden § 47a.

Die Überschrift wurde an die neue Systematik der HOAI angepasst, die nicht mehr zwischen Grund- und Besonderen Leistungen unterscheidet. Daher heißt es in der Neufassung der Überschrift: „Honorare für Leistungen bei Landschaftsrahmenplänen".

Amtliche Begründung

Die Verweisung in Absatz 1 auf § 25 anstatt auf den bisherigen § 47a ist eine redaktionelle Folgeänderung. Die Honorartafel zum bisherigen § 47a bezieht sich zukünftig auf § 30.

Der bisherige § 47a Absatz 2 wird zu § 30 Absatz 2 und verweist anstatt auf den bisherigen § 45 b Absatz 2 zukünftig auf § 28 Absatz 2 in dem festgelegt ist, dass die Honorare nach der Gesamtfläche des Plangebietes in Hektar zu berechnen sind. Die Streichung der übrigen Verweisungen in Absatz 2 ist Folgeänderung zur Streichung der Absätze 3 und 4 des geltenden § 45b.
Die Bewertungsmerkmale des geltenden § 47a Absatz 3 bleiben in § 30 Absatz 3 in gestraffter Form erhalten.

Zu § 31 (Honorare für Leistungen bei Pflege- und Entwicklungsplänen)

§ 31 regelt die Honorierung bei Pflege- und Entwicklungsplänen und entspricht im Wesentlichen dem geltenden § 49d. Die Überschrift wurde an die neue Systematik der HOAI angepasst, die nicht mehr zwischen Grund- und Besonderen Leistungen unterscheidet.

Die Verweisung in Absatz 1 auf § 27 anstatt auf den bisherigen § 49c ist eine redaktionelle Folgeänderung. Die Honorartafel zum bisherigen § 49d bezieht sich in der Neufassung auf § 31.

Der bisherige § 49d Absatz 2 wurde unverändert in Absatz 2 übernommen.

Der bisherige § 49d Absatz 3 wurde gestrichen, da die Verweisung auf den bisherigen § 45b Absatz 3 und 4 ins Leere geht. Die Verweisungsvorschriften wurden nicht in die Neufassung der HOAI aufgenommen.
Der Regelungsgehalt des geltenden § 49b bleibt weitgehend im § 31 Absatz 3 erhalten. Da in der bisherigen HOAI insgesamt elf Vorschriften zu den Honorarzonen verstreut waren, wurde ihr gemeinsamer Regelungsgehalt, das heißt, die Beschreibung der Schwierigkeitsgrade, in § 5 des Allgemeinen Teils vorangestellt. Die Bewertungsmerkmale für die Einordnung in die Honorarzonen bei Pflege- und Entwicklungsplänen werden in § 31 Absatz 3 und 4 zusammengefasst; dies entspricht der Forderung des Koalitionsvertrages nach Vereinfachung und mehr Transparenz.

Teil 3 Objektplanung

Abschnitt 1:   Gebäude und raumbildende Ausbauten

Zu § 32 (Besondere Grundlagen des Honorars)

Im Teil 3 werden die Leistungsbilder von Gebäuden und raumbildenden Ausbauten von den Freianlagen getrennt. Die Neuregelungen zu den Honorarzonen werden gebündelt und gestrafft. Die Besonderen Leistungen bei der Objektplanung sind zukünftig im Anhang zur HOAI enthalten.

In der Überschrift in § 32 wurde das Wort „Besondere" als Klarstellungshinweis eingefügt. Damit soll deutlich werden, dass diese Regelungen neben den allgemeinen Grundlagen des Honorars in § 6 im Allgemeinen Teil gelten.

Die Regelung des bisherigen § 10 Absatz 3a wurde gestrichen und inhaltlich durch eine weitere Fassung der Regelung des § 35 berücksichtigt.

Die Beschreibung der anrechenbaren Kosten wurde neu strukturiert, indem zunächst alle anrechenbaren Kosten aufgelistet werden, wodurch auf eine lange Aufzählung der „nicht anrechenbaren" Kosten verzichtet werden konnte. Darüber hinaus wurden diejenigen Leistungen aufgeführt, die grundsätzlich zu den nicht anrechenbaren Kosten gehören, soweit der Auftragnehmer/die Auftragnehmerin sie nicht plant oder an ihrer Planung oder Beschaffung mitwirkt.

In Absatz 1 ist die Definition der DIN 276 KG 300 beziehungsweise der DIN 276 KG 500 zugrunde zu legen.

Absatz 2 übernimmt im Wesentlichen die Regelung des bisherigen § 10 Absatz 4 Satz 1 und betrifft die nur bedingt anrechenbaren Kosten. Hier ist die DIN 276 KG 400 zugrunde zu legen. Danach sollen die anrechenbaren Kosten bei solchen Objekten, die einen besonders hohen Anteil an technischer Ausrüstung oder Einbauten haben, in ein angemessenes Verhältnis zur Leistung des Auftragnehmers/der Auftragnehmerin gebracht werden. Plant der Auftragnehmer/die Auftragnehmerin die Leistungen der Technischen Ausrüstung fachlich oder überwacht er oder sie fachlich deren Ausführung, so kann für diese Leistung ein Honorar neben dem Honorar nach Absatz 2 vereinbart werden.

Die sonstigen anrechenbaren Kosten setzen sich aus den Kosten in den Absätzen 1 bis 3 abzüglich der Kosten für Technische Anlagen (DIN 276 KG 400) zusammen.
Absatz 3 stimmt weitgehend mit der Regelung des bisherigen § 10 Absatz 5 überein. Auf die bisherige Aufzählung der Kosten, die bei der Berechnung der Honorare für Leistungen bei Gebäuden und raumbildenden Ausbauten bedingt oder nicht anrechenbar sind, wird verzichtet. Die Regelung ist hier so auszulegen, dass hier die DIN 276, KG 100, 200, 600 und 700 einschlägig sein soll.

Absatz 4 übernimmt die Regelung des bisherigen § 18 Satz 2 und enthält eine Einschränkung zu § 11 Absatz 1. Danach erfolgt bei kleineren Objekten, wie zum Beispiel Einfamilienhäusern, bei denen die anrechenbaren Kosten der Freianlagen weniger als 7.500 Euro betragen, kein Abzug der Kostenposition des Absatzes 3.

Der im bisherigen § 18 Satz 2 geregelte Ausnahmefall, wonach auf eine getrennte Berechnung von Grundleistungen für Gebäude und für Grundleistungen bei Freianlagen verzichtet werden kann, wenn die getrennte Berechnung weniger als 7.500 Euro zum Gegenstand hätte, stellt eine Entlastung für die Vertragspartner dar. Bei sehr niedrigen anrechenbaren Kosten, die noch weit unterhalb der Tabelleneinstiegswerte liegen, sind damit keine separaten vertraglichen Vereinbarungen erforderlich.

Zu § 33 (Leistungsbild Gebäude und raumbildende Ausbauten)

§ 33 übernimmt weitgehend die Teile des bisherigen § 15 Absatz 1 und legt fest, was generell zum Leistungsbild der Objektplanung gehört und in welche Prozentsätze sich die Leistung des Planers in den einzelnen Leistungsphasen aufgliedert. Die Besonderen Leistungen sind entsprechend der neuen Systematik im Anhang zur HOAI enthalten.

Amtliche Begründung

Absatz 2 gibt eine detaillierte Aufschlüsselung über die im Regelfall erforderlichen Leistungen und ordnet diese in neun Leistungsphasen ein. Die Beschreibung des Leistungsbildes entspricht im Wesentlichen der bisherigen Regelung in § 15 Absatz 2.

Zu § 34 (Honorare für Leistungen bei Gebäuden und raumbildenden Ausbauten)

§ 34 regelt die Honorierung für Leistungen bei Gebäuden und raumbildenden Ausbauten und lehnt sich an die Regelung des bisherigen § 16 Absatz 1 an. Darin wird auf die Honorartafel für Leistungen bei Gebäuden und raumbildenden Ausbauten verwiesen.

Der zukünftige Standort der Vorschrift im Besonderen Teil ist rechtssystematisch an die neue HOAI angepasst. Die Honorartafel zum bisherigen § 16 bezieht sich zukünftig auf § 34. Die Tafelwerte werden um 10 Prozent erhöht, was im Ergebnis zu einer Honorarerhöhung führt. Dies ist vor dem Hintergrund der Preisentwicklung seit der letzten Novellierung der HOAI erforderlich. Insofern erfüllt der Verordnungsgeber hier die Vorgabe der Ermächtigungsgrundlage, den berechtigten Interessen der Architekten/Architektinnen sowie Ingenieuren und Ingenieurinnen Rechnung zu tragen.

In Absatz 2 bleiben die Bewertungsmerkmale des geltenden § 11 Absatz 3 zu Honorarzonen in den Honorarvorschriften für Leistungen bei Gebäuden im Besonderen Teil in ihrer Grundstruktur erhalten. Die Neuregelungen zu den Honorarzonen werden gebündelt und gestrafft.

Die Bewertungsmerkmale des bisherigen § 14a Absatz 1 zu Honorarzonen für Leistungen bei raumbildenden Ausbauten sind in Absatz 3 eingefügt. Die Objektlisten für Gebäude und raumbildende Ausbauten wurden im Anhang unter den Punkten 3.1 und 3.3 eingegliedert.

Die Konzentration der Vorschriften trägt den Forderungen der Koalitionsvereinbarung und des Bundesrates nach Vereinfachung und Transparenz Rechnung.

Zu § 35 (Leistungen im Bestand)

§ 35 bündelt die Vorschriften zu Umbauten und Modernisierungen der geltenden §§ 10 Absatz 3a, 24, 25 Absatz 2, 59, 66 Absatz 5 und 76 und regelt die Möglichkeit, Zuschläge für die Planung von Umbauten und Modernisierungen zu vereinbaren.

Die Regelung des bisherigen § 10 Absatz 3a hat in der Vergangenheit vielfach zu Rechtsstreitigkeiten geführt. Es wurde daher eine Zusammenführung der bisherigen Regelungen vorgenommen. Um auch Änderungen an der vorhandenen Bausubstanz in der Regelung zum Umbauzuschlag mit zu erfassen, wurde zum einen die Definition der Umbauten in § 2 Nummer 6 weiter gefasst und die Marge, in der ein Zuschlag vereinbart werden kann, auf 20 bis 80 Prozent, statt bisher 20 bis 33 Prozent, erweitert.

Die in der geltenden HOAI verstreuten Regelungen werden zusammengefasst und mit einem einheitlichen Höchstsatz größere Spielräume zur Vertragsgestaltung geschaffen. Die bisher verordnete Höhe der Umbauzuschläge richtete sich nach Erfahrungswerten, ohne dass eine wissenschaftliche Untersuchung die Frage der Angemessenheit dieser Werte bestätigen konnte. Schon der Bundesrat hat bei der Einführung der Mindestzuschlagsfiktion Bedenken gehabt, diese (pauschale Erhöhung) bei Objekten für alle Schwierigkeitsgrade einzuführen. Deshalb wurde die Mindestzuschlagsfiktion letztlich in der bisherigen HOAI auf Leistungen „ab durchschnittlichem Schwierigkeitsgrad" begrenzt. Dem Verordnungsgeber liegen auch jetzt, außer Erfahrungswerten, keine fundierten Untersuchungen zum erhöhten Aufwand beim Planen und Bauen im Bestand vor.

Zwar hat der Statusbericht 2000plus (Kapitel 9, Seite 37) festgestellt: „Es ist deshalb nicht abschließend zu klären, ob die Honorarbestimmung beim Planen und Bauen im Bestand zurzeit aufwandsgerecht ist, abgesehen von den Möglichkeiten der Vereinbarung von Besonderen Leistungen, soweit diese ergänzend oder ersetzend zu den Grundleistungen der auf Neubauten ausgerichteten Leistungsbilder erforderlich werden." Die Vorschrift soll gleichwohl beibehalten werden, nicht zuletzt, weil sie Bestandteil der geltenden HOAI ist, sondern auch um der gestiegenen Bedeutung des Bauens im Bestand Rechnung zu tragen.

Die Neufassung verbessert aber die Anwendbarkeit der Regelung durch eine klare Zuordnung zur Honorarzone. In der bisherigen Regelung wurde nur auf den durchschnittlichen Schwierigkeitsgrad Bezug genommen, der nach der amtlichen Begründung zur geltenden HOAI regelmäßig bei Honorarzone III liegt. Da zukünftig auch kleinere Eingriffe mit der Neuregelung erfasst werden sollen, gilt, soweit nichts anderes schriftlich vereinbart wurde, ab der Honorarzone II ein Zuschlag von 20 Prozent. Die Neuregelung bezieht sich insofern unmittelbar auf die Honorarzone. Damit soll dem Bestimmtheitsgrundsatz entsprochen und mehr Rechtssicherheit erreicht werden.

Im Ergebnis geht es darum, zwischen den Vertragsparteien einen ausgewogenen vertraglichen Interessensausgleich zu finden, der den Schwierigkeiten des jeweiligen Einzelfalls gerecht wird.

Zu § 36 (Instandhaltungen und Instandsetzungen)

§ 36 übernimmt im Wesentlichen die Regelungen der geltenden §§ 27 und 60 zur Honorierung von Instandhaltungen und Instandsetzungen. Die Vorschrift wird aus der gleichen Erwägung wie zu § 35, der Bedeutung des Bauens im Bestand Rechnung zu tragen, beibehalten. Die Neufassung soll die Vorschriften bündeln und so eine klarere Struktur schaffen.

Abschnitt 2: Freianlagen

Zu § 37 (Besondere Grundlagen des Honorars)

§ 37 entspricht im Wesentlichen der geltenden Vorschrift des § 10, soweit sie Freianlagen betrifft.

In der Überschrift des § 37 wurde das Wort „Besondere" als Klarstellungshinweis eingefügt. Damit soll deutlich werden, dass diese Regelungen neben den allgemeinen Grundlagen des Honorars in § 6 im Allgemeinen Teil gelten.

Absatz 1 stimmt mit dem bisherigen § 10 Absatz 4a überein und enthält bestimmte Kosten, die bei Freianlagen anrechenbar sind. Die Vorschrift dient insbesondere zur Abgrenzung von Freianlagen zu Ingenieurbauwerken und Verkehrsanlagen.

Amtliche Begründung 225

Der Bezug auf Außenanlagen meint Außenanlagen im Rahmen der Gebäudeplanung nach DIN 276 KG 500. Grundsätzlich findet nach § 37 Absatz 1 wie bisher auch eine Anrechenbarkeit der Kosten statt, soweit die Auftragnehmerin oder der Auftragnehmer die Objekte plant.

Absatz 2 übernimmt die Regelung des geltenden § 10 Absatz 6 und ist eine Sonderregelung für Freianlagen, die auf § 32 Absatz 3 verweist.

Die auf die Kosten des Objekts entfallende Umsatzsteuer ist nicht Bestandteil der anrechenbaren Kosten.

Absatz 3 enthält eine Einschränkung zu § 11 Absatz 1. Danach erfolgt bei kleineren Objekten, wie zum Beispiel Einfamilienhäusern, bei denen die anrechenbaren Kosten der Freianlagen weniger als 7.500 Euro betragen, kein Abzug der Kostenposition des § 32 Absatz 3 für Außenanlagen. Die Regelung stimmt mit dem bisherigen § 18 Satz 2 überein.

Zu § 38 (Leistungsbild Freianlagen)

Die Vorschrift übernimmt die Teile des geltenden § 15, soweit sie das Leistungsbild für Freianlagen regeln. Nicht erfasst werden hier die Leistungen zu landschaftspflegerischen Ausführungsplänen im Straßenbau. Um Wiederholungen zu vermeiden, verweist Absatz 1 auf § 33, in dem das Leistungsbild bei Gebäuden und raumbildenden Ausbauten geregelt wird.

Absatz 1 legt fest, was generell zum Leistungsbild Freianlagen gehört und in welche Prozentsätze sich die Leistung des Planers in den einzelnen Leistungsphasen aufgliedert. Die Leistungsphasen 1 bis 9 sind inhaltlich erhalten geblieben. Die Besonderen Leistungen sind entsprechend der neuen Systematik im Anhang zur HOAI enthalten.

Absatz 2 verweist auf die im Regelfall erforderlichen Leistungen in § 33 Absatz 2. Die Beschreibung des Leistungsbildes entspricht im Wesentlichen der bisherigen Regelung in § 15 Absatz 2.

Zu § 39 (Honorare für Leistungen bei Freianlagen)

§ 39 beruht auf dem geltenden § 17 und regelt die Honorierung für Leistungen bei Freianlagen. Die Honorartafel zum bisherigen § 17 bezieht sich zukünftig auf § 39.

Die Tafelwerte werden um 10 Prozent erhöht.

In Absatz 2 ist der Regelungsgehalt des geltenden § 13 Absatz 1 enthalten.

Die Vorschriften zu Honorarzonen bei Freianlagen (bisher § 13) werden in gestraffter Form in den Absätzen 2 bis 4 eingefügt. Die zugehörige Objektliste findet sich unter Punkt 3.2 im Anhang.

Abschnitt 3: Ingenieurbauwerke

Zu § 40 (Anwendungsbereich)

§ 40 übernimmt den geltenden § 51 Absatz 1 und beschreibt den Anwendungsbereich der HOAI für Ingenieurbauwerke.

Zu § 41 (Besondere Grundlagen des Honorars)

§ 41 übernimmt den geltenden § 52 in den Teilen, die nicht schon im Allgemeinen Teil der Neufassung geregelt sind und die Ingenieurbauwerke betreffen.

In der neuen Überschrift wurde das Wort „Besondere" als Klarstellungshinweis eingefügt. Damit soll deutlich werden, dass diese Regelungen neben den allgemeinen Grundlagen des Honorars in § 6 im Allgemeinen Teil gelten.

In den Kosten der Baukonstruktion sind die anrechenbaren Kosten des Baugrundstücks, einschließlich des Erwerbs und des Freimachens, andere einmalige Abgaben für die Erschließung, die Vermessung und Vermarktung, der Kunstwerke – soweit sie nicht wesentliche Bestandteil des Objekts sind –, Winterbauschutzvorkehrungen und sonstige zusätzliche Maßnahmen bei der Erschließung, beim Bauwerk und bei den Außenanlagen für den Winterbau, Entschädigungen und Schadensersatzleistungen sowie die Baunebenkosten nicht enthalten.

Die sonstigen anrechenbaren Kosten in Absatz 2 setzen sich aus den Kosten in § 32 Absatz 1 bis 3 abzüglich der Kosten für Technische Anlagen (DIN 276 KG 400) zusammen.

Der bisherige § 52 Absatz 1 konnte ersatzlos entfallen, da die dort enthaltenen Regelungen bereits in § 6 des Allgemeinen Teils enthalten sind. Der bisherige § 52 Absatz 2 Satz 1, der festlegt, dass anrechenbare Kosten bei Ingenieurbauwerken die Herstellungskosten des Objekts sind, wurde wegen der schon vorhandenen Definition der anrechenbaren Kosten im Allgemeinen Teil in § 4 gestrichen.

Die Verweisung im bisherigen § 52 Absatz 3 auf den bisherigen § 10 Absatz 3 entfällt, da die Regelung bereits in § 4 Absatz 2 enthalten ist und somit ohne Verweisung Geltung für den Besonderen Teil hat.

Der bisherige § 52 Absatz 6 wird nicht in § 41 übernommen, da in der Systematik des Verordnungstextes nur die anrechenbaren Kosten und die gegebenenfalls anrechenbaren Kosten (soweit hierfür zum Beispiel Planungsleistungen übernommen werden) dargestellt werden.

Der bisherige § 52 Absatz 7 wird zu Absatz 3 und stellt anrechenbare Kosten dar, die in der Regel nicht und nur dann anrechenbar sind, wenn der Auftragnehmer/die Auftragnehmerin die Anlagen oder Maßnahmen plant oder ihre Ausführung überwacht.

Der bisherige § 52 Absatz 8 wird nicht in die Neufassung aufgenommen. Die Verweisung auf die bisherigen §§ 20 und 22 entfällt, da die Regelungen bereits in §§ 10 und 11 des Allgemeinen Teils enthalten sind und somit ohne Verweisung Geltung für den Be-

Amtliche Begründung

sonderen Teil haben. Die Verweisungen auf die bisherigen §§ 21 und 23 gehen ins Leere, da sie in der Neufassung gestrichen wurden.
Der bisherige § 52 Absatz 9 wurde gestrichen, da darin lediglich die Möglichkeit zur freien Vereinbarung eingeräumt wird, ohne dass die Vorschrift eine Preisregelung enthält. Wie in der bisherigen Regelung auch, unterliegen zum Beispiel selbstständige Rad- und Gehwege auch weiterhin nicht der HOAI; dies wird auch in § 44 Nummer 1 ausdrücklich festgestellt. Durch die Streichung wird die Möglichkeit zur freien Vereinbarung nicht berührt.

Zu § 42 (Leistungsbild Ingenieurbauwerke)

§ 42 übernimmt die Regelungen des geltenden § 55.

Absatz 1 verweist auf § 33 Absatz 1 und legt damit fest, was generell zum Leistungsbild der Ingenieurbauwerke gehört. Geregelt wird darin auch, in welche Prozentsätze sich die Leistung des Planers in den einzelnen Leistungsphasen aufgliedert.

Die Besonderen Leistungen sind entsprechend der neuen Systematik im Anhang zur HOAI enthalten.

Absatz 2 legt eine detaillierte Aufschlüsselung über die im Regelfall erforderlichen Leistungen fest und ordnet diese in neun Leistungsphasen ein. Die Beschreibung des Leistungsbildes in Absatz 2 entspricht im Wesentlichen der bisherigen Regelung im § 55 Absatz 2.

Die Leistungsphase 8 – Bauoberleitung – umfasst nicht die bisher in § 57 geregelte örtliche Bauüberwachung.
Die Leistungen der örtliche Bauüberwachung bei Ingenieurbauwerken und Verkehrsanlagen werden, da sie nicht durch das Grundhonorar der Honorartafeln des § 43 – für Ingenieurbauwerke –, bzw. § 47 – für Verkehrsanlagen – erfasst werden, unter den Besonderen Leistungen informativ weitergeführt.

Der geltende § 55 Absatz 4 wurde nicht übernommen. Die Vorschrift bezog sich auf die Möglichkeit, dass die Parteien schriftlich bei Auftragserteilung die Leistungsphase 5 mit mehr als 15 bis zu 35 Prozent bewerten konnten, wenn in dieser Leistungsphase ein überdurchschnittlicher Aufwand an Ausführungszeichnungen erforderlich wurde. Unabhängig von der Streichung der Vorschrift können die Vertragsparteien nach wie vor freie Vereinbarungen über den bisherigen Regelungsgegenstand treffen; insofern trägt die Streichung der Regelung den Bestrebungen des Bundesrates und der Koalitionsvereinbarung nach mehr Vereinfachung und Transparenz Rechnung.

Auch der geltende § 55 Absatz 5 wurde nicht übernommen, da die Regelung nur eine Aufzählung von besonderen Leistungen für Ingenieurbauwerke enthielt, ohne eine Preisregelung zu treffen und zukünftig im Anhang zur HOAI enthalten sein wird.

Zu § 43 (Honorare für Leistungen bei Ingenieurbauwerken)

§ 43 regelt die Honorierung für Leistungen bei Ingenieurbauwerken. Sie lehnt sich an die Regelung des bisherigen § 56 an. Die Tafelwerte werden um 10 Prozent erhöht. Dies führt im Ergebnis zu einer Honorarerhöhung. Dies ist vor dem Hintergrund der Preisentwicklung seit der letzten Novellierung der HOAI erforderlich.

Absatz 2 übernimmt im Wesentlichen die Darstellung der Bewertungsmerkmale des bisherigen § 53 Absatz 2.

In Absatz 3 wurde die Punktebewertung des bisherigen § 53 Absatz 3, anhand derer Ingenieurbauwerke oder Verkehrsanlagen, auf die Bewertungsmerkmale aus mehreren Honorarzonen anwendbar sind, einer bestimmten Honorarzone zugeordnet werden können, übernommen.

Abschnitt 4: Verkehrsanlagen

Zu § 44 (Anwendungsbereich)

§ 44 beschreibt, was unter Verkehrsanlagen zu verstehen ist. Darin wird der Anwendungsbereich für Verkehrsanlagen erfasst. Die Ausnahme von Freianlagen von Verkehrswegen durch Verweis auf die Definition von Freianlagen wurde gegen eine konkrete Aufzählung der Ausnahmen, die selbstständige Rad-, Geh- und Wirtschaftswege umfassen, ausgetauscht. Dies soll der besseren Handhabung der Regelung dienen und Rechtsunsicherheiten vermeiden.
Anlagen des Schienenverkehrs nach § 44 Nummer 2 schließen Seilbahnen, Standseilbahnen und Magnetschwebebahnen mit ein.

Zu § 45 (Besondere Grundlagen des Honorars)

§ 45 beruht im Wesentlichen auf dem geltenden § 52, soweit er Verkehrsanlagen betrifft, und enthält Sondervorschriften über die anrechenbaren Kosten bei Verkehrsanlagen.
Absatz 1 verweist auf § 41 (siehe dort).
Absatz 2 und 3 übernimmt die Regelungen des geltenden § 52 Absatz 4 und 5. Damit werden die Vorschriften für Verkehrsanlagen aus systematischen Gründen in einer Vorschrift zusammengefasst.

Absatz 4 betrifft sämtliche Verkehrsanlagen und Absatz 5 gilt nur für Straßen und Bahnanlagen. Sind bei Straßen und Bahnanlagen sowohl Absatz 4 als auch Absatz 5 anwendbar, sind die Kosten zunächst nach § 42 zu ermitteln. Von diesen Kosten sind dann nur die in Absatz 5 festgelegten Prozentsätze anrechenbar.

Der bisherige § 52 Absatz 4 betrifft Verkehrsanlagen und wird zukünftig in Absatz 3 übernommen. Die Vorschrift regelt die anrechenbaren Kosten bei Verkehrsanlagen auf der Basis der Leistungsphasen 1 bis 7 und 9.

Zu § 46 (Leistungsbild Verkehrsanlagen)

§ 46 stimmt mit der Vorschrift des bisherigen § 55 überein, soweit dieser für Verkehrsanlagen galt. Der geltende § 55 betrifft Ingenieurbauwerke und Verkehrsanlagen.

Die Regelungen für das Leistungsbild für Verkehrsanlagen verweisen in § 46 auf § 42. Die Leistungen betreffen Neubauten, Neuanlagen, Wiederaufbauten, Erweiterungsbauten, Umbauten, Modernisierungen sowie Instandhaltungen und Instandsetzungen.

In Absatz 3 wird auf die §§ 35 und 36 Absatz 2 verwiesen. Damit sollen die Vorschriften über Umbauten und Modernisierungen sowie Instandhaltung und -setzung entsprechend gelten. Die geltende HOAI enthielt diese Regelungen in den §§ 59 und 60.

Amtliche Begründung

Zu § 47 (Honorare für Leistungen bei Verkehrsanlagen)

§ 47 entspricht im Wesentlichen dem geltenden § 56 und übernimmt auch die dazugehörige Honorartafel, in der die Honorare für Leistungen bei Verkehrsanlagen geregelt sind. Die Tafelwerte werden um 10 Prozent angehoben.

Teil 4 Fachplanung

Abschnitt 1: Tragwerksplanung

Der neue Teil 4 (Fachplanung) setzt sich weitgehend aus den bisherigen Teilen: „Teil VIII: Leistungen bei der Tragwerksplanung" und „Teil IX: Leistungen bei der Technischen Ausrüstung" zusammen. Die Regelungen werden systematisch in zwei Abschnitte: „Abschnitt 1 – Tragwerksplanung" und „Abschnitt 2 – Technische Ausrüstung" aufgeteilt.

Zu § 48 (Besondere Grundlagen des Honorars)

§ 48 regelt die Leistungen bei der Tragwerksplanung und übernimmt den geltenden § 62 in den Teilen, die nicht schon im Allgemeinen Teil der Neufassung geregelt sind und die Tragwerksplanung betreffen.
In der Überschrift wurde das Wort „Besondere" als Klarstellungshinweis eingefügt. Damit soll deutlich werden, dass diese Regelungen neben den allgemeinen Grundlagen des Honorars in § 6 im Allgemeinen Teil gelten.

Absatz 1 legt als anrechenbare Kosten auch 55 Prozent der Kosten der Bauwerks- und Baukonstruktionskosten und 10 Prozent der technischen Anlagen fest. Hier ist die DIN 276 KGen 300 und 400 zugrunde zu legen. Der Prozentsatz der technischen Anlagen wurde gemindert, da die KG 400 umfangreicher als die bisherigen Kostenanteile sind. Der exakte Minderungsfaktor lässt sich rechnerisch nur vorläufig in der HOAI festlegen und ist daher nach den Feststellungen eines Gutachtens abschließend festzustellen.

Der geltende § 62 Absatz 1 und 2 wird hier nicht übernommen, da die Regelungen in § 6 in den Absätzen 1 und 2 enthalten sind. Die Verweisung im geltenden § 62 Absatz 3 auf den bisherigen § 10 Absatz 3 wurde gestrichen, da die Regelung in § 4 Absatz 2, also dem Allgemeinen Teil enthalten ist und sich somit eine Verweisung erübrigt.

Die Verweisungen im geltenden § 62 Absatz 3 auf die bisherigen §§ 21 und 32 wurden gestrichen, da sie wegen der Streichungen der Verweisungsvorschriften (§§ 21 und 32) ins Leere gehen. Die Verweisungen auf die DIN 276 im geltenden § 62 Absatz 4, 5 und 7 können entfallen, da in § 4 Absatz 1 Satz 2 generell geregelt wird, dass die Kosten nach den anerkannten Regeln der Technik und der DIN 276 zu ermitteln sind.

Absatz 2 entspricht der Regelung des geltenden § 62 Absatz 5.

Absatz 3 beruht auf dem geltenden § 62 Absatz 6.

Absatz 4 beruht auf dem geltenden § 62 Absatz 7.

Absatz 5 lehnt sich an die Regelung im bisherigen § 67 Absatz 2 an. Darin wird eine besondere Honorarregelung zur Planungsleistung für Traggerüste bei Ingenieurbauwerken getroffen.

Der geltende § 62 Absatz 8 wird zu Absatz 6 und verweist als redaktionelle Folgeänderung anstatt auf den bisherigen § 64 zukünftig auf § 49.

Zu § 49 (Leistungsbild Tragwerksplanung)

§ 49 entspricht im Wesentlichen dem geltenden § 64. Das Leistungsbild Tragwerksplanung enthält die tragwerksplanerischen Leistungen für Gebäude und Ingenieurbauwerke.

Absatz 1 enthält die Besonderheit, dass die Leistungen der Leistungsphase 1 für Ingenieurbauwerke nach § 40 Absatz 1 Nummern 6 und 7, konstruktive Ingenieurbauwerke für Verkehrsanlagen und sonstige Einzelbauwerke, entfallen, weil sie im Leistungsbild der Objektplanung Ingenieurbauwerke im neuen Abschnitt III in § 42 enthalten sind. Materiell-rechtlich entspricht dies aber unverändert der bisherigen Regelung in § 64 Absatz 1.

Die bisherigen Leistungsphasen 1 bis 6 bleiben erhalten. Die Leistungsphasen 7 bis 9 wurden nicht in den verbindlichen Teil der HOAI übernommen, da sie ohne Bewertung und insofern preisrechtlich nicht reguliert waren. Die in den Leistungsphasen 7 bis 9 enthaltenen Besonderen Leistungen bleiben aber im Anhang zur HOAI enthalten.

Der geltende § 64 Absatz 2 wurde im Wesentlichen unverändert übernommen. Darin wird im zimmermannsmäßigen Holzbau die Kürzung der Honorare für Leistungsphase 5 vorgeschrieben, weil der Aufwand dagegen im Ingenieurholzbau im Durchschnitt besonders hoch ist. Der moderne Ingenieurholzbau unterscheidet sich wesentlich vom Zimmermannsholzbau durch neue Produkte und Anschlusstechniken.

Die Grundleistungen des § 64 Absatz 3 wurden in Absatz 3 übernommen.

Der geltende § 64 Absatz 4 wurde gestrichen, da mangels Preisbestimmung kein Regelungsgehalt entwickelt wird. Die Vorschrift ist damit in einem Preisrecht wie der HOAI entbehrlich.

Absatz 4 verweist auf die Regelung zu Leistungen im Bestand in § 35. Dies ersetzt die geltende Regelung des § 66 Absatz 5. Ergänzend wurde ein Verweis zu Instandsetzungs- und Instandhaltungsmaßnahmen gemäß § 36 Absatz 2 aufgenommen.

Zu § 50 (Honorare für Leistungen bei der Tragwerksplanung)

§ 50 entspricht dem geltenden § 65.

Die Tafelwerte werden um 10 Prozent erhöht. Dies führt im Ergebnis zu einer Honorarerhöhung und ist wegen der Preisentwicklung seit der letzten Novellierung der HOAI erforderlich. Insofern erfüllt der Verordnungsgeber hier die Vorgabe der Ermächtigungsgrundlage, den berechtigten Interessen der Architekten/Architektinnen und Ingenieure/Ingenieurinnen Rechnung zu tragen.

Amtliche Begründung

Der Regelungsgehalt des bisherigen § 63 wird in die Absätze 2 und 3 eingefügt.

Die bisherige HOAI enthielt insgesamt elf, im besonderen Teil verstreute Vorschriften zur Regelung der Honorarzonen. Durch die Honorarzonen wird die Schwierigkeit eines Bauvorhabens bewertet. Die Schwierigkeitsgrade des bisherigen § 63 Absatz 1 wurden im Allgemeinen Teil in § 5 gebündelt. Für Leistungen bei der Tragwerksplanung gelten nach § 5 Absatz 1 weiterhin fünf Honorarzonen. Bei den Leistungen zur Tragwerksplanung bleiben die Bewertungsmerkmale erhalten.

Die Darstellung der Honorarzonen gemäß § 63 wird in den Absätzen 3 und 4 übernommen.

Abschnitt 2: Technische Ausrüstung

Zu § 51 (Anwendungsbereich)

§ 51 entspricht im Wesentlichen dem geltenden § 68.

In Absatz 1 wird der preisrechtlich regulierte Anwendungsbereich der „Technischen Ausrüstung" festgelegt.

Der Anwendungsbereich umfasst nach DIN 276 acht Anlagengruppen.

Die Technischen Anlagen in Außenanlagen, ausgenommen Anlagen nach Abschnitt III (Ingenieurbauwerke), wurden nicht aufgenommen, da diese Kosten nicht zwangsläufig zum Leistungspaket gehören und daher nicht generell berücksichtigt werden müssen. Die Leistung wird aber optional über § 52 Absatz 3 erfasst.

Der geltende § 68 Satz 2 ist inhaltlich im § 52 Absatz 3 aufgenommen worden.

Zu § 52 (Besondere Grundlagen des Honorars)

§ 52 entspricht im Wesentlichen dem geltenden § 69.

Der bisherige § 69 regelt die Grundlagen des Honorars für Leistungen bei der Technischen Ausrüstung und wird nur in den Teilen, die nicht schon im Allgemeinen Teil der Neufassung geregelt sind, in § 52 übernommen.
In der neuen Überschrift wurde das Wort „Besondere" als Klarstellungshinweis eingefügt. Damit soll deutlich werden, dass diese Regelungen neben den allgemeinen Grundlagen des Honorars in § 6 im Allgemeinen Teil gelten.

Absatz 3 legt die nicht anrechenbaren Kosten fest, soweit die Auftragnehmerin oder der Auftragnehmer diese Leistungen nicht plant oder ihre Ausführung überwacht. Bei der Ermittlung der Kosten ist für die nicht öffentliche Erschließung im Rahmen einer Gebäudeplanung die DIN 276 KG 230 und für die Technischen Anlagen in Außenanlagen die DIN 276 KG 540 zugrunde zu legen.

Der geltende § 69 Absatz 1 findet sich in Absatz 1 in Verbindung mit § 51 Absatz 2 wieder. Der geltende § 69 Absatz 2 wurde neu in § 54 Absatz 3 anschließend an die Darstellung der Honorarzonen eingefügt.

Die Verweisung des geltenden § 69 Absatz 4 auf den bisherigen § 10 Absatz 3 entfällt, da die Regelung bereits in § 4 Absatz 2 enthalten ist und somit ohne Verweisung Geltung für den Besonderen Teil hat. Die Verweisung auf den bisherigen § 10 Absatz 3a entfällt und ist durch den Verweis im neuen § 53 Absatz 4 erfasst.

Absatz 2 knüpft an die Regelung des § 11 an und stellt nochmals für den Bereich der technischen Anlagen klar, dass Anlagen einer Anlagengruppe, soweit sie im zeitlichen und örtlichen Zusammenhang als Teil einer Gesamtmaßnahme geplant werden und als Teil eines Gesamtsystems betrieben oder genutzt werden können, als eine Gesamtanlage zu berechnen sind.

Die Regelung des bisherigen § 69 Absatz 6 wird in Absatz 4 beibehalten, da ansonsten eine Vergütung von Leistungen der Technischen Ausrüstung, die innerhalb fester Baukonstruktionen verlaufen, nicht gewährleistet wäre. Bauwerks- und Baukonstruktionskosten sind nicht Bestandteil der anrechenbaren Kosten.

Die Verweisungen des geltenden § 69 Absatz 7 auf die bisherigen §§ 20 und 22 sind überflüssig, da die Regelungen zukünftig im Allgemeinen Teil in den §§ 10 und 11 geregelt sind; die bisherigen §§ 21, 23 und 32 wurden gestrichen, insofern gehen diese geltenden Verweisungen ins Leere und wurden als redaktionelle Folgeänderung nicht in § 52 übernommen. Der Verweis auf § 27 Instandhaltungen und Instandsetzungen wurde in § 53 Absatz 4 berücksichtigt.

Zu § 53 (Leistungsbild Technische Ausrüstung)

§ 53 entspricht im Wesentlichen dem geltenden § 73.

Das Leistungsbild Technische Ausrüstung im bisherigen § 73 hat die Leistungsbeschreibung der Technischen Ausrüstung zum Gegenstand. Die Regelung wurde in § 53 zusammengefasst. Die Leistungsphasen 1 bis 9 sind inhaltlich erhalten geblieben.

Absatz 2 entspricht dem bisherigen § 73 Absatz 2 und enthält eine Sonderregelung für die Bewertung der Leistungsphase 5. Sofern bei der Vergabe dieser Leistungsphase das Anfertigen von Schlitz- und Durchbruchsplänen nicht in Auftrag gegeben wird, wird sie wegen des geringeren Leistungsumfangs mit einer entsprechend niedrigeren Bewertung versehen. Die Regelung sieht einen Wert von 14 Prozent anstatt 18 Prozent vor. Im Ergebnis ist die Bewertung der Leistungsphase 5 im Verhältnis zwischen bisheriger und zukünftiger Regelung unverändert.

Absatz 3 übernimmt im Wesentlichen den geltenden § 73 Absatz 3 inhaltlich unverändert. Die Besonderen Leistungen sind im Anhang zur HOAI enthalten.

Der geltende § 73 Absatz 4 wurde gestrichen, da mangels Preisbestimmung kein Regelungsgehalt entwickelt wird. Die Vorschrift ist damit in einem Preisrecht wie der HOAI entbehrlich.

Absatz 4 verweist auf die §§ 35 und 36, die Regelungen zu Umbauten und Modernisierungen sowie Instandsetzungen und Instandhaltungen. Damit wird die bisherige Regelung des geltenden § 76 übernommen.

Amtliche Begründung

Zu § 54 (Honorare für Leistungen bei der Technischen Ausrüstung)

§ 54 entspricht im Wesentlichen dem geltenden § 74. Die Tafelwerte wurden um 10 Prozent erhöht.

Der geltende § 74 Absatz 2 wird als redaktionelle Folgeänderung gestrichen, da die Verweisungen auf die Absätze 2 und 3 des bisherigen § 16 ins Leere gehen.

In Absatz 2 werden die Bewertungsmerkmale des geltenden § 71 Absatz 2 (Ermittlung der Honorarzonen für Leistungen bei der Technischen Ausrüstung) identisch übernommen. Dies entspricht der neuen Systematik zur Regelung der Honorarzonen.

Die bisherige HOAI enthielt insgesamt elf, im besonderen Teil verstreute Vorschriften zur Regelung der Honorarzonen. Durch die Honorarzonen wird die Schwierigkeit eines Bauvorhabens bewertet. Die Schwierigkeitsgrade des bisherigen § 71 Absatz 1 wurden im Allgemeinen Teil in § 5 Absatz 2 gebündelt. Für Leistungen bei der Technischen Ausrüstung gelten nach § 5 Absatz 2 weiterhin drei Honorarzonen.

In Absatz 3 wird der bisherige § 69 Absatz 2 übernommen. Die Objektlisten des bisherigen § 72 wurden unter Punkt 3.6 im Anhang aufgenommen.

Zu § 55 (Übergangsvorschrift)

Der bisherige § 103 wurde als § 55 gefasst.

Die Absätze 2 bis 6 des bisherigen § 103 mussten nicht in die Neufassung aufgenommen werden, da die Neufassung in § 55 festlegt, dass die Vorschriften der bisherigen HOAI für solche Leistungen, die vor dem Inkrafttreten vereinbart wurden, weiter gelten. Das gilt auch für etwaige Fälle, die noch unter die Übergangsvorschriften im bisherigen § 103 Absätze 2 bis 6 fallen könnten.

Zu § 56 (Inkrafttreten und Außerkrafttreten)

Die Verordnung tritt am Tage nach der Verkündung in Kraft.

Gleichzeitig tritt die Verordnung über die Honorarordnung für Architekten und Ingenieure in der Fassung der Bekanntmachung vom 4. März 1991 (BGBl. I S. 533), zuletzt geändert durch Artikel 5 des Neunten Euro-Einführungsgesetzes vom 10. November 2001 (BGBl. I S. 2992), außer Kraft.

Auf eine fixe Außerkrafttretensregelung der Neufassung wurde im Verordnungstext verzichtet. Gleichwohl soll die HOAI nach einer Erprobungsphase überprüft werden. Vor dem Hintergrund der Rechtsentwicklungen in der EU hat sich der Verordnungsgeber ein Zeitziel zur Überprüfung und gegebenenfalls Anpassung der HOAI gesetzt. Als ausreichende Erprobungsphase im Umgang mit den Neuerungen der HOAI wird ein Zeitraum von maximal fünf Jahren angesehen. Die Kombination von bewährten Regelungen und dem Wegfall von Preisbeschränkungen zugunsten der Vertragsfreiheit in einem solchen abgegrenzten Zeitfenster ermöglicht eine Gesamtschau der neuen Gestaltungsmöglichkeiten.

Die von der EU-Kommission geplante Dienstleistungsrichtlinie könnte sich zukünftig auf den Adressatenkreis der HOAI auswirken. Nach Artikel 15 des Richtlinienentwurfs sind Preisregelungen anhand von Kriterien zu rechtfertigen, die im Wesentlichen auf der Rechtsprechung des EuGH basieren.
Auch vor dem Hintergrund dieser Überlegungen ist es sinnvoll, die HOAI in regelmäßigen, festgelegten Zeiträumen zu überprüfen und gegebenenfalls an die Rechtsentwicklung in der EU anzupassen.

Zur Anlage

Der Anhang behält bisherige Regelungen und Tafelwerte, die in der novellierten HOAI gestrichen wurden, als unverbindliche Regelungen bei. Die Regelungen im Anhang sollen für die praktischen Anwender als Orientierungshilfe auch zukünftig zur Verfügung stehen. Der Anhang gliedert sich in insgesamt drei Punkte: die Beratungsleistungen, die Besonderen Leistungen und die Objektlisten.

Die Beratungsleistungen sind umfassend geregelt, das heißt sie enthalten auch die im Sachzusammenhang mit ihnen stehenden Besonderen Leistungen und Orientierungswerte. Als Beratungsleistungen werden die Leistungsbilder der Teile X bis XIII der bisher geltenden Fassung, das heißt Umweltverträglichkeitsstudie, thermische Bauphysik, Schallschutz und Raumakustik, Bodenmechanik, Erd- und Grundbau sowie vermessungstechnische Leistungen als unverbindliche Regelungen in den Anhang aufgenommen. Die Besonderen Leistungen, die Objektlisten und die Orientierungswerte betreffen also nur Planungsleistungen.

Die weiterhin verbindlich geltenden Objektlisten zu Gebäuden, Freianlagen und raumbildenden Ausbauten (§§12, 14 und 14b), Ingenieurbauwerken, Verkehrsanlagen und Anlagen der Technischen Ausrüstung zur Einordnung in die Honorarzonen wurden konzentriert im Anhang unter Punkt 3 zusammengestellt.

Im Einzelnen

Beratungsleistungen

§§ 48a, 77 bis 100 (Umweltverträglichkeitsstudie, Leistungen für Thermische Bauphysik, Schallschutz und Raumakustik, Bodenmechanik, Erd- und Grundbau sowie vermessungstechnische Leistungen)

Die Neufassung der HOAI regelt nur noch Planungsleistungen und lässt alle gutachterlichen Leistungen, beziehungsweise besondere Beratungsleistungen wie Thermische Bauphysik, Leistungen für Schallschutz und Raumakustik, Bodenmechanik, Erd- und Grundbau sowie Vermessung entfallen.

Durch die Beschränkung auf Flächenplanung, Objektplanung und Fachplanung wird die HOAI erheblich vereinfacht. Die Einschränkung des Anwendungsbereichs führt zu vermehrter Vertragsfreiheit und ermöglicht Verbrauchern und Planern, flexibel auf die Verhältnisse des Marktes zu reagieren. Gleichzeitig werden die Vertragsparteien zu sorgfältiger Vertragsgestaltung in diesen Bereichen angehalten. Die HOAI bot bisher nur einen unzureichenden Anhalt für Vertragsgestaltungen; dies entsprach im Übrigen gar nicht ihrem Zweck.

Amtliche Begründung

Bei der Grenzziehung zwischen Planungsleistungen und Beratungsleistungen soll eine möglichst scharfe Trennlinie gezogen werden. Sofern bestimmten Leistungsbildern nach unterschiedlicher Interpretation ein Anteil von Planungsleistungen zugeordnet werden könnte, war für die Beibehaltung in der HOAI entscheidend, dass es sich um überwiegend reine Planungsleistungen handelte.

Unter Planung versteht man den systematischen Prozess zur Festlegung von Zielen und künftigen Handlungen. Planung bedeutet damit regelmäßig die Schaffung von etwas Neuem.

Ein Gutachten dagegen ist die begründete Darstellung von Erfahrungssätzen und die Ableitung von Schlussfolgerungen für die tatsächliche Beurteilung eines Geschehens oder Zustands durch einen Sachverständigen. Ein Gutachten enthält eine allgemeine vertrauenswürdige Beurteilung eines Sachverhalts im Hinblick auf eine Fragestellung oder ein vorgegebenes Ziel und beinhaltet damit regelmäßig die Bewertung des Ist-Zustandes. Ein Gutachten wird im Regelfall der Beratung dienen, deshalb werden diese Leistungen als Beratungsleistungen qualifiziert.

Bei dem Leistungsbild Umweltverträglichkeitsstudie des geltenden § 48a handelt es sich um eine Beratungsleistung. Der bisherige § 48a regelte das Leistungsbild zur Umweltverträglichkeitsstudie, das heißt einem Gutachten, das im Rahmen einer gesetzlich vorgeschriebenen oder freiwillig durchgeführten Umweltverträglichkeitsprüfung erstellt wird. Die verbindlichen Regelungen der HOAI sollen dagegen nur die Planungsleistungen umfassen.

Vermessungsleistungen gehen zwar einer Planung voraus, sie sind jedoch nicht als eigenständige Planung anzusehen. Insofern sind Vermessungsleistungen, die nach dem Selbstverständnis der Branche das Zusammenfügen technischer Daten, Planungswerke, Satzungen und sonstiger Gesetzesregelungen sind, als gutachterliche Leistungen anzusehen und nicht als Planungen zu definieren.

Auch die Akustik und die Geotechnik werden nach der neuen Systematik nicht mehr in der HOAI geregelt, sondern dürfen in Zukunft frei vereinbart werden. Hier gilt es im Blick zu halten, dass nicht die Leistungen selbst aufgegeben werden sollen, sondern nur ihre Verpreisungen in einer staatlichen Verordnung.

Besondere Leistungen

Im Anhang sind die Besonderen Leistungen als Kann-Vorschriften der Leistungsbilder Flächen-nutzungsplan, Bebauungsplan, Landschaftsplan, Pflege- und Entwicklungsplan, Gebäude und raumbildende Ausbauten, Freianlagen, Ingenieurbauwerke, Verkehrsanlagen, Technische Ausrüstung und Tragwerksplanung enthalten. Die Vertragsparteien können sich an dem jeweiligen Katalog orientieren und die Honorare dafür frei vereinbaren.

Objektlisten

Gemäß § 5 ist die Zurechnung zu den einzelnen Honorarzonen nach Maßgabe der Bewertungsmerkmale, Bewertungspunkte und anhand der Regelbeispiele in den Objektlisten vorzunehmen. Im Anhang sind die Objektlisten der Leistungsbilder Gebäude, Freianlagen, raumbildende Ausbauten, Ingenieurbauwerke, Verkehrsanlagen und Anlagen der Technischen Ausrüstung enthalten.

E Interpolierte Honorartafeln

Gemäß § 13 HOAI sind die Mindest- und Höchstsätze für Zwischenstufen der in den Honorartafeln angegebenen anrechenbaren Kosten, Werte und Verrechnungseinheiten (VE) durch lineare Interpolation zu ermitteln.

Die nachfolgend abgedruckten, interpolierten Honorartafeln mit erweiterten Tabellenwerten dienen als Arbeitserleichterung und bieten die Möglichkeit, Honorare direkt abzulesen. Aus der HOAI übernommene Werte sind rot gekennzeichnet, erweiterte Tabellenwerte sind schwarz dargestellt. Zur **prüffähigen Darstellung** in einer Honorarrechnung dürfen ausschließlich die Werte aus den Honorartafeln der HOAI, die hier rot dargestellt sind, verwendet werden.

Interpolierte Honorartafeln

Interpolationstabelle zu § 20:
Honorare für Leistungen bei Flächennutzungsplänen

Honorartafel zu § 20 Abs. 1 – Flächennutzungsplan

Ansätze Verrechnungs-einheiten	Zone I von Euro	bis Zone II von Euro	Zone III von Euro	bis Zone IV von Euro	Zone V von Euro	bis Euro
5.000	1.041	1.169	1.305	1.434	1.570	1.698
5.500	1.145	1.287	1.435	1.578	1.725	1.867
6.000	1.250	1.404	1.564	1.721	1.881	2.036
6.500	1.354	1.522	1.694	1.865	2.037	2.205
7.000	1.459	1.640	1.824	2.008	2.193	2.373
7.500	1.564	1.757	1.954	2.152	2.349	2.542
8.000	1.668	1.875	2.084	2.295	2.504	2.711
8.500	1.773	1.992	2.214	2.438	2.660	2.880
9.000	1.877	2.110	2.344	2.582	2.816	3.048
9.500	1.982	2.228	2.474	2.725	2.972	3.217
10.000	2.087	2.345	2.604	2.869	3.127	3.386
11.000	2.212	2.486	2.760	3.041	3.315	3.589
12.000	2.336	2.626	2.917	3.213	3.503	3.793
13.000	2.461	2.767	3.073	3.385	3.691	3.997
14.000	2.586	2.908	3.229	3.557	3.878	4.200
15.000	2.711	3.048	3.386	3.729	4.066	4.404
16.000	2.836	3.189	3.542	3.901	4.254	4.607
17.000	2.961	3.329	3.699	4.073	4.442	4.811
18.000	3.086	3.470	3.855	4.245	4.629	5.015
19.000	3.210	3.610	4.011	4.417	4.817	5.218
20.000	3.335	3.751	4.168	4.589	5.005	5.422
22.000	3.585	4.033	4.481	4.933	5.380	5.828
24.000	3.836	4.315	4.794	5.276	5.755	6.235
26.000	4.086	4.596	5.108	5.620	6.131	6.642
28.000	4.336	4.878	5.421	5.964	6.506	7.048
30.000	4.586	5.160	5.734	6.307	6.881	7.455
32.000	4.837	5.442	6.048	6.651	7.256	7.861
34.000	5.087	5.724	6.361	6.995	7.631	8.268
36.000	5.337	6.006	6.674	7.338	8.007	8.674
38.000	5.587	6.287	6.987	7.682	8.382	9.081
40.000	5.838	6.569	7.301	8.026	8.757	9.488
42.000	6.046	6.804	7.561	8.312	9.069	9.826
44.000	6.255	7.038	7.821	8.598	9.381	10.164
46.000	6.464	7.273	8.082	8.885	9.693	10.502
48.000	6.672	7.507	8.342	9.171	10.005	10.840
50.000	6.881	7.742	8.603	9.457	10.317	11.178
52.000	7.090	7.976	8.863	9.744	10.630	11.516
54.000	7.298	8.211	9.123	10.030	10.942	11.854
56.000	7.507	8.445	9.384	10.316	11.254	12.192
58.000	7.716	8.680	9.644	10.603	11.566	12.530
60.000	7.924	8.914	9.904	10.889	11.878	12.868
62.000	8.111	9.124	10.137	11.146	12.158	13.172
64.000	8.297	9.334	10.370	11.403	12.438	13.475
66.000	8.483	9.544	10.603	11.660	12.718	13.779
68.000	8.669	9.753	10.836	11.917	12.998	14.083

Honorartafel zu § 20 Abs. 1 – Flächennutzungsplan

Ansätze Verrechnungs-einheiten	Zone I von Euro	bis Zone II von Euro	Zone III von bis Euro	bis Zone IV von Euro	Zone V von Euro	bis Euro
70.000	8.855	9.963	11.069	12.174	13.279	14.386
72.000	9.041	10.173	11.302	12.431	13.559	14.690
74.000	9.227	10.383	11.534	12.688	13.839	14.994
76.000	9.413	10.593	11.767	12.945	14.119	15.297
78.000	9.599	10.802	12.000	13.202	14.399	15.601
80.000	**9.786**	**11.012**	**12.233**	**13.459**	**14.680**	**15.905**
82.000	9.946	11.192	12.434	13.679	14.921	16.166
84.000	10.106	11.372	12.635	13.899	15.162	16.427
86.000	10.267	11.552	12.835	14.120	15.403	16.688
88.000	10.427	11.732	13.036	14.340	15.644	16.949
90.000	10.588	11.912	13.237	14.561	15.886	17.210
92.000	10.748	12.092	13.438	14.781	16.127	17.471
94.000	10.908	12.272	13.638	15.002	16.368	17.732
96.000	11.069	12.452	13.839	15.222	16.609	17.993
98.000	11.229	12.632	14.040	15.442	16.851	18.254
100.000	**11.389**	**12.812**	**14.241**	**15.663**	**17.092**	**18.515**
105.000	11.751	13.219	14.692	16.160	17.633	19.102
110.000	12.113	13.626	15.144	16.657	18.175	19.690
115.000	12.474	14.033	15.596	17.155	18.717	20.277
120.000	12.836	14.441	16.047	17.652	19.258	20.864
125.000	13.197	14.848	16.499	18.149	19.800	21.451
130.000	13.559	15.255	16.951	18.646	20.342	22.038
135.000	13.920	15.662	17.402	19.143	20.883	22.625
140.000	14.282	16.069	17.854	19.641	21.425	23.213
145.000	14.644	16.477	18.306	20.138	21.967	23.800
150.000	**15.005**	**16.884**	**18.757**	**20.635**	**22.508**	**24.387**
155.000	15.311	17.228	19.140	21.056	22.967	24.884
160.000	15.617	17.572	19.522	21.476	23.426	25.381
165.000	15.923	17.916	19.904	21.897	23.885	25.878
170.000	16.229	18.261	20.287	22.318	24.344	26.375
175.000	16.535	18.605	20.669	22.739	24.803	26.872
180.000	16.841	18.949	21.051	23.159	25.262	27.370
185.000	17.147	19.293	21.434	23.580	25.721	27.867
190.000	17.453	19.637	21.816	24.001	26.180	28.364
195.000	17.759	19.982	22.198	24.422	26.638	28.861
200.000	**18.065**	**20.326**	**22.581**	**24.842**	**27.097**	**29.358**
205.000	18.343	20.638	22.928	25.224	27.515	29.810
210.000	18.621	20.950	23.276	25.606	27.932	30.261
215.000	18.899	21.262	23.624	25.988	28.349	30.713
220.000	19.176	21.575	23.971	26.370	28.767	31.165
225.000	19.454	21.887	24.319	26.751	29.184	31.616
230.000	19.732	22.199	24.666	27.133	29.601	32.068
235.000	20.010	22.511	25.014	27.515	30.019	32.520
240.000	20.287	22.823	25.362	27.897	30.436	32.971
245.000	20.565	23.135	25.709	28.279	30.853	33.423
250.000	**20.843**	**23.448**	**26.057**	**28.661**	**31.271**	**33.875**
255.000	21.135	23.776	26.421	29.062	31.708	34.348
260.000	21.427	24.105	26.786	29.463	32.145	34.822
265.000	21.719	24.433	27.150	29.864	32.582	35.295

Interpolierte Honorartafeln

Honorartafel zu § 20 Abs. 1 – Flächennutzungsplan

Ansätze Verrechnungs-einheiten	Zone I von Euro	bis Zone II von Euro	Zone III von Euro	bis Zone IV von Euro	Zone V von Euro	bis Euro
270.000	22.011	24.761	27.515	30.265	33.019	35.769
275.000	22.303	25.090	27.879	30.666	33.456	36.242
280.000	22.594	25.418	28.243	31.067	33.893	36.716
285.000	22.886	25.747	28.608	31.468	34.330	37.189
290.000	23.178	26.075	28.972	31.869	34.767	37.663
295.000	23.470	26.404	29.337	32.270	35.204	38.136
300.000	23.762	26.732	29.701	32.671	35.641	38.610
305.000	24.061	27.068	30.075	33.082	36.089	39.096
310.000	24.360	27.405	30.448	33.493	36.538	39.582
315.000	24.658	27.741	30.821	33.904	36.986	40.068
320.000	24.957	28.077	31.195	34.315	37.434	40.554
325.000	25.255	28.414	31.568	34.726	37.882	41.040
330.000	25.554	28.750	31.942	35.138	38.331	41.526
335.000	25.853	29.086	32.315	35.549	38.779	42.012
340.000	26.151	29.422	32.689	35.960	39.227	42.498
345.000	26.450	29.759	33.062	36.371	39.675	42.984
350.000	26.749	30.095	33.436	36.782	40.124	43.470
355.000	26.964	30.337	33.704	37.078	40.446	43.819
360.000	27.179	30.579	33.973	37.374	40.769	44.168
365.000	27.395	30.821	34.242	37.670	41.092	44.518
370.000	27.610	31.062	34.511	37.965	41.415	44.867
375.000	27.826	31.304	34.780	38.261	41.737	45.216
380.000	28.041	31.546	35.049	38.557	42.060	45.565
385.000	28.256	31.788	35.317	38.853	42.383	45.915
390.000	28.472	32.030	35.586	39.149	42.706	46.264
395.000	28.687	32.272	35.855	39.445	43.028	46.613
400.000	28.903	32.514	36.124	39.741	43.351	46.962
405.000	29.076	32.709	36.341	39.980	43.612	47.245
410.000	29.249	32.904	36.558	40.219	43.873	47.528
415.000	29.422	33.099	36.775	40.458	44.134	47.811
420.000	29.596	33.294	36.993	40.697	44.395	48.094
425.000	29.769	33.490	37.210	40.936	44.656	48.377
430.000	29.942	33.685	37.427	41.175	44.917	48.660
435.000	30.115	33.880	37.644	41.414	45.178	48.943
440.000	30.289	34.075	37.861	41.653	45.439	49.226
445.000	30.462	34.270	38.078	41.892	45.700	49.509
450.000	30.635	34.465	38.295	42.131	45.961	49.792
455.000	30.836	34.692	38.547	42.407	46.263	50.118
460.000	31.038	34.918	38.799	42.683	46.564	50.445
465.000	31.239	35.145	39.051	42.959	46.866	50.772
470.000	31.440	35.372	39.303	43.236	47.167	51.098
475.000	31.642	35.598	39.555	43.512	47.468	51.425
480.000	31.843	35.825	39.807	43.788	47.770	51.752
485.000	32.044	36.051	40.059	44.064	48.071	52.078
490.000	32.245	36.278	40.311	44.340	48.373	52.405
495.000	32.447	36.505	40.563	44.616	48.674	52.732
500.000	32.648	36.731	40.814	44.892	48.975	53.059
510.000	32.968	37.091	41.214	45.332	49.455	53.578
520.000	33.288	37.451	41.614	45.772	49.935	54.098

Honorartafel zu § 20 Abs. 1 – Flächennutzungsplan

Ansätze Verrechnungs-einheiten	Zone I von Euro	bis Zone II von Euro	Zone III von bis Euro	bis Zone IV von Euro	Zone V von bis Euro	bis Euro
530.000	33.608	37.811	42.014	46.212	50.415	54.618
540.000	33.928	38.171	42.414	46.652	50.895	55.138
550.000	34.249	38.531	42.814	47.092	51.374	55.657
560.000	34.569	38.891	43.214	47.531	51.854	56.177
570.000	34.889	39.251	43.614	47.971	52.334	56.697
580.000	35.209	39.611	44.014	48.411	52.814	57.217
590.000	35.529	39.971	44.414	48.851	53.294	57.736
600.000	35.849	40.332	44.814	49.291	53.774	58.256
610.000	36.058	40.566	45.074	49.578	54.087	58.595
620.000	36.266	40.801	45.335	49.866	54.400	58.934
630.000	36.475	41.035	45.595	50.153	54.713	59.273
640.000	36.684	41.270	45.855	50.440	55.027	59.613
650.000	36.892	41.504	46.116	50.728	55.340	59.952
660.000	37.101	41.739	46.376	51.015	55.653	60.291
670.000	37.310	41.973	46.637	51.302	55.966	60.630
680.000	37.518	42.208	46.897	51.590	56.280	60.969
690.000	37.727	42.442	47.157	51.877	56.593	61.308
700.000	37.936	42.677	47.418	52.164	56.906	61.647
710.000	38.144	42.911	47.678	52.451	57.218	61.985
720.000	38.353	43.146	47.938	52.737	57.530	62.323
730.000	38.562	43.380	48.199	53.023	57.843	62.661
740.000	38.770	43.615	48.459	53.310	58.155	62.999
750.000	38.979	43.849	48.720	53.596	58.467	63.337
760.000	39.188	44.084	48.980	53.882	58.779	63.675
770.000	39.396	44.318	49.240	54.169	59.091	64.014
780.000	39.605	44.553	49.501	54.455	59.403	64.352
790.000	39.814	44.787	49.761	54.741	59.715	64.690
800.000	40.022	45.022	50.021	55.028	60.027	65.028
810.000	40.147	45.162	50.178	55.199	60.215	65.231
820.000	40.271	45.302	50.334	55.370	60.403	65.435
830.000	40.395	45.442	50.491	55.542	60.591	65.638
840.000	40.519	45.582	50.647	55.713	60.779	65.842
850.000	40.643	45.722	50.804	55.885	60.966	66.045
860.000	40.768	45.862	50.960	56.056	61.154	66.249
870.000	40.892	46.002	51.116	56.228	61.342	66.452
880.000	41.016	46.142	51.273	56.399	61.530	66.656
890.000	41.140	46.282	51.429	56.571	61.718	66.859
900.000	41.264	46.422	51.586	56.742	61.906	67.063
910.000	41.445	46.626	51.812	56.991	62.177	67.356
920.000	41.627	46.829	52.038	57.240	62.448	67.650
930.000	41.808	47.033	52.264	57.488	62.719	67.943
940.000	41.989	47.237	52.490	57.737	62.990	68.237
950.000	42.170	47.440	52.716	57.985	63.261	68.531
960.000	42.351	47.644	52.942	58.234	63.532	68.824
970.000	42.532	47.847	53.168	58.483	63.803	69.118
980.000	42.714	48.051	53.394	58.731	64.074	69.411
990.000	42.895	48.255	53.620	58.980	64.345	69.705
1.000.000	43.076	48.458	53.846	59.228	64.616	69.999
1.050.000	43.562	49.005	54.454	59.897	65.345	70.788

Interpolierte Honorartafeln

Honorartafel zu § 20 Abs. 1 – Flächennutzungsplan

Ansätze Verrechnungs- einheiten	Zone I von Euro	bis Zone II von Euro	Zone III von Euro	bis Zone IV von Euro	Zone V von Euro	bis Euro
1.100.000	44.048	49.552	55.061	60.565	66.074	71.578
1.150.000	44.534	50.098	55.668	61.233	66.803	72.368
1.200.000	45.019	50.645	56.276	61.901	67.532	73.157
1.250.000	45.505	51.192	56.883	62.569	68.261	73.947
1.300.000	45.991	51.739	57.491	63.237	68.990	74.737
1.350.000	46.477	52.285	58.098	63.905	69.719	75.526
1.400.000	46.963	52.832	58.705	64.574	70.448	76.316
1.450.000	47.449	53.379	59.313	65.242	71.177	77.106
1.500.000	47.935	53.925	59.920	65.910	71.906	77.895
1.550.000	48.143	54.160	60.181	66.197	72.219	78.235
1.600.000	48.352	54.395	60.442	66.484	72.531	78.574
1.650.000	48.561	54.631	60.703	66.770	72.844	78.913
1.700.000	48.769	54.866	60.964	67.057	73.156	79.252
1.750.000	48.978	55.101	61.225	67.344	73.469	79.591
1.800.000	49.187	55.336	61.486	67.631	73.782	79.930
1.850.000	49.395	55.571	61.747	67.918	74.094	80.269
1.900.000	49.604	55.806	62.008	68.205	74.407	80.608
1.950.000	49.813	56.041	62.269	68.492	74.719	80.948
2.000.000	50.021	56.276	62.530	68.779	75.032	81.287
2.100.000	50.438	56.744	63.050	69.352	75.658	81.964
2.200.000	50.855	57.213	63.571	69.925	76.283	82.641
2.300.000	51.272	57.681	64.092	70.498	76.908	83.318
2.400.000	51.689	58.150	64.613	71.071	77.534	83.995
2.500.000	52.105	58.618	65.134	71.644	78.159	84.673
2.600.000	52.522	59.087	65.655	72.217	78.785	85.350
2.700.000	52.939	59.555	66.175	72.790	79.410	86.027
2.800.000	53.356	60.024	66.696	73.363	80.036	86.704
2.900.000	53.773	60.492	67.217	73.937	80.661	87.381
3.000.000	54.189	60.961	67.738	74.510	81.287	88.058

Interpolationstabelle zu § 21:
Honorare für Leistungen bei Bebauungsplänen

Honorartafel zu § 21 Abs. 1 – Bebauungsplan

Fläche in Hektar	Zone I von Euro	bis Zone II von Euro	bis Zone III von Euro	bis Zone IV von Euro	bis Zone V von Euro	bis Euro
0,5	472	1.592	3.516	5.438	7.362	8.481
0,6	568	1.855	4.066	6.276	8.487	9.774
0,7	665	2.118	4.616	7.114	9.612	11.066
0,8	761	2.381	5.166	7.952	10.737	12.359
0,9	858	2.644	5.716	8.790	11.862	13.651
1,0	954	2.907	6.266	9.628	12.987	14.944
1,1	1.048	3.123	6.690	10.260	13.827	15.906
1,2	1.142	3.339	7.115	10.893	14.668	16.868
1,3	1.236	3.555	7.539	11.525	15.509	17.830
1,4	1.331	3.771	7.964	12.157	16.350	18.793
1,5	1.425	3.988	8.389	12.789	17.191	19.755
1,6	1.519	4.204	8.813	13.421	18.032	20.717
1,7	1.613	4.420	9.238	14.053	18.872	21.679
1,8	1.707	4.636	9.662	14.686	19.713	22.642
1,9	1.801	4.852	10.087	15.318	20.554	23.604
2,0	1.895	5.068	10.512	15.950	21.395	24.566
2,1	1.990	5.264	10.883	16.498	22.118	25.391
2,2	2.084	5.461	11.255	17.046	22.840	26.217
2,3	2.179	5.658	11.627	17.593	23.563	27.042
2,4	2.273	5.855	11.999	18.141	24.286	27.867
2,5	2.368	6.052	12.371	18.689	25.009	28.692
2,6	2.462	6.248	12.742	19.237	25.731	29.517
2,7	2.557	6.445	13.114	19.785	26.454	30.342
2,8	2.651	6.642	13.486	20.332	27.177	31.167
2,9	2.746	6.839	13.858	20.880	27.899	31.992
3,0	2.840	7.036	14.230	21.428	28.622	32.817
3,1	2.935	7.213	14.548	21.887	29.223	33.501
3,2	3.030	7.391	14.867	22.347	29.823	34.184
3,3	3.125	7.569	15.186	22.806	30.424	34.867
3,4	3.220	7.747	15.505	23.266	31.024	35.551
3,5	3.315	7.924	15.824	23.725	31.625	36.234
3,6	3.410	8.102	16.143	24.185	32.226	36.917
3,7	3.505	8.280	16.462	24.644	32.826	37.601
3,8	3.601	8.458	16.781	25.104	33.427	38.284
3,9	3.696	8.635	17.100	25.563	34.027	38.967
4,0	3.791	8.813	17.419	26.023	34.628	39.651
4,1	3.885	8.990	17.737	26.483	35.230	40.334
4,2	3.980	9.166	18.055	26.943	35.832	41.018
4,3	4.074	9.343	18.374	27.403	36.433	41.702
4,4	4.169	9.519	18.692	27.863	37.035	42.386
4,5	4.263	9.696	19.010	28.323	37.637	43.070
4,6	4.358	9.873	19.329	28.783	38.239	43.754
4,7	4.452	10.049	19.647	29.244	38.841	44.438
4,8	4.547	10.226	19.965	29.704	39.442	45.122
4,9	4.641	10.402	20.284	30.164	40.044	45.805

Honorartafel zu § 21 Abs. 1 – Bebauungsplan

Fläche in Hektar	Zone I von Euro	bis Zone II von Euro	Zone III von bis Euro	bis Zone IV von Euro	Zone V von bis Euro	bis Euro
5,0	4.736	10.579	20.602	30.624	40.646	46.489
5,1	4.831	10.733	20.857	30.981	41.104	47.006
5,2	4.926	10.887	21.113	31.337	41.562	47.523
5,3	5.021	11.041	21.368	31.694	42.020	48.040
5,4	5.116	11.195	21.623	32.050	42.477	48.557
5,5	5.211	11.349	21.878	32.407	42.935	49.074
5,6	5.306	11.503	22.134	32.763	43.393	49.591
5,7	5.401	11.657	22.389	33.120	43.851	50.108
5,8	5.496	11.812	22.644	33.476	44.309	50.624
5,9	5.591	11.966	22.900	33.833	44.766	51.141
6,0	5.686	12.120	23.155	34.189	45.224	51.658
6,1	5.770	12.254	23.375	34.496	45.617	52.102
6,2	5.854	12.389	23.596	34.803	46.011	52.546
6,3	5.937	12.523	23.816	35.110	46.404	52.989
6,4	6.021	12.657	24.037	35.418	46.797	53.433
6,5	6.105	12.792	24.257	35.725	47.190	53.877
6,6	6.189	12.926	24.478	36.032	47.583	54.321
6,7	6.273	13.061	24.698	36.339	47.976	54.764
6,8	6.356	13.195	24.919	36.646	48.369	55.208
6,9	6.440	13.330	25.139	36.953	48.763	55.652
7,0	6.524	13.464	25.359	37.260	49.156	56.096
7,1	6.587	13.582	25.574	37.570	49.562	56.557
7,2	6.649	13.700	25.788	37.880	49.968	57.019
7,3	6.712	13.818	26.002	38.190	50.374	57.481
7,4	6.774	13.937	26.217	38.500	50.780	57.943
7,5	6.837	14.055	26.431	38.810	51.186	58.405
7,6	6.899	14.173	26.645	39.120	51.592	58.866
7,7	6.961	14.291	26.859	39.429	51.998	59.328
7,8	7.024	14.409	27.074	39.739	52.404	59.790
7,9	7.086	14.527	27.288	40.049	52.810	60.252
8,0	7.149	14.645	27.502	40.359	53.216	60.713
8,1	7.212	14.760	27.704	40.647	53.591	61.140
8,2	7.275	14.874	27.905	40.935	53.966	61.566
8,3	7.338	14.988	28.106	41.223	54.341	61.992
8,4	7.401	15.102	28.308	41.511	54.717	62.419
8,5	7.464	15.216	28.509	41.799	55.092	62.845
8,6	7.526	15.330	28.711	42.087	55.467	63.272
8,7	7.589	15.445	28.912	42.375	55.842	63.698
8,8	7.652	15.559	29.113	42.663	56.217	64.124
8,9	7.715	15.673	29.315	42.951	56.593	64.551
9,0	7.778	15.787	29.516	43.239	56.968	64.977
9,1	7.841	15.900	29.717	43.527	57.344	65.403
9,2	7.903	16.013	29.917	43.816	57.719	65.830
9,3	7.966	16.126	30.117	44.104	58.095	66.256
9,4	8.028	16.240	30.317	44.393	58.471	66.682
9,5	8.091	16.353	30.517	44.681	58.846	67.108
9,6	8.153	16.466	30.718	44.970	59.222	67.535
9,7	8.215	16.579	30.918	45.259	59.597	67.961
9,8	8.278	16.692	31.118	45.547	59.973	68.387

Interpolierte Honorartafeln

Honorartafel zu § 21 Abs. 1 – Bebauungsplan

Fläche in Hektar	Zone I von Euro	bis Zone II von Euro	Zone III von Euro	bis Zone IV von Euro	Zone V von Euro	bis Euro
9,9	8.340	16.805	31.318	45.836	60.349	68.813
10,0	8.403	16.918	31.518	46.124	60.724	69.240
10,1	8.465	17.027	31.708	46.393	61.074	69.637
10,2	8.527	17.136	31.897	46.663	61.424	70.034
10,3	8.588	17.245	32.087	46.932	61.774	70.431
10,4	8.650	17.354	32.276	47.202	62.124	70.828
10,5	8.712	17.464	32.466	47.471	62.473	71.225
10,6	8.774	17.573	32.655	47.740	62.823	71.622
10,7	8.836	17.682	32.845	48.010	63.173	72.019
10,8	8.897	17.791	33.035	48.279	63.523	72.416
10,9	8.959	17.900	33.224	48.549	63.873	72.813
11,0	9.021	18.009	33.414	48.818	64.222	73.211
11,1	9.084	18.110	33.581	49.051	64.522	73.548
11,2	9.147	18.212	33.748	49.285	64.821	73.885
11,3	9.210	18.313	33.915	49.518	65.120	74.223
11,4	9.273	18.414	34.082	49.752	65.419	74.560
11,5	9.336	18.515	34.249	49.985	65.718	74.898
11,6	9.399	18.616	34.415	50.219	66.018	75.235
11,7	9.462	18.718	34.582	50.452	66.317	75.573
11,8	9.525	18.819	34.749	50.685	66.616	75.910
11,9	9.588	18.920	34.916	50.919	66.915	76.248
12,0	9.651	19.021	35.083	51.152	67.214	76.585
12,1	9.714	19.122	35.250	51.385	67.513	76.922
12,2	9.777	19.224	35.418	51.618	67.812	77.259
12,3	9.840	19.325	35.585	51.851	68.110	77.596
12,4	9.903	19.426	35.752	52.084	68.409	77.933
12,5	9.966	19.527	35.919	52.317	68.708	78.269
12,6	10.029	19.628	36.086	52.549	69.006	78.606
12,7	10.092	19.730	36.253	52.782	69.305	78.943
12,8	10.155	19.831	36.420	53.015	69.604	79.280
12,9	10.218	19.932	36.587	53.248	69.902	79.617
13,0	10.281	20.033	36.754	53.481	70.201	79.954
13,1	10.336	20.141	36.951	53.767	70.576	80.381
13,2	10.391	20.248	37.148	54.052	70.951	80.808
13,3	10.446	20.356	37.345	54.338	71.327	81.236
13,4	10.501	20.463	37.541	54.624	71.702	81.663
13,5	10.556	20.571	37.738	54.909	72.077	82.091
13,6	10.611	20.678	37.935	55.195	72.452	82.518
13,7	10.666	20.785	38.132	55.481	72.827	82.946
13,8	10.721	20.893	38.329	55.766	73.203	83.373
13,9	10.777	21.000	38.525	56.052	73.578	83.801
14,0	10.832	21.108	38.722	56.338	73.953	84.228
14,1	10.884	21.218	38.933	56.650	74.366	84.699
14,2	10.935	21.328	39.144	56.962	74.779	85.171
14,3	10.987	21.439	39.355	57.274	75.191	85.642
14,4	11.039	21.549	39.566	57.586	75.604	86.114
14,5	11.091	21.659	39.777	57.899	76.017	86.585
14,6	11.143	21.769	39.988	58.211	76.430	87.056
14,7	11.194	21.879	40.199	58.523	76.843	87.528

Honorartafel zu § 21 Abs. 1 – Bebauungsplan

Fläche in Hektar	Zone I von Euro	bis Zone II von Euro	Zone III von bis Euro	bis Zone IV von Euro	Zone V von Euro	bis Euro
14,8	11.246	21.990	40.410	58.835	77.256	87.999
14,9	11.298	22.100	40.621	59.147	77.668	88.470
15,0	11.350	22.210	40.832	59.459	78.081	88.942
15,1	11.402	22.321	41.044	59.771	78.493	89.413
15,2	11.454	22.433	41.256	60.082	78.906	89.884
15,3	11.507	22.544	41.468	60.394	79.318	90.355
15,4	11.559	22.655	41.680	60.705	79.730	90.827
15,5	11.611	22.767	41.892	61.017	80.142	91.298
15,6	11.663	22.878	42.104	61.329	80.554	91.769
15,7	11.716	22.989	42.316	61.640	80.966	92.240
15,8	11.768	23.101	42.528	61.952	81.379	92.712
15,9	11.820	23.212	42.740	62.263	81.791	93.183
16,0	11.872	23.323	42.952	62.575	82.203	93.654
16,1	11.925	23.434	43.163	62.886	82.614	94.124
16,2	11.977	23.545	43.374	63.197	83.025	94.593
16,3	12.029	23.656	43.585	63.508	83.437	95.063
16,4	12.082	23.767	43.796	63.819	83.848	95.533
16,5	12.134	23.878	44.007	64.130	84.259	96.003
16,6	12.186	23.989	44.218	64.441	84.670	96.472
16,7	12.239	24.099	44.429	64.752	85.081	96.942
16,8	12.291	24.210	44.640	65.063	85.492	97.412
16,9	12.344	24.321	44.851	65.374	85.904	97.881
17,0	12.396	24.432	45.062	65.685	86.315	98.351
17,1	12.448	24.543	45.273	65.998	86.728	98.823
17,2	12.500	24.654	45.484	66.311	87.142	99.295
17,3	12.553	24.764	45.696	66.624	87.555	99.766
17,4	12.605	24.875	45.907	66.936	87.968	100.238
17,5	12.657	24.986	46.119	67.249	88.382	100.710
17,6	12.709	25.097	46.330	67.562	88.795	101.182
17,7	12.762	25.207	46.541	67.875	89.208	101.654
17,8	12.814	25.318	46.753	68.187	89.622	102.125
17,9	12.866	25.429	46.964	68.500	90.035	102.597
18,0	12.918	25.540	47.176	68.813	90.449	103.069
18,1	12.971	25.651	47.387	69.124	90.860	103.539
18,2	13.023	25.761	47.598	69.436	91.272	104.009
18,3	13.075	25.872	47.809	69.747	91.684	104.480
18,4	13.128	25.983	48.020	70.059	92.096	104.950
18,5	13.180	26.094	48.231	70.370	92.507	105.420
18,6	13.233	26.204	48.442	70.682	92.919	105.890
18,7	13.285	26.315	48.653	70.993	93.331	106.361
18,8	13.337	26.426	48.864	71.305	93.742	106.831
18,9	13.390	26.537	49.075	71.616	94.154	107.301
19,0	13.442	26.648	49.286	71.928	94.566	107.771
19,1	13.494	26.758	49.497	72.240	94.978	108.243
19,2	13.545	26.869	49.708	72.551	95.390	108.714
19,3	13.597	26.980	49.920	72.863	95.802	109.185
19,4	13.649	27.091	50.131	73.174	96.215	109.656
19,5	13.701	27.201	50.343	73.486	96.627	110.128
19,6	13.752	27.312	50.554	73.798	97.039	110.599

Interpolierte Honorartafeln

Honorartafel zu § 21 Abs. 1 – Bebauungsplan

Fläche in Hektar	Zone I von Euro	bis Euro	Zone II von Euro	bis Euro	Zone III von Euro	bis Euro	Zone IV von Euro	bis Euro	Zone V von Euro	bis Euro
19,7	13.804		27.423		50.765		74.109		97.451	111.070
19,8	13.856		27.534		50.977		74.421		97.863	111.541
19,9	13.907		27.644		51.188		74.733		98.275	112.013
20,0	**13.959**		**27.755**		**51.400**		**75.044**		**98.688**	**112.484**
20,1	14.011		27.860		51.596		75.333		99.068	112.917
20,2	14.064		27.966		51.793		75.622		99.449	113.351
20,3	14.116		28.071		51.990		75.911		99.830	113.785
20,4	14.168		28.176		52.187		76.201		100.211	114.218
20,5	14.221		28.281		52.384		76.490		100.592	114.652
20,6	14.273		28.386		52.580		76.779		100.973	115.086
20,7	14.326		28.491		52.777		77.068		101.353	115.519
20,8	14.378		28.596		52.974		77.357		101.734	115.953
20,9	14.430		28.702		53.171		77.646		102.115	116.386
21,0	**14.483**		**28.807**		**53.368**		**77.935**		**102.496**	**116.820**
21,1	14.535		28.913		53.566		78.225		102.878	117.256
21,2	14.587		29.020		53.765		78.514		103.260	117.692
21,3	14.639		29.126		53.963		78.804		103.642	118.128
21,4	14.692		29.232		54.162		79.094		104.023	118.564
21,5	14.744		29.339		54.360		79.383		104.405	119.000
21,6	14.796		29.445		54.559		79.673		104.787	119.436
21,7	14.848		29.551		54.757		79.962		105.169	119.872
21,8	14.901		29.658		54.956		80.252		105.551	120.307
21,9	14.953		29.764		55.155		80.542		105.933	120.743
22,0	**15.005**		**29.871**		**55.353**		**80.831**		**106.315**	**121.179**
22,1	15.056		29.975		55.550		81.121		106.697	121.616
22,2	15.106		30.080		55.747		81.412		107.080	122.052
22,3	15.157		30.184		55.944		81.702		107.462	122.489
22,4	15.208		30.289		56.141		81.992		107.844	122.925
22,5	15.258		30.394		56.338		82.282		108.227	123.362
22,6	15.309		30.498		56.535		82.572		108.609	123.798
22,7	15.359		30.603		56.731		82.863		108.992	124.235
22,8	15.410		30.707		56.928		83.153		109.374	124.671
22,9	15.461		30.812		57.125		83.443		109.756	125.108
23,0	**15.511**		**30.917**		**57.322**		**83.733**		**110.139**	**125.544**
23,1	15.563		31.022		57.520		84.022		110.520	125.979
23,2	15.616		31.128		57.718		84.311		110.901	126.414
23,3	15.668		31.234		57.916		84.600		111.283	126.848
23,4	15.721		31.339		58.114		84.889		111.664	127.283
23,5	15.773		31.445		58.312		85.179		112.045	127.718
23,6	15.825		31.551		58.510		85.468		112.427	128.152
23,7	15.878		31.657		58.708		85.757		112.808	128.587
23,8	15.930		31.762		58.906		86.046		113.190	129.022
23,9	15.982		31.868		59.104		86.335		113.571	129.457
24,0	**16.035**		**31.974**		**59.302**		**86.624**		**113.952**	**129.891**
24,1	16.088		32.081		59.501		86.914		114.334	130.327
24,2	16.142		32.187		59.699		87.204		114.716	130.762
24,3	16.195		32.294		59.897		87.494		115.098	131.197
24,4	16.249		32.401		60.096		87.785		115.480	131.632
24,5	16.302		32.508		60.294		88.075		115.862	132.068

Honorartafel zu § 21 Abs. 1 – Bebauungsplan

Fläche in Hektar	Zone I von Euro	bis Zone II von Euro	Zone III von Euro	bis Zone IV von Euro	Zone V von Euro	bis Euro
24,6	16.355	32.615	60.493	88.365	116.244	132.503
24,7	16.409	32.721	60.691	88.655	116.626	132.938
24,8	16.462	32.828	60.890	88.945	117.008	133.373
24,9	16.516	32.935	61.088	89.236	117.390	133.809
25,0	16.569	33.042	61.287	89.526	117.772	134.244
25,5	16.792	33.551	62.287	91.017	119.753	136.512
26,0	17.015	34.060	63.287	92.508	121.735	138.781
26,5	17.237	34.569	64.287	93.999	123.717	141.049
27,0	17.460	35.078	65.287	95.490	125.699	143.317
27,5	17.683	35.587	66.287	96.981	127.681	145.586
28,0	17.905	36.096	67.287	98.472	129.663	147.854
28,5	18.128	36.605	68.287	99.963	131.645	150.122
29,0	18.350	37.114	69.287	101.454	133.626	152.390
29,5	18.573	37.624	70.287	102.945	135.608	154.659
30,0	18.796	38.133	71.287	104.436	137.590	156.927
30,5	18.998	38.622	72.269	105.911	139.558	159.182
31,0	19.201	39.112	73.251	107.387	141.525	161.436
31,5	19.403	39.602	74.233	108.862	143.492	163.691
32,0	19.606	40.092	75.214	110.337	145.460	165.946
32,5	19.808	40.582	76.196	111.812	147.427	168.200
33,0	20.011	41.072	77.178	113.287	149.394	170.455
33,5	20.213	41.561	78.160	114.763	151.362	172.710
34,0	20.416	42.051	79.142	116.238	153.329	174.964
34,5	20.618	42.541	80.124	117.713	155.296	177.219
35,0	20.821	43.031	81.106	119.188	157.264	179.474
35,5	21.025	43.506	82.045	120.591	159.130	181.611
36,0	21.229	43.980	82.984	121.994	160.997	183.748
36,5	21.433	44.455	83.923	123.396	162.864	185.885
37,0	21.637	44.930	84.861	124.799	164.731	188.023
37,5	21.842	45.404	85.800	126.202	166.597	190.160
38,0	22.046	45.879	86.739	127.605	168.464	192.297
38,5	22.250	46.353	87.677	129.007	170.331	194.434
39,0	22.454	46.828	88.616	130.410	172.197	196.571
39,5	22.658	47.303	89.555	131.813	174.064	198.709
40,0	22.862	47.777	90.494	133.216	175.931	200.846
40,5	23.066	48.227	91.364	134.505	177.641	202.802
41,0	23.270	48.676	92.234	135.795	179.351	204.758
41,5	23.473	49.125	93.104	137.084	181.062	206.714
42,0	23.677	49.575	93.974	138.374	182.772	208.670
42,5	23.880	50.024	94.844	139.664	184.483	210.626
43,0	24.084	50.474	95.714	140.953	186.193	212.582
43,5	24.288	50.923	96.584	142.243	187.903	214.539
44,0	24.491	51.372	97.455	143.533	189.614	216.495
44,5	24.695	51.822	98.325	144.822	191.324	218.451
45,0	24.899	52.271	99.195	146.112	193.035	220.407
45,5	25.103	52.704	100.020	147.330	194.645	222.247
46,0	25.307	53.137	100.846	148.548	196.256	224.087
46,5	25.511	53.570	101.671	149.766	197.867	225.926
47,0	25.715	54.003	102.497	150.984	199.478	227.766

Interpolierte Honorartafeln

Honorartafel zu § 21 Abs. 1 – Bebauungsplan

Fläche in Hektar	Zone I von Euro	bis Euro	Zone II von Euro	bis Euro	Zone III von Euro	bis Euro	Zone IV von Euro	bis Euro	Zone V von Euro	bis Euro
47,5	25.919		54.436		103.322		152.203		201.088	229.606
48,0	26.123		54.869		104.148		153.421		202.699	231.446
48,5	26.328		55.302		104.974		154.639		204.310	233.285
49,0	26.532		55.735		105.799		155.857		205.920	235.125
49,5	26.736		56.169		106.625		157.075		207.531	236.965
50,0	**26.940**		**56.602**		**107.450**		**158.293**		**209.142**	**238.805**
51,0	27.258		57.351		108.939		160.522		212.110	242.204
52,0	27.577		58.101		110.429		162.751		215.079	245.604
53,0	27.895		58.851		111.918		164.980		218.047	249.004
54,0	28.213		59.601		113.407		167.209		221.016	252.404
55,0	28.532		60.350		114.897		169.438		223.984	255.803
56,0	28.850		61.100		116.386		171.667		226.953	259.203
57,0	29.168		61.850		117.875		173.896		229.921	262.603
58,0	29.487		62.600		119.365		176.125		232.890	266.003
59,0	29.805		63.349		120.854		178.354		235.858	269.402
60,0	**30.124**		**64.099**		**122.343**		**180.583**		**238.827**	**272.802**
61,0	30.401		64.753		123.641		182.526		241.414	275.766
62,0	30.678		65.406		124.939		184.469		244.002	278.730
63,0	30.955		66.060		126.237		186.412		246.590	281.694
64,0	31.232		66.713		127.536		188.355		249.178	284.658
65,0	31.510		67.367		128.834		190.298		251.765	287.622
66,0	31.787		68.020		130.132		192.242		254.353	290.586
67,0	32.064		68.674		131.430		194.185		256.941	293.550
68,0	32.341		69.327		132.728		196.128		259.529	296.514
69,0	32.618		69.981		134.026		198.071		262.116	299.478
70,0	**32.896**		**70.634**		**135.324**		**200.014**		**264.704**	**302.442**
71,0	33.168		71.284		136.621		201.957		267.294	305.409
72,0	33.440		71.934		137.917		203.900		269.884	308.376
73,0	33.712		72.583		139.213		205.844		272.474	311.344
74,0	33.985		73.233		140.510		207.787		275.064	314.311
75,0	34.257		73.883		141.806		209.730		277.654	317.279
76,0	34.529		74.532		143.102		211.673		280.244	320.246
77,0	34.801		75.182		144.399		213.616		282.834	323.213
78,0	35.074		75.832		145.695		215.559		285.424	326.181
79,0	35.346		76.481		146.991		217.502		288.014	329.148
80,0	**35.618**		**77.131**		**148.288**		**219.446**		**290.604**	**332.115**
81,0	35.876		77.783		149.615		221.448		293.281	335.187
82,0	36.134		78.434		150.942		223.450		295.959	338.258
83,0	36.393		79.086		152.270		225.452		298.636	341.330
84,0	36.651		79.738		153.597		227.454		301.314	344.401
85,0	36.909		80.390		154.925		229.457		303.992	347.472
86,0	37.167		81.041		156.252		231.459		306.669	350.544
87,0	37.425		81.693		157.579		233.461		309.347	353.615
88,0	37.683		82.345		158.907		235.463		312.024	356.687
89,0	37.942		82.997		160.234		237.466		314.702	359.758
90,0	**38.200**		**83.648**		**161.561**		**239.468**		**317.380**	**362.830**
91,0	38.453		84.329		162.974		241.613		320.258	366.134
92,0	38.707		85.010		164.387		243.759		323.136	369.439
93,0	38.961		85.690		165.800		245.905		326.013	372.744

Fläche	Honorartafel zu § 21 Abs. 1 – Bebauungsplan					
	Zone I von	bis	Zone III von	bis	Zone V von	bis
		Zone II von	bis	Zone IV von	bis	
in Hektar	Euro	Euro	Euro	Euro	Euro	Euro
94,0	39.214	86.371	167.212	248.050	328.891	376.048
95,0	39.468	87.051	168.625	250.196	331.769	379.353
96,0	39.722	87.732	170.038	252.342	334.647	382.658
97,0	39.975	88.412	171.451	254.487	337.525	385.963
98,0	40.229	89.093	172.863	256.633	340.403	389.267
99,0	40.483	89.774	174.276	258.779	343.281	392.572
100,0	40.736	90.454	175.689	260.924	346.159	395.877

Interpolationstabelle zu § 28:
Honorare für Leistungen bei Landschaftsplänen

Honorartafel zu § 28 Abs. 1 – Landschaftsplan

Fläche in Hektar	Zone I von Euro	Zone I bis Euro	Zone II von Euro	Zone II bis Euro	Zone III von Euro	Zone III bis Euro
1.000	12.632	15.157	15.157	17.688	17.688	20.214
1.050	13.080	15.695	15.695	18.315	18.315	20.931
1.100	13.529	16.233	16.233	18.942	18.942	21.648
1.150	13.977	16.771	16.771	19.570	19.570	22.365
1.200	14.425	17.309	17.309	20.197	20.197	23.082
1.250	14.873	17.847	17.847	20.824	20.824	23.799
1.300	15.321	18.385	18.385	21.451	21.451	24.516
1.350	15.810	18.972	18.972	22.134	22.134	25.297
1.400	16.299	19.559	19.559	22.818	22.818	26.077
1.450	16.789	20.146	20.146	23.501	23.501	26.858
1.500	17.278	20.733	20.733	24.184	24.184	27.639
1.550	17.767	21.320	21.320	24.868	24.868	28.420
1.600	18.257	21.907	21.907	25.551	25.551	29.201
1.650	18.675	22.409	22.409	26.138	26.138	29.872
1.700	19.093	22.911	22.911	26.725	26.725	30.543
1.750	19.511	23.414	23.414	27.311	27.311	31.214
1.800	19.929	23.916	23.916	27.898	27.898	31.885
1.850	20.347	24.418	24.418	28.485	28.485	32.557
1.900	20.765	24.921	24.921	29.072	29.072	33.228
1.950	21.155	25.388	25.388	29.617	29.617	33.851
2.000	21.545	25.856	25.856	30.163	30.163	34.474
2.050	21.935	26.324	26.324	30.708	30.708	35.098
2.100	22.325	26.792	26.792	31.254	31.254	35.721
2.150	22.714	27.260	27.260	31.799	31.799	36.344
2.200	23.104	27.728	27.728	32.344	32.344	36.968
2.250	23.464	28.159	28.159	32.849	32.849	37.543
2.300	23.824	28.590	28.590	33.353	33.353	38.119
2.350	24.184	29.021	29.021	33.857	33.857	38.695
2.400	24.544	29.453	29.453	34.362	34.362	39.270
2.450	24.904	29.884	29.884	34.866	34.866	39.846
2.500	25.264	30.315	30.315	35.371	35.371	40.422
2.550	25.597	30.715	30.715	35.836	35.836	40.954
2.600	25.930	31.115	31.115	36.302	36.302	41.487
2.650	26.263	31.514	31.514	36.768	36.768	42.019
2.700	26.596	31.914	31.914	37.233	37.233	42.552
2.750	26.929	32.314	32.314	37.699	37.699	43.084
2.800	27.262	32.714	32.714	38.165	38.165	43.617
2.850	27.594	33.114	33.114	38.631	38.631	44.149
2.900	27.927	33.514	33.514	39.096	39.096	44.682
2.950	28.260	33.914	33.914	39.562	39.562	45.214
3.000	28.593	34.313	34.313	40.028	40.028	45.747
3.050	28.912	34.696	34.696	40.474	40.474	46.257
3.100	29.231	35.078	35.078	40.921	40.921	46.767
3.150	29.550	35.461	35.461	41.367	41.367	47.277
3.200	29.869	35.843	35.843	41.814	41.814	47.788

Honorartafel zu § 28 Abs. 1 – Landschaftsplan

Fläche in Hektar	Zone I von Euro	Zone I bis Euro	Zone II von Euro	Zone II bis Euro	Zone III von Euro	Zone III bis Euro
3.250	30.188	36.226	36.226	42.260	42.260	48.298
3.300	30.507	36.608	36.608	42.707	42.707	48.808
3.350	30.826	36.991	36.991	43.153	43.153	49.318
3.400	31.145	37.373	37.373	43.600	43.600	49.828
3.450	31.463	37.756	37.756	44.046	44.046	50.338
3.500	**31.782**	**38.138**	**38.138**	**44.493**	**44.493**	**50.849**
3.550	32.088	38.505	38.505	44.921	44.921	51.338
3.600	32.393	38.871	38.871	45.349	45.349	51.827
3.650	32.698	39.238	39.238	45.777	45.777	52.316
3.700	33.004	39.605	39.605	46.205	46.205	52.806
3.750	33.309	39.971	39.971	46.633	46.633	53.295
3.800	33.614	40.338	40.338	47.061	47.061	53.784
3.850	33.920	40.705	40.705	47.489	47.489	54.274
3.900	34.225	41.071	41.071	47.917	47.917	54.763
3.950	34.531	41.438	41.438	48.345	48.345	55.252
4.000	**34.836**	**41.804**	**41.804**	**48.773**	**48.773**	**55.741**
4.050	35.128	42.155	42.155	49.182	49.182	56.209
4.100	35.421	42.506	42.506	49.591	49.591	56.676
4.150	35.713	42.857	42.857	50.000	50.000	57.144
4.200	36.006	43.208	43.208	50.408	50.408	57.611
4.250	36.298	43.559	43.559	50.817	50.817	58.078
4.300	36.591	43.910	43.910	51.226	51.226	58.546
4.350	36.883	44.261	44.261	51.635	51.635	59.013
4.400	37.176	44.612	44.612	52.044	52.044	59.481
4.450	37.468	44.963	44.963	52.453	52.453	59.948
4.500	**37.761**	**45.315**	**45.315**	**52.862**	**52.862**	**60.415**
4.550	38.040	45.649	45.649	53.252	53.252	60.861
4.600	38.319	45.984	45.984	53.642	53.642	61.307
4.650	38.598	46.318	46.318	54.033	54.033	61.753
4.700	38.877	46.653	46.653	54.423	54.423	62.200
4.750	39.156	46.988	46.988	54.814	54.814	62.646
4.800	39.435	47.322	47.322	55.204	55.204	63.092
4.850	39.714	47.657	47.657	55.594	55.594	63.538
4.900	39.992	47.991	47.991	55.985	55.985	63.984
4.950	40.271	48.326	48.326	56.375	56.375	64.430
5.000	**40.550**	**48.661**	**48.661**	**56.766**	**56.766**	**64.876**
5.050	40.815	48.978	48.978	57.136	57.136	65.299
5.100	41.079	49.295	49.295	57.507	57.507	65.723
5.150	41.343	49.612	49.612	57.877	57.877	66.146
5.200	41.608	49.930	49.930	58.248	58.248	66.570
5.250	41.872	50.247	50.247	58.618	58.618	66.993
5.300	42.136	50.564	50.564	58.989	58.989	67.417
5.350	42.401	50.881	50.881	59.360	59.360	67.840
5.400	42.665	51.199	51.199	59.730	59.730	68.264
5.450	42.929	51.516	51.516	60.101	60.101	68.687
5.500	**43.194**	**51.833**	**51.833**	**60.471**	**60.471**	**69.111**
5.550	43.446	52.136	52.136	60.824	60.824	69.514
5.600	43.698	52.438	52.438	61.177	61.177	69.917
5.650	43.950	52.741	52.741	61.529	61.529	70.321

Interpolierte Honorartafeln

Honorartafel zu § 28 Abs. 1 – Landschaftsplan

Fläche in Hektar	Zone I von Euro	Zone I bis Euro	Zone II von Euro	Zone II bis Euro	Zone III von Euro	Zone III bis Euro
5.700	44.202	53.043	53.043	61.882	61.882	70.724
5.750	44.454	53.346	53.346	62.235	62.235	71.127
5.800	44.706	53.648	53.648	62.587	62.587	71.530
5.850	44.958	53.951	53.951	62.940	62.940	71.934
5.900	45.210	54.253	54.253	63.293	63.293	72.337
5.950	45.462	54.556	54.556	63.645	63.645	72.740
6.000	45.714	54.858	54.858	63.998	63.998	73.143
6.050	45.952	55.144	55.144	64.332	64.332	73.525
6.100	46.191	55.431	55.431	64.666	64.666	73.907
6.150	46.429	55.717	55.717	65.000	65.000	74.289
6.200	46.668	56.003	56.003	65.334	65.334	74.671
6.250	46.906	56.290	56.290	65.668	65.668	75.052
6.300	47.145	56.576	56.576	66.002	66.002	75.434
6.350	47.383	56.862	56.862	66.336	66.336	75.816
6.400	47.622	57.149	57.149	66.671	66.671	76.198
6.450	47.860	57.435	57.435	67.005	67.005	76.580
6.500	48.099	57.721	57.721	67.339	67.339	76.962
6.550	48.324	57.991	57.991	67.654	67.654	77.321
6.600	48.550	58.261	58.261	67.969	67.969	77.680
6.650	48.775	58.531	58.531	68.283	68.283	78.040
6.700	49.001	58.801	58.801	68.598	68.598	78.399
6.750	49.226	59.071	59.071	68.913	68.913	78.758
6.800	49.452	59.341	59.341	69.228	69.228	79.118
6.850	49.677	59.611	59.611	69.543	69.543	79.477
6.900	49.903	59.881	59.881	69.858	69.858	79.836
6.950	50.128	60.151	60.151	70.173	70.173	80.196
7.000	50.354	60.421	60.421	70.488	70.488	80.555
7.050	50.569	60.680	60.680	70.790	70.790	80.901
7.100	50.784	60.938	60.938	71.092	71.092	81.246
7.150	51.000	61.197	61.197	71.394	71.394	81.591
7.200	51.215	61.456	61.456	71.696	71.696	81.937
7.250	51.431	61.714	61.714	71.998	71.998	82.282
7.300	51.646	61.973	61.973	72.300	72.300	82.628
7.350	51.861	62.232	62.232	72.602	72.602	82.973
7.400	52.077	62.491	62.491	72.904	72.904	83.318
7.450	52.292	62.749	62.749	73.207	73.207	83.664
7.500	52.507	63.008	63.008	73.509	73.509	84.009
7.550	52.714	63.256	63.256	73.798	73.798	84.340
7.600	52.920	63.504	63.504	74.087	74.087	84.671
7.650	53.127	63.752	63.752	74.376	74.376	85.001
7.700	53.333	64.000	64.000	74.665	74.665	85.332
7.750	53.540	64.248	64.248	74.954	74.954	85.663
7.800	53.746	64.496	64.496	75.243	75.243	85.993
7.850	53.953	64.744	64.744	75.532	75.532	86.324
7.900	54.159	64.992	64.992	75.821	75.821	86.654
7.950	54.366	65.240	65.240	76.110	76.110	86.985
8.000	54.572	65.489	65.489	76.399	76.399	87.316
8.050	54.770	65.726	65.726	76.677	76.677	87.632
8.100	54.968	65.963	65.963	76.954	76.954	87.949

Interpolierte Honorartafeln

Honorartafel zu § 28 Abs. 1 – Landschaftsplan

Fläche in Hektar	Zone I von Euro	Zone I bis Euro	Zone II von Euro	Zone II bis Euro	Zone III von Euro	Zone III bis Euro
8.150	55.166	66.200	66.200	77.231	77.231	88.266
8.200	55.364	66.438	66.438	77.509	77.509	88.583
8.250	55.562	66.675	66.675	77.786	77.786	88.899
8.300	55.759	66.912	66.912	78.063	78.063	89.216
8.350	55.957	67.149	67.149	78.341	78.341	89.533
8.400	56.155	67.387	67.387	78.618	78.618	89.849
8.450	56.353	67.624	67.624	78.895	78.895	90.166
8.500	56.551	67.861	67.861	79.173	79.173	90.483
8.550	56.740	68.088	68.088	79.436	79.436	90.784
8.600	56.929	68.315	68.315	79.700	79.700	91.086
8.650	57.118	68.541	68.541	79.964	79.964	91.387
8.700	57.307	68.768	68.768	80.228	80.228	91.688
8.750	57.496	68.995	68.995	80.491	80.491	91.990
8.800	57.685	69.221	69.221	80.755	80.755	92.291
8.850	57.874	69.448	69.448	81.019	81.019	92.593
8.900	58.063	69.675	69.675	81.283	81.283	92.894
8.950	58.252	69.902	69.902	81.547	81.547	93.195
9.000	58.441	70.128	70.128	81.810	81.810	93.497
9.050	58.620	70.344	70.344	82.062	82.062	93.785
9.100	58.800	70.559	70.559	82.314	82.314	94.073
9.150	58.979	70.774	70.774	82.566	82.566	94.361
9.200	59.158	70.990	70.990	82.818	82.818	94.649
9.250	59.338	71.205	71.205	83.070	83.070	94.937
9.300	59.517	71.421	71.421	83.322	83.322	95.225
9.350	59.697	71.636	71.636	83.574	83.574	95.513
9.400	59.876	71.851	71.851	83.826	83.826	95.801
9.450	60.055	72.067	72.067	84.077	84.077	96.089
9.500	60.235	72.282	72.282	84.329	84.329	96.377
9.550	60.406	72.487	72.487	84.568	84.568	96.650
9.600	60.577	72.693	72.693	84.807	84.807	96.923
9.650	60.748	72.898	72.898	85.046	85.046	97.197
9.700	60.919	73.103	73.103	85.285	85.285	97.470
9.750	61.090	73.308	73.308	85.524	85.524	97.743
9.800	61.261	73.514	73.514	85.763	85.763	98.017
9.850	61.432	73.719	73.719	86.003	86.003	98.290
9.900	61.603	73.924	73.924	86.242	86.242	98.563
9.950	61.774	74.129	74.129	86.481	86.481	98.837
10.000	61.945	74.335	74.335	86.720	86.720	99.110
10.100	62.269	74.723	74.723	87.173	87.173	99.628
10.200	62.592	75.111	75.111	87.626	87.626	100.146
10.300	62.916	75.499	75.499	88.080	88.080	100.664
10.400	63.239	75.887	75.887	88.533	88.533	101.182
10.500	63.562	76.275	76.275	88.986	88.986	101.700
10.600	63.886	76.663	76.663	89.439	89.439	102.218
10.700	64.209	77.051	77.051	89.893	89.893	102.736
10.800	64.533	77.439	77.439	90.346	90.346	103.254
10.900	64.856	77.827	77.827	90.799	90.799	103.772
11.000	65.179	78.216	78.216	91.253	91.253	104.290
11.100	65.495	78.593	78.593	91.694	91.694	104.793

Interpolierte Honorartafeln

Honorartafel zu § 28 Abs. 1 – Landschaftsplan

Fläche in Hektar	Zone I von Euro	Zone I bis Euro	Zone II von Euro	Zone II bis Euro	Zone III von Euro	Zone III bis Euro
11.200	65.810	78.971	78.971	92.135	92.135	105.297
11.300	66.126	79.349	79.349	92.576	92.576	105.800
11.400	66.441	79.727	79.727	93.017	93.017	106.303
11.500	66.757	80.105	80.105	93.458	93.458	106.807
11.600	67.072	80.483	80.483	93.899	93.899	107.310
11.700	67.388	80.861	80.861	94.340	94.340	107.813
11.800	67.703	81.239	81.239	94.781	94.781	108.317
11.900	68.019	81.617	81.617	95.222	95.222	108.820
12.000	68.334	81.995	81.995	95.663	95.663	109.324
12.100	68.639	82.362	82.362	96.090	96.090	109.813
12.200	68.944	82.729	82.729	96.517	96.517	110.302
12.300	69.249	83.095	83.095	96.945	96.945	110.791
12.400	69.553	83.462	83.462	97.372	97.372	111.281
12.500	69.858	83.829	83.829	97.799	97.799	111.770
12.600	70.163	84.196	84.196	98.227	98.227	112.259
12.700	70.468	84.562	84.562	98.654	98.654	112.748
12.800	70.773	84.929	84.929	99.081	99.081	113.238
12.900	71.077	85.296	85.296	99.509	99.509	113.727
13.000	71.382	85.663	85.663	99.936	99.936	114.216
13.100	71.679	86.018	86.018	100.352	100.352	114.691
13.200	71.976	86.374	86.374	100.767	100.767	115.166
13.300	72.273	86.730	86.730	101.183	101.183	115.640
13.400	72.570	87.086	87.086	101.599	101.599	116.115
13.500	72.867	87.442	87.442	102.015	102.015	116.590
13.600	73.164	87.798	87.798	102.430	102.430	117.064
13.700	73.461	88.154	88.154	102.846	102.846	117.539
13.800	73.758	88.510	88.510	103.262	103.262	118.014
13.900	74.055	88.866	88.866	103.677	103.677	118.488
14.000	74.352	89.222	89.222	104.093	104.093	118.963
14.100	74.640	89.567	89.567	104.496	104.496	119.423
14.200	74.927	89.912	89.912	104.898	104.898	119.883
14.300	75.214	90.257	90.257	105.301	105.301	120.343
14.400	75.502	90.602	90.602	105.704	105.704	120.803
14.500	75.789	90.946	90.946	106.107	106.107	121.263
14.600	76.076	91.291	91.291	106.509	106.509	121.724
14.700	76.364	91.636	91.636	106.912	106.912	122.184
14.800	76.651	91.981	91.981	107.315	107.315	122.644
14.900	76.938	92.326	92.326	107.717	107.717	123.104
15.000	77.226	92.671	92.671	108.120	108.120	123.564

Interpolationstabelle zu § 29:
Honorare für Leistungen bei Grünordnungsplänen

Honorartafel zu § 29 Abs. 1 – Grünordnungsplan

Ansätze Verrech-nungseinheiten	Zone I von Euro	Zone I bis Euro	Zone II von Euro	Zone II bis Euro
1.500	1.895	2.368	2.368	2.840
2.000	2.527	3.158	3.158	3.788
2.500	3.158	3.948	3.948	4.736
3.000	3.790	4.738	4.738	5.684
3.500	4.422	5.528	5.528	6.632
4.000	5.053	6.317	6.317	7.580
4.500	5.685	7.107	7.107	8.528
5.000	6.316	7.897	7.897	9.477
5.500	6.733	8.418	8.418	10.102
6.000	7.150	8.939	8.939	10.727
6.500	7.566	9.461	9.461	11.353
7.000	7.983	9.982	9.982	11.978
7.500	8.400	10.503	10.503	12.604
8.000	8.816	11.025	11.025	13.229
8.500	9.233	11.546	11.546	13.855
9.000	9.650	12.067	12.067	14.480
9.500	10.066	12.589	12.589	15.106
10.000	10.483	13.110	13.110	15.731
11.000	11.178	13.978	13.978	16.773
12.000	11.873	14.847	14.847	17.814
13.000	12.569	15.715	15.715	18.856
14.000	13.264	16.584	16.584	19.897
15.000	13.959	17.452	17.452	20.939
16.000	14.654	18.321	18.321	21.981
17.000	15.349	19.189	19.189	23.022
18.000	16.045	20.057	20.057	24.064
19.000	16.740	20.926	20.926	25.105
20.000	17.435	21.794	21.794	26.147
22.000	18.521	23.152	23.152	27.776
24.000	19.607	24.510	24.510	29.406
26.000	20.693	25.867	25.867	31.035
28.000	21.779	27.225	27.225	32.664
30.000	22.865	28.582	28.582	34.294
32.000	23.951	29.940	29.940	35.923
34.000	25.037	31.298	31.298	37.552
36.000	26.123	32.655	32.655	39.182
38.000	27.209	34.013	34.013	40.811
40.000	28.295	35.371	35.371	42.440
42.000	29.028	36.286	36.286	43.539
44.000	29.760	37.202	37.202	44.638
46.000	30.492	38.117	38.117	45.737
48.000	31.224	39.033	39.033	46.836
50.000	31.957	39.949	39.949	47.935
52.000	32.689	40.864	40.864	49.034
54.000	33.421	41.780	41.780	50.133

Honorartafel zu § 29 Abs. 1 – Grünordnungsplan

Ansätze Verrech-nungseinheiten	Zone I von Euro	Zone I bis Euro	Zone II von Euro	Zone II bis Euro
56.000	34.153	42.696	42.696	51.232
58.000	34.886	43.611	43.611	52.331
60.000	**35.618**	**44.527**	**44.527**	**53.430**
62.000	36.300	45.380	45.380	54.454
64.000	36.982	46.232	46.232	55.477
66.000	37.665	47.085	47.085	56.501
68.000	38.347	47.937	47.937	57.525
70.000	39.029	48.790	48.790	58.548
72.000	39.711	49.643	49.643	59.572
74.000	40.394	50.495	50.495	60.595
76.000	41.076	51.348	51.348	61.619
78.000	41.758	52.200	52.200	62.642
80.000	**42.440**	**53.053**	**53.053**	**63.666**
82.000	42.996	53.748	53.748	64.499
84.000	43.553	54.443	54.443	65.333
86.000	44.109	55.139	55.139	66.167
88.000	44.665	55.834	55.834	67.000
90.000	45.222	56.529	56.529	67.834
92.000	45.778	57.224	57.224	68.667
94.000	46.334	57.919	57.919	69.501
96.000	46.890	58.615	58.615	70.334
98.000	47.447	59.310	59.310	71.168
100.000	**48.003**	**60.005**	**60.005**	**72.002**
105.000	49.835	62.295	62.295	74.749
110.000	51.667	64.584	64.584	77.496
115.000	53.498	66.874	66.874	80.244
120.000	55.330	69.163	69.163	82.991
125.000	57.162	71.453	71.453	85.738
130.000	58.994	73.742	73.742	88.486
135.000	60.826	76.032	76.032	91.233
140.000	62.658	78.321	78.321	93.980
145.000	64.489	80.611	80.611	96.728
150.000	**66.321**	**82.900**	**82.900**	**99.475**
155.000	68.026	85.031	85.031	102.033
160.000	69.731	87.162	87.162	104.591
165.000	71.435	89.293	89.293	107.149
170.000	73.140	91.425	91.425	109.707
175.000	74.845	93.556	93.556	112.265
180.000	76.549	95.687	95.687	114.823
185.000	78.254	97.818	97.818	117.381
190.000	79.959	99.949	99.949	119.939
195.000	81.663	102.080	102.080	122.497
200.000	**83.368**	**104.211**	**104.211**	**125.055**
205.000	85.137	106.422	106.422	127.707
210.000	86.906	108.632	108.632	130.359
215.000	88.674	110.843	110.843	133.012
220.000	90.443	113.054	113.054	135.664
225.000	92.212	115.265	115.265	138.316
230.000	93.981	117.476	117.476	140.969

Interpolierte Honorartafeln

Honorartafel zu § 29 Abs. 1 – Grünordnungsplan

Ansätze Verrech-nungseinheiten	Zone I von Euro	Zone I bis Euro	Zone II von Euro	Zone II bis Euro
235.000	95.750	119.687	119.687	143.621
240.000	97.518	121.898	121.898	146.273
245.000	99.287	124.109	124.109	148.925
250.000	**101.056**	**126.320**	**126.320**	**151.578**
255.000	102.698	128.372	128.372	154.042
260.000	104.339	130.425	130.425	156.506
265.000	105.981	132.478	132.478	158.970
270.000	107.623	134.531	134.531	161.434
275.000	109.265	136.584	136.584	163.898
280.000	110.906	138.637	138.637	166.362
285.000	112.548	140.689	140.689	168.826
290.000	114.190	142.742	142.742	171.290
295.000	115.832	144.795	144.795	173.754
300.000	**117.473**	**146.848**	**146.848**	**176.218**
305.000	118.989	148.742	148.742	178.491
310.000	120.505	150.636	150.636	180.764
315.000	122.020	152.531	152.531	183.038
320.000	123.536	154.425	154.425	185.311
325.000	125.052	156.319	156.319	187.584
330.000	126.568	158.214	158.214	189.857
335.000	128.083	160.108	160.108	192.131
340.000	129.599	162.002	162.002	194.404
345.000	131.115	163.897	163.897	196.677
350.000	**132.630**	**165.791**	**165.791**	**198.950**
355.000	134.020	167.528	167.528	201.035
360.000	135.410	169.265	169.265	203.119
365.000	136.800	171.003	171.003	205.204
370.000	138.189	172.740	172.740	207.288
375.000	139.579	174.477	174.477	209.372
380.000	140.969	176.214	176.214	211.457
385.000	142.358	177.952	177.952	213.541
390.000	143.748	179.689	179.689	215.626
395.000	145.138	181.426	181.426	217.710
400.000	**146.528**	**183.163**	**183.163**	**219.794**
405.000	147.791	184.742	184.742	221.689
410.000	149.054	186.321	186.321	223.583
415.000	150.317	187.899	187.899	225.477
420.000	151.580	189.478	189.478	227.371
425.000	152.843	191.057	191.057	229.265
430.000	154.106	192.636	192.636	231.160
435.000	155.370	194.214	194.214	233.054
440.000	156.633	195.793	195.793	234.948
445.000	157.896	197.372	197.372	236.842
450.000	**159.159**	**198.950**	**198.950**	**238.736**
455.000	160.296	200.372	200.372	240.442
460.000	161.432	201.793	201.793	242.148
465.000	162.569	203.214	203.214	243.854
470.000	163.706	204.636	204.636	245.560
475.000	164.843	206.057	206.057	247.266

Ansätze Verrech-nungseinheiten	Honorartafel zu § 29 Abs. 1 – Grünordnungsplan			
	Zone I		Zone II	
	von Euro	bis Euro	von Euro	bis Euro
480.000	165.979	207.478	207.478	248.972
485.000	167.116	208.900	208.900	250.677
490.000	168.253	210.321	210.321	252.383
495.000	169.390	211.742	211.742	254.089
500.000	170.526	213.164	213.164	255.795
510.000	172.800	216.005	216.005	259.206
520.000	175.074	218.847	218.847	262.616
530.000	177.348	221.689	221.689	266.026
540.000	179.622	224.531	224.531	269.437
550.000	181.895	227.373	227.373	272.847
560.000	184.169	230.215	230.215	276.258
570.000	186.443	233.056	233.056	279.668
580.000	188.717	235.898	235.898	283.079
590.000	190.991	238.740	238.740	286.489
600.000	193.265	241.582	241.582	289.900
610.000	195.602	244.503	244.503	293.405
620.000	197.940	247.425	247.425	296.910
630.000	200.277	250.346	250.346	300.415
640.000	202.615	253.267	253.267	303.920
650.000	204.952	256.188	256.188	307.425
660.000	207.290	259.110	259.110	310.930
670.000	209.627	262.031	262.031	314.435
680.000	211.965	264.952	264.952	317.940
690.000	214.302	267.873	267.873	321.445
700.000	216.640	270.795	270.795	324.950
710.000	219.228	274.031	274.031	328.834
720.000	221.817	277.268	277.268	332.718
730.000	224.406	280.505	280.505	336.602
740.000	226.994	283.742	283.742	340.486
750.000	229.583	286.978	286.978	344.370
760.000	232.172	290.215	290.215	348.255
770.000	234.761	293.452	293.452	352.139
780.000	237.349	296.689	296.689	356.023
790.000	239.938	299.925	299.925	359.907
800.000	242.527	303.162	303.162	363.791
810.000	244.990	306.241	306.241	367.486
820.000	247.454	309.321	309.321	371.181
830.000	249.917	312.400	312.400	374.876
840.000	252.381	315.479	315.479	378.571
850.000	254.844	318.558	318.558	382.267
860.000	257.308	321.638	321.638	385.962
870.000	259.771	324.717	324.717	389.657
880.000	262.235	327.796	327.796	393.352
890.000	264.698	330.875	330.875	397.047
900.000	267.161	333.955	333.955	400.742
910.000	269.498	336.875	336.875	404.247
920.000	271.835	339.796	339.796	407.752
930.000	274.172	342.716	342.716	411.257
940.000	276.509	345.637	345.637	414.762

Interpolierte Honorartafeln

Ansätze Verrech-nungseinheiten	Honorartafel zu § 29 Abs. 1 – Grünordnungsplan			
	Zone I		Zone II	
	von Euro	bis Euro	von Euro	bis Euro
950.000	278.846	348.558	348.558	418.267
960.000	281.182	351.478	351.478	421.772
970.000	283.519	354.399	354.399	425.277
980.000	285.856	357.319	357.319	428.782
990.000	288.193	360.240	360.240	432.287
1.000.000	290.530	363.161	363.161	435.793

Interpolationstabelle zu § 30:
Honorare für Leistungen bei Landschaftsrahmenplänen

Fläche in Hektar	Zone I von Euro	Zone I bis Euro	Zone II von Euro	Zone II bis Euro
Honorartafel zu § 30 Abs. 1 – Landschaftsrahmenplan				
5.000	32.402	40.500	40.500	48.599
5.100	32.886	41.106	41.106	49.327
5.200	33.371	41.712	41.712	50.055
5.300	33.856	42.319	42.319	50.782
5.400	34.341	42.925	42.925	51.510
5.500	34.825	43.531	43.531	52.238
5.600	35.310	44.138	44.138	52.966
5.700	35.795	44.744	44.744	53.693
5.800	36.280	45.350	45.350	54.421
5.900	36.765	45.957	45.957	55.149
6.000	37.249	46.563	46.563	55.877
6.100	37.707	47.134	47.134	56.562
6.200	38.164	47.706	47.706	57.248
6.300	38.621	48.277	48.277	57.933
6.400	39.078	48.849	48.849	58.619
6.500	39.536	49.420	49.420	59.304
6.600	39.993	49.992	49.992	59.990
6.700	40.450	50.563	50.563	60.675
6.800	40.907	51.135	51.135	61.361
6.900	41.365	51.706	51.706	62.046
7.000	41.822	52.278	52.278	62.732
7.100	42.253	52.816	52.816	63.378
7.200	42.684	53.355	53.355	64.024
7.300	43.114	53.894	53.894	64.671
7.400	43.545	54.433	54.433	65.317
7.500	43.976	54.971	54.971	65.963
7.600	44.407	55.510	55.510	66.609
7.700	44.837	56.049	56.049	67.256
7.800	45.268	56.588	56.588	67.902
7.900	45.699	57.127	57.127	68.548
8.000	46.130	57.665	57.665	69.194
8.100	46.519	58.152	58.152	69.778
8.200	46.908	58.638	58.638	70.362
8.300	47.297	59.125	59.125	70.946
8.400	47.686	59.611	59.611	71.529
8.500	48.076	60.097	60.097	72.113
8.600	48.465	60.584	60.584	72.697
8.700	48.854	61.070	61.070	73.281
8.800	49.243	61.557	61.557	73.865
8.900	49.632	62.043	62.043	74.448
9.000	50.021	62.530	62.530	75.032
9.100	50.372	62.968	62.968	75.559
9.200	50.722	63.406	63.406	76.085
9.300	51.073	63.844	63.844	76.611
9.400	51.423	64.282	64.282	77.138

Honorartafel zu § 30 Abs. 1 – Landschaftsrahmenplan

Fläche in Hektar	Zone I von Euro	Zone I bis Euro	Zone II von Euro	Zone II bis Euro
9.500	51.774	64.720	64.720	77.664
9.600	52.124	65.158	65.158	78.191
9.700	52.475	65.596	65.596	78.717
9.800	52.825	66.035	66.035	79.244
9.900	53.176	66.473	66.473	79.770
10.000	**53.526**	**66.911**	**66.911**	**80.297**
10.200	54.174	67.720	67.720	81.267
10.400	54.822	68.530	68.530	82.237
10.600	55.470	69.339	69.339	83.207
10.800	56.118	70.148	70.148	84.178
11.000	56.766	70.958	70.958	85.148
11.200	57.413	71.767	71.767	86.118
11.400	58.061	72.576	72.576	87.088
11.600	58.709	73.386	73.386	88.058
11.800	59.357	74.195	74.195	89.029
12.000	**60.005**	**75.005**	**75.005**	**89.999**
12.200	60.574	75.717	75.717	90.854
12.400	61.143	76.429	76.429	91.709
12.600	61.712	77.141	77.141	92.563
12.800	62.282	77.853	77.853	93.418
13.000	62.851	78.565	78.565	94.273
13.200	63.420	79.277	79.277	95.128
13.400	63.989	79.989	79.989	95.983
13.600	64.558	80.701	80.701	96.838
13.800	65.127	81.413	81.413	97.693
14.000	**65.696**	**82.125**	**82.125**	**98.548**
14.200	66.241	82.805	82.805	99.365
14.400	66.785	83.486	83.486	100.181
14.600	67.330	84.166	84.166	100.998
14.800	67.874	84.847	84.847	101.814
15.000	68.418	85.527	85.527	102.631
15.200	68.963	86.208	86.208	103.448
15.400	69.507	86.888	86.888	104.264
15.600	70.052	87.569	87.569	105.081
15.800	70.596	88.249	88.249	105.898
16.000	**71.140**	**88.930**	**88.930**	**106.714**
16.200	71.643	89.558	89.558	107.468
16.400	72.146	90.186	90.186	108.223
16.600	72.649	90.814	90.814	108.977
16.800	73.152	91.443	91.443	109.731
17.000	73.654	92.071	92.071	110.485
17.200	74.157	92.699	92.699	111.239
17.400	74.660	93.328	93.328	111.993
17.600	75.163	93.956	93.956	112.748
17.800	75.666	94.584	94.584	113.502
18.000	**76.168**	**95.213**	**95.213**	**114.256**
18.200	76.705	95.884	95.884	115.061
18.400	77.242	96.554	96.554	115.866
18.600	77.778	97.225	97.225	116.671

Interpolierte Honorartafeln

Fläche in Hektar	Honorartafel zu § 30 Abs. 1 – Landschaftsrahmenplan			
	Zone I		Zone II	
	von Euro	bis Euro	von Euro	bis Euro
18.800	78.315	97.896	97.896	117.475
19.000	78.851	98.567	98.567	118.280
19.200	79.388	99.238	99.238	119.085
19.400	79.924	99.909	99.909	119.890
19.600	80.461	100.580	100.580	120.695
19.800	80.998	101.251	101.251	121.500
20.000	**81.534**	**101.922**	**101.922**	**122.305**
20.500	82.870	103.592	103.592	124.309
21.000	84.207	105.263	105.263	126.313
21.500	85.543	106.933	106.933	128.318
22.000	86.879	108.603	108.603	130.322
22.500	88.216	110.274	110.274	132.327
23.000	89.552	111.944	111.944	134.331
23.500	90.888	113.615	113.615	136.336
24.000	92.224	115.285	115.285	138.340
24.500	93.561	116.956	116.956	140.344
25.000	**94.897**	**118.626**	**118.626**	**142.349**
25.500	96.018	120.027	120.027	144.030
26.000	97.139	121.428	121.428	145.711
26.500	98.260	122.829	122.829	147.392
27.000	99.381	124.230	124.230	149.073
27.500	100.502	125.631	125.631	150.754
28.000	101.622	127.032	127.032	152.435
28.500	102.743	128.433	128.433	154.116
29.000	103.864	129.834	129.834	155.797
29.500	104.985	131.235	131.235	157.478
30.000	**106.106**	**132.636**	**132.636**	**159.159**
30.500	107.057	133.824	133.824	160.585
31.000	108.007	135.013	135.013	162.012
31.500	108.958	136.201	136.201	163.438
32.000	109.908	137.390	137.390	164.864
32.500	110.859	138.578	138.578	166.291
33.000	111.809	139.766	139.766	167.717
33.500	112.760	140.955	140.955	169.144
34.000	113.710	142.143	142.143	170.570
34.500	114.661	143.332	143.332	171.996
35.000	**115.611**	**144.520**	**144.520**	**173.423**
35.500	116.429	145.542	145.542	174.649
36.000	117.247	146.564	146.564	175.875
36.500	118.064	147.586	147.586	177.101
37.000	118.882	148.608	148.608	178.327
37.500	119.700	149.630	149.630	179.553
38.000	120.518	150.652	150.652	180.779
38.500	121.335	151.674	151.674	182.005
39.000	122.153	152.695	152.695	183.231
39.500	122.971	153.717	153.717	184.457
40.000	**123.789**	**154.739**	**154.739**	**185.683**
40.500	124.452	155.568	155.568	186.678
41.000	125.115	156.397	156.397	187.673

Interpolierte Honorartafeln

Honorartafel zu § 30 Abs. 1 – Landschaftsrahmenplan

Fläche in Hektar	Zone I von Euro	Zone I bis Euro	Zone II von Euro	Zone II bis Euro
41.500	125.778	157.226	157.226	188.668
42.000	126.441	158.055	158.055	189.663
42.500	127.104	158.884	158.884	190.658
43.000	127.767	159.713	159.713	191.653
43.500	128.430	160.542	160.542	192.648
44.000	129.093	161.371	161.371	193.643
44.500	129.756	162.200	162.200	194.638
45.000	130.419	163.029	163.029	195.633
45.500	131.178	163.976	163.976	196.770
46.000	131.936	164.924	164.924	197.907
46.500	132.694	165.872	165.872	199.044
47.000	133.452	166.819	166.819	200.182
47.500	134.210	167.767	167.767	201.319
48.000	134.969	168.715	168.715	202.456
48.500	135.727	169.662	169.662	203.593
49.000	136.485	170.610	170.610	204.730
49.500	137.243	171.558	171.558	205.867
50.000	138.002	172.505	172.505	207.005
51.000	139.391	174.242	174.242	209.088
52.000	140.780	175.978	175.978	211.172
53.000	142.169	177.714	177.714	213.256
54.000	143.558	179.450	179.450	215.340
55.000	144.948	181.187	181.187	217.423
56.000	146.337	182.923	182.923	219.507
57.000	147.726	184.659	184.659	221.591
58.000	149.115	186.395	186.395	223.674
59.000	150.504	188.131	188.131	225.758
60.000	151.894	189.868	189.868	227.842
61.000	153.150	191.439	191.439	229.727
62.000	154.407	193.011	193.011	231.612
63.000	155.664	194.582	194.582	233.498
64.000	156.921	196.154	196.154	235.383
65.000	158.178	197.725	197.725	237.268
66.000	159.435	199.296	199.296	239.154
67.000	160.692	200.868	200.868	241.039
68.000	161.949	202.439	202.439	242.924
69.000	163.206	204.011	204.011	244.810
70.000	164.463	205.582	205.582	246.695
71.000	165.449	206.814	206.814	248.173
72.000	166.434	208.046	208.046	249.651
73.000	167.419	209.277	209.277	251.129
74.000	168.405	210.509	210.509	252.607
75.000	169.390	211.741	211.741	254.085
76.000	170.375	212.972	212.972	255.563
77.000	171.361	214.204	214.204	257.041
78.000	172.346	215.436	215.436	258.519
79.000	173.332	216.667	216.667	259.997
80.000	174.317	217.899	217.899	261.476
81.000	175.302	219.131	219.131	262.953

Interpolierte Honorartafeln

Fläche in Hektar	Zone I von Euro	Zone I bis Euro	Zone II von Euro	Zone II bis Euro
82.000	176.288	220.362	220.362	264.431
83.000	177.273	221.594	221.594	265.909
84.000	178.259	222.826	222.826	267.387
85.000	179.244	224.057	224.057	268.865
86.000	180.229	225.289	225.289	270.343
87.000	181.215	226.521	226.521	271.821
88.000	182.200	227.752	227.752	273.299
89.000	183.185	228.984	228.984	274.777
90.000	**184.171**	**230.216**	**230.216**	**276.255**
91.000	185.207	231.510	231.510	277.809
92.000	186.243	232.805	232.805	279.362
93.000	187.279	234.100	234.100	280.915
94.000	188.315	235.395	235.395	282.469
95.000	189.351	236.689	236.689	284.022
96.000	190.387	237.984	237.984	285.576
97.000	191.423	239.279	239.279	287.129
98.000	192.459	240.573	240.573	288.682
99.000	193.495	241.868	241.868	290.236
100.000	**194.531**	**243.163**	**243.163**	**291.789**

Honorartafel zu § 30 Abs. 1 – Landschaftsrahmenplan

Interpolierte Honorartafeln

Interpolationstabelle zu § 31:
Honorare für Leistungen bei Pflege- und Entwicklungsplänen

Honorartafel zu § 31 Abs. 1 – Pflege und Entwicklungsplan

Fläche in Hektar	Zone I von Euro	Zone I bis Euro	Zone II von Euro	Zone II bis Euro	Zone III von Euro	Zone III bis Euro
5,0	2.576	5.146	5.146	7.722	7.722	10.293
6,0	2.709	5.411	5.411	8.118	8.118	10.821
7,0	2.842	5.677	5.677	8.514	8.514	11.350
8,0	2.974	5.942	5.942	8.910	8.910	11.879
9,0	3.107	6.208	6.208	9.306	9.306	12.407
10,0	3.240	6.474	6.474	9.702	9.702	12.936
11,0	3.334	6.664	6.664	9.989	9.989	13.318
12,0	3.429	6.854	6.854	10.276	10.276	13.701
13,0	3.523	7.044	7.044	10.563	10.563	14.083
14,0	3.618	7.234	7.234	10.850	10.850	14.465
15,0	3.713	7.424	7.424	11.136	11.136	14.848
16,0	3.787	7.571	7.571	11.357	11.357	15.142
17,0	3.861	7.719	7.719	11.577	11.577	15.435
18,0	3.935	7.866	7.866	11.798	11.798	15.729
19,0	4.009	8.014	8.014	12.018	12.018	16.023
20,0	4.083	8.161	8.161	12.239	12.239	16.316
21,0	4.148	8.292	8.292	12.437	12.437	16.581
22,0	4.214	8.424	8.424	12.636	12.636	16.846
23,0	4.279	8.556	8.556	12.834	12.834	17.111
24,0	4.344	8.687	8.687	13.033	13.033	17.376
25,0	4.409	8.819	8.819	13.231	13.231	17.641
26,0	4.475	8.950	8.950	13.430	13.430	17.906
27,0	4.540	9.082	9.082	13.628	13.628	18.170
28,0	4.605	9.213	9.213	13.827	13.827	18.435
29,0	4.670	9.345	9.345	14.026	14.026	18.700
30,0	4.736	9.477	9.477	14.224	14.224	18.965
31,0	4.795	9.595	9.595	14.400	14.400	19.200
32,0	4.854	9.713	9.713	14.576	14.576	19.435
33,0	4.913	9.831	9.831	14.752	14.752	19.670
34,0	4.972	9.949	9.949	14.928	14.928	19.905
35,0	5.031	10.067	10.067	15.104	15.104	20.140
36,0	5.090	10.185	10.185	15.280	15.280	20.376
37,0	5.149	10.303	10.303	15.456	15.456	20.611
38,0	5.208	10.422	10.422	15.632	15.632	20.846
39,0	5.267	10.540	10.540	15.808	15.808	21.081
40,0	5.326	10.658	10.658	15.984	15.984	21.316
41,0	5.378	10.761	10.761	16.138	16.138	21.521
42,0	5.430	10.864	10.864	16.292	16.292	21.726
43,0	5.481	10.967	10.967	16.446	16.446	21.932
44,0	5.533	11.070	11.070	16.601	16.601	22.137
45,0	5.585	11.173	11.173	16.755	16.755	22.342
46,0	5.636	11.276	11.276	16.909	16.909	22.547
47,0	5.688	11.379	11.379	17.063	17.063	22.753
48,0	5.740	11.482	11.482	17.217	17.217	22.958
49,0	5.792	11.585	11.585	17.371	17.371	23.163

Honorartafel zu § 31 Abs. 1 – Pflege und Entwicklungsplan

Fläche in Hektar	Zone I von Euro	Zone I bis Euro	Zone II von Euro	Zone II bis Euro	Zone III von Euro	Zone III bis Euro
50,0	5.843	11.688	11.688	17.525	17.525	23.368
52,5	5.953	11.907	11.907	17.856	17.856	23.810
55,0	6.063	12.127	12.127	18.188	18.188	24.251
57,5	6.172	12.347	12.347	18.519	18.519	24.693
60,0	6.282	12.567	12.567	18.850	18.850	25.135
62,5	6.392	12.787	12.787	19.181	19.181	25.576
65,0	6.501	13.007	13.007	19.512	19.512	26.018
67,5	6.611	13.227	13.227	19.844	19.844	26.459
70,0	6.721	13.447	13.447	20.175	20.175	26.901
72,5	6.830	13.667	13.667	20.506	20.506	27.342
75,0	6.940	13.886	13.886	20.837	20.837	27.784
77,5	7.033	14.071	14.071	21.114	21.114	28.152
80,0	7.126	14.255	14.255	21.390	21.390	28.519
82,5	7.218	14.440	14.440	21.666	21.666	28.887
85,0	7.311	14.624	14.624	21.942	21.942	29.255
87,5	7.404	14.809	14.809	22.218	22.218	29.623
90,0	7.497	14.993	14.993	22.495	22.495	29.991
92,5	7.590	15.178	15.178	22.771	22.771	30.359
95,0	7.683	15.362	15.362	23.047	23.047	30.727
97,5	7.775	15.547	15.547	23.323	23.323	31.094
100,0	7.868	15.731	15.731	23.599	23.599	31.462
105,0	8.016	16.025	16.025	24.040	24.040	32.050
110,0	8.163	16.319	16.319	24.481	24.481	32.638
115,0	8.311	16.614	16.614	24.922	24.922	33.225
120,0	8.458	16.908	16.908	25.363	25.363	33.813
125,0	8.605	17.202	17.202	25.804	25.804	34.401
130,0	8.753	17.496	17.496	26.245	26.245	34.989
135,0	8.900	17.790	17.790	26.686	26.686	35.576
140,0	9.048	18.084	18.084	27.126	27.126	36.164
145,0	9.195	18.378	18.378	27.567	27.567	36.752
150,0	9.342	18.673	18.673	28.008	28.008	37.340
155,0	9.451	18.892	18.892	28.338	28.338	37.780
160,0	9.560	19.112	19.112	28.669	28.669	38.221
165,0	9.669	19.332	19.332	28.999	28.999	38.662
170,0	9.778	19.552	19.552	29.329	29.329	39.103
175,0	9.887	19.772	19.772	29.659	29.659	39.544
180,0	9.996	19.992	19.992	29.990	29.990	39.985
185,0	10.105	20.212	20.212	30.320	30.320	40.426
190,0	10.214	20.432	20.432	30.650	30.650	40.867
195,0	10.323	20.652	20.652	30.980	30.980	41.307
200,0	10.432	20.871	20.871	31.310	31.310	41.748
210,0	10.580	21.166	21.166	31.751	31.751	42.336
220,0	10.727	21.460	21.460	32.192	32.192	42.924
230,0	10.875	21.754	21.754	32.633	32.633	43.511
240,0	11.022	22.048	22.048	33.074	33.074	44.099
250,0	11.169	22.342	22.342	33.515	33.515	44.687
260,0	11.317	22.636	22.636	33.956	33.956	45.275
270,0	11.464	22.930	22.930	34.397	34.397	45.862
280,0	11.612	23.225	23.225	34.837	34.837	46.450

Interpolierte Honorartafeln

Honorartafel zu § 31 Abs. 1 – Pflege und Entwicklungsplan

Fläche in Hektar	Zone I von Euro	Zone I bis Euro	Zone II von Euro	Zone II bis Euro	Zone III von Euro	Zone III bis Euro
290,0	11.759	23.519	23.519	35.278	35.278	47.038
300,0	11.906	23.813	23.813	35.719	35.719	47.626
310,0	12.017	24.033	24.033	36.051	36.051	48.067
320,0	12.127	24.254	24.254	36.382	36.382	48.509
330,0	12.237	24.474	24.474	36.713	36.713	48.950
340,0	12.347	24.695	24.695	37.044	37.044	49.392
350,0	12.458	24.915	24.915	37.376	37.376	49.833
360,0	12.568	25.135	25.135	37.707	37.707	50.275
370,0	12.678	25.356	25.356	38.038	38.038	50.716
380,0	12.788	25.576	25.576	38.370	38.370	51.158
390,0	12.898	25.797	25.797	38.701	38.701	51.599
400,0	13.009	26.017	26.017	39.032	39.032	52.041
410,0	13.097	26.194	26.194	39.297	39.297	52.394
420,0	13.186	26.372	26.372	39.561	39.561	52.746
430,0	13.275	26.549	26.549	39.825	39.825	53.099
440,0	13.364	26.726	26.726	40.090	40.090	53.452
450,0	13.453	26.903	26.903	40.354	40.354	53.804
460,0	13.542	27.080	27.080	40.618	40.618	54.157
470,0	13.631	27.258	27.258	40.883	40.883	54.510
480,0	13.720	27.435	27.435	41.147	41.147	54.862
490,0	13.809	27.612	27.612	41.411	41.411	55.215
500,0	13.897	27.789	27.789	41.676	41.676	55.568
550,0	14.265	28.524	28.524	42.779	42.779	57.038
600,0	14.632	29.258	29.258	43.881	43.881	58.508
650,0	14.999	29.993	29.993	44.984	44.984	59.978
700,0	15.367	30.727	30.727	46.087	46.087	61.448
750,0	15.734	31.462	31.462	47.190	47.190	62.918
800,0	16.101	32.196	32.196	48.293	48.293	64.389
850,0	16.468	32.931	32.931	49.396	49.396	65.859
900,0	16.836	33.665	33.665	50.499	50.499	67.329
950,0	17.203	34.400	34.400	51.601	51.601	68.799
1000,0	17.570	35.134	35.134	52.704	52.704	70.269
1150,0	18.452	36.898	36.898	55.350	55.350	73.797
1300,0	19.334	38.662	38.662	57.996	57.996	77.324
1450,0	20.216	40.426	40.426	60.641	60.641	80.852
1600,0	21.098	42.189	42.189	63.287	63.287	84.379
1750,0	21.980	43.953	43.953	65.932	65.932	87.907
1900,0	22.862	45.717	45.717	68.578	68.578	91.434
2050,0	23.743	47.481	47.481	71.224	71.224	94.961
2200,0	24.625	49.245	49.245	73.869	73.869	98.489
2350,0	25.507	51.009	51.009	76.515	76.515	102.016
2500,0	26.389	52.773	52.773	79.160	79.160	105.544
2650,0	27.050	54.096	54.096	81.145	81.145	108.190
2800,0	27.712	55.419	55.419	83.129	83.129	110.836
2950,0	28.373	56.742	56.742	85.113	85.113	113.482
3100,0	29.035	58.065	58.065	87.097	87.097	116.128
3250,0	29.696	59.388	59.388	89.082	89.082	118.774
3400,0	30.357	60.711	60.711	91.066	91.066	121.420
3550,0	31.019	62.034	62.034	93.050	93.050	124.065

Honorartafel zu § 31 Abs. 1 – Pflege und Entwicklungsplan

Fläche in Hektar	Zone I von Euro	Zone I bis Euro	Zone II von Euro	Zone II bis Euro	Zone III von Euro	Zone III bis Euro
3700,0	31.680	63.357	63.357	95.034	95.034	126.711
3850,0	32.341	64.680	64.680	97.018	97.018	129.357
5000,0	37.412	74.824	74.824	112.231	112.231	149.643
5500,0	38.882	77.764	77.764	116.641	116.641	155.523
6000,0	40.352	80.704	80.704	121.052	121.052	161.403
6500,0	41.823	83.643	83.643	125.462	125.462	167.283
7000,0	43.293	86.583	86.583	129.873	129.873	173.164
7500,0	44.763	89.523	89.523	134.284	134.284	179.044
8000,0	46.233	92.463	92.463	138.694	138.694	184.924
8500,0	47.703	95.402	95.402	143.105	143.105	190.804
9000,0	49.173	98.342	98.342	147.515	147.515	196.684
9500,0	50.643	101.282	101.282	151.926	151.926	202.564
10000,0	52.114	104.222	104.222	156.336	156.336	208.445

Interpolierte Honorartafeln

Interpolationstabelle zu § 34:
Honorare für Leistungen bei Gebäuden und raumbildenden Ausbauten

Honorartafel zu § 34 Abs. 1 – Gebäude und raumbildende Ausbauten

Anrechenbare Kosten in Euro	Zone I von Euro	bis Zone II von Euro	Zone III von bis Euro	bis Zone IV von Euro	Zone V von bis Euro	bis Euro
25.565	2.182	2.654	3.290	4.241	4.876	5.348
26.000	2.219	2.699	3.345	4.310	4.956	5.435
26.500	2.261	2.750	3.407	4.390	5.047	5.536
27.000	2.304	2.801	3.470	4.469	5.138	5.636
27.500	2.346	2.853	3.533	4.549	5.230	5.736
28.000	2.388	2.904	3.596	4.629	5.321	5.836
28.500	2.431	2.955	3.658	4.709	5.412	5.936
29.000	2.473	3.006	3.721	4.788	5.503	6.037
29.500	2.515	3.057	3.784	4.868	5.595	6.137
30.000	2.558	3.109	3.847	4.948	5.686	6.237
30.500	2.601	3.161	3.910	5.029	5.779	6.339
31.000	2.644	3.213	3.974	5.110	5.871	6.440
31.500	2.688	3.265	4.037	5.191	5.964	6.542
32.000	2.731	3.317	4.101	5.273	6.057	6.643
32.500	2.774	3.369	4.165	5.354	6.150	6.745
33.000	2.818	3.421	4.228	5.435	6.242	6.846
33.500	2.861	3.473	4.292	5.516	6.335	6.948
34.000	2.904	3.525	4.355	5.597	6.428	7.049
34.500	2.948	3.577	4.419	5.678	6.520	7.151
35.000	2.991	3.629	4.483	5.760	6.613	7.252
35.500	3.033	3.680	4.545	5.840	6.706	7.354
36.000	3.075	3.731	4.608	5.921	6.798	7.455
36.500	3.117	3.782	4.671	6.001	6.891	7.556
37.000	3.159	3.833	4.734	6.082	6.983	7.657
37.500	3.201	3.884	4.797	6.162	7.076	7.758
38.000	3.243	3.934	4.860	6.243	7.168	7.860
38.500	3.285	3.985	4.923	6.323	7.261	7.961
39.000	3.327	4.036	4.986	6.404	7.353	8.062
39.500	3.369	4.087	5.049	6.484	7.446	8.163
40.000	3.411	4.138	5.112	6.565	7.538	8.264
40.500	3.454	4.190	5.175	6.646	7.630	8.365
41.000	3.498	4.242	5.238	6.726	7.722	8.466
41.500	3.541	4.294	5.301	6.807	7.814	8.567
42.000	3.584	4.346	5.364	6.888	7.906	8.667
42.500	3.627	4.398	5.427	6.969	7.998	8.768
43.000	3.670	4.450	5.491	7.049	8.090	8.869
43.500	3.714	4.502	5.554	7.130	8.182	8.970
44.000	3.757	4.554	5.617	7.211	8.274	9.070
44.500	3.800	4.605	5.680	7.291	8.366	9.171
45.000	3.843	4.657	5.743	7.372	8.458	9.272
45.500	3.886	4.708	5.805	7.450	8.547	9.369
46.000	3.929	4.759	5.866	7.529	8.635	9.466
46.500	3.971	4.810	5.928	7.607	8.724	9.563
47.000	4.014	4.861	5.989	7.685	8.813	9.660

Honorartafel zu § 34 Abs. 1 – Gebäude und raumbildende Ausbauten

Anrechenbare Kosten in Euro	Zone I von Euro	bis Zone II von Euro	Zone III von Euro	bis Zone IV von Euro	Zone V von Euro	bis Euro
47.500	4.056	4.912	6.051	7.763	8.902	9.758
48.000	4.099	4.963	6.112	7.841	8.991	9.855
48.500	4.141	5.014	6.174	7.920	9.079	9.952
49.000	4.184	5.065	6.235	7.998	9.168	10.049
49.500	4.227	5.116	6.297	8.076	9.257	10.146
50.000	4.269	5.167	6.358	8.154	9.346	10.243
52.500	4.482	5.419	6.662	8.536	9.780	10.716
55.000	4.695	5.671	6.966	8.918	10.214	11.190
57.500	4.908	5.923	7.271	9.301	10.649	11.663
60.000	5.121	6.175	7.575	9.683	11.083	12.136
62.500	5.334	6.426	7.879	10.065	11.517	12.609
65.000	5.548	6.678	8.183	10.447	11.952	13.083
67.500	5.761	6.930	8.487	10.829	12.386	13.556
70.000	5.974	7.182	8.792	11.211	12.820	14.029
72.500	6.187	7.434	9.096	11.593	13.255	14.502
75.000	6.400	7.686	9.400	11.975	13.689	14.975
77.500	6.613	7.938	9.704	12.357	14.123	15.449
80.000	6.826	8.190	10.008	12.739	14.558	15.922
82.500	7.039	8.442	10.313	13.121	14.992	16.395
85.000	7.252	8.694	10.617	13.503	15.426	16.868
87.500	7.465	8.946	10.921	13.886	15.861	17.342
90.000	7.678	9.198	11.225	14.268	16.295	17.815
92.500	7.891	9.450	11.529	14.650	16.729	18.288
95.000	8.104	9.702	11.834	15.032	17.164	18.761
97.500	8.317	9.954	12.138	15.414	17.598	19.234
100.000	8.531	10.206	12.442	15.796	18.032	19.708
102.500	8.744	10.452	12.732	16.151	18.431	20.139
105.000	8.957	10.698	13.021	16.506	18.830	20.571
107.500	9.171	10.944	13.311	16.862	19.229	21.002
110.000	9.384	11.190	13.601	17.217	19.628	21.434
112.500	9.598	11.436	13.891	17.572	20.026	21.865
115.000	9.811	11.683	14.180	17.927	20.425	22.296
117.500	10.024	11.929	14.470	18.282	20.824	22.728
120.000	10.238	12.175	14.760	18.638	21.223	23.159
122.500	10.451	12.421	15.049	18.993	21.622	23.591
125.000	10.665	12.667	15.339	19.348	22.020	24.022
127.500	10.878	12.913	15.629	19.703	22.419	24.454
130.000	11.091	13.159	15.918	20.058	22.818	24.885
132.500	11.305	13.405	16.208	20.413	23.217	25.317
135.000	11.518	13.652	16.498	20.769	23.616	25.748
137.500	11.732	13.898	16.787	21.124	24.014	26.180
140.000	11.945	14.144	17.077	21.479	24.413	26.611
142.500	12.158	14.390	17.367	21.834	24.812	27.043
145.000	12.372	14.636	17.656	22.189	25.211	27.474
147.500	12.585	14.882	17.946	22.545	25.610	27.906
150.000	12.799	15.128	18.236	22.900	26.008	28.337
152.500	13.012	15.368	18.511	23.228	26.372	28.728
155.000	13.225	15.608	18.787	23.557	26.736	29.119
157.500	13.438	15.848	19.062	23.886	27.101	29.510

Interpolierte Honorartafeln

Honorartafel zu § 34 Abs. 1 – Gebäude und raumbildende Ausbauten

Anrechenbare Kosten in Euro	Zone I von Euro	bis Zone II von Euro	bis Zone III von Euro	bis Zone IV von Euro	bis Zone V von Euro	bis Euro
160.000	13.651	16.088	19.338	24.214	27.465	29.901
162.500	13.864	16.328	19.613	24.543	27.829	30.292
165.000	14.077	16.568	19.888	24.871	28.193	30.682
167.500	14.290	16.808	20.164	25.200	28.557	31.073
170.000	14.504	17.048	20.439	25.528	28.921	31.464
172.500	14.717	17.287	20.715	25.857	29.285	31.855
175.000	14.930	17.527	20.990	26.186	29.649	32.246
177.500	15.143	17.767	21.266	26.514	30.013	32.637
180.000	15.356	18.007	21.541	26.843	30.377	33.028
182.500	15.569	18.247	21.817	27.171	30.741	33.419
185.000	15.782	18.487	22.092	27.500	31.105	33.809
187.500	15.995	18.727	22.367	27.828	31.469	34.200
190.000	16.209	18.967	22.643	28.157	31.833	34.591
192.500	16.422	19.207	22.918	28.485	32.197	34.982
195.000	16.635	19.447	23.194	28.814	32.561	35.373
197.500	16.848	19.687	23.469	29.143	32.925	35.764
200.000	**17.061**	**19.927**	**23.745**	**29.471**	**33.289**	**36.155**
202.500	17.274	20.161	24.008	29.778	33.625	36.512
205.000	17.487	20.396	24.272	30.085	33.961	36.870
207.500	17.700	20.631	24.536	30.392	34.297	37.227
210.000	17.914	20.866	24.799	30.699	34.633	37.585
212.500	18.127	21.100	25.063	31.006	34.968	37.942
215.000	18.340	21.335	25.327	31.313	35.304	38.300
217.500	18.553	21.570	25.590	31.620	35.640	38.657
220.000	18.766	21.805	25.854	31.927	35.976	39.015
222.500	18.979	22.040	26.118	32.234	36.312	39.372
225.000	19.192	22.274	26.381	32.541	36.648	39.730
227.500	19.405	22.509	26.645	32.848	36.983	40.087
230.000	19.619	22.744	26.909	33.155	37.319	40.445
232.500	19.832	22.979	27.172	33.462	37.655	40.802
235.000	20.045	23.214	27.436	33.769	37.991	41.160
237.500	20.258	23.448	27.700	34.076	38.327	41.517
240.000	20.471	23.683	27.963	34.382	38.663	41.875
242.500	20.684	23.918	28.227	34.689	38.998	42.232
245.000	20.897	24.153	28.491	34.996	39.334	42.590
247.500	21.110	24.388	28.754	35.303	39.670	42.947
250.000	**21.324**	**24.622**	**29.018**	**35.610**	**40.006**	**43.305**
252.500	21.494	24.820	29.253	35.900	40.333	43.659
255.000	21.664	25.018	29.488	36.190	40.659	44.013
257.500	21.835	25.216	29.723	36.480	40.986	44.367
260.000	22.005	25.414	29.957	36.770	41.313	44.722
262.500	22.176	25.612	30.192	37.060	41.639	45.076
265.000	22.346	25.810	30.427	37.349	41.966	45.430
267.500	22.517	26.008	30.662	37.639	42.293	45.784
270.000	22.687	26.206	30.897	37.929	42.620	46.138
272.500	22.858	26.404	31.132	38.219	42.946	46.493
275.000	23.028	26.602	31.367	38.509	43.273	46.847
277.500	23.198	26.800	31.601	38.799	43.600	47.201
280.000	23.369	26.998	31.836	39.089	43.926	47.555

Honorartafel zu § 34 Abs. 1 – Gebäude und raumbildende Ausbauten

Anrechenbare Kosten in Euro	Zone I von Euro	Zone II von Euro	bis Euro	Zone III von Euro	bis Euro	Zone IV von Euro	Zone V von Euro	bis Euro
282.500	23.539	27.196		32.071	39.378		44.253	47.909
285.000	23.710	27.394		32.306	39.668		44.580	48.264
287.500	23.880	27.592		32.541	39.958		44.906	48.618
290.000	24.051	27.790		32.776	40.248		45.233	48.972
292.500	24.221	27.987		33.010	40.538		45.560	49.326
295.000	24.392	28.185		33.245	40.828		45.887	49.680
297.500	24.562	28.383		33.480	41.117		46.213	50.035
300.000	**24.732**	**28.581**		**33.715**	**41.407**		**46.540**	**50.389**
302.500	24.874	28.754		33.930	41.685		46.860	50.740
305.000	25.016	28.928		34.145	41.964		47.180	51.092
307.500	25.157	29.101		34.360	42.242		47.501	51.444
310.000	25.299	29.274		34.575	42.520		47.821	51.795
312.500	25.441	29.447		34.791	42.798		48.141	52.147
315.000	25.582	29.620		35.006	43.076		48.461	52.498
317.500	25.724	29.793		35.221	43.354		48.781	52.850
320.000	25.866	29.966		35.436	43.632		49.102	53.202
322.500	26.008	30.140		35.651	43.911		49.422	53.553
325.000	26.149	30.313		35.866	44.189		49.742	53.905
327.500	26.291	30.486		36.081	44.467		50.062	54.257
330.000	26.433	30.659		36.296	44.745		50.382	54.608
332.500	26.574	30.832		36.511	45.023		50.703	54.960
335.000	26.716	31.005		36.726	45.301		51.023	55.311
337.500	26.858	31.178		36.942	45.579		51.343	55.663
340.000	26.999	31.352		37.157	45.857		51.663	56.015
342.500	27.141	31.525		37.372	46.136		51.983	56.366
345.000	27.283	31.698		37.587	46.414		52.304	56.718
347.500	27.424	31.871		37.802	46.692		52.624	57.069
350.000	**27.566**	**32.044**		**38.017**	**46.970**		**52.944**	**57.421**
352.500	27.688	32.198		38.213	47.230		53.247	57.756
355.000	27.809	32.351		38.409	47.491		53.550	58.091
357.500	27.931	32.505		38.605	47.751		53.853	58.425
360.000	28.053	32.658		38.802	48.011		54.155	58.760
362.500	28.174	32.812		38.998	48.271		54.458	59.095
365.000	28.296	32.965		39.194	48.532		54.761	59.429
367.500	28.418	33.119		39.390	48.792		55.064	59.764
370.000	28.539	33.272		39.586	49.052		55.367	60.099
372.500	28.661	33.426		39.782	49.312		55.670	60.434
375.000	28.783	33.579		39.978	49.573		55.972	60.768
377.500	28.904	33.733		40.175	49.833		56.275	61.103
380.000	29.026	33.886		40.371	50.093		56.578	61.438
382.500	29.148	34.040		40.567	50.353		56.881	61.773
385.000	29.269	34.193		40.763	50.614		57.184	62.107
387.500	29.391	34.347		40.959	50.874		57.487	62.442
390.000	29.513	34.500		41.155	51.134		57.789	62.777
392.500	29.634	34.654		41.351	51.394		58.092	63.112
395.000	29.756	34.807		41.547	51.655		58.395	63.446
397.500	29.878	34.961		41.744	51.915		58.698	63.781
400.000	**29.999**	**35.114**		**41.940**	**52.175**		**59.001**	**64.116**
402.500	30.102	35.250		42.118	52.418		59.286	64.433

Interpolierte Honorartafeln

Honorartafel zu § 34 Abs. 1 – Gebäude und raumbildende Ausbauten

Anrechenbare Kosten in Euro	Zone I von Euro	bis Zone II von Euro	Zone III von bis Euro	bis Zone IV von Euro	Zone V von bis Euro	bis Euro
405.000	30.205	35.385	42.296	52.660	59.571	64.751
407.500	30.308	35.520	42.473	52.903	59.856	65.068
410.000	30.411	35.655	42.651	53.145	60.141	65.386
412.500	30.514	35.791	42.829	53.387	60.426	65.703
415.000	30.617	35.926	43.007	53.630	60.711	66.020
417.500	30.720	36.061	43.185	53.872	60.996	66.338
420.000	30.823	36.197	43.363	54.115	61.281	66.655
422.500	30.926	36.332	43.541	54.357	61.566	66.973
425.000	31.029	36.467	43.719	54.600	61.851	67.290
427.500	31.132	36.603	43.897	54.842	62.136	67.608
430.000	31.235	36.738	44.075	55.084	62.421	67.925
432.500	31.338	36.873	44.253	55.327	62.707	68.243
435.000	31.441	37.008	44.431	55.569	62.992	68.560
437.500	31.544	37.144	44.609	55.812	63.277	68.878
440.000	31.647	37.279	44.787	56.054	63.562	69.195
442.500	31.750	37.414	44.964	56.297	63.847	69.513
445.000	31.852	37.550	45.142	56.539	64.132	69.830
450.000	**32.058**	**37.820**	**45.498**	**57.024**	**64.702**	**70.465**
452.500	32.142	37.936	45.657	57.246	64.967	70.761
455.000	32.226	38.052	45.815	57.468	65.231	71.058
457.500	32.310	38.168	45.974	57.690	65.496	71.354
460.000	32.394	38.284	46.132	57.912	65.760	71.650
462.500	32.478	38.399	46.290	58.134	66.025	71.947
465.000	32.562	38.515	46.449	58.356	66.290	72.243
467.500	32.646	38.631	46.607	58.578	66.554	72.539
470.000	32.730	38.747	46.766	58.800	66.819	72.836
472.500	32.814	38.863	46.924	59.022	67.083	73.132
475.000	32.898	38.979	47.083	59.244	67.348	73.428
477.500	32.982	39.094	47.241	59.466	67.613	73.725
480.000	33.066	39.210	47.400	59.688	67.877	74.021
482.500	33.150	39.326	47.558	59.910	68.142	74.317
485.000	33.234	39.442	47.717	60.132	68.406	74.614
487.500	33.318	39.558	47.875	60.354	68.671	74.910
490.000	33.402	39.673	48.033	60.576	68.936	75.206
492.500	33.486	39.789	48.192	60.798	69.200	75.503
495.000	33.570	39.905	48.350	61.020	69.465	75.799
497.500	33.654	40.021	48.509	61.242	69.729	76.095
500.000	**33.738**	**40.137**	**48.667**	**61.464**	**69.994**	**76.392**
525.000	35.092	41.734	50.590	63.873	72.728	79.369
550.000	36.447	43.332	52.512	66.282	75.462	82.347
575.000	37.801	44.930	54.434	68.692	78.196	85.324
600.000	39.155	46.527	56.356	71.101	80.930	88.301
625.000	40.509	48.125	58.279	73.510	83.664	91.279
650.000	41.863	49.722	60.201	75.920	86.398	94.256
675.000	43.218	51.320	62.123	78.329	89.132	97.234
700.000	44.572	52.917	64.045	80.738	91.866	100.211
725.000	45.926	54.515	65.968	83.148	94.600	103.189
750.000	47.280	56.113	67.890	85.557	97.334	106.166
775.000	48.634	57.710	69.812	87.966	100.068	109.143

Interpolierte Honorartafeln

Honorartafel zu § 34 Abs. 1 – Gebäude und raumbildende Ausbauten

Anrechenbare Kosten in Euro	Zone I von Euro	bis / Zone II von Euro	bis Euro	Zone III von Euro	bis / Zone IV von Euro	bis Euro	Zone V von Euro	bis Euro
800.000	49.989	59.308		71.734	90.376		102.802	112.121
825.000	51.343	60.905		73.657	92.785		105.536	115.098
850.000	52.697	62.503		75.579	95.194		108.270	118.076
875.000	54.051	64.101		77.501	97.604		111.004	121.053
900.000	55.405	65.698		79.423	100.013		113.738	124.031
925.000	56.760	67.296		81.346	102.422		116.472	127.008
950.000	58.114	68.893		83.268	104.832		119.206	129.985
975.000	59.468	70.491		85.190	107.241		121.940	132.963
1.000.000	60.822	72.089		87.112	109.650		124.674	135.940
1.025.000	62.190	73.698		89.044	112.065		127.411	138.919
1.050.000	63.558	75.308		90.976	114.480		130.148	141.898
1.075.000	64.927	76.918		92.908	116.895		132.885	144.877
1.100.000	66.295	78.528		94.840	119.310		135.622	147.855
1.125.000	67.663	80.137		96.771	121.725		138.359	150.834
1.150.000	69.031	81.747		98.703	124.141		141.096	153.813
1.175.000	70.399	83.357		100.635	126.556		143.834	156.792
1.200.000	71.767	84.967		102.567	128.971		146.571	159.771
1.225.000	73.135	86.577		104.499	131.386		149.308	162.749
1.250.000	74.503	88.186		106.431	133.801		152.045	165.728
1.275.000	75.871	89.796		108.362	136.216		154.782	168.707
1.300.000	77.239	91.406		110.294	138.631		157.519	171.686
1.325.000	78.607	93.016		112.226	141.046		160.256	174.665
1.350.000	79.975	94.626		114.158	143.461		162.993	177.643
1.375.000	81.343	96.235		116.090	145.876		165.730	180.622
1.400.000	82.711	97.845		118.021	148.291		168.467	183.601
1.425.000	84.079	99.455		119.953	150.706		171.204	186.580
1.450.000	85.448	101.065		121.885	153.121		173.941	189.559
1.475.000	86.816	102.675		123.817	155.536		176.678	192.537
1.500.000	88.184	104.284		125.749	157.951		179.416	195.516
1.525.000	89.550	105.892		127.678	160.364		182.150	198.492
1.550.000	90.916	107.500		129.608	162.776		184.884	201.468
1.575.000	92.282	109.107		131.538	165.189		187.619	204.444
1.600.000	93.648	110.715		133.467	167.601		190.353	207.420
1.625.000	95.014	112.322		135.397	170.014		193.088	210.396
1.650.000	96.380	113.930		137.326	172.426		195.822	213.372
1.675.000	97.746	115.538		139.256	174.838		198.557	216.348
1.700.000	99.112	117.145		141.186	177.251		201.291	219.324
1.725.000	100.479	118.753		143.115	179.663		204.026	222.300
1.750.000	101.845	120.360		145.045	182.076		206.760	225.276
1.775.000	103.211	121.968		146.975	184.488		209.495	228.252
1.800.000	104.577	123.576		148.904	186.901		212.229	231.228
1.825.000	105.943	125.183		150.834	189.313		214.964	234.204
1.850.000	107.309	126.791		152.763	191.726		217.698	237.180
1.875.000	108.675	128.398		154.693	194.138		220.433	240.156
1.900.000	110.041	130.006		156.623	196.551		223.167	243.132
1.925.000	111.407	131.614		158.552	198.963		225.902	246.108
1.950.000	112.773	133.221		160.482	201.376		228.636	249.084
1.975.000	114.139	134.829		162.411	203.788		231.371	252.060
2.000.000	115.506	136.436		164.341	206.201		234.105	255.036

Interpolierte Honorartafeln

Honorartafel zu § 34 Abs. 1 – Gebäude und raumbildende Ausbauten

Anrechenbare Kosten in Euro	Zone I von Euro	bis Zone II von Euro	Zone III von Euro	bis Zone IV von Euro	Zone V von Euro	bis Euro
2.025.000	116.872	138.044	166.272	208.615	236.842	258.015
2.050.000	118.238	139.652	168.202	211.029	239.579	260.993
2.075.000	119.604	141.261	170.133	213.444	242.316	263.972
2.100.000	120.970	142.869	172.064	215.858	245.053	266.950
2.125.000	122.337	144.477	173.994	218.272	247.790	269.929
2.150.000	123.703	146.085	175.925	220.687	250.526	272.907
2.175.000	125.069	147.693	177.855	223.101	253.263	275.886
2.200.000	126.435	149.301	179.786	225.515	256.000	278.864
2.225.000	127.801	150.909	181.717	227.930	258.737	281.843
2.250.000	129.168	152.517	183.647	230.344	261.474	284.821
2.275.000	130.534	154.125	185.578	232.758	264.211	287.800
2.300.000	131.900	155.733	187.508	235.173	266.948	290.778
2.325.000	133.266	157.341	189.439	237.587	269.684	293.757
2.350.000	134.632	158.950	191.370	240.001	272.421	296.735
2.375.000	135.999	160.558	193.300	242.416	275.158	299.714
2.400.000	137.365	162.166	195.231	244.830	277.895	302.693
2.425.000	138.731	163.774	197.161	247.244	280.632	305.671
2.450.000	140.097	165.382	199.092	249.659	283.369	308.650
2.475.000	141.463	166.990	201.023	252.073	286.106	311.628
2.500.000	142.830	168.598	202.953	254.487	288.842	314.607
2.525.000	144.249	170.188	204.770	256.645	291.227	317.162
2.550.000	145.669	171.778	206.587	258.802	293.612	319.717
2.575.000	147.089	173.369	208.405	260.960	295.996	322.272
2.600.000	148.509	174.959	210.222	263.118	298.381	324.827
2.625.000	149.929	176.549	212.039	265.275	300.765	327.382
2.650.000	151.348	178.139	213.856	267.433	303.150	329.937
2.675.000	152.768	179.729	215.673	269.590	305.534	332.492
2.700.000	154.188	181.319	217.490	271.748	307.919	335.047
2.725.000	155.608	182.910	219.307	273.906	310.304	337.602
2.750.000	157.028	184.500	221.124	276.063	312.688	340.157
2.775.000	158.448	186.090	222.941	278.221	315.073	342.712
2.800.000	159.867	187.680	224.758	280.378	317.457	345.268
2.825.000	161.287	189.270	226.575	282.536	319.842	347.823
2.850.000	162.707	190.860	228.393	284.694	322.227	350.378
2.875.000	164.127	192.451	230.210	286.851	324.611	352.933
2.900.000	165.547	194.041	232.027	289.009	326.996	355.488
2.925.000	166.967	195.631	233.844	291.166	329.380	358.043
2.950.000	168.386	197.221	235.661	293.324	331.765	360.598
2.975.000	169.806	198.811	237.478	295.482	334.149	363.153
3.000.000	171.226	200.401	239.295	297.639	336.534	365.708
3.025.000	172.653	201.989	241.098	299.764	338.874	368.209
3.050.000	174.080	203.577	242.901	301.890	341.214	370.710
3.075.000	175.507	205.165	244.704	304.015	343.554	373.212
3.100.000	176.934	206.753	246.507	306.140	345.895	375.713
3.125.000	178.361	208.341	248.310	308.265	348.235	378.214
3.150.000	179.788	209.928	250.113	310.390	350.575	380.715
3.175.000	181.215	211.516	251.915	312.516	352.915	383.216
3.200.000	182.642	213.104	253.718	314.641	355.255	385.717
3.225.000	184.069	214.692	255.521	316.766	357.595	388.218

Honorartafel zu § 34 Abs. 1 – Gebäude und raumbildende Ausbauten

Anrechenbare Kosten in Euro	Zone I von Euro	bis Zone II von Euro	Zone III von Euro	bis Zone IV von Euro	Zone V von Euro	bis Euro
3.250.000	185.496	216.280	257.324	318.891	359.935	390.719
3.275.000	186.923	217.868	259.127	321.016	362.276	393.221
3.300.000	188.350	219.456	260.930	323.142	364.616	395.722
3.325.000	189.777	221.043	262.733	325.267	366.956	398.223
3.350.000	191.204	222.631	264.536	327.392	369.296	400.724
3.375.000	192.631	224.219	266.339	329.517	371.636	403.225
3.400.000	194.058	225.807	268.142	331.642	373.976	405.726
3.425.000	195.485	227.395	269.944	333.768	376.316	408.227
3.450.000	196.912	228.983	271.747	335.893	378.657	410.728
3.475.000	198.339	230.570	273.550	338.018	380.997	413.230
3.500.000	199.766	232.158	275.353	340.143	383.337	415.731
3.525.000	201.192	233.746	277.156	342.268	385.677	418.232
3.550.000	202.619	235.334	278.959	344.393	388.016	420.732
3.575.000	204.046	236.923	280.762	346.518	390.356	423.233
3.600.000	205.473	238.511	282.565	348.643	392.696	425.734
3.625.000	206.900	240.099	284.368	350.768	395.036	428.235
3.650.000	208.327	241.687	286.171	352.893	397.376	430.736
3.675.000	209.754	243.275	287.973	355.018	399.715	433.237
3.700.000	211.181	244.863	289.776	357.143	402.055	435.738
3.725.000	212.608	246.451	291.579	359.267	404.395	438.238
3.750.000	214.035	248.039	293.382	361.392	406.735	440.739
3.775.000	215.462	249.627	295.185	363.517	409.075	443.240
3.800.000	216.889	251.215	296.988	365.642	411.415	445.741
3.825.000	218.316	252.803	298.791	367.767	413.754	448.242
3.850.000	219.743	254.391	300.594	369.892	416.094	450.743
3.875.000	221.170	255.979	302.397	372.017	418.434	453.243
3.900.000	222.597	257.567	304.200	374.142	420.774	455.744
3.925.000	224.024	259.155	306.002	376.267	423.114	458.245
3.950.000	225.451	260.744	307.805	378.392	425.453	460.746
3.975.000	226.878	262.332	309.608	380.517	427.793	463.247
4.000.000	228.305	263.920	311.411	382.642	430.133	465.748
4.025.000	229.732	265.508	313.214	384.767	432.473	468.249
4.050.000	231.159	267.096	315.016	386.892	434.813	470.750
4.075.000	232.585	268.683	316.819	389.017	437.153	473.251
4.100.000	234.012	270.271	318.622	391.142	439.493	475.752
4.125.000	235.439	271.859	320.425	393.267	441.833	478.253
4.150.000	236.866	273.447	322.227	395.392	444.173	480.754
4.175.000	238.292	275.035	324.030	397.518	446.512	483.255
4.200.000	239.719	276.623	325.833	399.643	448.852	485.756
4.225.000	241.146	278.211	327.635	401.768	451.192	488.257
4.250.000	242.573	279.799	329.438	403.893	453.532	490.758
4.275.000	243.999	281.387	331.241	406.018	455.872	493.259
4.300.000	245.426	282.975	333.043	408.143	458.212	495.761
4.325.000	246.853	284.562	334.846	410.268	460.552	498.262
4.350.000	248.280	286.150	336.649	412.394	462.892	500.763
4.375.000	249.706	287.738	338.451	414.519	465.232	503.264
4.400.000	251.133	289.326	340.254	416.644	467.572	505.765
4.425.000	252.560	290.914	342.057	418.769	469.912	508.266
4.450.000	253.987	292.502	343.859	420.894	472.252	510.767

Interpolierte Honorartafeln

Honorartafel zu § 34 Abs. 1 – Gebäude und raumbildende Ausbauten							
Anrechenbare Kosten in Euro	Zone I von Euro	bis / Zone II von Euro	bis Euro	Zone III von Euro	bis / Zone IV von Euro	Zone V von Euro	bis Euro
4.475.000	255.413	294.090	345.662	423.019	474.591	513.268
4.500.000	256.840	295.678	347.465	425.145	476.931	515.769
4.525.000	258.267	297.266	349.268	427.270	479.271	518.270
4.550.000	259.694	298.854	351.070	429.395	481.611	520.771
4.575.000	261.121	300.442	352.873	431.520	483.951	523.272
4.600.000	262.548	302.030	354.676	433.645	486.291	525.774
4.625.000	263.975	303.618	356.479	435.771	488.631	528.275
4.650.000	265.402	305.206	358.282	437.896	490.971	530.776
4.675.000	266.829	306.794	360.085	440.021	493.311	533.277
4.700.000	268.255	308.382	361.887	442.146	495.651	535.778
4.725.000	269.682	309.970	363.690	444.271	497.991	538.279
4.750.000	271.109	311.559	365.493	446.397	500.331	540.780
4.775.000	272.536	313.147	367.296	448.522	502.671	543.281
4.800.000	273.963	314.735	369.099	450.647	505.011	545.783
4.825.000	275.390	316.323	370.902	452.772	507.351	548.284
4.850.000	276.817	317.911	372.705	454.897	509.691	550.785
4.875.000	278.244	319.499	374.507	457.023	512.031	553.286
4.900.000	279.671	321.087	376.310	459.148	514.371	555.787
4.925.000	281.098	322.675	378.113	461.273	516.711	558.288
4.950.000	282.525	324.263	379.916	463.398	519.051	560.789
4.975.000	283.952	325.851	381.719	465.523	521.391	563.290
5.000.000	285.379	327.439	383.522	467.649	523.731	565.792
5.250.000	299.647	343.508	401.989	489.714	548.196	592.056
5.500.000	313.916	359.576	420.456	511.780	572.661	618.320
5.750.000	328.185	375.644	438.924	533.846	597.126	644.585
6.000.000	342.454	391.712	457.391	555.912	621.591	670.849
6.250.000	356.723	407.781	475.858	577.978	646.056	697.113
6.500.000	370.992	423.849	494.326	600.044	670.521	723.378
6.750.000	385.261	439.917	512.793	622.110	694.986	749.642
7.000.000	399.530	455.986	531.260	644.176	719.451	775.907
7.250.000	413.799	472.054	549.728	666.242	743.916	802.171
7.500.000	428.068	488.122	568.195	688.308	768.381	828.435
7.750.000	442.337	504.191	586.662	710.374	792.846	854.700
8.000.000	456.606	520.259	605.130	732.440	817.311	880.964
8.250.000	470.875	536.327	623.597	754.506	841.776	907.228
8.500.000	485.143	552.395	642.065	776.572	866.241	933.493
8.750.000	499.412	568.464	660.532	798.638	890.706	959.757
9.000.000	513.681	584.532	678.999	820.704	915.171	986.022
9.250.000	527.950	600.600	697.467	842.770	939.636	1.012.286
9.500.000	542.219	616.669	715.934	864.836	964.101	1.038.550
9.750.000	556.488	632.737	734.401	886.901	988.566	1.064.815
10.000.000	570.757	648.805	752.869	908.967	1.013.031	1.091.079
10.250.000	585.026	664.602	770.703	929.858	1.035.959	1.115.535
10.500.000	599.295	680.399	788.538	950.749	1.058.887	1.139.992
10.750.000	613.564	696.196	806.372	971.640	1.081.815	1.164.448
11.000.000	627.833	711.993	824.207	992.530	1.104.744	1.188.904
11.250.000	642.102	727.790	842.041	1.013.421	1.127.672	1.213.361
11.500.000	656.371	743.587	859.876	1.034.312	1.150.600	1.237.817
11.750.000	670.639	759.384	877.710	1.055.202	1.173.528	1.262.273

Honorartafel zu § 34 Abs. 1 – Gebäude und raumbildende Ausbauten

Anrechenbare Kosten in Euro	Zone I von Euro	bis Zone II von Euro	Zone III von Euro	bis Zone IV von Euro	Zone V von Euro	bis Euro
12.000.000	684.908	775.181	895.545	1.076.093	1.196.457	1.286.729
12.250.000	699.177	790.978	913.379	1.096.984	1.219.385	1.311.186
12.500.000	713.446	806.775	931.214	1.117.874	1.242.313	1.335.642
12.750.000	727.715	822.572	949.048	1.138.765	1.265.241	1.360.098
13.000.000	741.984	838.369	966.883	1.159.656	1.288.170	1.384.555
13.250.000	756.253	854.166	984.717	1.180.547	1.311.098	1.409.011
13.500.000	770.522	869.963	1.002.552	1.201.437	1.334.026	1.433.467
13.750.000	784.791	885.760	1.020.386	1.222.328	1.356.954	1.457.924
14.000.000	799.060	901.557	1.038.221	1.243.219	1.379.882	1.482.380
14.250.000	813.329	917.354	1.056.055	1.264.109	1.402.811	1.506.836
14.500.000	827.598	933.151	1.073.890	1.285.000	1.425.739	1.531.292
14.750.000	841.867	948.948	1.091.724	1.305.891	1.448.667	1.555.749
15.000.000	856.136	964.745	1.109.559	1.326.782	1.471.595	1.580.205
15.250.000	870.404	980.260	1.126.735	1.346.450	1.492.925	1.602.781
15.500.000	884.673	995.775	1.143.912	1.366.118	1.514.255	1.625.357
15.750.000	898.942	1.011.290	1.161.088	1.385.786	1.535.585	1.647.933
16.000.000	913.211	1.026.805	1.178.265	1.405.455	1.556.915	1.670.508
16.250.000	927.480	1.042.320	1.195.441	1.425.123	1.578.245	1.693.084
16.500.000	941.749	1.057.835	1.212.618	1.444.791	1.599.574	1.715.660
16.750.000	956.018	1.073.350	1.229.794	1.464.460	1.620.904	1.738.236
17.000.000	970.287	1.088.865	1.246.971	1.484.128	1.642.234	1.760.812
17.250.000	984.556	1.104.380	1.264.147	1.503.796	1.663.564	1.783.388
17.500.000	998.825	1.119.895	1.281.323	1.523.465	1.684.894	1.805.964
17.750.000	1.013.094	1.135.410	1.298.500	1.543.133	1.706.223	1.828.539
18.000.000	1.027.363	1.150.925	1.315.676	1.562.801	1.727.553	1.851.115
18.250.000	1.041.632	1.166.439	1.332.853	1.582.470	1.748.883	1.873.691
18.500.000	1.055.900	1.181.954	1.350.029	1.602.138	1.770.213	1.896.267
18.750.000	1.070.169	1.197.469	1.367.206	1.621.806	1.791.543	1.918.843
19.000.000	1.084.438	1.212.984	1.384.382	1.641.475	1.812.873	1.941.419
19.250.000	1.098.707	1.228.499	1.401.559	1.661.143	1.834.202	1.963.994
19.500.000	1.112.976	1.244.014	1.418.735	1.680.811	1.855.532	1.986.570
19.750.000	1.127.245	1.259.529	1.435.911	1.700.480	1.876.862	2.009.146
20.000.000	1.141.514	1.275.044	1.453.088	1.720.148	1.898.192	2.031.722
20.250.000	1.155.783	1.290.605	1.470.372	1.740.016	1.919.783	2.054.605
20.500.000	1.170.052	1.306.167	1.487.656	1.759.885	1.941.374	2.077.488
20.750.000	1.184.321	1.321.728	1.504.940	1.779.753	1.962.965	2.100.371
21.000.000	1.198.590	1.337.289	1.522.224	1.799.621	1.984.556	2.123.254
21.250.000	1.212.859	1.352.850	1.539.507	1.819.489	2.006.147	2.146.137
21.500.000	1.227.128	1.368.411	1.556.791	1.839.358	2.027.738	2.169.020
21.750.000	1.241.396	1.383.973	1.574.075	1.859.226	2.049.329	2.191.903
22.000.000	1.255.665	1.399.534	1.591.359	1.879.094	2.070.920	2.214.786
22.250.000	1.269.934	1.415.095	1.608.643	1.898.962	2.092.511	2.237.669
22.500.000	1.284.203	1.430.656	1.625.927	1.918.831	2.114.102	2.260.552
22.750.000	1.298.472	1.446.217	1.643.211	1.938.699	2.135.693	2.283.435
23.000.000	1.312.741	1.461.779	1.660.495	1.958.567	2.157.283	2.306.318
23.250.000	1.327.010	1.477.340	1.677.779	1.978.435	2.178.874	2.329.201
23.500.000	1.341.279	1.492.901	1.695.063	1.998.304	2.200.465	2.352.084
23.750.000	1.355.548	1.508.462	1.712.347	2.018.172	2.222.056	2.374.967
24.000.000	1.369.817	1.524.023	1.729.631	2.038.040	2.243.647	2.397.850

Interpolierte Honorartafeln

Anrechenbare Kosten in Euro	Zone I von Euro	bis Zone II von Euro	Zone III von Euro	bis Zone IV von Euro	Zone V von Euro	bis Euro
24.250.000	1.384.086	1.539.585	1.746.914	2.057.908	2.265.238	2.420.733
24.500.000	1.398.355	1.555.146	1.764.198	2.077.777	2.286.829	2.443.616
24.750.000	1.412.624	1.570.707	1.781.482	2.097.645	2.308.420	2.466.499
25.000.000	1.426.893	1.586.268	1.798.766	2.117.513	2.330.011	2.489.383
25.500.000	1.455.430	1.617.404	1.833.365	2.157.306	2.373.267	2.535.236
25.564.594	1.459.117	1.621.426	1.837.835	2.162.447	2.378.856	2.541.160

Honorartafel zu § 34 Abs. 1 – Gebäude und raumbildende Ausbauten

Interpolierte Honorartafeln

Interpolationstabelle zu § 39: Honorare für Leistungen bei Freianlagen

Honorartafel zu § 39 Abs. 1 – Freianlagen						
Anrechenbare Kosten	Zone I von	bis	Zone III von	bis	Zone V von	bis
		Zone II von	bis	Zone IV von	bis	
Euro	Euro	Euro	Euro	Euro	Euro	Euro
20.452	2.616	3.205	3.988	5.163	5.944	6.535
20.500	2.622	3.213	3.997	5.175	5.958	6.550
21.000	2.684	3.289	4.092	5.298	6.099	6.705
21.500	2.747	3.366	4.187	5.420	6.241	6.860
22.000	2.810	3.442	4.282	5.543	6.382	7.015
22.500	2.872	3.519	4.377	5.666	6.523	7.171
23.000	2.935	3.595	4.473	5.788	6.665	7.326
23.500	2.998	3.672	4.568	5.911	6.806	7.481
24.000	3.060	3.749	4.663	6.034	6.948	7.636
24.500	3.123	3.825	4.758	6.156	7.089	7.791
25.000	3.186	3.902	4.853	6.279	7.230	7.946
25.500	3.247	3.977	4.946	6.399	7.369	8.099
26.000	3.308	4.052	5.040	6.520	7.508	8.251
26.500	3.369	4.126	5.133	6.641	7.647	8.403
27.000	3.431	4.201	5.226	6.761	7.786	8.555
27.500	3.492	4.276	5.319	6.882	7.925	8.707
28.000	3.553	4.351	5.412	7.003	8.064	8.859
28.500	3.614	4.426	5.505	7.123	8.203	9.011
29.000	3.676	4.501	5.599	7.244	8.342	9.163
29.500	3.737	4.576	5.692	7.365	8.481	9.316
30.000	3.798	4.651	5.785	7.486	8.620	9.468
30.500	3.859	4.725	5.877	7.605	8.757	9.619
31.000	3.920	4.800	5.970	7.724	8.894	9.770
31.500	3.981	4.874	6.062	7.843	9.031	9.920
32.000	4.043	4.948	6.155	7.962	9.168	10.071
32.500	4.104	5.023	6.247	8.081	9.305	10.222
33.000	4.165	5.097	6.340	8.200	9.443	10.373
33.500	4.226	5.171	6.432	8.319	9.580	10.524
34.000	4.287	5.246	6.525	8.438	9.717	10.675
34.500	4.348	5.320	6.617	8.557	9.854	10.826
35.000	4.409	5.394	6.710	8.676	9.991	10.977
35.500	4.469	5.468	6.801	8.794	10.127	11.126
36.000	4.530	5.542	6.893	8.912	10.263	11.275
36.500	4.591	5.616	6.984	9.029	10.398	11.423
37.000	4.651	5.690	7.076	9.147	10.534	11.572
37.500	4.712	5.763	7.167	9.265	10.669	11.721
38.000	4.772	5.837	7.258	9.383	10.805	11.870
38.500	4.833	5.911	7.350	9.501	10.941	12.019
39.000	4.894	5.985	7.441	9.619	11.076	12.168
39.500	4.954	6.059	7.533	9.737	11.212	12.316
40.000	5.015	6.133	7.624	9.855	11.348	12.465
40.500	5.074	6.205	7.714	9.971	11.481	12.612
41.000	5.134	6.278	7.804	10.088	11.614	12.758
41.500	5.193	6.351	7.894	10.204	11.748	12.905
42.000	5.253	6.424	7.984	10.320	11.881	13.052
42.500	5.312	6.497	8.074	10.437	12.015	13.198

Honorartafel zu § 39 Abs. 1 – Freianlagen

Anrechenbare Kosten Euro	Zone I von Euro	bis Zone II von Euro	Zone III von bis Euro	bis Zone IV von Euro	Zone V von bis Euro	bis Euro
43.000	5.372	6.569	8.164	10.553	12.148	13.345
43.500	5.431	6.642	8.254	10.670	12.282	13.492
44.000	5.491	6.715	8.344	10.786	12.415	13.638
44.500	5.550	6.788	8.434	10.902	12.548	13.785
45.000	**5.610**	**6.861**	**8.524**	**11.019**	**12.682**	**13.932**
45.500	5.669	6.932	8.613	11.133	12.813	14.076
46.000	5.728	7.004	8.701	11.247	12.945	14.220
46.500	5.787	7.076	8.790	11.362	13.076	14.364
47.000	5.846	7.148	8.879	11.476	13.207	14.508
47.500	5.905	7.219	8.968	11.590	13.339	14.652
48.000	5.964	7.291	9.057	11.704	13.470	14.796
48.500	6.023	7.363	9.145	11.819	13.601	14.940
49.000	6.082	7.434	9.234	11.933	13.733	15.084
49.500	6.141	7.506	9.323	12.047	13.864	15.228
50.000	**6.200**	**7.578**	**9.412**	**12.162**	**13.995**	**15.373**
55.000	6.753	8.248	10.237	13.221	15.210	16.704
60.000	7.306	8.917	11.062	14.280	16.425	18.036
65.000	7.859	9.587	11.888	15.340	17.640	19.368
70.000	8.412	10.257	12.713	16.399	18.855	20.700
75.000	8.965	10.927	13.538	17.459	20.070	22.031
80.000	9.518	11.597	14.364	18.518	21.285	23.363
85.000	10.071	12.266	15.189	19.577	22.500	24.695
90.000	10.624	12.936	16.014	20.637	23.715	26.027
95.000	11.177	13.606	16.840	21.696	24.930	27.358
100.000	**11.730**	**14.276**	**17.665**	**22.756**	**26.145**	**28.690**
105.000	12.216	14.858	18.377	23.661	27.179	29.822
110.000	12.702	15.441	19.089	24.567	28.214	30.953
115.000	13.188	16.024	19.801	25.472	29.249	32.084
120.000	13.674	16.606	20.513	26.377	30.283	33.216
125.000	14.160	17.189	21.225	27.283	31.318	34.347
130.000	14.646	17.772	21.937	28.188	32.353	35.478
135.000	15.132	18.354	22.649	29.094	33.387	36.610
140.000	15.618	18.937	23.361	29.999	34.422	37.741
145.000	16.104	19.520	24.073	30.904	35.457	38.872
150.000	**16.590**	**20.103**	**24.785**	**31.810**	**36.491**	**40.004**
155.000	17.013	20.601	25.385	32.562	37.344	40.933
160.000	17.435	21.100	25.984	33.314	38.198	41.862
165.000	17.857	21.598	26.584	34.066	39.051	42.792
170.000	18.280	22.097	27.184	34.818	39.904	43.721
175.000	18.702	22.596	27.783	35.570	40.757	44.650
180.000	19.125	23.094	28.383	36.322	41.610	45.579
185.000	19.547	23.593	28.982	37.074	42.463	46.509
190.000	19.969	24.092	29.582	37.825	43.316	47.438
195.000	20.392	24.590	30.182	38.577	44.169	48.367
200.000	**20.814**	**25.089**	**30.781**	**39.329**	**45.022**	**49.297**
205.000	21.169	25.500	31.267	39.927	45.695	50.025
210.000	21.524	25.910	31.753	40.525	46.367	50.754
215.000	21.879	26.321	32.238	41.123	47.040	51.482
220.000	22.234	26.732	32.724	41.721	47.713	52.211

Interpolierte Honorartafeln

Honorartafel zu § 39 Abs. 1 – Freianlagen

Anrechenbare Kosten Euro	Zone I von Euro	bis / Zone II von Euro	Zone III von Euro	bis / Zone IV von Euro	Zone V von Euro	bis Euro
225.000	22.589	27.143	33.210	42.319	48.386	52.939
230.000	22.944	27.553	33.695	42.917	49.058	53.668
235.000	23.299	27.964	34.181	43.514	49.731	54.396
240.000	23.654	28.375	34.667	44.112	50.404	55.125
245.000	24.009	28.785	35.152	44.710	51.077	55.853
250.000	24.364	29.196	35.638	45.308	51.750	56.582
255.000	24.833	29.724	36.243	46.030	52.550	57.441
260.000	25.301	30.251	36.849	46.753	53.351	58.300
265.000	25.770	30.779	37.454	47.476	54.151	59.160
270.000	26.239	31.306	38.060	48.198	54.952	60.019
275.000	26.707	31.833	38.666	48.921	55.752	60.878
280.000	27.176	32.361	39.271	49.643	56.553	61.738
285.000	27.645	32.888	39.877	50.366	57.354	62.597
290.000	28.114	33.416	40.482	51.089	58.154	63.456
295.000	28.582	33.943	41.088	51.811	58.955	64.316
300.000	29.051	34.471	41.693	52.534	59.755	65.175
305.000	29.536	35.004	42.292	53.231	60.518	65.987
310.000	30.020	35.538	42.892	53.928	61.281	66.799
315.000	30.505	36.071	43.491	54.625	62.044	67.610
320.000	30.989	36.605	44.090	55.322	62.807	68.422
325.000	31.474	37.138	44.689	56.019	63.570	69.234
330.000	31.958	37.672	45.288	56.716	64.332	70.046
335.000	32.443	38.205	45.887	57.413	65.095	70.858
340.000	32.927	38.739	46.487	58.110	65.858	71.669
345.000	33.412	39.272	47.086	58.807	66.621	72.481
350.000	33.897	39.806	47.685	59.505	67.384	73.293
355.000	34.381	40.328	48.258	60.153	68.083	74.030
360.000	34.865	40.850	48.830	60.802	68.782	74.767
365.000	35.349	41.372	49.403	61.450	69.481	75.504
370.000	35.833	41.894	49.975	62.099	70.180	76.241
375.000	36.317	42.416	50.548	62.747	70.879	76.978
380.000	36.801	42.938	51.120	63.396	71.577	77.715
385.000	37.285	43.460	51.693	64.044	72.276	78.452
390.000	37.769	43.982	52.265	64.693	72.975	79.189
395.000	38.253	44.504	52.838	65.342	73.674	79.926
400.000	38.737	45.026	53.411	65.990	74.373	80.663
405.000	39.221	45.536	53.953	66.583	74.999	81.314
410.000	39.705	46.045	54.496	67.175	75.625	81.965
415.000	40.190	46.555	55.039	67.767	76.251	82.616
420.000	40.674	47.064	55.582	68.360	76.877	83.267
425.000	41.159	47.574	56.125	68.952	77.503	83.918
430.000	41.643	48.083	56.668	69.545	78.129	84.569
435.000	42.128	48.593	57.210	70.137	78.755	85.220
440.000	42.612	49.102	57.753	70.730	79.381	85.871
445.000	43.096	49.612	58.296	71.322	80.007	86.522
450.000	43.581	50.122	58.839	71.915	80.633	87.173
455.000	44.065	50.618	59.354	72.457	81.194	87.747
460.000	44.548	51.115	59.869	73.000	81.754	88.321
465.000	45.032	51.612	60.384	73.542	82.315	88.894

Honorartafel zu § 39 Abs. 1 – Freianlagen

Anrechenbare Kosten Euro	Zone I von Euro	Zone II von Euro	bis Euro	Zone III von Euro	bis Euro	Zone V von bis Euro	bis Euro
						Zone IV von Euro	
470.000	45.516	52.109	60.899	74.085	82.875		89.468
475.000	45.999	52.606	61.414	74.627	83.436		90.042
480.000	46.483	53.103	61.929	75.170	83.996		90.616
485.000	46.967	53.600	62.444	75.712	84.556		91.190
490.000	47.450	54.097	62.959	76.255	85.117		91.764
495.000	47.934	54.594	63.474	76.797	85.677		92.338
500.000	**48.418**	**55.091**	**63.989**	**77.340**	**86.238**		**92.912**
525.000	50.839	57.688	66.820	80.522	89.654		96.503
550.000	53.260	60.285	69.651	83.704	93.070		100.095
575.000	55.681	62.881	72.482	86.886	96.487		103.687
600.000	58.102	65.478	75.313	90.068	99.903		107.279
625.000	60.523	68.075	78.144	93.250	103.319		110.871
650.000	62.944	70.672	80.975	96.432	106.735		114.463
675.000	65.365	73.268	83.806	99.614	110.152		118.055
700.000	67.786	75.865	86.636	102.797	113.568		121.647
725.000	70.207	78.462	89.467	105.979	116.984		125.239
750.000	72.628	81.058	92.298	109.161	120.401		128.831
775.000	75.049	83.655	95.129	112.343	123.817		132.423
800.000	77.470	86.252	97.960	115.525	127.233		136.015
825.000	79.891	88.849	100.791	118.707	130.649		139.607
850.000	82.312	91.445	103.622	121.889	134.066		143.199
875.000	84.733	94.042	106.453	125.071	137.482		146.791
900.000	87.154	96.639	109.284	128.253	140.898		150.383
925.000	89.575	99.235	112.115	131.435	144.314		153.974
950.000	91.996	101.832	114.945	134.617	147.731		157.566
975.000	94.417	104.429	117.776	137.799	151.147		161.158
1.000.000	**96.839**	**107.026**	**120.607**	**140.982**	**154.563**		**164.750**
1.025.000	99.259	109.659	123.524	144.323	158.188		168.587
1.050.000	101.680	112.292	126.440	147.664	161.813		172.424
1.075.000	104.101	114.925	129.357	151.006	165.437		176.262
1.100.000	106.522	117.558	132.273	154.347	169.062		180.099
1.125.000	108.943	120.192	135.190	157.689	172.687		183.936
1.150.000	111.363	122.825	138.106	161.030	176.312		187.773
1.175.000	113.784	125.458	141.023	164.372	179.936		191.610
1.200.000	116.205	128.091	143.939	167.713	183.561		195.447
1.225.000	118.626	130.724	146.856	171.055	187.186		199.284
1.250.000	121.047	133.357	149.772	174.396	190.810		203.121
1.275.000	123.468	135.991	152.689	177.738	194.435		206.958
1.300.000	125.888	138.624	155.605	181.079	198.060		210.795
1.325.000	128.309	141.257	158.522	184.421	201.685		214.632
1.350.000	130.730	143.890	161.438	187.762	205.309		218.469
1.375.000	133.151	146.523	164.355	191.104	208.934		222.306
1.400.000	135.572	149.156	167.271	194.445	212.559		226.144
1.425.000	137.993	151.790	170.188	197.786	216.183		229.981
1.450.000	140.413	154.423	173.104	201.128	219.808		233.818
1.475.000	142.834	157.056	176.021	204.469	223.433		237.655
1.500.000	**145.255**	**159.689**	**178.937**	**207.811**	**227.058**		**241.492**
1.525.000	147.676	162.324	181.857	211.159	230.692		245.340
1.533.876	**148.535**	**163.260**	**182.894**	**212.347**	**231.982**		**246.706**

Interpolierte Honorartafeln

Interpolationstabelle zu § 43:
Honorare für Leistungen bei Ingenieurbauwerken

Honorartabelle zu § 43 Abs. 1 – Ingenieurbauwerke
(Anwendungsbereich des § 40)

Anrechenbare Kosten Euro	Zone I von Euro	bis / Zone II von Euro	Zone III von bis Euro	bis / Zone IV von Euro	Zone V von bis Euro	bis Euro
25.565	2.616	3.290	3.959	4.634	5.303	5.979
26.000	2.652	3.334	4.011	4.694	5.371	6.054
26.500	2.693	3.384	4.070	4.763	5.449	6.141
27.000	2.734	3.434	4.130	4.831	5.527	6.228
27.500	2.775	3.484	4.189	4.900	5.605	6.315
28.000	2.816	3.534	4.249	4.969	5.684	6.402
28.500	2.857	3.584	4.308	5.038	5.762	6.489
29.000	2.899	3.634	4.368	5.106	5.840	6.576
29.500	2.940	3.684	4.427	5.175	5.918	6.663
30.000	2.981	3.735	4.487	5.244	5.996	6.750
30.500	3.020	3.783	4.544	5.310	6.071	6.834
31.000	3.060	3.831	4.602	5.376	6.147	6.918
31.500	3.099	3.879	4.659	5.442	6.222	7.002
32.000	3.139	3.927	4.717	5.508	6.297	7.086
32.500	3.178	3.975	4.774	5.574	6.372	7.170
33.000	3.217	4.023	4.831	5.640	6.448	7.254
33.500	3.257	4.071	4.889	5.706	6.523	7.338
34.000	3.296	4.119	4.946	5.772	6.598	7.422
34.500	3.335	4.167	5.004	5.838	6.673	7.506
35.000	3.375	4.215	5.061	5.904	6.749	7.590
35.500	3.412	4.262	5.116	5.967	6.820	7.670
36.000	3.450	4.308	5.171	6.030	6.892	7.751
36.500	3.488	4.355	5.226	6.093	6.963	7.831
37.000	3.525	4.401	5.281	6.156	7.035	7.911
37.500	3.563	4.448	5.336	6.219	7.107	7.992
38.000	3.601	4.494	5.390	6.282	7.178	8.072
38.500	3.638	4.541	5.445	6.345	7.250	8.152
39.000	3.676	4.587	5.500	6.408	7.321	8.232
39.500	3.713	4.634	5.555	6.471	7.393	8.313
40.000	3.751	4.681	5.610	6.534	7.465	8.393
40.500	3.788	4.726	5.664	6.596	7.535	8.471
41.000	3.826	4.771	5.717	6.658	7.605	8.549
41.500	3.863	4.816	5.771	6.719	7.675	8.627
42.000	3.901	4.862	5.824	6.781	7.745	8.705
42.500	3.938	4.907	5.878	6.843	7.815	8.783
43.000	3.975	4.952	5.931	6.905	7.885	8.861
43.500	4.013	4.998	5.985	6.967	7.955	8.939
44.000	4.050	5.043	6.039	7.029	8.025	9.017
44.500	4.088	5.088	6.092	7.090	8.095	9.095
45.000	4.125	5.134	6.146	7.152	8.165	9.173
45.500	4.162	5.179	6.199	7.213	8.234	9.250
46.000	4.199	5.224	6.252	7.274	8.302	9.326
46.500	4.236	5.269	6.304	7.334	8.371	9.403
47.000	4.273	5.314	6.357	7.395	8.439	9.480

Honorartabelle zu § 43 Abs. 1 – Ingenieurbauwerke
(Anwendungsbereich des § 40)

Anrechenbare Kosten Euro	Zone I von Euro	bis Zone II von Euro	Zone III von bis Euro	Zone IV von bis Euro	Zone V von Euro	bis Euro
47.500	4.310	5.359	6.410	7.456	8.508	9.556
48.000	4.347	5.404	6.463	7.517	8.576	9.633
48.500	4.384	5.449	6.516	7.577	8.645	9.710
49.000	4.421	5.495	6.569	7.638	8.714	9.786
49.500	4.458	5.540	6.622	7.699	8.782	9.863
50.000	4.495	5.585	6.675	7.759	8.851	9.940
52.500	4.668	5.795	6.921	8.043	9.170	10.296
55.000	4.842	6.005	7.168	8.326	9.489	10.652
57.500	5.016	6.215	7.415	8.609	9.809	11.007
60.000	5.190	6.426	7.661	8.892	10.128	11.363
62.500	5.364	6.636	7.908	9.175	10.448	11.719
65.000	5.537	6.846	8.155	9.458	10.767	12.075
67.500	5.711	7.056	8.401	9.741	11.087	12.431
70.000	5.885	7.266	8.648	10.025	11.406	12.787
72.500	6.059	7.477	8.894	10.308	11.726	13.143
75.000	6.233	7.687	9.141	10.591	12.045	13.499
77.500	6.396	7.883	9.370	10.853	12.341	13.828
80.000	6.559	8.079	9.600	11.116	12.637	14.157
82.500	6.722	8.276	9.829	11.379	12.933	14.487
85.000	6.885	8.472	10.059	11.642	13.229	14.816
87.500	7.048	8.668	10.288	11.904	13.525	15.145
90.000	7.211	8.864	10.518	12.167	13.820	15.474
92.500	7.374	9.060	10.747	12.430	14.116	15.803
95.000	7.537	9.257	10.977	12.692	14.412	16.132
97.500	7.700	9.453	11.206	12.955	14.708	16.461
100.000	7.863	9.649	11.436	13.218	15.004	16.790
105.000	8.167	10.013	11.859	13.701	15.547	17.393
110.000	8.471	10.377	12.283	14.185	16.091	17.996
115.000	8.775	10.740	12.706	14.668	16.634	18.599
120.000	9.079	11.104	13.130	15.152	17.177	19.202
125.000	9.382	11.468	13.553	15.635	17.720	19.806
130.000	9.686	11.831	13.977	16.119	18.264	20.409
135.000	9.990	12.195	14.400	16.603	18.807	21.012
140.000	10.294	12.558	14.824	17.086	19.350	21.615
145.000	10.598	12.922	15.247	17.570	19.894	22.218
150.000	10.902	13.286	15.671	18.053	20.437	22.821
155.000	11.187	13.625	16.064	18.501	20.939	23.377
160.000	11.472	13.965	16.458	18.948	21.440	23.933
165.000	11.757	14.304	16.851	19.396	21.942	24.489
170.000	12.043	14.644	17.245	19.843	22.444	25.045
175.000	12.328	14.983	17.639	20.291	22.945	25.601
180.000	12.613	15.323	18.032	20.738	23.447	26.157
185.000	12.898	15.662	18.426	21.186	23.949	26.713
190.000	13.183	16.001	18.819	21.633	24.451	27.269
195.000	13.468	16.341	19.213	22.081	24.952	27.825
200.000	13.753	16.680	19.606	22.528	25.454	28.381
205.000	14.025	17.002	19.978	22.950	25.926	28.903
210.000	14.296	17.323	20.350	23.372	26.399	29.425

Interpolierte Honorartafeln

Honorartabelle zu § 43 Abs. 1 – Ingenieurbauwerke
(Anwendungsbereich des § 40)

Anrechenbare Kosten Euro	Zone I von Euro	bis / Zone II von Euro	Zone III von Euro	bis / Zone IV von Euro	Zone V von Euro	bis Euro
215.000	14.567	17.644	20.721	23.794	26.871	29.948
220.000	14.839	17.965	21.093	24.216	27.343	30.470
225.000	15.110	18.286	21.464	24.638	27.816	30.992
230.000	15.382	18.608	21.836	25.060	28.288	31.514
235.000	15.653	18.929	22.207	25.482	28.760	32.036
240.000	15.924	19.250	22.579	25.904	29.233	32.558
245.000	16.196	19.571	22.951	26.326	29.705	33.081
250.000	16.467	19.892	23.322	26.748	30.177	33.603
255.000	16.727	20.200	23.678	27.151	30.628	34.101
260.000	16.988	20.508	24.033	27.554	31.079	34.599
265.000	17.248	20.816	24.389	27.957	31.529	35.098
270.000	17.508	21.124	24.744	28.360	31.980	35.596
275.000	17.768	21.431	25.100	28.763	32.431	36.094
280.000	18.029	21.739	25.455	29.166	32.881	36.593
285.000	18.289	22.047	25.811	29.569	33.332	37.091
290.000	18.549	22.355	26.166	29.972	33.783	37.589
295.000	18.809	22.662	26.522	30.375	34.233	38.088
300.000	19.070	22.970	26.877	30.778	34.684	38.586
305.000	19.322	23.268	27.220	31.166	35.117	39.064
310.000	19.574	23.566	27.563	31.553	35.549	39.542
315.000	19.827	23.864	27.905	31.941	35.982	40.020
320.000	20.079	24.161	28.248	32.329	36.415	40.498
325.000	20.331	24.459	28.591	32.716	36.847	40.976
330.000	20.584	24.757	28.933	33.104	37.280	41.454
335.000	20.836	25.055	29.276	33.491	37.713	41.931
340.000	21.088	25.352	29.619	33.879	38.145	42.409
345.000	21.341	25.650	29.961	34.267	38.578	42.887
350.000	21.593	25.948	30.304	34.654	39.010	43.365
355.000	21.839	26.237	30.636	35.030	39.429	43.827
360.000	22.086	26.526	30.968	35.405	39.848	44.288
365.000	22.332	26.815	31.301	35.780	40.266	44.749
370.000	22.578	27.104	31.633	36.156	40.685	45.211
375.000	22.824	27.393	31.965	36.531	41.103	45.672
380.000	23.071	27.682	32.297	36.906	41.522	46.133
385.000	23.317	27.971	32.629	37.282	41.940	46.595
390.000	23.563	28.261	32.962	37.657	42.359	47.056
395.000	23.810	28.550	33.294	38.032	42.777	47.517
400.000	24.056	28.839	33.626	38.408	43.196	47.979
405.000	24.295	29.120	33.949	38.772	43.602	48.427
410.000	24.535	29.401	34.272	39.136	44.008	48.874
415.000	24.774	29.683	34.595	39.501	44.414	49.322
420.000	25.014	29.964	34.918	39.865	44.820	49.770
425.000	25.253	30.246	35.241	40.230	45.225	50.218
430.000	25.493	30.527	35.564	40.594	45.631	50.666
435.000	25.732	30.808	35.887	40.959	46.037	51.113
440.000	25.972	31.090	36.210	41.323	46.443	51.561
445.000	26.211	31.371	36.533	41.687	46.849	52.009
450.000	26.451	31.653	36.856	42.052	47.255	52.457

Honorartabelle zu § 43 Abs. 1 – Ingenieurbauwerke
(Anwendungsbereich des § 40)

Anrechenbare Kosten Euro	Zone I von Euro	bis / Zone II von Euro	bis Euro	Zone III von Euro	bis / Zone IV von Euro	bis Euro	Zone V von Euro	bis Euro
455.000	26.685		31.927	37.170		42.407	47.650	52.893
460.000	26.919		32.202	37.485		42.763	48.046	53.329
465.000	27.153		32.477	37.799		43.118	48.441	53.765
470.000	27.387		32.751	38.114		43.474	48.837	54.201
475.000	27.622		33.026	38.429		43.830	49.232	54.636
480.000	27.856		33.301	38.743		44.185	49.628	55.072
485.000	28.090		33.575	39.058		44.541	50.023	55.508
490.000	28.324		33.850	39.372		44.896	50.419	55.944
495.000	28.558		34.125	39.687		45.252	50.814	56.380
500.000	**28.793**		**34.399**	**40.002**		**45.607**	**51.209**	**56.816**
525.000	29.904		35.696	41.483		47.274	53.062	58.853
550.000	31.015		36.992	42.965		48.941	54.914	60.891
575.000	32.126		38.288	44.447		50.608	56.766	62.928
600.000	33.238		39.585	45.928		52.274	58.619	64.965
625.000	34.349		40.881	47.410		53.941	60.471	67.002
650.000	35.460		42.177	48.892		55.608	62.323	69.039
675.000	36.572		43.474	50.373		57.275	64.175	71.077
700.000	37.683		44.770	51.855		58.942	66.028	73.114
725.000	38.794		46.066	53.337		60.609	67.880	75.151
750.000	**39.906**		**47.363**	**54.819**		**62.275**	**69.732**	**77.188**
775.000	40.949		48.573	56.197		63.821	71.446	79.069
800.000	41.992		49.784	57.575		65.367	73.159	80.950
825.000	43.036		50.994	58.954		66.913	74.873	82.831
850.000	44.079		52.205	60.332		68.458	76.587	84.712
875.000	45.122		53.415	61.711		70.004	78.300	86.593
900.000	46.165		54.626	63.089		71.550	80.014	88.474
925.000	47.208		55.837	64.467		73.095	81.727	90.355
950.000	48.252		57.047	65.846		74.641	83.441	92.236
975.000	49.295		58.258	67.224		76.187	85.155	94.117
1.000.000	**50.338**		**59.468**	**68.603**		**77.733**	**86.868**	**95.998**
1.025.000	51.311		60.591	69.876		79.156	88.441	97.721
1.050.000	52.284		61.714	71.149		80.579	90.014	99.445
1.075.000	53.257		62.838	72.422		82.002	91.587	101.168
1.100.000	54.230		63.961	73.695		83.426	93.161	102.891
1.125.000	55.203		65.084	74.967		84.849	94.734	104.614
1.150.000	56.176		66.207	76.240		86.272	96.307	106.337
1.175.000	57.149		67.330	77.513		87.696	97.880	108.061
1.200.000	58.122		68.453	78.786		89.119	99.453	109.784
1.225.000	59.095		69.576	80.059		90.542	101.026	111.507
1.250.000	60.068		70.699	81.332		91.966	102.599	113.230
1.275.000	61.041		71.822	82.605		93.389	104.172	114.953
1.300.000	62.014		72.945	83.878		94.812	105.745	116.677
1.325.000	62.987		74.069	85.151		96.235	107.319	118.400
1.350.000	63.960		75.192	86.424		97.659	108.892	120.123
1.375.000	64.933		76.315	87.697		99.082	110.465	121.846
1.400.000	65.906		77.438	88.970		100.505	112.038	123.569
1.425.000	66.879		78.561	90.243		101.929	113.611	125.293
1.450.000	67.852		79.684	91.516		103.352	115.184	127.016

Interpolierte Honorartafeln

Honorartabelle zu § 43 Abs. 1 – Ingenieurbauwerke
(Anwendungsbereich des § 40)

Anrechenbare Kosten Euro	Zone I von Euro	Zone II von bis Euro	Zone III von Euro	Zone IV von bis Euro	Zone V von Euro	bis Euro
1.475.000	68.825	80.807	92.789	104.775	116.757	128.739
1.500.000	69.798	81.930	94.062	106.198	118.330	130.462
1.525.000	70.711	82.978	95.245	107.517	119.784	132.052
1.550.000	71.623	84.026	96.428	108.836	121.239	133.641
1.575.000	72.535	85.073	97.612	110.154	122.693	135.231
1.600.000	73.447	86.121	98.795	111.473	124.147	136.821
1.625.000	74.359	87.169	99.978	112.792	125.601	138.410
1.650.000	75.272	88.216	101.161	114.110	127.055	140.000
1.675.000	76.184	89.264	102.344	115.429	128.509	141.589
1.700.000	77.096	90.312	103.527	116.748	129.963	143.179
1.725.000	78.008	91.359	104.711	118.067	131.418	144.769
1.750.000	78.921	92.407	105.894	119.385	132.872	146.358
1.775.000	79.833	93.455	107.077	120.704	134.326	147.948
1.800.000	80.745	94.503	108.260	122.023	135.780	149.538
1.825.000	81.657	95.550	109.443	123.341	137.234	151.127
1.850.000	82.570	96.598	110.626	124.660	138.688	152.717
1.875.000	83.482	97.646	111.810	125.979	140.142	154.306
1.900.000	84.394	98.693	112.993	127.297	141.597	155.896
1.925.000	85.306	99.741	114.176	128.616	143.051	157.486
1.950.000	86.218	100.789	115.359	129.935	144.505	159.075
1.975.000	87.131	101.836	116.542	131.253	145.959	160.665
2.000.000	88.043	102.884	117.725	132.572	147.413	162.254
2.025.000	88.911	103.878	118.844	133.816	148.782	163.749
2.050.000	89.779	104.871	119.963	135.060	150.152	165.244
2.075.000	90.647	105.865	121.081	136.304	151.521	166.738
2.100.000	91.515	106.858	122.200	137.548	152.890	168.233
2.125.000	92.383	107.852	123.319	138.792	154.259	169.728
2.150.000	93.251	108.845	124.438	140.036	155.628	171.222
2.175.000	94.119	109.839	125.556	141.280	156.997	172.717
2.200.000	94.987	110.832	126.675	142.523	158.367	174.211
2.225.000	95.855	111.826	127.794	143.767	159.736	175.706
2.250.000	96.723	112.819	128.912	145.011	161.105	177.201
2.275.000	97.591	113.813	130.031	146.255	162.474	178.695
2.300.000	98.459	114.806	131.150	147.499	163.843	180.190
2.325.000	99.327	115.800	132.268	148.743	165.212	181.685
2.350.000	100.195	116.793	133.387	149.987	166.582	183.179
2.375.000	101.063	117.787	134.506	151.231	167.951	184.674
2.400.000	101.931	118.780	135.625	152.475	169.320	186.168
2.425.000	102.799	119.774	136.743	153.719	170.689	187.663
2.450.000	103.667	120.767	137.862	154.963	172.058	189.158
2.475.000	104.535	121.761	138.981	156.207	173.427	190.652
2.500.000	105.403	122.755	140.099	157.451	174.797	192.147
2.525.000	106.238	123.707	141.170	158.639	176.102	193.570
2.550.000	107.073	124.659	142.240	159.827	177.408	194.993
2.575.000	107.908	125.612	143.310	161.015	178.714	196.416
2.600.000	108.743	126.564	144.380	162.202	180.019	197.840
2.625.000	109.578	127.517	145.451	163.390	181.325	199.263
2.650.000	110.413	128.469	146.521	164.578	182.630	200.686

Honorartabelle zu § 43 Abs. 1 – Ingenieurbauwerke
(Anwendungsbereich des § 40)

Anrechenbare Kosten Euro	Zone I von Euro	bis Zone II von Euro	Zone III von bis Euro	bis Zone IV von Euro	Zone V von bis Euro	bis Euro
2.675.000	111.249	129.422	147.591	165.766	183.936	202.109
2.700.000	112.084	130.374	148.661	166.954	185.242	203.532
2.725.000	112.919	131.327	149.732	168.142	186.547	204.956
2.750.000	113.754	132.279	150.802	169.330	187.853	206.379
2.775.000	114.589	133.232	151.872	170.518	189.159	207.802
2.800.000	115.424	134.184	152.942	171.706	190.464	209.225
2.825.000	116.259	135.137	154.012	172.894	191.770	210.648
2.850.000	117.094	136.089	155.083	174.082	193.076	212.071
2.875.000	117.929	137.042	156.153	175.270	194.381	213.495
2.900.000	118.764	137.994	157.223	176.458	195.687	214.918
2.925.000	119.599	138.947	158.293	177.646	196.993	216.341
2.950.000	120.434	139.899	159.364	178.834	198.298	217.764
2.975.000	121.269	140.852	160.434	180.022	199.604	219.187
3.000.000	122.104	141.804	161.504	181.210	200.910	220.611
3.025.000	122.913	142.724	162.536	182.352	202.164	221.976
3.050.000	123.721	143.644	163.567	183.495	203.418	223.342
3.075.000	124.529	144.564	164.599	184.638	204.672	224.708
3.100.000	125.337	145.484	165.630	185.780	205.927	226.074
3.125.000	126.146	146.404	166.662	186.923	207.181	227.440
3.150.000	126.954	147.324	167.693	188.066	208.435	228.806
3.175.000	127.762	148.243	168.725	189.208	209.690	230.172
3.200.000	128.570	149.163	169.756	190.351	210.944	231.538
3.225.000	129.378	150.083	170.788	191.494	212.198	232.904
3.250.000	130.187	151.003	171.819	192.636	213.453	234.270
3.275.000	130.995	151.923	172.851	193.779	214.707	235.636
3.300.000	131.803	152.843	173.883	194.922	215.961	237.002
3.325.000	132.611	153.763	174.914	196.064	217.216	238.368
3.350.000	133.420	154.683	175.946	197.207	218.470	239.733
3.375.000	134.228	155.602	176.977	198.350	219.724	241.099
3.400.000	135.036	156.522	178.009	199.492	220.979	242.465
3.425.000	135.844	157.442	179.040	200.635	222.233	243.831
3.450.000	136.652	158.362	180.072	201.778	223.487	245.197
3.475.000	137.461	159.282	181.103	202.921	224.742	246.563
3.500.000	138.269	160.202	182.135	204.063	225.996	247.929
3.525.000	139.056	161.095	183.134	205.170	227.209	249.249
3.550.000	139.842	161.988	184.134	206.276	228.422	250.568
3.575.000	140.629	162.882	185.134	207.383	229.635	251.888
3.600.000	141.415	163.775	186.133	208.489	230.848	253.207
3.625.000	142.202	164.668	187.133	209.596	232.061	254.527
3.650.000	142.989	165.561	188.133	210.702	233.274	255.846
3.675.000	143.775	166.455	189.132	211.809	234.487	257.166
3.700.000	144.562	167.348	190.132	212.915	235.699	258.485
3.725.000	145.348	168.241	191.132	214.022	236.912	259.805
3.750.000	146.135	169.134	192.132	215.128	238.125	261.125
3.775.000	146.922	170.028	193.131	216.235	239.338	262.444
3.800.000	147.708	170.921	194.131	217.341	240.551	263.764
3.825.000	148.495	171.814	195.131	218.448	241.764	265.083
3.850.000	149.281	172.707	196.130	219.554	242.977	266.403

Interpolierte Honorartafeln

Honorartabelle zu § 43 Abs. 1 – Ingenieurbauwerke
(Anwendungsbereich des § 40)

Anrechenbare Kosten Euro	Zone I von Euro	bis Zone II von Euro	Zone III von Euro	bis Zone IV von Euro	Zone V von Euro	bis Euro
3.875.000	150.068	173.601	197.130	220.661	244.190	267.722
3.900.000	150.855	174.494	198.130	221.767	245.403	269.042
3.925.000	151.641	175.387	199.129	222.874	246.616	270.362
3.950.000	152.428	176.280	200.129	223.980	247.829	271.681
3.975.000	153.214	177.174	201.129	225.087	249.041	273.001
4.000.000	**154.001**	**178.067**	**202.128**	**226.193**	**250.254**	**274.320**
4.025.000	154.769	178.937	203.101	227.268	251.432	275.600
4.050.000	155.536	179.807	204.073	228.343	252.610	276.880
4.075.000	156.303	180.677	205.046	229.418	253.787	278.160
4.100.000	157.071	181.547	206.019	230.493	254.965	279.440
4.125.000	157.838	182.417	206.991	231.568	256.142	280.721
4.150.000	158.606	183.287	207.964	232.643	257.320	282.001
4.175.000	159.373	184.156	208.936	233.717	258.498	283.281
4.200.000	160.140	185.026	209.909	234.792	259.675	284.561
4.225.000	160.908	185.896	210.881	235.867	260.853	285.841
4.250.000	161.675	186.766	211.854	236.942	262.030	287.121
4.275.000	162.443	187.636	212.827	238.017	263.208	288.401
4.300.000	163.210	188.506	213.799	239.092	264.386	289.681
4.325.000	163.977	189.376	214.772	240.167	265.563	290.961
4.350.000	164.745	190.246	215.744	241.242	266.741	292.241
4.375.000	165.512	191.116	216.717	242.317	267.918	293.521
4.400.000	166.280	191.986	217.689	243.392	269.096	294.801
4.425.000	167.047	192.856	218.662	244.467	270.274	296.081
4.450.000	167.815	193.726	219.634	245.542	271.451	297.361
4.475.000	168.582	194.596	220.607	246.616	272.629	298.642
4.500.000	**169.349**	**195.466**	**221.580**	**247.691**	**273.807**	**299.922**
4.525.000	170.100	196.316	222.529	248.740	274.954	301.168
4.550.000	170.851	197.165	223.477	249.788	276.101	302.414
4.575.000	171.602	198.015	224.426	250.836	277.248	303.660
4.600.000	172.354	198.865	225.375	251.884	278.395	304.906
4.625.000	173.105	199.715	226.324	252.932	279.542	306.152
4.650.000	173.856	200.565	227.273	253.981	280.689	307.398
4.675.000	174.607	201.415	228.222	255.029	281.836	308.644
4.700.000	175.358	202.265	229.171	256.077	282.983	309.890
4.725.000	176.109	203.115	230.120	257.125	284.130	311.136
4.750.000	176.860	203.965	231.069	258.173	285.277	312.382
4.775.000	177.611	204.815	232.018	259.221	286.424	313.628
4.800.000	178.362	205.665	232.967	260.270	287.571	314.874
4.825.000	179.113	206.514	233.915	261.318	288.719	316.120
4.850.000	179.864	207.364	234.864	262.366	289.866	317.366
4.875.000	180.615	208.214	235.813	263.414	291.013	318.612
4.900.000	181.366	209.064	236.762	264.462	292.160	319.858
4.925.000	182.117	209.914	237.711	265.511	293.307	321.104
4.950.000	182.868	210.764	238.660	266.559	294.454	322.350
4.975.000	183.619	211.614	239.609	267.607	295.601	323.596
5.000.000	**184.370**	**212.464**	**240.558**	**268.655**	**296.748**	**324.842**
5.250.000	191.487	220.487	249.487	278.490	307.489	336.489
5.500.000	198.604	228.510	258.416	288.325	318.231	348.137

Honorartabelle zu § 43 Abs. 1 – Ingenieurbauwerke
(Anwendungsbereich des § 40)

Anrechenbare Kosten Euro	Zone I von Euro	Zone II von Euro	bis Euro	Zone III von Euro	bis Euro	Zone IV von Euro	Zone V von Euro	bis Euro
5.750.000	205.721	236.533		267.346	298.161		328.972	359.784
6.000.000	212.838	244.556		276.275	307.996		339.713	371.432
6.250.000	219.955	252.579		285.204	317.831		350.455	383.079
6.500.000	227.072	260.602		294.133	327.666		361.196	394.726
6.750.000	234.189	268.625		303.063	337.501		371.937	406.374
7.000.000	241.306	276.648		311.992	347.336		382.678	418.021
7.250.000	248.423	284.672		320.921	357.171		393.420	429.668
7.500.000	255.540	292.695		329.850	367.006		404.161	441.316
7.750.000	262.218	300.188		338.159	376.129		414.099	452.068
8.000.000	268.897	307.681		346.467	385.252		424.037	462.821
8.250.000	275.576	315.175		354.775	394.375		433.975	473.574
8.500.000	282.254	322.668		363.083	403.498		443.913	484.327
8.750.000	288.933	330.162		371.391	412.621		453.851	495.080
9.000.000	295.611	337.655		379.700	421.744		463.789	505.833
9.250.000	302.290	345.149		388.008	430.867		473.727	516.585
9.500.000	308.968	352.642		396.316	439.990		483.665	527.338
9.750.000	315.647	360.135		404.624	449.113		493.602	538.091
10.000.000	322.325	367.629		412.932	458.236		503.540	548.844
10.250.000	328.554	374.582		420.611	466.639		512.668	558.697
10.500.000	334.782	381.536		428.289	475.042		521.796	568.550
10.750.000	341.011	388.489		435.967	483.446		530.924	578.403
11.000.000	347.239	395.443		443.645	491.849		540.052	588.256
11.250.000	353.468	402.396		451.324	500.252		549.180	598.109
11.500.000	359.696	409.350		459.002	508.656		558.308	607.962
11.750.000	365.925	416.303		466.680	517.059		567.436	617.815
12.000.000	372.153	423.257		474.359	525.462		576.564	627.668
12.250.000	378.382	430.210		482.037	533.865		585.692	637.521
12.500.000	384.610	437.164		489.715	542.269		594.820	647.374
12.750.000	390.839	444.117		497.393	550.672		603.948	657.227
13.000.000	397.067	451.071		505.072	559.075		613.076	667.080
13.250.000	403.295	458.024		512.750	567.479		622.204	676.933
13.500.000	409.524	464.978		520.428	575.882		631.332	686.786
13.750.000	415.752	471.931		528.106	584.285		640.460	696.639
14.000.000	421.981	478.885		535.785	592.688		649.588	706.492
14.250.000	428.209	485.838		543.463	601.092		658.716	716.344
14.500.000	434.438	492.792		551.141	609.495		667.844	726.197
14.750.000	440.666	499.745		558.820	617.898		676.972	736.050
15.000.000	446.895	506.699		566.498	626.302		686.100	745.903
15.250.000	452.735	513.187		573.636	634.089		694.536	754.989
15.500.000	458.574	519.676		580.774	641.876		702.973	764.075
15.750.000	464.414	526.165		587.912	649.663		711.409	773.160
16.000.000	470.254	532.654		595.050	657.451		719.846	782.246
16.250.000	476.094	539.142		602.188	665.238		728.283	791.331
16.500.000	481.934	545.631		609.326	673.025		736.719	800.417
16.750.000	487.773	552.120		616.464	680.812		745.156	809.502
17.000.000	493.613	558.609		623.602	688.600		753.592	818.588
17.250.000	499.453	565.098		630.740	696.387		762.029	827.673
17.500.000	505.293	571.586		637.878	704.174		770.465	836.759

Interpolierte Honorartafeln

Honorartabelle zu § 43 Abs. 1 – Ingenieurbauwerke
(Anwendungsbereich des § 40)

Anrechenbare Kosten Euro	Zone I von Euro	bis Zone II von Euro	Zone III von Euro	bis Zone IV von Euro	Zone V von Euro	bis Euro
17.750.000	511.132	578.075	645.016	711.962	778.902	845.845
18.000.000	516.972	584.564	652.154	719.749	787.338	854.930
18.250.000	522.812	591.053	659.292	727.536	795.775	864.016
18.500.000	528.652	597.542	666.430	735.323	804.212	873.101
18.750.000	534.492	604.030	673.568	743.111	812.648	882.187
19.000.000	540.331	610.519	680.706	750.898	821.085	891.272
19.250.000	546.171	617.008	687.844	758.685	829.521	900.358
19.500.000	552.011	623.497	694.982	766.473	837.958	909.443
19.750.000	557.851	629.986	702.120	774.260	846.394	918.529
20.000.000	563.691	636.474	709.258	782.047	854.831	927.615
20.250.000	569.251	642.632	716.012	789.399	862.779	936.160
20.500.000	574.811	648.789	722.767	796.750	870.728	944.706
20.750.000	580.371	654.946	729.521	804.101	878.676	953.251
21.000.000	585.931	661.104	736.275	811.452	886.624	961.797
21.250.000	591.491	667.261	743.029	818.804	894.573	970.342
21.500.000	597.051	673.418	749.784	826.155	902.521	978.888
21.750.000	602.611	679.575	756.538	833.506	910.469	987.434
22.000.000	608.171	685.733	763.292	840.858	918.418	995.979
22.250.000	613.731	691.890	770.046	848.209	926.366	1.004.525
22.500.000	619.291	698.047	776.801	855.560	934.314	1.013.070
22.750.000	624.851	704.205	783.555	862.912	942.262	1.021.616
23.000.000	630.411	710.362	790.309	870.263	950.211	1.030.161
23.250.000	635.971	716.519	797.064	877.614	958.159	1.038.707
23.500.000	641.531	722.677	803.818	884.965	966.107	1.047.253
23.750.000	647.091	728.834	810.572	892.317	974.056	1.055.798
24.000.000	652.651	734.991	817.326	899.668	982.004	1.064.344
24.250.000	658.211	741.148	824.081	907.019	989.952	1.072.889
24.500.000	663.771	747.306	830.835	914.371	997.901	1.081.435
24.750.000	669.331	753.463	837.589	921.722	1.005.849	1.089.980
25.000.000	674.891	759.620	844.344	929.073	1.013.797	1.098.526
25.250.000	680.426	765.748	851.064	936.386	1.021.702	1.107.024
25.500.000	685.961	771.875	857.784	943.698	1.029.607	1.115.521
25.564.594	687.391	773.458	859.520	945.588	1.031.649	1.117.717

Interpolierte Honorartafeln

Interpolationstabelle zu § 47:
Honorare für Leistungen bei Verkehrsanlagen

Honorartafel zu § 47 Abs. 1 – Verkehrsanlagen (Anwendungsbereich des § 44)

Anrechenbare Kosten Euro	Zone I von Euro	bis Zone II von Euro	Zone III von bis Euro	bis Zone IV von Euro	Zone V von bis Euro	bis Euro
25.565	2.874	3.610	4.347	5.090	5.827	6.564
26.000	2.913	3.658	4.403	5.154	5.899	6.645
26.500	2.958	3.712	4.468	5.228	5.983	6.739
27.000	3.002	3.767	4.532	5.301	6.067	6.832
27.500	3.047	3.821	4.596	5.375	6.150	6.926
28.000	3.091	3.876	4.661	5.449	6.234	7.019
28.500	3.136	3.931	4.725	5.523	6.317	7.113
29.000	3.180	3.985	4.789	5.597	6.401	7.206
29.500	3.225	4.040	4.854	5.670	6.485	7.300
30.000	3.269	4.094	4.918	5.744	6.568	7.393
30.500	3.312	4.147	4.981	5.816	6.650	7.485
31.000	3.355	4.200	5.043	5.889	6.732	7.576
31.500	3.399	4.253	5.106	5.961	6.813	7.668
32.000	3.442	4.306	5.168	6.033	6.895	7.760
32.500	3.485	4.359	5.231	6.106	6.977	7.851
33.000	3.528	4.412	5.293	6.178	7.058	7.943
33.500	3.571	4.465	5.355	6.250	7.140	8.035
34.000	3.614	4.518	5.418	6.322	7.222	8.126
34.500	3.657	4.571	5.480	6.395	7.304	8.218
35.000	3.700	4.624	5.543	6.467	7.385	8.309
35.500	3.741	4.674	5.603	6.536	7.464	8.397
36.000	3.782	4.724	5.663	6.604	7.543	8.485
36.500	3.823	4.774	5.722	6.673	7.621	8.572
37.000	3.865	4.824	5.782	6.742	7.700	8.660
37.500	3.906	4.874	5.842	6.811	7.779	8.747
38.000	3.947	4.924	5.902	6.879	7.857	8.835
38.500	3.988	4.974	5.962	6.948	7.936	8.922
39.000	4.029	5.024	6.022	7.017	8.015	9.010
39.500	4.070	5.074	6.081	7.086	8.093	9.097
40.000	4.111	5.124	6.141	7.154	8.172	9.185
40.500	4.151	5.173	6.200	7.222	8.248	9.270
41.000	4.192	5.223	6.258	7.289	8.324	9.355
41.500	4.233	5.272	6.317	7.356	8.401	9.440
42.000	4.274	5.322	6.375	7.424	8.477	9.525
42.500	4.314	5.371	6.434	7.491	8.553	9.610
43.000	4.355	5.421	6.492	7.558	8.629	9.695
43.500	4.396	5.470	6.551	7.626	8.706	9.780
44.000	4.436	5.520	6.609	7.693	8.782	9.865
44.500	4.477	5.569	6.668	7.760	8.858	9.950
45.000	4.518	5.619	6.727	7.828	8.934	10.035
45.500	4.557	5.667	6.783	7.893	9.008	10.118
46.000	4.596	5.715	6.840	7.958	9.082	10.201
46.500	4.636	5.763	6.896	8.024	9.155	10.283
47.000	4.675	5.812	6.953	8.089	9.229	10.366
47.500	4.715	5.860	7.009	8.154	9.303	10.448

Honorartafel zu § 47 Abs. 1 – Verkehrsanlagen (Anwendungsbereich des § 44)

Anrechenbare Kosten Euro	Zone I von Euro	bis Zone II von Euro	Zone III von bis Euro	bis Zone IV von Euro	Zone V von bis Euro	bis Euro
48.000	4.754	5.908	7.066	8.220	9.376	10.531
48.500	4.793	5.956	7.122	8.285	9.450	10.614
49.000	4.833	6.004	7.179	8.350	9.524	10.696
49.500	4.872	6.052	7.235	8.416	9.598	10.779
50.000	4.912	6.101	7.292	8.481	9.671	10.861
52.500	5.098	6.326	7.557	8.786	10.015	11.244
55.000	5.284	6.552	7.821	9.090	10.359	11.627
57.500	5.471	6.777	8.086	9.395	10.702	12.010
60.000	5.657	7.003	8.351	9.699	11.046	12.393
62.500	5.843	7.229	8.616	10.004	11.390	12.776
65.000	6.030	7.454	8.881	10.309	11.734	13.159
67.500	6.216	7.680	9.145	10.613	12.077	13.542
70.000	6.402	7.905	9.410	10.918	12.421	13.925
72.500	6.589	8.131	9.675	11.222	12.765	14.308
75.000	6.775	8.357	9.940	11.527	13.109	14.691
77.500	6.949	8.566	10.185	11.806	13.424	15.041
80.000	7.123	8.776	10.430	12.086	13.739	15.391
82.500	7.297	8.985	10.675	12.365	14.053	15.742
85.000	7.471	9.195	10.919	12.645	14.368	16.092
87.500	7.646	9.404	11.164	12.924	14.683	16.443
90.000	7.820	9.614	11.409	13.203	14.998	16.793
92.500	7.994	9.824	11.654	13.483	15.313	17.144
95.000	8.168	10.033	11.899	13.762	15.628	17.494
97.500	8.342	10.243	12.144	14.042	15.943	17.845
100.000	8.516	10.452	12.389	14.321	16.258	18.195
105.000	8.836	10.835	12.834	14.829	16.828	18.827
110.000	9.157	11.218	13.279	15.336	17.397	19.459
115.000	9.477	11.601	13.723	15.844	17.967	20.092
120.000	9.797	11.983	14.168	16.352	18.537	20.724
125.000	10.117	12.366	14.613	16.860	19.106	21.356
130.000	10.437	12.749	15.058	17.367	19.676	21.988
135.000	10.758	13.132	15.502	17.875	20.246	22.620
140.000	11.078	13.515	15.947	18.383	20.816	23.252
145.000	11.398	13.897	16.392	18.891	21.385	23.885
150.000	11.718	14.280	16.837	19.399	21.955	24.517
155.000	12.011	14.628	17.240	19.858	22.471	25.088
160.000	12.303	14.976	17.644	20.318	22.986	25.659
165.000	12.595	15.324	18.048	20.778	23.502	26.231
170.000	12.888	15.671	18.452	21.238	24.018	26.802
175.000	13.180	16.019	18.856	21.698	24.534	27.374
180.000	13.473	16.367	19.259	22.157	25.050	27.945
185.000	13.765	16.715	19.663	22.617	25.565	28.516
190.000	14.057	17.063	20.067	23.077	26.081	29.088
195.000	14.350	17.411	20.471	23.537	26.597	29.659
200.000	14.642	17.758	20.875	23.997	27.113	30.230
205.000	14.916	18.083	21.250	24.421	27.588	30.756
210.000	15.190	18.407	21.625	24.845	28.063	31.281
215.000	15.464	18.732	22.000	25.270	28.538	31.807
220.000	15.738	19.056	22.375	25.694	29.013	32.332

Interpolierte Honorartafeln

Honorartafel zu § 47 Abs. 1 – Verkehrsanlagen (Anwendungsbereich des § 44)

Anrechenbare Kosten Euro	Zone I von Euro	bis Zone II von Euro	Zone III von Euro	bis Zone IV von Euro	Zone V von Euro	bis Euro
225.000	16.012	19.380	22.750	26.119	29.488	32.858
230.000	16.286	19.705	23.125	26.543	29.963	33.383
235.000	16.559	20.029	23.500	26.968	30.438	33.908
240.000	16.833	20.354	23.875	27.392	30.914	34.434
245.000	17.107	20.678	24.250	27.817	31.389	34.959
250.000	17.381	21.002	24.625	28.241	31.864	35.485
255.000	17.639	21.307	24.975	28.639	32.308	35.975
260.000	17.897	21.611	25.326	29.036	32.752	36.465
265.000	18.155	21.915	25.677	29.434	33.196	36.955
270.000	18.413	22.219	26.028	29.831	33.640	37.446
275.000	18.671	22.524	26.379	30.229	34.084	37.936
280.000	18.929	22.828	26.729	30.626	34.527	38.426
285.000	19.188	23.132	27.080	31.023	34.971	38.916
290.000	19.446	23.436	27.431	31.421	35.415	39.406
295.000	19.704	23.741	27.782	31.818	35.859	39.896
300.000	19.962	24.045	28.133	32.216	36.303	40.387
305.000	20.207	24.333	28.464	32.590	36.720	40.847
310.000	20.451	24.621	28.795	32.963	37.137	41.307
315.000	20.696	24.910	29.126	33.337	37.554	41.767
320.000	20.941	25.198	29.457	33.711	37.970	42.227
325.000	21.186	25.486	29.788	34.085	38.387	42.687
330.000	21.431	25.774	30.119	34.459	38.804	43.147
335.000	21.676	26.062	30.450	34.833	39.221	43.607
340.000	21.921	26.351	30.781	35.207	39.638	44.067
345.000	22.165	26.639	31.112	35.581	40.054	44.527
350.000	22.410	26.927	31.444	35.955	40.471	44.987
355.000	22.643	27.200	31.757	36.309	40.866	45.422
360.000	22.875	27.473	32.071	36.663	41.260	45.857
365.000	23.108	27.746	32.384	37.017	41.655	46.292
370.000	23.340	28.019	32.698	37.371	42.049	46.727
375.000	23.572	28.292	33.011	37.725	42.444	47.163
380.000	23.805	28.565	33.325	38.078	42.839	47.598
385.000	24.037	28.838	33.638	38.432	43.233	48.033
390.000	24.270	29.111	33.952	38.786	43.628	48.468
395.000	24.502	29.384	34.265	39.140	44.022	48.903
400.000	24.735	29.657	34.579	39.494	44.417	49.338
405.000	24.957	29.917	34.876	39.830	44.791	49.750
410.000	25.179	30.177	35.174	40.167	45.165	50.162
415.000	25.401	30.436	35.471	40.503	45.539	50.574
420.000	25.623	30.696	35.769	40.839	45.912	50.986
425.000	25.845	30.956	36.067	41.175	46.286	51.398
430.000	26.066	31.215	36.364	41.511	46.660	51.809
435.000	26.288	31.475	36.662	41.847	47.034	52.221
440.000	26.510	31.735	36.960	42.183	47.408	52.633
445.000	26.732	31.994	37.257	42.519	47.782	53.045
450.000	26.954	32.254	37.555	42.855	48.156	53.457
455.000	27.167	32.503	37.840	43.176	48.513	53.850
460.000	27.380	32.753	38.126	43.497	48.870	54.243
465.000	27.593	33.002	38.411	43.818	49.227	54.636

Honorartafel zu § 47 Abs. 1 – Verkehrsanlagen (Anwendungsbereich des § 44)

Anrechenbare Kosten Euro	Zone I von Euro	bis Zone II von Euro	Zone III von Euro	bis Zone IV von Euro	Zone V von Euro	bis Euro
470.000	27.806	33.251	38.696	44.139	49.584	55.029
475.000	28.019	33.500	38.981	44.460	49.941	55.422
480.000	28.232	33.749	39.266	44.781	50.298	55.815
485.000	28.445	33.998	39.552	45.102	50.654	56.208
490.000	28.658	34.247	39.837	45.423	51.011	56.601
495.000	28.871	34.497	40.122	45.744	51.368	56.994
500.000	29.084	34.746	40.407	46.065	51.725	57.387
525.000	30.020	35.834	41.648	47.458	53.271	59.085
550.000	30.956	36.923	42.889	48.852	54.817	60.783
575.000	31.893	38.012	44.129	50.245	56.362	62.481
600.000	32.829	39.101	45.370	51.639	57.908	64.179
625.000	33.765	40.190	46.611	53.033	59.453	65.877
650.000	34.701	41.278	47.852	54.426	60.999	67.575
675.000	35.637	42.367	49.092	55.820	62.545	69.273
700.000	36.574	43.456	50.333	57.213	64.090	70.972
725.000	37.510	44.545	51.574	58.607	65.636	72.670
750.000	38.446	45.634	52.814	60.001	67.181	74.368
775.000	39.221	46.528	53.828	61.134	68.435	75.740
800.000	39.996	47.422	54.842	62.267	69.688	77.113
825.000	40.770	48.316	55.857	63.400	70.941	78.485
850.000	41.545	49.210	56.871	64.533	72.194	79.858
875.000	42.320	50.104	57.885	65.666	73.447	81.231
900.000	43.094	50.999	58.899	66.799	74.700	82.603
925.000	43.869	51.893	59.913	67.932	75.953	83.976
950.000	44.644	52.787	60.927	69.065	77.206	85.348
975.000	45.419	53.681	61.941	70.199	78.459	86.721
1.000.000	46.193	54.575	62.955	71.332	79.713	88.094
1.050.000	47.956	56.609	65.260	73.909	82.561	91.212
1.100.000	49.719	58.643	67.565	76.485	85.408	94.331
1.150.000	51.481	60.676	69.870	79.062	88.256	97.450
1.200.000	53.244	62.710	72.175	81.639	91.104	100.569
1.250.000	55.007	64.743	74.479	84.216	93.952	103.688
1.300.000	56.769	66.777	76.784	86.793	96.800	106.807
1.350.000	58.532	68.810	79.089	89.370	99.648	109.926
1.400.000	60.295	70.844	81.394	91.947	102.496	113.045
1.450.000	62.057	72.878	83.699	94.523	105.344	116.164
1.500.000	63.820	74.911	86.004	97.100	108.192	119.283
1.550.000	65.487	76.826	88.166	99.511	110.850	122.189
1.600.000	67.155	78.742	90.329	101.922	113.508	125.095
1.650.000	68.823	80.657	92.492	104.332	116.167	128.001
1.700.000	70.490	82.572	94.655	106.743	118.825	130.907
1.750.000	72.158	84.488	96.818	109.154	121.483	133.813
1.800.000	73.825	86.403	98.981	111.564	124.142	136.719
1.850.000	75.493	88.318	101.144	113.975	126.800	139.626
1.900.000	77.161	90.234	103.307	116.386	129.459	142.532
1.950.000	78.828	92.149	105.470	118.796	132.117	145.438
2.000.000	80.496	94.064	107.633	121.207	134.775	148.344
2.050.000	82.083	95.881	109.679	123.482	137.280	151.077
2.100.000	83.671	97.698	111.725	125.757	139.784	153.811

Interpolierte Honorartafeln

Honorartafel zu § 47 Abs. 1 – Verkehrsanlagen (Anwendungsbereich des § 44)

Anrechenbare Kosten Euro	Zone I von Euro	bis Zone II von Euro	Zone III von Euro	bis Zone IV von Euro	Zone V von Euro	bis Euro
2.150.000	85.258	99.514	113.771	128.032	142.288	156.545
2.200.000	86.845	101.331	115.817	130.306	144.792	159.278
2.250.000	88.433	103.148	117.863	132.581	147.297	162.012
2.300.000	90.020	104.964	119.909	134.856	149.801	164.745
2.350.000	91.608	106.781	121.955	137.131	152.305	167.479
2.400.000	93.195	108.598	124.001	139.406	154.809	170.213
2.450.000	94.782	110.414	126.047	141.681	157.314	172.946
2.500.000	**96.370**	**112.231**	**128.093**	**143.956**	**159.818**	**175.680**
2.550.000	97.897	113.973	130.050	146.128	162.205	178.282
2.600.000	99.424	115.715	132.007	148.300	164.592	180.884
2.650.000	100.951	117.457	133.964	150.472	166.979	183.486
2.700.000	102.478	119.199	135.921	152.644	169.365	186.088
2.750.000	104.004	120.941	137.878	154.816	171.752	188.690
2.800.000	105.531	122.683	139.835	156.988	174.139	191.292
2.850.000	107.058	124.425	141.792	159.160	176.526	193.893
2.900.000	108.585	126.167	143.749	161.332	178.913	196.495
2.950.000	110.112	127.909	145.706	163.503	181.300	199.097
3.000.000	**111.639**	**129.652**	**147.663**	**165.675**	**183.687**	**201.699**
3.050.000	113.117	131.334	149.549	167.765	185.981	204.197
3.100.000	114.596	133.016	151.435	169.855	188.275	206.695
3.150.000	116.074	134.698	153.321	171.945	190.569	209.193
3.200.000	117.553	136.380	155.208	174.035	192.863	211.690
3.250.000	119.031	138.063	157.094	176.125	195.157	214.188
3.300.000	120.509	139.745	158.980	178.215	197.450	216.686
3.350.000	121.988	141.427	160.866	180.305	199.744	219.184
3.400.000	123.466	143.109	162.752	182.395	202.038	221.681
3.450.000	124.945	144.792	164.638	184.485	204.332	224.179
3.500.000	**126.423**	**146.474**	**166.525**	**186.575**	**206.626**	**226.677**
3.550.000	127.861	148.107	168.353	188.598	208.844	229.090
3.600.000	129.300	149.741	170.181	190.621	211.062	231.503
3.650.000	130.738	151.374	172.010	192.644	213.280	233.916
3.700.000	132.177	153.007	173.838	194.667	215.498	236.329
3.750.000	133.615	154.641	175.667	196.690	217.716	238.742
3.800.000	135.054	156.274	177.495	198.713	219.934	241.155
3.850.000	136.492	157.908	179.324	200.736	222.152	243.568
3.900.000	137.931	159.541	181.152	202.759	224.370	245.981
3.950.000	139.369	161.174	182.980	204.782	226.588	248.394
4.000.000	**140.808**	**162.808**	**184.809**	**206.806**	**228.806**	**250.807**
4.050.000	142.210	164.398	186.587	208.771	230.959	253.148
4.100.000	143.612	165.988	188.365	210.737	233.112	255.489
4.150.000	145.015	167.579	190.143	212.702	235.266	257.830
4.200.000	146.417	169.169	191.921	214.668	237.419	260.171
4.250.000	147.820	170.759	193.698	216.633	239.572	262.512
4.300.000	149.222	172.349	195.476	218.599	241.726	264.853
4.350.000	150.624	173.940	197.254	220.565	243.879	267.195
4.400.000	152.027	175.530	199.032	222.530	246.032	269.536
4.450.000	153.429	177.120	200.810	224.496	248.186	271.877
4.500.000	**154.832**	**178.710**	**202.588**	**226.461**	**250.339**	**274.218**
4.550.000	156.205	180.264	204.323	228.378	252.436	276.496

Honorartafel zu § 47 Abs. 1 – Verkehrsanlagen (Anwendungsbereich des § 44)

Anrechenbare Kosten Euro	Zone I von Euro	bis Zone II von Euro	bis Zone III von Euro	bis Zone IV von Euro	bis Zone V von Euro	bis Euro
4.600.000	157.578	181.818	206.058	230.294	254.533	278.773
4.650.000	158.951	183.372	207.792	232.210	256.630	281.051
4.700.000	160.324	184.926	209.527	234.126	258.727	283.329
4.750.000	161.697	186.480	211.262	236.042	260.824	285.607
4.800.000	163.070	188.034	212.996	237.959	262.921	287.885
4.850.000	164.444	189.587	214.731	239.875	265.018	290.162
4.900.000	165.817	191.141	216.466	241.791	267.115	292.440
4.950.000	167.190	192.695	218.200	243.707	269.212	294.718
5.000.000	168.563	194.249	219.935	245.623	271.310	296.996
5.250.000	175.071	201.585	228.099	254.616	281.130	307.645
5.500.000	181.578	208.921	236.264	263.609	290.951	318.294
5.750.000	188.086	216.257	244.428	272.602	300.772	328.943
6.000.000	194.594	223.593	252.592	281.594	310.593	339.592
6.250.000	201.101	230.929	260.756	290.587	320.414	350.241
6.500.000	207.609	238.265	268.920	299.580	330.235	360.890
6.750.000	214.117	245.601	277.085	308.572	340.056	371.539
7.000.000	220.625	252.937	285.249	317.565	349.877	382.188
7.250.000	227.132	260.273	293.413	326.558	359.698	392.838
7.500.000	233.640	267.609	301.577	335.551	369.519	403.487
7.750.000	239.746	274.460	309.173	343.891	378.604	413.317
8.000.000	245.851	281.310	316.768	352.232	387.690	423.148
8.250.000	251.957	288.161	324.364	360.573	396.776	432.979
8.500.000	258.063	295.011	331.960	368.913	405.861	442.809
8.750.000	264.168	301.862	339.555	377.254	414.947	452.640
9.000.000	270.274	308.713	347.151	385.594	424.033	462.471
9.250.000	276.380	315.563	354.746	393.935	433.118	472.302
9.500.000	282.485	322.414	362.342	402.276	442.204	482.132
9.750.000	288.591	329.264	369.938	410.616	451.290	491.963
10.000.000	294.697	336.115	377.533	418.957	460.375	501.794
10.500.000	306.086	348.830	391.574	434.323	477.067	519.811
11.000.000	317.475	361.545	405.614	449.689	493.759	537.828
11.500.000	328.864	374.260	419.654	465.055	510.450	555.845
12.000.000	340.254	386.975	433.695	480.421	527.142	573.862
12.500.000	351.643	399.689	447.735	495.787	543.833	591.879
13.000.000	363.032	412.404	461.776	511.153	560.525	609.896
13.500.000	374.422	425.119	475.816	526.519	577.217	627.913
14.000.000	385.811	437.834	489.856	541.885	593.908	645.931
14.500.000	397.200	450.549	503.897	557.251	610.600	663.948
15.000.000	408.590	463.264	517.937	572.617	627.292	681.965
15.500.000	419.267	475.129	530.989	586.856	642.718	698.578
16.000.000	429.945	486.994	544.041	601.095	658.144	715.191
16.500.000	440.623	498.859	557.093	615.335	673.570	731.805
17.000.000	451.301	510.724	570.145	629.574	688.996	748.418
17.500.000	461.979	522.589	583.197	643.813	704.422	765.031
18.000.000	472.656	534.453	596.250	658.052	719.849	781.645
18.500.000	483.334	546.318	609.302	672.291	735.275	798.258
19.000.000	494.012	558.183	622.354	686.530	750.701	814.871
19.500.000	504.690	570.048	635.406	700.770	766.127	831.485
20.000.000	515.368	581.913	648.458	715.009	781.553	848.098

Honorartafel zu § 47 Abs. 1 – Verkehrsanlagen (Anwendungsbereich des § 44)

Anrechenbare Kosten Euro	Zone I von Euro	bis Zone II von Euro	Zone III von Euro	bis Zone IV von Euro	Zone V von Euro	bis Euro
20.500.000	525.535	593.173	660.809	728.451	796.087	863.724
21.000.000	535.703	604.432	673.160	741.894	810.621	879.350
21.500.000	545.870	615.691	685.510	755.336	825.155	894.976
22.000.000	556.038	626.951	697.861	768.779	839.689	910.602
22.500.000	566.205	638.210	710.212	782.221	854.223	926.228
23.000.000	576.373	649.469	722.563	795.663	868.757	941.853
23.500.000	586.540	660.729	734.914	809.106	883.291	957.479
24.000.000	596.708	671.988	747.265	822.548	897.825	973.105
24.500.000	606.875	683.248	759.616	835.991	912.359	988.731
25.000.000	617.043	694.507	771.967	849.433	926.893	1.004.357
25.500.000	627.164	705.713	784.256	862.803	941.346	1.019.895
25.564.594	628.472	707.160	785.843	864.531	943.214	1.021.902

Interpolierte Honorartafeln

Interpolationstabelle zu § 50:
Honorare für Leistungen bei Tragwerksplanungen

Honorartafel zu § 50 Abs. 1 – Tragwerksplanung

Anrechenbare Kosten Euro	Zone I von Euro	bis / Zone II von Euro	bis / Zone III von Euro	bis / Zone IV von Euro	bis / Zone V von Euro	bis Euro
10.226	1.119	1.305	1.760	2.306	2.768	2.947
10.500	1.143	1.332	1.796	2.352	2.822	3.005
11.000	1.187	1.382	1.861	2.436	2.921	3.110
11.500	1.231	1.432	1.927	2.520	3.020	3.216
12.000	1.275	1.482	1.992	2.604	3.119	3.322
12.500	1.319	1.533	2.058	2.689	3.218	3.427
13.000	1.363	1.583	2.123	2.773	3.317	3.533
13.500	1.407	1.633	2.188	2.857	3.416	3.639
14.000	1.451	1.683	2.254	2.941	3.515	3.744
14.500	1.495	1.733	2.319	3.025	3.614	3.850
15.000	1.539	1.783	2.385	3.110	3.713	3.956
15.500	1.580	1.830	2.446	3.188	3.806	4.054
16.000	1.621	1.876	2.508	3.267	3.899	4.153
16.500	1.662	1.922	2.569	3.345	3.993	4.252
17.000	1.703	1.969	2.630	3.423	4.086	4.351
17.500	1.744	2.015	2.692	3.502	4.179	4.450
18.000	1.784	2.062	2.753	3.580	4.273	4.549
18.500	1.825	2.108	2.814	3.659	4.366	4.648
19.000	1.866	2.154	2.876	3.737	4.460	4.747
19.500	1.907	2.201	2.937	3.816	4.553	4.846
20.000	1.948	2.247	2.999	3.894	4.646	4.945
20.500	1.987	2.292	3.056	3.968	4.734	5.037
21.000	2.026	2.336	3.114	4.042	4.821	5.130
21.500	2.064	2.380	3.171	4.116	4.909	5.223
22.000	2.103	2.424	3.229	4.191	4.996	5.316
22.500	2.142	2.468	3.286	4.265	5.084	5.409
23.000	2.180	2.513	3.344	4.339	5.171	5.502
23.500	2.219	2.557	3.401	4.413	5.259	5.595
24.000	2.258	2.601	3.459	4.487	5.346	5.688
24.500	2.297	2.645	3.516	4.561	5.433	5.781
25.000	2.335	2.690	3.574	4.635	5.521	5.874
25.500	2.373	2.733	3.630	4.707	5.605	5.963
26.000	2.411	2.776	3.685	4.778	5.689	6.052
26.500	2.449	2.819	3.741	4.849	5.773	6.141
27.000	2.488	2.862	3.797	4.921	5.857	6.230
27.500	2.526	2.905	3.853	4.992	5.941	6.319
28.000	2.564	2.948	3.909	5.063	6.024	6.408
28.500	2.602	2.991	3.964	5.134	6.108	6.497
29.000	2.640	3.034	4.020	5.206	6.192	6.586
29.500	2.678	3.077	4.076	5.277	6.276	6.675
30.000	2.716	3.120	4.132	5.348	6.360	6.764
30.500	2.753	3.162	4.186	5.416	6.441	6.849
31.000	2.790	3.203	4.240	5.484	6.521	6.934
31.500	2.827	3.245	4.294	5.552	6.601	7.020
32.000	2.864	3.287	4.348	5.621	6.681	7.105

Honorartafel zu § 50 Abs. 1 – Tragwerksplanung

Anrechenbare Kosten Euro	Zone I von Euro	bis Zone II von Euro	Zone III von bis Euro	bis Zone IV von Euro	Zone V von bis Euro	bis Euro
32.500	2.901	3.329	4.402	5.689	6.762	7.190
33.000	2.938	3.371	4.456	5.757	6.842	7.275
33.500	2.975	3.413	4.510	5.825	6.922	7.361
34.000	3.012	3.455	4.565	5.893	7.003	7.446
34.500	3.049	3.497	4.619	5.961	7.083	7.531
35.000	**3.086**	**3.539**	**4.673**	**6.029**	**7.163**	**7.616**
35.500	3.120	3.579	4.724	6.096	7.242	7.700
36.000	3.155	3.619	4.776	6.163	7.320	7.783
36.500	3.190	3.658	4.828	6.229	7.398	7.866
37.000	3.225	3.698	4.879	6.296	7.476	7.949
37.500	3.260	3.738	4.931	6.363	7.555	8.033
38.000	3.295	3.778	4.982	6.430	7.633	8.116
38.500	3.330	3.818	5.034	6.496	7.711	8.199
39.000	3.365	3.858	5.086	6.563	7.790	8.283
39.500	3.400	3.898	5.137	6.630	7.868	8.366
40.000	**3.435**	**3.938**	**5.189**	**6.697**	**7.946**	**8.449**
40.500	3.471	3.978	5.240	6.761	8.023	8.530
41.000	3.507	4.018	5.292	6.826	8.099	8.611
41.500	3.542	4.058	5.343	6.891	8.175	8.692
42.000	3.578	4.099	5.395	6.956	8.252	8.773
42.500	3.614	4.139	5.447	7.020	8.328	8.853
43.000	3.649	4.179	5.498	7.085	8.404	8.934
43.500	3.685	4.219	5.550	7.150	8.481	9.015
44.000	3.720	4.259	5.601	7.214	8.557	9.096
44.500	3.756	4.299	5.653	7.279	8.633	9.177
45.000	**3.792**	**4.340**	**5.705**	**7.344**	**8.710**	**9.258**
45.500	3.826	4.378	5.754	7.406	8.784	9.336
46.000	3.860	4.416	5.804	7.469	8.857	9.414
46.500	3.894	4.455	5.853	7.531	8.931	9.492
47.000	3.928	4.493	5.903	7.594	9.005	9.570
47.500	3.962	4.531	5.952	7.657	9.078	9.648
48.000	3.996	4.570	6.002	7.719	9.152	9.726
48.500	4.030	4.608	6.051	7.782	9.226	9.804
49.000	4.064	4.647	6.101	7.844	9.299	9.882
49.500	4.098	4.685	6.150	7.907	9.373	9.961
50.000	**4.132**	**4.723**	**6.200**	**7.970**	**9.447**	**10.039**
52.500	4.295	4.907	6.434	8.266	9.795	10.407
55.000	4.458	5.090	6.669	8.563	10.142	10.775
57.500	4.621	5.274	6.904	8.859	10.490	11.143
60.000	4.784	5.457	7.139	9.156	10.838	11.512
62.500	4.947	5.640	7.373	9.452	11.186	11.880
65.000	5.110	5.824	7.608	9.749	11.534	12.248
67.500	5.273	6.007	7.843	10.045	11.882	12.617
70.000	5.436	6.190	8.078	10.342	12.229	12.985
72.500	5.599	6.374	8.312	10.639	12.577	13.353
75.000	**5.762**	**6.557**	**8.547**	**10.935**	**12.925**	**13.721**
77.500	5.915	6.729	8.766	11.211	13.248	14.063
80.000	6.068	6.901	8.985	11.487	13.571	14.405
82.500	6.221	7.073	9.204	11.763	13.894	14.747

Interpolierte Honorartafeln

Honorartafel zu § 50 Abs. 1 – Tragwerksplanung

Anrechenbare Kosten Euro	Zone I von Euro	bis Zone II von Euro	Zone III von bis Euro	bis Zone IV von Euro	Zone V von bis Euro	bis Euro
85.000	6.374	7.245	9.423	12.039	14.217	15.088
87.500	6.527	7.417	9.642	12.315	14.540	15.430
90.000	6.680	7.589	9.861	12.591	14.863	15.772
92.500	6.833	7.761	10.080	12.867	15.186	16.114
95.000	6.986	7.933	10.299	13.143	15.509	16.456
97.500	7.139	8.104	10.518	13.419	15.832	16.797
100.000	7.292	8.276	10.737	13.695	16.155	17.139
105.000	7.579	8.598	11.144	14.205	16.750	17.769
110.000	7.867	8.920	11.552	14.715	17.346	18.399
115.000	8.154	9.241	11.959	15.225	17.942	19.029
120.000	8.442	9.563	12.366	15.735	18.537	19.659
125.000	8.729	9.885	12.773	16.245	19.133	20.289
130.000	9.016	10.206	13.180	16.755	19.729	20.919
135.000	9.304	10.528	13.588	17.265	20.324	21.549
140.000	9.591	10.850	13.995	17.775	20.920	22.179
145.000	9.879	11.171	14.402	18.285	21.515	22.809
150.000	10.166	11.493	14.809	18.795	22.111	23.439
155.000	10.437	11.795	15.190	19.268	22.663	24.022
160.000	10.707	12.097	15.570	19.742	23.215	24.606
165.000	10.978	12.399	15.950	20.216	23.767	25.189
170.000	11.249	12.701	16.330	20.690	24.319	25.773
175.000	11.519	13.004	16.711	21.164	24.871	26.356
180.000	11.790	13.306	17.091	21.638	25.423	26.939
185.000	12.060	13.608	17.471	22.112	25.975	27.523
190.000	12.331	13.910	17.851	22.586	26.527	28.106
195.000	12.602	14.212	18.232	23.060	27.079	28.690
200.000	12.872	14.515	18.612	23.533	27.631	29.273
205.000	13.130	14.802	18.973	23.982	28.153	29.824
210.000	13.388	15.089	19.334	24.430	28.675	30.376
215.000	13.646	15.376	19.695	24.878	29.196	30.927
220.000	13.904	15.664	20.056	25.327	29.718	31.478
225.000	14.162	15.951	20.417	25.775	30.240	32.029
230.000	14.420	16.238	20.777	26.224	30.762	32.580
235.000	14.678	16.526	21.138	26.672	31.284	33.132
240.000	14.936	16.813	21.499	27.120	31.806	33.683
245.000	15.194	17.100	21.860	27.569	32.327	34.234
250.000	15.452	17.388	22.221	28.017	32.849	34.785
255.000	15.702	17.665	22.568	28.447	33.348	35.312
260.000	15.952	17.943	22.915	28.877	33.848	35.839
265.000	16.202	18.221	23.262	29.307	34.347	36.366
270.000	16.452	18.499	23.609	29.737	34.846	36.893
275.000	16.702	18.776	23.956	30.166	35.345	37.420
280.000	16.952	19.054	24.303	30.596	35.844	37.947
285.000	17.202	19.332	24.650	31.026	36.344	38.474
290.000	17.452	19.610	24.997	31.456	36.843	39.001
295.000	17.702	19.887	25.344	31.886	37.342	39.527
300.000	17.952	20.165	25.691	32.316	37.841	40.054
305.000	18.194	20.433	26.024	32.730	38.322	40.561
310.000	18.435	20.701	26.358	33.144	38.802	41.067

Interpolierte Honorartafeln

Honorartafel zu § 50 Abs. 1 – Tragwerksplanung

Anrechenbare Kosten Euro	Zone I von Euro	bis Zone II von Euro	Zone III von Euro	bis Zone IV von Euro	Zone V von Euro	bis Euro
315.000	18.677	20.969	26.692	33.558	39.283	41.574
320.000	18.918	21.237	27.026	33.972	39.763	42.081
325.000	19.160	21.506	27.360	34.387	40.244	42.587
330.000	19.401	21.774	27.694	34.801	40.725	43.094
335.000	19.643	22.042	28.028	35.215	41.205	43.600
340.000	19.884	22.310	28.362	35.629	41.686	44.107
345.000	20.126	22.578	28.696	36.043	42.166	44.613
350.000	**20.368**	**22.846**	**29.030**	**36.457**	**42.647**	**45.120**
355.000	20.604	23.107	29.355	36.859	43.112	45.610
360.000	20.840	23.368	29.681	37.260	43.577	46.101
365.000	21.076	23.629	30.006	37.661	44.042	46.591
370.000	21.312	23.890	30.331	38.062	44.507	47.081
375.000	21.548	24.152	30.656	38.464	44.972	47.572
380.000	21.785	24.413	30.982	38.865	45.437	48.062
385.000	22.021	24.674	31.307	39.266	45.902	48.552
390.000	22.257	24.935	31.632	39.668	46.367	49.043
395.000	22.493	25.196	31.958	40.069	46.832	49.533
400.000	**22.729**	**25.457**	**32.283**	**40.470**	**47.297**	**50.024**
405.000	22.960	25.713	32.599	40.861	47.748	50.500
410.000	23.191	25.969	32.916	41.252	48.200	50.977
415.000	23.422	26.224	33.233	41.642	48.652	51.453
420.000	23.653	26.480	33.550	42.033	49.103	51.930
425.000	23.884	26.736	33.866	42.424	49.555	52.406
430.000	24.115	26.991	34.183	42.814	50.007	52.883
435.000	24.346	27.247	34.500	43.205	50.458	53.359
440.000	24.576	27.502	34.816	43.596	50.910	53.836
445.000	24.807	27.758	35.133	43.987	51.362	54.312
450.000	**25.038**	**28.014**	**35.450**	**44.377**	**51.813**	**54.789**
455.000	25.264	28.264	35.760	44.759	52.254	55.254
460.000	25.490	28.513	36.069	45.140	52.696	55.719
465.000	25.716	28.763	36.379	45.522	53.137	56.184
470.000	25.942	29.013	36.689	45.903	53.578	56.649
475.000	26.168	29.263	36.999	46.285	54.019	57.114
480.000	26.394	29.513	37.309	46.666	54.460	57.579
485.000	26.620	29.762	37.619	47.048	54.901	58.044
490.000	26.846	30.012	37.929	47.429	55.342	58.509
495.000	27.072	30.262	38.239	47.811	55.783	58.974
500.000	**27.298**	**30.512**	**38.548**	**48.192**	**56.224**	**59.439**
525.000	28.372	31.697	40.010	49.987	58.296	61.621
550.000	29.446	32.882	41.472	51.781	60.367	63.804
575.000	30.521	34.068	42.934	53.576	62.439	65.986
600.000	31.595	35.253	44.396	55.370	64.510	68.169
625.000	32.669	36.438	45.858	57.165	66.582	70.351
650.000	33.744	37.623	47.320	58.959	68.653	72.534
675.000	34.818	38.809	48.782	60.754	70.725	74.716
700.000	35.893	39.994	50.244	62.548	72.796	76.899
725.000	36.967	41.179	51.706	64.343	74.868	79.081
750.000	**38.041**	**42.364**	**53.167**	**66.138**	**76.940**	**81.264**
775.000	39.054	43.478	54.534	67.807	78.863	83.288

Interpolierte Honorartafeln

Honorartafel zu § 50 Abs. 1 – Tragwerksplanung

Anrechenbare Kosten Euro	Zone I von Euro	Zone II von Euro	bis Euro	Zone III von Euro	bis Euro	Zone IV von Euro	Zone V von Euro	bis Euro
800.000	40.066	44.592		55.901	69.477		80.786	85.312
825.000	41.079	45.706		57.268	71.147		82.710	87.336
850.000	42.091	46.820		58.635	72.816		84.633	89.360
875.000	43.104	47.934		60.002	74.486		86.556	91.384
900.000	44.116	49.047		61.369	76.156		88.480	93.408
925.000	45.128	50.161		62.735	77.825		90.403	95.432
950.000	46.141	51.275		64.102	79.495		92.326	97.456
975.000	47.153	52.389		65.469	81.165		94.250	99.480
1.000.000	**48.166**	**53.503**		**66.836**	**82.834**		**96.173**	**101.504**
1.050.000	50.066	55.586		69.376	85.924		99.720	105.234
1.100.000	51.965	57.668		71.916	89.014		103.267	108.964
1.150.000	53.865	59.751		74.456	92.104		106.814	112.695
1.200.000	55.765	61.833		76.996	95.194		110.361	116.425
1.250.000	57.665	63.916		79.537	98.284		113.908	120.155
1.300.000	59.565	65.999		82.077	101.374		117.455	123.886
1.350.000	61.464	68.081		84.617	104.464		121.002	127.616
1.400.000	63.364	70.164		87.157	107.554		124.549	131.346
1.450.000	65.264	72.247		89.697	110.644		128.096	135.076
1.500.000	**67.164**	**74.329**		**92.237**	**113.733**		**131.643**	**138.807**
1.550.000	68.951	76.284		94.609	116.607		134.934	142.265
1.600.000	70.739	78.239		96.982	119.480		138.225	145.723
1.650.000	72.526	80.193		99.354	122.353		141.516	149.181
1.700.000	74.314	82.148		101.726	125.227		144.807	152.639
1.750.000	76.101	84.103		104.098	128.100		148.099	156.097
1.800.000	77.889	86.057		106.470	130.973		151.390	159.555
1.850.000	79.676	88.012		108.842	133.847		154.681	163.013
1.900.000	81.464	89.967		111.214	136.720		157.972	166.470
1.950.000	83.251	91.922		113.587	139.593		161.263	169.928
2.000.000	**85.039**	**93.876**		**115.959**	**142.467**		**164.555**	**173.386**
2.050.000	86.748	95.741		118.212	145.187		167.663	176.651
2.100.000	88.456	97.605		120.466	147.907		170.772	179.916
2.150.000	90.165	99.469		122.719	150.627		173.881	183.181
2.200.000	91.874	101.334		124.973	153.347		176.990	186.446
2.250.000	93.583	103.198		127.227	156.067		180.099	189.712
2.300.000	95.291	105.063		129.480	158.788		183.208	192.977
2.350.000	97.000	106.927		131.734	161.508		186.317	196.242
2.400.000	98.709	108.791		133.987	164.228		189.426	199.507
2.450.000	100.417	110.656		136.241	166.948		192.535	202.772
2.500.000	**102.126**	**112.520**		**138.494**	**169.668**		**195.644**	**206.037**
2.550.000	103.774	114.315		140.657	172.272		198.615	209.154
2.600.000	105.422	116.110		142.819	174.875		201.585	212.272
2.650.000	107.070	117.904		144.982	177.478		204.556	215.389
2.700.000	108.718	119.699		147.144	180.081		207.527	218.507
2.750.000	110.366	121.494		149.306	182.684		210.498	221.624
2.800.000	112.014	123.289		151.469	185.287		213.468	224.742
2.850.000	113.662	125.083		153.631	187.890		216.439	227.859
2.900.000	115.310	126.878		155.793	190.494		219.410	230.977
2.950.000	116.958	128.673		157.956	193.097		222.381	234.094
3.000.000	**118.606**	**130.468**		**160.118**	**195.700**		**225.352**	**237.212**

Honorartafel zu § 50 Abs. 1 – Tragwerksplanung

Anrechenbare Kosten Euro	Zone I von Euro	bis Zone II von Euro	Zone III von Euro	bis Zone IV von Euro	Zone V von Euro	bis Euro
3.050.000	120.205	132.207	162.208	198.210	228.213	240.213
3.100.000	121.803	133.945	164.297	200.721	231.074	243.215
3.150.000	123.402	135.684	166.387	203.231	233.936	246.216
3.200.000	125.000	137.423	168.476	205.742	236.797	249.218
3.250.000	126.598	139.162	170.565	208.253	239.659	252.220
3.300.000	128.197	140.901	172.655	210.763	242.520	255.221
3.350.000	129.795	142.640	174.744	213.274	245.382	258.223
3.400.000	131.394	144.379	176.834	215.784	248.243	261.224
3.450.000	132.992	146.118	178.923	218.295	251.104	264.226
3.500.000	**134.591**	**147.857**	**181.013**	**220.805**	**253.966**	**267.227**
3.550.000	136.149	149.550	183.042	223.239	256.736	270.132
3.600.000	137.707	151.243	185.072	225.673	259.506	273.037
3.650.000	139.266	152.936	187.101	228.106	262.276	275.942
3.700.000	140.824	154.629	189.131	230.540	265.045	278.847
3.750.000	142.382	156.322	191.160	232.974	267.815	281.752
3.800.000	143.941	158.015	193.190	235.408	270.585	284.657
3.850.000	145.499	159.708	195.219	237.841	273.355	287.562
3.900.000	147.057	161.401	197.249	240.275	276.125	290.466
3.950.000	148.616	163.094	199.278	242.709	278.895	293.371
4.000.000	**150.174**	**164.787**	**201.308**	**245.143**	**281.665**	**296.276**
4.050.000	151.697	166.439	203.286	247.510	284.358	299.099
4.100.000	153.220	168.092	205.263	249.878	287.051	301.921
4.150.000	154.743	169.745	207.241	252.246	289.744	304.744
4.200.000	156.266	171.398	209.219	254.613	292.437	307.567
4.250.000	157.788	173.051	211.197	256.981	295.129	310.389
4.300.000	159.311	174.704	213.175	259.349	297.822	313.212
4.350.000	160.834	176.357	215.152	261.716	300.515	316.034
4.400.000	162.357	178.009	217.130	264.084	303.208	318.857
4.450.000	163.880	179.662	219.108	266.451	305.901	321.680
4.500.000	**165.403**	**181.315**	**221.086**	**268.819**	**308.594**	**324.502**
4.550.000	166.895	182.934	223.020	271.130	311.220	327.255
4.600.000	168.388	184.552	224.953	273.442	313.847	330.007
4.650.000	169.881	186.170	226.887	275.753	316.473	332.760
4.700.000	171.373	187.789	228.821	278.064	319.100	335.512
4.750.000	172.866	189.407	230.755	280.376	321.726	338.265
4.800.000	174.359	191.026	232.689	282.687	324.353	341.017
4.850.000	175.852	192.644	234.622	284.998	326.979	343.770
4.900.000	177.344	194.263	236.556	287.310	329.606	346.522
4.950.000	178.837	195.881	238.490	289.621	332.232	349.275
5.000.000	**180.330**	**197.500**	**240.424**	**291.932**	**334.859**	**352.028**
5.250.000	187.430	205.183	249.562	302.817	347.198	364.949
5.500.000	194.531	212.866	258.700	313.701	359.538	377.871
5.750.000	201.632	220.549	267.838	324.586	371.877	390.793
6.000.000	208.733	228.232	276.977	335.470	384.217	403.715
6.250.000	215.834	235.915	286.115	346.355	396.556	416.637
6.500.000	222.935	243.598	295.253	357.239	408.896	429.558
6.750.000	230.035	251.281	304.391	368.124	421.235	442.480
7.000.000	237.136	258.964	313.530	379.008	433.574	455.402
7.250.000	244.237	266.647	322.668	389.893	445.914	468.324

Interpolierte Honorartafeln

Honorartafel zu § 50 Abs. 1 – Tragwerksplanung

Anrechenbare Kosten Euro	Zone I von Euro	bis / Zone II von Euro	bis / Zone III von Euro	bis / Zone IV von Euro	bis / Zone V von Euro	bis Euro
7.500.000	251.338	274.330	331.806	400.777	458.253	481.246
7.750.000	258.031	281.552	340.353	410.913	469.713	493.235
8.000.000	264.724	288.775	348.899	421.048	481.173	505.224
8.250.000	271.416	295.997	357.446	431.184	492.632	517.213
8.500.000	278.109	303.220	365.992	441.319	504.092	529.202
8.750.000	284.802	310.442	374.538	451.455	515.551	541.191
9.000.000	291.495	317.664	383.085	461.590	527.011	553.180
9.250.000	298.188	324.887	391.631	471.726	538.470	565.169
9.500.000	304.881	332.109	400.178	481.861	549.930	577.159
9.750.000	311.573	339.332	408.724	491.997	561.390	589.148
10.000.000	318.266	346.554	417.271	502.132	572.849	601.137
10.500.000	330.811	360.053	433.157	520.883	593.987	623.230
11.000.000	343.356	373.553	449.044	539.634	615.125	645.323
11.500.000	355.902	387.052	464.931	558.385	636.263	667.416
12.000.000	368.445	400.552	480.817	577.136	657.401	689.509
12.500.000	380.989	414.052	496.704	595.887	678.539	711.602
13.000.000	393.534	427.551	512.591	614.638	699.677	733.695
13.500.000	406.079	441.051	528.477	633.389	720.815	755.787
14.000.000	418.623	454.550	544.364	652.140	741.954	777.880
14.500.000	431.168	468.050	560.250	670.891	763.092	799.973
15.000.000	443.713	481.549	576.137	689.642	784.230	822.066
15.338.756	452.187	490.667	586.864	702.301	798.498	836.978

Interpolierte Honorartafeln

Interpolationstabelle zu § 54:
Honorare für Leistungen bei der Technischen Ausrüstung

Honorartafel zu § 54 Abs. 1 – Technische Ausrüstung

Anrechenbare Kosten Euro	Zone I von Euro	Zone I bis Euro	Zone II von Euro	Zone II bis Euro	Zone III von Euro	Zone III bis Euro
5.113	**1.626**	**2.109**	**2.109**	**2.593**	**2.593**	**3.077**
5.250	1.661	2.153	2.153	2.647	2.647	3.141
5.500	1.724	2.235	2.235	2.746	2.746	3.257
5.750	1.788	2.316	2.316	2.845	2.845	3.374
6.000	1.852	2.398	2.398	2.944	2.944	3.490
6.250	1.916	2.479	2.479	3.043	3.043	3.607
6.500	1.979	2.561	2.561	3.142	3.142	3.724
6.750	2.043	2.642	2.642	3.241	3.241	3.840
7.000	2.107	2.723	2.723	3.340	3.340	3.957
7.250	2.170	2.805	2.805	3.439	3.439	4.073
7.500	**2.234**	**2.886**	**2.886**	**3.538**	**3.538**	**4.190**
7.750	2.292	2.960	2.960	3.626	3.626	4.294
8.000	2.350	3.033	3.033	3.714	3.714	4.397
8.250	2.407	3.106	3.106	3.803	3.803	4.501
8.500	2.465	3.179	3.179	3.891	3.891	4.605
8.750	2.523	3.252	3.252	3.979	3.979	4.709
9.000	2.581	3.325	3.325	4.068	4.068	4.812
9.250	2.638	3.398	3.398	4.156	4.156	4.916
9.500	2.696	3.472	3.472	4.244	4.244	5.020
9.750	2.754	3.545	3.545	4.333	4.333	5.123
10.000	**2.812**	**3.618**	**3.618**	**4.421**	**4.421**	**5.227**
10.500	2.921	3.754	3.754	4.584	4.584	5.418
11.000	3.030	3.890	3.890	4.747	4.747	5.608
11.500	3.139	4.027	4.027	4.911	4.911	5.799
12.000	3.248	4.163	4.163	5.074	5.074	5.989
12.500	3.357	4.299	4.299	5.237	5.237	6.180
13.000	3.466	4.436	4.436	5.400	5.400	6.370
13.500	3.575	4.572	4.572	5.564	5.564	6.561
14.000	3.685	4.708	4.708	5.727	5.727	6.751
14.500	3.794	4.845	4.845	5.890	5.890	6.942
15.000	**3.903**	**4.981**	**4.981**	**6.053**	**6.053**	**7.132**
15.500	4.005	5.109	5.109	6.209	6.209	7.314
16.000	4.106	5.237	5.237	6.364	6.364	7.495
16.500	4.208	5.365	5.365	6.519	6.519	7.677
17.000	4.310	5.493	5.493	6.674	6.674	7.858
17.500	4.412	5.622	5.622	6.829	6.829	8.040
18.000	4.513	5.750	5.750	6.985	6.985	8.221
18.500	4.615	5.878	5.878	7.140	7.140	8.403
19.000	4.717	6.006	6.006	7.295	7.295	8.584
19.500	4.819	6.134	6.134	7.450	7.450	8.766
20.000	**4.920**	**6.262**	**6.262**	**7.605**	**7.605**	**8.947**
20.500	5.016	6.385	6.385	7.755	7.755	9.123
21.000	5.113	6.508	6.508	7.904	7.904	9.299
21.500	5.209	6.630	6.630	8.054	8.054	9.475
22.000	5.305	6.753	6.753	8.203	8.203	9.651

Honorartafel zu § 54 Abs. 1 – Technische Ausrüstung

Anrechenbare Kosten Euro	Zone I von Euro	Zone I bis Euro	Zone II von Euro	Zone II bis Euro	Zone III von Euro	Zone III bis Euro
22.500	5.401	6.876	6.876	8.353	8.353	9.827
23.000	5.497	6.998	6.998	8.502	8.502	10.003
23.500	5.593	7.121	7.121	8.652	8.652	10.179
24.000	5.689	7.244	7.244	8.801	8.801	10.355
24.500	5.786	7.366	7.366	8.951	8.951	10.531
25.000	**5.882**	**7.489**	**7.489**	**9.100**	**9.100**	**10.707**
25.500	5.973	7.607	7.607	9.246	9.246	10.879
26.000	6.064	7.725	7.725	9.391	9.391	11.051
26.500	6.156	7.843	7.843	9.536	9.536	11.224
27.000	6.247	7.961	7.961	9.681	9.681	11.396
27.500	6.338	8.080	8.080	9.826	9.826	11.568
28.000	6.430	8.198	8.198	9.972	9.972	11.740
28.500	6.521	8.316	8.316	10.117	10.117	11.912
29.000	6.612	8.434	8.434	10.262	10.262	12.084
29.500	6.703	8.552	8.552	10.407	10.407	12.256
30.000	**6.795**	**8.670**	**8.670**	**10.552**	**10.552**	**12.428**
30.500	6.883	8.784	8.784	10.690	10.690	12.591
31.000	6.970	8.897	8.897	10.828	10.828	12.755
31.500	7.058	9.010	9.010	10.966	10.966	12.918
32.000	7.146	9.124	9.124	11.104	11.104	13.082
32.500	7.234	9.237	9.237	11.242	11.242	13.245
33.000	7.322	9.351	9.351	11.380	11.380	13.409
33.500	7.410	9.464	9.464	11.518	11.518	13.572
34.000	7.498	9.577	9.577	11.656	11.656	13.735
34.500	7.586	9.691	9.691	11.794	11.794	13.899
35.000	**7.674**	**9.804**	**9.804**	**11.932**	**11.932**	**14.062**
35.500	7.757	9.913	9.913	12.065	12.065	14.221
36.000	7.840	10.022	10.022	12.199	12.199	14.381
36.500	7.923	10.130	10.130	12.333	12.333	14.540
37.000	8.007	10.239	10.239	12.467	12.467	14.699
37.500	8.090	10.348	10.348	12.601	12.601	14.858
38.000	8.173	10.456	10.456	12.734	12.734	15.017
38.500	8.256	10.565	10.565	12.868	12.868	15.176
39.000	8.340	10.674	10.674	13.002	13.002	15.335
39.500	8.423	10.782	10.782	13.136	13.136	15.494
40.000	**8.506**	**10.891**	**10.891**	**13.269**	**13.269**	**15.653**
40.500	8.589	10.996	10.996	13.396	13.396	15.802
41.000	8.672	11.101	11.101	13.524	13.524	15.952
41.500	8.755	11.206	11.206	13.651	13.651	16.101
42.000	8.838	11.311	11.311	13.778	13.778	16.251
42.500	8.921	11.416	11.416	13.905	13.905	16.400
43.000	9.004	11.521	11.521	14.032	14.032	16.549
43.500	9.087	11.626	11.626	14.159	14.159	16.699
44.000	9.170	11.732	11.732	14.287	14.287	16.848
44.500	9.253	11.837	11.837	14.414	14.414	16.997
45.000	**9.336**	**11.942**	**11.942**	**14.541**	**14.541**	**17.147**
45.500	9.418	12.047	12.047	14.669	14.669	17.297
46.000	9.500	12.151	12.151	14.796	14.796	17.448
46.500	9.582	12.256	12.256	14.924	14.924	17.598

Interpolierte Honorartafeln

Honorartafel zu § 54 Abs. 1 – Technische Ausrüstung

Anrechenbare Kosten Euro	Zone I von Euro	Zone I bis Euro	Zone II von Euro	Zone II bis Euro	Zone III von Euro	Zone III bis Euro
47.000	9.664	12.361	12.361	15.052	15.052	17.749
47.500	9.747	12.466	12.466	15.179	15.179	17.899
48.000	9.829	12.571	12.571	15.307	15.307	18.050
48.500	9.911	12.676	12.676	15.435	15.435	18.200
49.000	9.993	12.781	12.781	15.563	15.563	18.351
49.500	10.075	12.886	12.886	15.690	15.690	18.501
50.000	**10.157**	**12.991**	**12.991**	**15.818**	**15.818**	**18.652**
52.500	10.524	13.456	13.456	16.383	16.383	19.315
55.000	10.891	13.922	13.922	16.948	16.948	19.979
57.500	11.258	14.387	14.387	17.514	17.514	20.643
60.000	11.624	14.853	14.853	18.079	18.079	21.307
62.500	11.991	15.318	15.318	18.644	18.644	21.971
65.000	12.358	15.783	15.783	19.209	19.209	22.635
67.500	12.725	16.249	16.249	19.774	19.774	23.299
70.000	13.091	16.714	16.714	20.339	20.339	23.962
72.500	13.458	17.180	17.180	20.905	20.905	24.626
75.000	**13.825**	**17.645**	**17.645**	**21.470**	**21.470**	**25.290**
77.500	14.161	18.065	18.065	21.972	21.972	25.876
80.000	14.497	18.484	18.484	22.474	22.474	26.461
82.500	14.833	18.903	18.903	22.976	22.976	27.047
85.000	15.169	19.323	19.323	23.478	23.478	27.632
87.500	15.505	19.742	19.742	23.980	23.980	28.218
90.000	15.840	20.162	20.162	24.482	24.482	28.803
92.500	16.176	20.581	20.581	24.984	24.984	29.389
95.000	16.512	21.001	21.001	25.486	25.486	29.974
97.500	16.848	21.420	21.420	25.988	25.988	30.560
100.000	**17.184**	**21.839**	**21.839**	**26.490**	**26.490**	**31.145**
105.000	17.787	22.581	22.581	27.370	27.370	32.164
110.000	18.390	23.322	23.322	28.250	28.250	33.182
115.000	18.994	24.063	24.063	29.130	29.130	34.200
120.000	19.597	24.805	24.805	30.010	30.010	35.218
125.000	20.200	25.546	25.546	30.890	30.890	36.237
130.000	20.803	26.287	26.287	31.770	31.770	37.255
135.000	21.406	27.028	27.028	32.650	32.650	38.273
140.000	22.009	27.770	27.770	33.530	33.530	39.292
145.000	22.612	28.511	28.511	34.410	34.410	40.310
150.000	**23.216**	**29.252**	**29.252**	**35.290**	**35.290**	**41.328**
155.000	23.800	29.938	29.938	36.077	36.077	42.216
160.000	24.384	30.624	30.624	36.864	36.864	43.105
165.000	24.968	31.310	31.310	37.651	37.651	43.993
170.000	25.552	31.995	31.995	38.438	38.438	44.882
175.000	26.136	32.681	32.681	39.224	39.224	45.770
180.000	26.720	33.367	33.367	40.011	40.011	46.658
185.000	27.304	34.052	34.052	40.798	40.798	47.547
190.000	27.888	34.738	34.738	41.585	41.585	48.435
195.000	28.472	35.424	35.424	42.372	42.372	49.323
200.000	**29.057**	**36.110**	**36.110**	**43.159**	**43.159**	**50.212**
205.000	29.666	36.816	36.816	43.963	43.963	51.113
210.000	30.276	37.523	37.523	44.767	44.767	52.015

Honorartafel zu § 54 Abs. 1 – Technische Ausrüstung

Anrechenbare Kosten Euro	Zone I von Euro	Zone I bis Euro	Zone II von Euro	Zone II bis Euro	Zone III von Euro	Zone III bis Euro
215.000	30.885	38.229	38.229	45.572	45.572	52.916
220.000	31.495	38.936	38.936	46.376	46.376	53.818
225.000	32.104	39.642	39.642	47.181	47.181	54.719
230.000	32.714	40.349	40.349	47.985	47.985	55.620
235.000	33.323	41.055	41.055	48.790	48.790	56.522
240.000	33.933	41.762	41.762	49.594	49.594	57.423
245.000	34.542	42.468	42.468	50.398	50.398	58.325
250.000	**35.152**	**43.175**	**43.175**	**51.203**	**51.203**	**59.226**
255.000	35.763	43.882	43.882	52.005	52.005	60.124
260.000	36.374	44.589	44.589	52.808	52.808	61.023
265.000	36.985	45.296	45.296	53.610	53.610	61.921
270.000	37.596	46.003	46.003	54.413	54.413	62.819
275.000	38.207	46.710	46.710	55.215	55.215	63.718
280.000	38.819	47.417	47.417	56.018	56.018	64.616
285.000	39.430	48.124	48.124	56.820	56.820	65.514
290.000	40.041	48.831	48.831	57.622	57.622	66.412
295.000	40.652	49.538	49.538	58.425	58.425	67.311
300.000	**41.263**	**50.245**	**50.245**	**59.227**	**59.227**	**68.209**
305.000	41.886	50.968	50.968	60.050	60.050	69.132
310.000	42.509	51.691	51.691	60.873	60.873	70.054
315.000	43.132	52.413	52.413	61.696	61.696	70.977
320.000	43.755	53.136	53.136	62.519	62.519	71.900
325.000	44.378	53.859	53.859	63.341	63.341	72.823
330.000	45.001	54.582	54.582	64.164	64.164	73.746
335.000	45.624	55.305	55.305	64.987	64.987	74.668
340.000	46.247	56.028	56.028	65.810	65.810	75.591
345.000	46.870	56.751	56.751	66.633	66.633	76.514
350.000	**47.493**	**57.474**	**57.474**	**67.455**	**67.455**	**77.437**
355.000	48.113	58.202	58.202	68.292	68.292	78.381
360.000	48.734	58.931	58.931	69.128	69.128	79.325
365.000	49.355	59.659	59.659	69.964	69.964	80.268
370.000	49.975	60.387	60.387	70.801	70.801	81.212
375.000	50.596	61.115	61.115	71.637	71.637	82.156
380.000	51.217	61.844	61.844	72.473	72.473	83.100
385.000	51.838	62.572	62.572	73.310	73.310	84.044
390.000	52.458	63.300	63.300	74.146	74.146	84.988
395.000	53.079	64.029	64.029	74.982	74.982	85.932
400.000	**53.700**	**64.757**	**64.757**	**75.819**	**75.819**	**86.876**
405.000	54.326	65.484	65.484	76.646	76.646	87.805
410.000	54.952	66.212	66.212	77.474	77.474	88.734
415.000	55.578	66.939	66.939	78.302	78.302	89.663
420.000	56.204	67.666	67.666	79.130	79.130	90.592
425.000	56.830	68.394	68.394	79.958	79.958	91.521
430.000	57.457	69.121	69.121	80.786	80.786	92.450
435.000	58.083	69.848	69.848	81.614	81.614	93.379
440.000	58.709	70.576	70.576	82.441	82.441	94.308
445.000	59.335	71.303	71.303	83.269	83.269	95.237
450.000	**59.961**	**72.030**	**72.030**	**84.097**	**84.097**	**96.166**
455.000	60.590	72.757	72.757	84.923	84.923	97.090

Interpolierte Honorartafeln

Honorartafel zu § 54 Abs. 1 – Technische Ausrüstung

Anrechenbare Kosten Euro	Zone I von Euro	Zone I bis Euro	Zone II von Euro	Zone II bis Euro	Zone III von Euro	Zone III bis Euro
460.000	61.220	73.484	73.484	85.748	85.748	98.013
465.000	61.849	74.212	74.212	86.574	86.574	98.936
470.000	62.478	74.939	74.939	87.399	87.399	99.860
475.000	63.108	75.666	75.666	88.225	88.225	100.783
480.000	63.737	76.393	76.393	89.051	89.051	101.706
485.000	64.366	77.120	77.120	89.876	89.876	102.630
490.000	64.995	77.847	77.847	90.702	90.702	103.553
495.000	65.625	78.574	78.574	91.527	91.527	104.476
500.000	66.254	79.301	79.301	92.353	92.353	105.400
525.000	69.297	82.731	82.731	96.169	96.169	109.603
550.000	72.340	86.161	86.161	99.985	99.985	113.805
575.000	75.384	89.590	89.590	103.802	103.802	118.008
600.000	78.427	93.020	93.020	107.618	107.618	122.211
625.000	81.470	96.450	96.450	111.434	111.434	126.414
650.000	84.513	99.879	99.879	115.251	115.251	130.616
675.000	87.556	103.309	103.309	119.067	119.067	134.819
700.000	90.599	106.739	106.739	122.883	122.883	139.022
725.000	93.642	110.168	110.168	126.700	126.700	143.225
750.000	96.686	113.598	113.598	130.516	130.516	147.428
775.000	99.586	116.732	116.732	133.882	133.882	151.026
800.000	102.487	119.866	119.866	137.248	137.248	154.625
825.000	105.388	122.999	122.999	140.613	140.613	158.224
850.000	108.289	126.133	126.133	143.979	143.979	161.823
875.000	111.190	129.267	129.267	147.345	147.345	165.421
900.000	114.090	132.401	132.401	150.711	150.711	169.020
925.000	116.991	135.535	135.535	154.077	154.077	172.619
950.000	119.892	138.668	138.668	157.442	157.442	176.218
975.000	122.793	141.802	141.802	160.808	160.808	179.816
1.000.000	125.694	144.936	144.936	164.174	164.174	183.415
1.050.000	131.199	150.530	150.530	169.856	169.856	189.185
1.100.000	136.704	156.123	156.123	175.538	175.538	194.956
1.150.000	142.210	161.717	161.717	181.220	181.220	200.726
1.200.000	147.715	167.311	167.311	186.902	186.902	206.497
1.250.000	153.221	172.905	172.905	192.584	192.584	212.267
1.300.000	158.726	178.498	178.498	198.266	198.266	218.037
1.350.000	164.231	184.092	184.092	203.947	203.947	223.808
1.400.000	169.737	189.686	189.686	209.629	209.629	229.578
1.450.000	175.242	195.279	195.279	215.311	215.311	235.349
1.500.000	180.748	200.873	200.873	220.993	220.993	241.119
1.550.000	186.061	206.223	206.223	226.381	226.381	246.543
1.600.000	191.374	211.573	211.573	231.768	231.768	251.967
1.650.000	196.688	216.923	216.923	237.156	237.156	257.392
1.700.000	202.001	222.273	222.273	242.544	242.544	262.816
1.750.000	207.314	227.623	227.623	247.931	247.931	268.240
1.800.000	212.628	232.973	232.973	253.319	253.319	273.664
1.850.000	217.941	238.323	238.323	258.706	258.706	279.088
1.900.000	223.254	243.673	243.673	264.094	264.094	284.513
1.950.000	228.568	249.023	249.023	269.482	269.482	289.937
2.000.000	233.881	254.373	254.373	274.869	274.869	295.361

Anrechenbare Kosten Euro	Zone I von Euro	Zone I bis Euro	Zone II von Euro	Zone II bis Euro	Zone III von Euro	Zone III bis Euro
\multicolumn{7}{	c	}{Honorartafel zu § 54 Abs. 1 – Technische Ausrüstung}
2.050.000	239.067	259.772	259.772	280.482	280.482	301.187
2.100.000	244.253	265.172	265.172	286.095	286.095	307.013
2.150.000	249.440	270.571	270.571	291.708	291.708	312.839
2.200.000	254.626	275.971	275.971	297.321	297.321	318.665
2.250.000	259.812	281.370	281.370	302.933	302.933	324.491
2.300.000	264.999	286.770	286.770	308.546	308.546	330.317
2.350.000	270.185	292.169	292.169	314.159	314.159	336.143
2.400.000	275.371	297.568	297.568	319.772	319.772	341.969
2.450.000	280.557	302.968	302.968	325.385	325.385	347.795
2.500.000	285.744	308.367	308.367	330.998	330.998	353.621
2.550.000	290.684	313.443	313.443	336.208	336.208	358.967
2.600.000	295.624	318.519	318.519	341.418	341.418	364.312
2.650.000	300.565	323.595	323.595	346.628	346.628	369.658
2.700.000	305.505	328.670	328.670	351.838	351.838	375.003
2.750.000	310.445	333.746	333.746	357.048	357.048	380.349
2.800.000	315.386	338.822	338.822	362.258	362.258	385.694
2.850.000	320.326	343.898	343.898	367.468	367.468	391.040
2.900.000	325.266	348.973	348.973	372.678	372.678	396.385
2.950.000	330.207	354.049	354.049	377.888	377.888	401.730
3.000.000	335.147	359.125	359.125	383.098	383.098	407.076
3.050.000	339.668	363.764	363.764	387.856	387.856	411.952
3.100.000	344.190	368.403	368.403	392.614	392.614	416.828
3.150.000	348.711	373.043	373.043	397.373	397.373	421.704
3.200.000	353.233	377.682	377.682	402.131	402.131	426.581
3.250.000	357.754	382.322	382.322	406.889	406.889	431.457
3.300.000	362.276	386.961	386.961	411.647	411.647	436.333
3.350.000	366.797	391.600	391.600	416.405	416.405	441.209
3.400.000	371.318	396.240	396.240	421.163	421.163	446.085
3.450.000	375.840	400.879	400.879	425.922	425.922	450.962
3.500.000	380.361	405.518	405.518	430.680	430.680	455.838
3.550.000	384.614	409.874	409.874	435.138	435.138	460.398
3.600.000	388.867	414.229	414.229	439.596	439.596	464.959
3.650.000	393.120	418.584	418.584	444.055	444.055	469.520
3.700.000	397.373	422.940	422.940	448.513	448.513	474.080
3.750.000	401.625	427.295	427.295	452.971	452.971	478.641
3.800.000	405.782	431.548	431.548	457.319	457.319	483.085
3.834.689	408.667	434.499	434.499	460.336	460.336	486.168

F Interpolierte Honorartafeln zu den Beratungsleistungen

Interpolationstabelle zu Anlage 1, HOAI, Ziff. 1.1.2 Leistungen bei Umweltverträglichkeitsstudien

Fläche in ha	Zone I von Euro	Zone I bis Euro	Zone II von Euro	Zone II bis Euro	Zone III von Euro	Zone III bis Euro
50,0	7.581	9.258	9.258	10.927	10.927	12.604
100,0	10.107	12.340	12.340	14.566	14.566	16.799
150,0	12.212	14.993	14.993	17.766	17.766	20.547
200,0	14.318	17.645	17.645	20.967	20.967	24.294
250,0	16.423	20.298	20.298	24.167	24.167	28.042
300,0	18.223	22.601	22.601	26.974	26.974	31.351
350,0	20.022	24.903	24.903	29.780	29.780	34.661
400,0	21.822	27.206	27.206	32.587	32.587	37.970
450,0	23.621	29.508	29.508	35.393	35.393	41.280
500,0	25.421	31.811	31.811	38.200	38.200	44.589
550,0	26.985	33.840	33.840	40.696	40.696	47.551
600,0	28.548	35.869	35.869	43.192	43.192	50.513
650,0	30.112	37.898	37.898	45.688	45.688	53.474
700,0	31.675	39.927	39.927	48.184	48.184	56.436
750,0	33.239	41.956	41.956	50.680	50.680	59.398
800,0	34.676	43.847	43.847	53.024	53.024	62.196
850,0	36.112	45.738	45.738	55.368	55.368	64.995
900,0	37.549	47.629	47.629	57.713	57.713	67.793
950,0	38.985	49.520	49.520	60.057	60.057	70.592
1.000,0	40.422	51.411	51.411	62.401	62.401	73.390
1.250,0	46.973	60.000	60.000	73.025	73.025	86.051
1.500,0	53.053	68.210	68.210	83.368	83.368	98.525
1.750,0	59.684	76.636	76.636	93.581	93.581	110.532
2.000,0	65.685	84.212	84.212	102.738	102.738	121.264
2.250,0	71.133	91.186	91.186	111.239	111.239	131.292
2.500,0	76.580	98.160	98.160	119.739	119.739	141.319
2.750,0	81.870	104.501	104.501	127.133	127.133	149.764
3.000,0	87.159	110.842	110.842	134.526	134.526	158.209
3.250,0	91.659	116.393	116.393	141.132	141.132	165.867
3.500,0	96.158	121.944	121.944	147.737	147.737	173.524
3.750,0	100.500	127.076	127.076	153.659	153.659	180.236
4.000,0	104.841	132.208	132.208	159.581	159.581	186.948
4.250,0	108.553	136.922	136.922	165.293	165.293	193.661
4.500,0	112.265	141.635	141.635	171.004	171.004	200.374
4.750,0	116.134	146.345	146.345	176.558	176.558	206.769

Honorartafel zu Leistungen bei Umweltverträglichkeitsstudien

Fläche in ha	Zone I von Euro	Zone I bis Euro	Zone II von Euro	Zone II bis Euro	Zone III von Euro	Zone III bis Euro
5.000,0	120.003	151.055	151.055	182.112	182.112	213.164
5.250,0	124.267	155.712	155.712	187.163	187.163	218.608
5.500,0	128.531	160.369	160.369	192.213	192.213	224.051
5.750,0	132.476	164.818	164.818	197.160	197.160	229.501
6.000,0	136.421	169.266	169.266	202.106	202.106	234.951
6.250,0	140.055	173.583	173.583	207.106	207.106	240.635
6.500,0	143.688	177.900	177.900	212.106	212.106	246.318
6.750,0	147.003	182.110	182.110	217.213	217.213	252.319
7.000,0	150.318	186.319	186.319	222.320	222.320	258.320
7.250,0	154.503	191.451	191.451	228.400	228.400	265.348
7.500,0	158.687	196.583	196.583	234.479	234.479	272.375
7.750,0	162.714	201.451	201.451	240.188	240.188	278.925
8.000,0	166.741	206.318	206.318	245.896	245.896	285.474
8.250,0	170.608	211.422	211.422	252.241	252.241	293.056
8.500,0	174.474	216.526	216.526	258.585	258.585	300.637
8.750,0	178.186	221.476	221.476	264.769	264.769	308.058
9.000,0	181.898	226.425	226.425	270.952	270.952	315.479
9.250,0	185.450	231.464	231.464	277.476	277.476	323.491
9.500,0	189.002	236.503	236.503	284.000	284.000	331.503
9.750,0	192.396	241.411	241.411	290.423	290.423	339.438
10.000,0	195.790	246.318	246.318	296.846	296.846	347.373

Interpolierte Honorartafeln zu den Beratungsleistungen 325

Interpolationstabelle zu Anlage 1, HOAI, Ziff. 1.2.2 Leistungen für den Wärmeschutz

Honorartafel zu Leistungen für den Wärmeschutz

Anrechenbare Kosten Euro	Zone I von Euro	bis Zone II von Euro	Zone III von bis Euro	bis Zone IV von Euro	Zone V von bis Euro	bis Euro
255.646	596	686	810	990	1.113	1.203
300.000	627	727	865	1.064	1.201	1.301
350.000	662	773	926	1.148	1.300	1.411
400.000	698	820	988	1.231	1.399	1.521
450.000	733	866	1.049	1.315	1.498	1.631
500.000	768	912	1.111	1.398	1.597	1.741
750.000	932	1.100	1.329	1.100	1.100	1.100
1.000.000	1.097	1.288	1.547	1.100	1.100	1.100
1.250.000	1.261	1.476	1.764	1.100	1.100	1.100
1.500.000	1.426	1.664	1.982	1.100	1.100	1.100
1.750.000	1.590	1.852	2.200	1.100	1.100	1.100
2.000.000	1.754	2.040	2.418	1.100	1.100	1.100
2.250.000	1.919	2.228	2.635	1.100	1.100	1.100
2.500.000	2.083	2.416	2.853	3.512	3.949	4.281
2.750.000	2.188	2.538	2.998	3.691	4.150	4.499
3.000.000	2.294	2.660	3.142	3.869	4.352	4.717
3.250.000	2.399	2.782	3.287	4.048	4.553	4.935
3.500.000	2.504	2.904	3.432	4.226	4.754	5.153
3.750.000	2.610	3.026	3.577	4.405	4.956	5.371
4.000.000	2.715	3.148	3.721	4.583	5.157	5.588
4.250.000	2.820	3.270	3.866	4.762	5.358	5.806
4.500.000	2.925	3.392	4.011	4.940	5.559	6.024
4.750.000	3.031	3.514	4.155	5.119	5.761	6.242
5.000.000	3.136	3.636	4.300	5.297	5.962	6.460
10.000.000	5.599	6.336	7.317	8.790	9.772	10.507
15.000.000	8.063	9.036	10.335	12.283	13.581	14.554
20.000.000	10.526	11.736	13.352	15.775	17.391	18.601
25.000.000	12.989	14.436	16.369	19.268	21.200	22.648
25.564.594	13.267	14.741	16.709	19.663	21.630	23.104

Interpolierte Honorartafeln zu den Beratungsleistungen

Interpolationstabelle zu Anlage 1, HOAI, Ziff. 1.3.3 Leistungen für Bauakustik

Honorartafel zu Leistungen für Bauakustik

Anrechenbare Kosten Euro	Zone I von Euro	Zone I bis Euro	Zone II von Euro	Zone II bis Euro	Zone III von Euro	Zone III bis Euro
255.646	1.766	2.025	2.025	2.329	2.329	2.683
300.000	1.942	2.230	2.230	2.567	2.567	2.961
350.000	2.135	2.451	2.451	2.823	2.823	3.255
400.000	2.323	2.662	2.662	3.071	3.071	3.538
450.000	2.506	2.871	2.871	3.310	3.310	3.809
500.000	2.670	3.062	3.062	3.533	3.533	4.074
550.000	2.828	3.244	3.244	3.742	3.742	4.315
600.000	2.987	3.426	3.426	3.952	3.952	4.556
650.000	3.145	3.607	3.607	4.161	4.161	4.797
700.000	3.304	3.789	3.789	4.371	4.371	5.038
750.000	3.462	3.971	3.971	4.580	4.580	5.279
800.000	3.604	4.133	4.133	4.766	4.766	5.494
850.000	3.746	4.295	4.295	4.953	4.953	5.709
900.000	3.887	4.458	4.458	5.139	5.139	5.925
950.000	4.029	4.620	4.620	5.326	5.326	6.140
1.000.000	4.171	4.782	4.782	5.512	5.512	6.355
1.500.000	5.433	6.229	6.229	7.187	7.187	8.284
2.000.000	6.564	7.527	7.527	8.685	8.685	10.009
2.500.000	7.605	8.724	8.724	10.065	10.065	11.604
3.000.000	8.581	9.844	9.844	11.351	11.351	13.086
3.500.000	9.501	10.898	10.898	12.570	12.570	14.487
4.000.000	10.382	11.905	11.905	13.734	13.734	15.828
4.500.000	11.224	12.876	12.876	14.848	14.848	17.114
5.000.000	12.034	13.803	13.803	15.923	15.923	18.355
5.500.000	12.775	14.653	14.653	16.903	16.903	19.484
6.000.000	13.516	15.503	15.503	17.883	17.883	20.613
6.500.000	14.258	16.353	16.353	18.862	18.862	21.742
7.000.000	14.999	17.203	17.203	19.842	19.842	22.871
7.500.000	15.740	18.053	18.053	20.822	20.822	24.000
8.000.000	16.404	18.815	18.815	21.700	21.700	25.014
8.500.000	17.068	19.577	19.577	22.578	22.578	26.027
9.000.000	17.733	20.340	20.340	23.457	23.457	27.041
9.500.000	18.397	21.102	21.102	24.335	24.335	28.054
10.000.000	19.061	21.864	21.864	25.213	25.213	29.068
12.500.000	22.009	25.246	25.246	29.115	29.115	33.564
15.000.000	24.957	28.628	28.628	33.017	33.017	38.060
17.500.000	27.594	31.652	31.652	36.505	36.505	42.084
20.000.000	30.230	34.676	34.676	39.993	39.993	46.107
22.500.000	32.655	37.457	37.457	43.200	43.200	49.802
25.000.000	35.080	40.237	40.237	46.407	46.407	53.496
25.564.594	35.624	40.860	40.860	47.125	47.125	54.325

Interpolierte Honorartafeln zu den Beratungsleistungen

Interpolationstabelle zu Anlage 1, HOAI, Ziff. 1.3.6 Leistungen für raumakustische Planung

Anrechenbare Kosten Euro	Zone I von Euro	bis Zone II von Euro	Zone III von bis Euro	bis Zone IV von Euro	Zone V von Euro	bis Euro
51.129	1.192	1.552	1.912	2.267	2.627	2.987
100.000	1.370	1.783	2.192	2.605	3.014	3.428
150.000	1.546	2.010	2.473	2.930	3.394	3.858
200.000	1.712	2.224	2.742	3.255	3.773	4.287
250.000	1.877	2.439	3.007	3.570	4.138	4.700
300.000	2.047	2.659	3.271	3.883	4.496	5.108
350.000	2.198	2.860	3.521	4.182	4.844	5.506
400.000	2.356	3.062	3.769	4.479	5.185	5.892
450.000	2.516	3.266	4.021	4.772	5.526	6.277
500.000	2.662	3.461	4.260	5.063	5.863	6.662
550.000	2.810	3.653	4.495	5.342	6.185	7.028
600.000	2.958	3.846	4.731	5.621	6.507	7.394
650.000	3.107	4.038	4.966	5.900	6.828	7.761
700.000	3.255	4.231	5.202	6.179	7.150	8.127
750.000	3.403	4.423	5.437	6.458	7.472	8.493
800.000	3.543	4.605	5.662	6.726	7.783	8.846
850.000	3.683	4.787	5.888	6.994	8.094	9.199
900.000	3.824	4.970	6.113	7.262	8.406	9.552
950.000	3.964	5.152	6.339	7.530	8.717	9.905
1.000.000	4.104	5.334	6.564	7.798	9.028	10.258
1.250.000	4.779	6.210	7.642	9.077	10.508	11.939
1.500.000	5.454	7.086	8.719	10.355	11.988	13.619
1.750.000	6.100	7.927	9.753	11.583	13.408	15.235
2.000.000	6.745	8.768	10.787	12.811	14.828	16.851
2.250.000	7.371	9.582	11.791	14.002	16.210	18.420
2.500.000	7.997	10.396	12.794	15.193	17.591	19.989
2.750.000	8.612	11.195	13.778	16.359	18.942	21.525
3.000.000	9.226	11.994	14.762	17.525	20.293	23.060
3.250.000	9.830	12.778	15.728	18.672	21.621	24.569
3.500.000	10.434	13.561	16.693	19.818	22.949	26.077
3.750.000	11.030	14.335	17.644	20.951	24.259	27.565
4.000.000	11.625	15.109	18.594	22.083	25.568	29.052
4.250.000	12.212	15.873	19.534	23.200	26.861	30.522
4.500.000	12.799	16.636	20.473	24.317	28.153	31.991
4.750.000	13.380	17.394	21.405	25.422	29.432	33.446
5.000.000	13.961	18.151	22.336	26.527	30.711	34.901
5.250.000	14.529	18.889	23.245	27.606	31.961	36.321
7.500.000	19.644	25.534	31.426	37.318	43.209	49.100
7.750.000	20.211	26.273	32.334	38.395	44.456	50.518
7.669.378	20.028	26.035	32.041	38.048	44.054	50.061

Interpolierte Honorartafeln zu den Beratungsleistungen

Interpolationstabelle zu Anlage 1, HOAI, Ziff. 1.4.2 Leistungen für die Baugrundbeurteilung und Gründungsberatung

Anrechenbare Kosten Euro	Zone I von Euro	bis Zone II von Euro	bis Zone III von Euro	bis Zone IV von Euro	bis Zone V von Euro	bis Euro
51.129	524	945	1.361	1.783	2.199	2.621
75.000	644	1.140	1.629	2.124	2.614	3.110
100.000	750	1.307	1.863	2.416	2.971	3.529
150.000	922	1.584	2.241	2.903	3.560	4.222
200.000	1.077	1.824	2.570	3.310	4.056	4.802
250.000	1.207	2.025	2.844	3.666	4.486	5.304
300.000	1.333	2.218	3.103	3.984	4.870	5.755
350.000	1.445	2.387	3.329	4.275	5.216	6.158
400.000	1.550	2.548	3.544	4.538	5.534	6.531
450.000	1.646	2.693	3.740	4.786	5.833	6.882
500.000	1.739	2.831	3.928	5.020	6.118	7.211
750.000	2.149	3.445	4.743	6.035	7.332	8.627
1.000.000	2.510	3.969	5.429	6.887	8.346	9.805
1.500.000	3.099	4.825	6.551	8.281	10.007	11.733
2.000.000	3.610	5.554	7.502	9.446	11.395	13.339
2.500.000	4.056	6.189	8.323	10.461	12.594	14.727
3.000.000	4.462	6.763	9.063	11.364	13.664	15.964
3.500.000	4.840	7.291	9.742	12.194	14.644	17.095
4.000.000	5.191	7.780	10.366	12.957	15.543	18.134
4.500.000	5.519	8.238	10.956	13.670	16.388	19.107
5.000.000	5.834	8.676	11.513	14.352	17.189	20.030
5.500.000	6.112	9.055	11.994	14.934	17.873	20.815
6.000.000	6.390	9.434	12.474	15.516	18.556	21.600
6.500.000	6.668	9.812	12.955	16.098	19.240	22.384
7.000.000	6.946	10.191	13.435	16.680	19.923	23.169
7.500.000	7.224	10.570	13.916	17.262	20.607	23.954
8.000.000	7.460	10.890	14.320	17.749	21.178	24.609
8.500.000	7.696	11.210	14.723	18.236	21.749	25.263
9.000.000	7.932	11.529	15.127	18.724	22.321	25.918
9.500.000	8.168	11.849	15.530	19.211	22.892	26.572
10.000.000	8.404	12.169	15.934	19.698	23.463	27.227
12.500.000	9.400	13.501	17.602	21.703	25.804	29.905
15.000.000	10.395	14.832	19.270	23.707	28.145	32.582
17.500.000	11.247	15.958	20.669	25.383	30.094	34.805
20.000.000	12.098	17.083	22.067	27.058	32.043	37.027
22.500.000	12.852	18.072	23.293	28.516	33.738	38.957
25.000.000	13.606	19.060	24.518	29.973	35.432	40.886
25.564.594	13.774	19.280	24.792	30.297	35.809	41.316

Interpolierte Honorartafeln zu den Beratungsleistungen

Interpolationstabelle zu Anlage 1, HOAI, Ziff. 1.5.8 Leistungen bei der Vermessung

Honorartafel zu Leistungen bei der Vermessung

Anrechenbare Kosten Euro	Zone I von Euro	bis / Zone II von Euro	Zone III von Euro	bis / Zone IV von Euro	Zone V von Euro	bis Euro
51.129	2.250	2.643	3.037	3.431	3.825	4.219
100.000	3.325	3.826	4.327	4.829	5.330	5.831
150.000	4.320	4.931	5.542	6.153	6.765	7.376
200.000	5.156	5.826	6.547	7.217	7.939	8.609
250.000	5.881	6.656	7.437	8.212	8.994	9.768
300.000	6.547	7.383	8.219	9.055	9.892	10.728
350.000	7.207	8.098	9.037	9.929	10.867	11.758
400.000	7.867	8.859	9.815	10.809	11.765	12.757
450.000	8.527	9.584	10.630	11.644	12.690	13.747
500.000	9.187	10.299	11.413	12.513	13.625	14.737
550.000	9.616	10.773	11.931	13.078	14.234	15.391
600.000	10.045	11.246	12.449	13.642	14.844	16.045
650.000	10.474	11.720	12.966	14.207	15.453	16.698
700.000	10.903	12.193	13.484	14.771	16.063	17.352
750.000	11.332	12.667	14.002	15.336	16.672	18.006
800.000	11.771	13.129	14.508	15.886	17.266	18.644
850.000	12.209	13.591	15.014	16.436	17.860	19.282
900.000	12.648	14.053	15.520	16.986	18.454	19.920
950.000	13.086	14.515	16.026	17.536	19.048	20.558
1.000.000	13.525	14.977	16.532	18.086	19.642	21.196
1.250.000	15.620	17.287	19.062	20.836	22.612	24.386
1.500.000	17.714	19.597	21.592	23.586	25.582	27.576
1.750.000	19.804	21.907	24.122	26.336	28.552	30.766
2.000.000	21.894	24.217	26.652	29.086	31.522	33.956
2.250.000	23.984	26.527	29.182	31.836	34.492	37.146
2.500.000	26.074	28.837	31.712	34.586	37.462	40.336
2.750.000	28.164	31.147	34.242	37.336	40.432	43.526
3.000.000	30.254	33.457	36.772	40.086	43.402	46.716
3.250.000	32.344	35.767	39.302	42.836	46.372	49.906
3.500.000	34.434	38.077	41.832	45.586	49.342	53.096
3.750.000	36.524	40.387	44.362	48.336	52.312	56.286
4.000.000	38.614	42.697	46.892	51.086	55.282	59.476
4.250.000	40.704	45.007	49.422	53.836	58.252	62.666
4.500.000	42.794	47.317	51.952	56.586	61.222	65.856
4.750.000	44.884	49.627	54.482	59.336	64.192	69.046
5.000.000	46.974	51.937	57.012	62.086	67.162	72.236
5.250.000	49.064	54.247	59.542	64.836	70.132	75.426
5.500.000	51.154	56.557	62.072	67.586	73.102	78.616
5.750.000	53.244	58.867	64.602	70.336	76.072	81.806
6.000.000	55.334	61.177	67.132	73.086	79.042	84.996

Interpolierte Honorartafeln zu den Beratungsleistungen

Honorartafel zu Leistungen bei der Vermessung							
Anrechenbare Kosten	Zone I von	bis Zone II von	bis	Zone III von	bis Zone IV von	bis	Zone V von	bis
Euro	Euro	Euro	Euro	Euro	Euro	Euro
6.250.000	57.424	63.487	69.662	75.836	82.012	88.186
6.500.000	59.514	65.797	72.192	78.586	84.982	91.376
6.750.000	61.604	68.107	74.722	81.336	87.952	94.566
7.000.000	63.694	70.417	77.252	84.086	90.922	97.756
7.250.000	65.784	72.727	79.782	86.836	93.892	100.946
7.500.000	67.874	75.037	82.312	89.586	96.862	104.136
7.750.000	69.954	77.347	84.842	92.336	99.832	107.326
8.000.000	72.034	79.657	87.372	95.086	102.802	110.516
8.250.000	74.113	81.967	89.902	97.836	105.772	113.706
8.500.000	76.193	84.277	92.432	100.586	108.742	116.896
8.750.000	78.273	86.587	94.962	103.336	111.712	120.086
9.000.000	80.353	88.897	97.492	106.086	114.682	123.276
9.250.000	82.433	91.207	100.022	108.836	117.652	126.466
9.500.000	84.512	93.517	102.552	111.586	120.622	129.656
9.750.000	86.592	95.827	105.082	114.336	123.592	132.846
10.000.000	88.672	98.137	107.612	117.086	126.562	136.036
10.225.838	90.550	100.223	109.897	119.571	129.245	138.918